Jurisdição e filosofia dos direitos humanos e fundamentais

Marcial Pons

inter saberes

Jurisdição e filosofia dos direitos humanos e fundamentais

Ingo Wolfgang Sarlet
Débora Cristina Veneral
Alexandre Coutinho Pagliarini
(Organizadores)

inter saberes

Rua Clara Vendramin, 58 . Mossunguê . Cep 81200-170 . Curitiba . PR . Brasil
Fone: (41) 2106-4170 . www.intersaberes.com . editora@intersaberes.com

Conselho editorial Dr. Alexandre Coutinho Pagliarini, Drª Elena Godoy, Dr. Neri dos Santos, Dr. Ulf Gregor Baranow • **Editora-chefe** Lindsay Azambuja • **Gerente editorial** Ariadne Nunes Wenger • **Assistente editorial** Daniela Viroli Pereira Pinto • **Preparação de originais** Letra & Língua Ltda. • **Edição de texto** Letra & Língua Ltda. • **Capa** Luana Machado Amaro (*designer*), ganjalex/Shutterstock (imagem) • **Projeto gráfico** Mayra Yoshizawa • **Diagramação** Laís Galvão • **Designer responsável** Luana Machado Amaro • **Iconografia** Regina Claudia Cruz Prestes

Dados Internacionais de Catalogação na Publicação (CIP)
(Câmara Brasileira do Livro, SP, Brasil)

Jurisdição e filosofia dos direitos humanos e fundamentais/Ingo Wolfgang Sarlet, Débora Cristina Veneral, Alexandre Coutinho Pagliarini, organizadores. Curitiba: Editora Intersaberes; Madrid, ES: Marcial Pons, 2022.

Vários autores.
Bibliografia.
ISBN 978-65-5517-127-3

1. Artigos – Coletâneas 2. Controle da constitucionalidade 3. Direito – Filosofia 4. Direitos fundamentais 5. Direitos humanos 6. Jurisdição constitucional I. Sarlet, Ingo Wolfgang. II. Veneral, Débora Cristina. III. Pagliarini, Alexandre Coutinho.

22-111071 CDU-342.7

Índices para catálogo sistemático:
1. Jurisdição constitucional: Direitos fundamentais 342.7

Cibele Maria Dias – Bibliotecária – CRB-8/9427

1ª edição, 2022.
Foi feito o depósito legal.
Informamos que é de inteira responsabilidade dos autores a emissão de conceitos.
Nenhuma parte desta publicação poderá ser reproduzida por qualquer meio ou forma sem a prévia autorização da Editora InterSaberes.
A violação dos direitos autorais é crime estabelecido na Lei n. 9.610/1998 e punido pelo art. 184 do Código Penal.

Marcial Pons

Av. Brigadeiro Faria Lima, 1462 . conj. 64/5 . Torre Sul Jardim Paulistano
CEP 01452-002 . São Paulo-SP . Fone: (11) 3192-3733 . www.marcialpons.com.br

ISBN: 978-84-1381-409-4

© MARCIAL PONS EDITORA DO BRASIL LTDA

Impresso no Brasil

Todos os direitos reservados.
Proibida a reprodução total ou parcial, por qualquer meio ou processo – Lei n. 9.610/1998.

Sumário

7 · *Apresentação*

11 · **Artigo 1 O universalismo dos direitos do homem e o direito internacional na Constituição brasileira**

Alexandre Coutinho Pagliarini
Débora Cristina Veneral

33 · **Artigo 2 A arguição de descumprimento de preceito fundamental e o mandado de injunção: condições de fixação de técnicas estruturantes para o exercício de direitos assegurados constitucionalmente**

Ingo Wolfgang Sarlet
Marco Félix Jobim

67 · **Artigo 3 Direitos humanos na globalização: sem espaço para isolacionismos – diálogos legislativos e jurisprudenciais em perspectiva comparada**

Eugenio Facchini Neto
Susana Sbrogio'Galia

103 · Artigo 4 O dever de justificar decisões baseadas em sistemas de decisão automatizada para evitar o preconceito e a discriminação

Jailson de Souza Araújo

141 · Artigo 5 Sentido dos direitos fundamentais

Jorge Miranda

203 · Artigo 6 Direito fundamental à prova e o regime jurídico aplicável à oitiva de testemunhas em audiências por videoconferência no âmbito da justiça civil

Luis Alberto Reichelt

221 · Artigo 7 Osservazioni sulla tutela costituzionale dei diritti dei consumatori

Marco Olivetti

263 · Artigo 8 Ruas tristes e silenciosas: uma visão dworkiniana da jurisdição no conflito entre direitos fundamentais

Marcos da Cunha e Souza
Katya Kozicki

293 · Artigo 9 Dos direitos humanos fundamentais ao dever econômico fundamental: a questão do combate à fome e à pobreza

Martinho Martins Botelho

313 · Artigo 10 Em torno do princípio da proporcionalidade

Paulo Ferreira da Cunha

341 · Artigo 11 Controle judicial de constitucionalidade e **de facto class actions***: breves notas*

Gustavo Osna

373 · Artigo 12 La filosofía del derecho de Jürgen Habermas

Juan Antonio García Amado

401 · Artigo 13 Le juge constitutionnel est-il un juge comme les autres? Réflexions méthodologiques sur la justice constitutionnelle

Pierre Brunet

433 · Posfácio

Apresentação

Este livro resulta da parceira internacional entre as editoras InterSaberes e Marcial Pons. Institucionalmente, os diretores Lindsay Sperry e Marcelo Porciuncula decidiram pela publicação conjunta e, em seguida, contactaram os signatários para levar adiante o projeto editorial em nome das editoras envolvidas e do Centro Universitário Internacional Uninter, no caso deste último tanto pela Escola Superior de Gestão Pública, Política, Jurídica e de Segurança quanto pelo Programa de Pós-Graduação *Stricto Sensu* em Direito (Curso de Mestrado). Todas as pessoas até aqui citadas entenderam que uma publicação internacional de tamanha envergadura deveria também primar pela interinstitucionalidade, razão pela qual o primeiro signatário se incumbiu de representar o conceituadíssimo Programa de Pós-Graduação Stricto Sensu em Direito (cursos de mestrado e doutorado) da Pontifícia Universidade Católica do Rio Grande do Sul. Eis o relato institucional.

O título do livro que ora se apresenta ao público, *Jurisdição e filosofia dos direitos humanos e fundamentais*, guarda aderência com os temas versados nos textos que integram a coletânea, incluindo escritos sob a perspectiva do direito internacional público, mas em especial ligados ao direito constitucional, brasileiro e estrangeiro, destacando-se o papel da jurisdição constitucional, o controle de constitucionalidade e os vínculos com a filosofia do direito.

Os autores que nesta obra escreveram ocupam as mais importantes cátedras de tradicionais universidades no estrangeiro e no Brasil, ou mesmo exercem funções relevantes no âmbito das carreiras jurídicas. São eles: Jorge Miranda, Juan Antonio García Amado, Pierre Brunet, Paulo Ferreira da Cunha, Marco Olivetti, Gustavo Osna, Jailson de Souza Araújo, Eugenio Facchini Neto, Susana Sbrogio'Galia, Marco Félix Jobim, Luis Alberto Reichelt, Marcos da Cunha e Souza, Katya Kozicki, Martinho Martins Botelho e os três organizadores da presente publicação internacional, abaixo assinados.

Em termos de conceito e qualificação perante os órgãos brasileiros e estrangeiros de fomento para a educação e a pesquisa, o produto editorial ora apresentado certamente alcança os patamares mais elevados em razão de dois fatores: (i) há indiscutível pertinência temática entre o título do livro e os conteúdos de seus artigos científicos; (ii) os autores são professores reconhecidos nacional e internacionalmente.

Lembra-se, outrossim, que cada autor é responsável exclusivo pelo conteúdo de seu texto.

Por tais motivos, só temos a agradecer a todos os que viabilizaram o presente projeto, esperando que esta obra encontre a acolhida almejada no meio acadêmico lusófono e de língua espanhola, registrando-se, ainda, que se contemplam, aqui, textos redigidos também em francês e italiano.

Curitiba, Porto Alegre *y Madrid*, março de 2022.

Ingo Wolfgang Sarlet
Débora Cristina Veneral
Alexandre Coutinho Pagliarini

Artigo 1

O universalismo dos direitos do homem e o direito internacional na Constituição brasileira

Alexandre Coutinho Pagliarini

Pós-Doutor em Direito Constitucional pela Universidade de Lisboa. Doutor e mestre em Direito do Estado pela PUC/SP. Professor Titular dos cursos de mestrado e de graduação em Direito do Centro Universitário Internacional Uninter. Palestrante. Advogado.

Débora Cristina Veneral

Doutora em Direito pela Universidad Católica de Santa Fé (UCSF, Argentina). Mestre em Educação e Novas Tecnologias pelo PPGENT do Centro Universitário Internacional Uninter. Diretora e Professora da Escola Superior de Gestão Pública, Política, Jurídica e Segurança do Centro Universitário Internacional Uninter. Instrutora da Escola de Educação em Direitos Humanos (ESEDH/PR) do Governo do Estado do Paraná. Consultora em unidades penais terceirizadas. Palestrante. Advogada criminalista.

1
Introdução

Este texto foi escrito para publicação na obra coletiva intitulada *Jurisdição e filosofia dos direitos humanos e fundamentais*, organizada pelo Desembargador Ingo Wolfgang Sarlet e pelos dois coautores signatários deste artigo científico. O livro resulta da parceria entre a Editora InterSaberes e a Editora Marcial Pons, sendo, portanto, uma publicação internacional que une ilustres autores estrangeiros angariados pela Marcial Pons com pesquisadores do PPGD da PUC/RS e do Centro Universitário Internacional Uninter.

Nós, os dois autores deste excerto de investigação científica, fomos incumbidos, pelos Professores Ingo Wolfgang Sarlet e Marcelo Porciuncula, de escrever sobre o tema anunciado no título supra. Tal temática, por si só, é motivo de forte divergência doutrinária (nas melhores academias) e jurisprudencial não só nas Cortes Superiores brasileiras, mas também em outros muitos Tribunais nacionais (de outros países) e até em Tribunais internacionais permanentes.

Adentrando criticamente no assunto aqui proposto, constata-se: tem-se pensado, perifericamente – sem alcance no todo e do todo – que uma Constituição nacional dita regras de Direito Internacional Público (DIP); tem-se igualmente escrito que Direito Constitucional Internacional (DCI) são as normas da Constituição sobre o DIP; nenhuma destas duas assertivas são verdadeiras. Pensamentos assim, como se anunciou, são parciais; logo, o raciocínio nacionalista não chega a lugar algum se se quer falar de um conjunto de normas que extrapolam as fronteiras nacionais de um Estado.

Há 193 Estados soberanos no mundo. Quer isso dizer que cada um deles tem seu ordenamento jurídico. Todavia, suas relações não são regidas pelo Direito unilateral (nacional) de um nem de outro. Há normas próprias para tal mister, e elas são de DIP.

De uma espécie de simbiose normativa entre o Direito Constitucional nacional e o DIP, nasce o DCI[i].

Busca este artigo demonstrar as diferenças e as proximidades entre o DIP, o Direito Constitucional nacional (em especial, o brasileiro), chegando à conclusão de que já existe outro conjunto de normas que

---

i   Pouco ou nada percebido nem pela doutrina nem pela jurisprudência do Brasil.

se pode chamar de *Direito Constitucional Internacional* (DCI), sendo possíveis, portanto, uma Constituição internacional e um Tribunal Constitucional Internacional – por cujas criações aqui se propugna e contribui cientificamente.

As questões metodológicas e as problematizações (perguntas) seguem nas seções 1.1 e 1.2.

1.1 Prolegômenos metodológicos

Para chegar às conclusões que serão apresentadas ao final e responder às problematizações prequestionadas na Seção 1.2, adotou-se, neste artigo científico, em uma primeira abordagem, o método indutivo; lembre-se de que este se configura como o processo mental que, para chegar ao conhecimento ou demonstração de uma verdade, parte de fatos particulares, comprovados, e, depois, conclui de forma genérica. Isso se chama *indução* e, por meio dela, estabelece-se uma verdade universal – ou uma referência geral – a partir da qual se dão os passos de uma investigação com base no conhecimento de certo número de dados singulares (aqueles colhidos mais tarde pela dedução). A verdade que se põe, desde já, pela indução metodológica é: o Direito é uno! De certo modo – pelo menos neste artigo científico –, misturam-se e se complementam os métodos indutivo e dedutivo.

Feita a abordagem indutiva – o Direito é uno! –, utilizou-se este escrito também do método dedutivo pela aferição, abrandada e sintética, de quatro elementos: (i) os documentos normativos internacionais constituintes (estruturantes) da Comunidade Internacional; (ii) os documentos normativos internacionais definidores e garantidores de Direitos Humanos; (iii) a Constituição da República Federativa do Brasil, promulgada em 5 de outubro de 1988 e ainda em vigor; (iv) alguma doutrina de profusão mundial. A partir do que consta em (i), (ii), (iii) e (iv), deduzir-se-á que...

Outra advertência que se faz ao leitor desta investigação científica é a seguinte: não se deu este *paper* o trabalho de justificar todas as suas assertivas com respaldo em doutrina e/ou em jurisprudência. Ou seja, em português claro: o que se escreveu aqui, escreveu-se sobretudo com base em experiência e em doutrina próprias dos autores deste texto, respeitadas as metodologias expostas na Seção 1.1. Assim se fez porque no Brasil se tornou praxe e obrigação imposta aos pesquisadores a citação das fontes onde foram buscados todos os saberes e as conclusões; isso ocorre como se fosse proibido pensar e como se não fosse científica a escrita com base naquilo que deveria ser *common sense*. Tem-se essa praxe como pueril e quase proibitiva de terem os pesquisadores opiniões próprias; teme-se que as autoridades da pesquisa científica, no Brasil, estão a um passo de chegar ao ponto de obrigar o pesquisador que concluir que o leite é branco, a citar a fonte de onde tirou a conclusão de que o leite seja branco, de modo que a brancura do leite se deverá muito mais ao escritor que tiver dito isso antes da pesquisa do que ao fato de ser o leite da cor branca desde sempre. Ora: a citação pormenorizada só devia ser exigida de textos escritos por pesquisadores que se encontram em fase de iniciação científica. Já um pesquisador sênior pode e deve ter pensamento próprio, caso contrário não será ele nem pesquisador, muito menos sênior. E mesmo dos que se encontram em fase debutante de iniciação científica, não se lhes deveria exigir justificar toda e qualquer assertiva sua mediante a indicação de paralelo jurisprudencial e/ou doutrinário, e aqui vai uma sugestão ao Ministério da Educação (MEC), à Coordenação de Aperfeiçoamento de Pessoal de Nível Superior (CAPES), ao Conselho Nacional de Desenvolvimento Científico e Tecnológico (CNPq) e aos demais órgãos (públicos e privados) de fomento à pesquisa; a dica é: deixem os pensadores brasileiros pensarem! É por essa razão que René Descartes já dizia: *"Je pense, donc je suis"*[i].

1.2 Problematizações científicas

Ao se levar em consideração os prolegômenos metodológicos anteriormente descritos, resta ao cientista do Direito apresentar questionamentos e apontar soluções às problemáticas introduzidas no texto. É nesse sentido que se propõem algumas perguntas, as quais serão respondidas, na melhor ordem, no decorrer deste artigo, amparadas pela justificativa doutrinária aqui constante.

As perguntas – problematizadas – são:

a. Problema de pesquisa n. 1: O que consta na Constituição brasileira em vigor são normas de DCI, são normas de DIP ou são normas do tradicional DCNB?

b. Problema de pesquisa n. 2: O que é DCI?

---

i   *"Cogito, ergo sum"*. Penso, portanto sou (é a melhor tradução) (DESCARTES, 2000, p. 23).

c. Problema de pesquisa n. 3: É possível um Direito Universal (DU)?

d. Problema de pesquisa n. 4: É possível uma Constituição internacional?

e. Se a resposta ao problema D for positiva, então a pergunta será: Pode-se pensar na criação e no funcionamento de um Tribunal Constitucional Internacional (TCI)?

Esses problemas serão enfrentados, um a um, nas seções 2 a 5. Na Seção 6 (Conclusões), serão respondidos objetivamente, sendo certo que a compreensão do texto só se propiciará na inteireza de sua leitura, a qual fica aqui proposta, desde já, com a meditação necessária.

2
O que consta na Constituição brasileira sobre o Direito Internacional Público (DIP), sobre o Direito Constitucional Internacional (DCI) e sobre as relações internacionais da República Federativa do Brasil

Daqui em diante, serão usadas as siglas (DIP, DCI e DCNB = Direito Constitucional Nacional Brasileiro) para querer dizer as realidades científicas cujos nomes estarão a substituir.

A palavra *internacional*, no singular ou no plural, com seu significado próprio ou querendo dizer qualquer coisa equivalente a DIP ou a Relações Internacionais do Brasil, aparece na Constituição brasileira, ou de modo direto – ou indiretamente –, nestes dispositivos normativos:

- Preâmbulo;
- Art. 4º, incisos de I a X, e parágrafo único;
- Art. 5º, §§ 2º, 3º e 4º;
- Art. 21, incisos I, II, III, IV, XII e alínea "e";
- Art. 49, inciso I;
- Art. 84, incisos VII e VIII;

- Art. 102, inciso I, alíneas "e" e "g", inciso III, alínea "b";
- Art. 105, inciso II, alínea "c", e inciso III, alínea "a";
- Art. 109, incisos II, III e V;
- Art. 142, § 3º, inciso X;
- Art. 178;
- Art. 192, inciso III, alínea "b";
- Art. 7º dos Atos das Disposições Constitucionais Transitórias (ADCT);
- Art. 52, parágrafo único, dos ADCT.

As disposições normativas indicadas foram inseridas no ordenamento jurídico nacional brasileiro pelo Poder Constituinte Originário, que positivou a Constituição da República Federativa do Brasil em 5 de outubro de 1988. Logo, trata-se de normas constitucionais, quer dizer, de DCNB, e não de DIP nem de DCI; isso porque um país, isoladamente falando, em sua Constituição – nem em outros diplomas normativos nacionais –, não tem nenhuma autoridade para criar normas que extravasem suas fronteiras. Portanto, devem as normas constitucionais brasileiras sobre DIP, sobre DCI e sobre Relações Internacionais ser encaradas só como DCNB, e nada mais. O contrário seria a legitimação das políticas "internacionais" de *Mister* Donald Trump[i], o mandatário dos Estados Unidos à época do Seminário Internacional do STM – quando este artigo foi escrito.

Não se deve duvidar, entretanto, que as normas constitucionais brasileiras estão inseridas em um sistema maior que se chama *Direito*, isso em uma visão – a única possível para uma Filosofia Geral do Direito – monística e cosmopolitana, e para isso se remete o leitor às doutrinas de Sócrates[ii], de Diógenes[iii], de Immanuel Kant (2005), de Hans Kelsen (CAMPAGNOLO; KELSEN, 1999) e de Charles Leben (2004). Longe desse pensamento, implode-se a ideia científica

---

i   Lembre-se das normas domésticas de Trump de repercussão internacional, mas ainda domésticas: (i) sobretaxação do aço; (ii) políticas imigratórias.

ii   "Não sou nem ateniense nem grego, mas sim um cidadão do mundo." (LAURSEN, 2007, p. 13, tradução nossa).

iii   "Sou uma criatura do mundo (cosmos), e não de um Estado ou uma cidade (polis) particular." (DUDLEY, 1937, p. 26, tradução nossa).

de sistema e se passam a justificar vários objetos, e não um só, vários direitos (com "d" minúsculo), e não uma coisa só – o Direito *monista*, este, sim, merecedor de inicial maiúscula – que se define como o objeto cultural prescritor de condutas que se comunica pelas linguagens deônticas da obrigação (O), da proibição (V) e da permissão, desde que posto pela autoridade competente – o Estado soberano ou a Organização Internacional – e que tenha como consequência a Sanção (S), também prevista no sistema pela(s) autoridade(s) competente(s), de modo que, na fórmula da norma jurídica completa, encontrem-se as seguintes proposições implicativas (PAGLIARINI, 2004):

$$p \rightarrow q \ (v) - q \rightarrow S$$

Logo, o que consta na Constituição brasileira sobre o DIP, sobre o DCI e sobre as Relações Internacionais da República Federativa do Brasil não é, de modo algum, nem DIP nem DCI, mas sim DCNB.

3
O que não é e o que é o Direito Constitucional Internacional (DCI)

O DCI não é o que consta em uma Constituição sobre DIP ou sobre Relações Internacionais ou sobre DCI. Como se viu, trata-se de Direito Constitucional nacional de dado país, e o que a Constituição brasileira dispõe a respeito é simples DCNB, e não DIP nem DCI. Logo, o DCI não é – *data venia* – o que disse que ele era o Professor Celso D. Albuquerque Mello (2000), para quem o DCI é justamente composto pelas normas constitucionais sobre DIP e sobre Direitos Humanos Internacionais que se encontram plasmadas em dada Constituição nacional; ora, isso é Direito Constitucional – repita-se! Pensar o contrário – como faz o Mestre Albuquerque Mello – é o mesmo que nacionalizar um Direito que não é nacional, mas que é internacional por natureza.

O que é, então, o DCI? Para responder a essa pergunta, tenha-se em mente o que é uma Constituição, ou, melhor dizendo (em linguagem de autoquestionamento), o que é uma Constituição e quais são as funções que ela tem cumprido desde seu aparecimento – escrito – nos finais do século XVIII (na França e nos Estados Unidos).

Em resposta aos autoquestionamentos constantes ao final do parágrafo anterior, tem-se que a Constituição surgiu na modernidade, por escrito, para cumprir duas funções, quais sejam: (i) estruturar o Estado livre pós-absolutismo (França, Europa ocidental) e pós-Guerra da Independência dos Estados Unidos[i]; (ii) definir e garantir Direitos Fundamentais[ii] (ou Humanos).

Pois bem, então o que é uma Constituição? Já se sabe para que ela serve? Aqui se define como *Constituição* o documento jurídico e político que cumpre as duas funções anteriormente expostas; eis a Constituição da pólis!

Ora, tendo-se em conta o que seja uma Constituição para a pólis, fica a pergunta: É possível uma Constituição para a cosmópolis? E a resposta é sim, apesar de esse tipo de resposta soar estranho e desagradável àqueles que seguem o constitucionalismo meramente nacional e/ou doutrinas jurídico-políticas que acabaram por desejar implantar, na prática, algum Estado advindo dos pensamentos de Hegel, Marx ou Carl Schmitt, três dos mais significativos pensadores da tradição germânica.

Sim, é possível uma Constituição para a Comunidade Internacional (a Cosmópolis), e, de certo modo, ela já se verifica existente quando se constata que já foram positivados e se encontram em pleno vigor documentos "(*cosmo*)jurídico-(*cosmo*)políticos", tais como: (i) a Carta[iii] da Organização das Nações Unidas (ONU), tratado internacional estruturante desta que é a mais importante sociedade política que existe em nível internacional; (ii) a Declaração Universal de Direitos Humanos (DUDH)[iv], que, em conjunto com o Pacto Internacional dos Direitos Civis e Políticos e seus dois Protocolos Opcionais (sobre procedimento de queixa e sobre pena de morte) e com o Pacto Internacional dos

---

i   A ideia de independência também influenciou o mais importante movimento de "alforria" do Brasil, a Inconfidência Mineira. Joaquim José da Silva Xavier (o Tiradentes) tinha como *Pocketbook* preferencial uma edição clandestina, de 1778, daquilo que era a proposição da Constituição para os Estados Unidos – em francês, *Recueil des loix Constitutives des États-Unis* (ESTADOS UNIDOS, 2021).

ii   A temática dos direitos fundamentais foi investigada em: VENERAL; GUIESELER JUNIOR; PEREIRA, 2016.

iii   Além desta Carta que estrutura a ONU, há inúmeros outros pactos internacionais estruturantes de uma imensidão de organizações internacionais de alcance universal e atuação política, alcance universal e atuação técnico-específica, alcance regional e atuação política e alcance regional e atuação técnico-específica.

iv   Fora estes (universais, da ONU), há os pactos regionais, principalmente nos contextos europeu, interamericano e africano.

Direitos Econômicos, Sociais e Culturais e seu Protocolo Opcional, forma(m) a chamada *Carta Internacional dos Direitos Humanos*.

Esse DCI e a Constituição Internacional não são postos por um poder constituinte originário clássico, nos moldes daquele que positiva a Constituição nacional. O poder constituinte da Comunidade Internacional é produzido pelo DIP dos tratados internacionais, pelo DIP dos costumes internacionais e pelo DIP dos princípios gerais de Direito (incluindo os específicos princípios de DIP); esse poder constituinte internacional (e/ou transnacional, e/ou supranacional) é includente de todos os fatores que influem no dia a dia do *mundus*, e nisso entram a ecologia, os direitos humanos internacionais, a economia internacional, a livre circulação de pessoas e bens etc.

Portanto, ficam solucionadas as problematizações (e respondidas as perguntas) no seguinte sentido: o DCI é aquele conjunto de normas constitucionais internacionais que (a) estruturam a Cosmópolis e que (b) na Cosmópolis definem e garantem Direitos Fundamentais[i]. Com pensamento lógico assim demonstrado, pode-se, inclusive, concluir que: sendo possível uma Constituição internacional, então (→) só pode ser igualmente possível – e necessária – a criação de um Tribunal Constitucional Internacional (TCI) (PAGLIARINI, 2017).

3.1 O que não é e o que é o Direito Internacional Público (DIP)

O DIP não é um conjunto de normas ejetadas no sistema por uma soberania nacional, mesmo que tais normas estejam em uma Constituição estatal e digam respeito às relações internacionais do país. Logo, o DIP não é nem Direito Constitucional nacional nem DCI. O DIP é DIP! Mas o que é DIP?

Define-se *DIP* como o conjunto de normas jurídicas internacionais, ejetadas no sistema pelas pessoas de DIP – os Estados soberanos, em relação entre si, e as organizações internacionais –, que estruturam a Comunidade Internacional e as relações entre os sujeitos de DIP, normas estas que têm como destinatários primários os Estados, como

---

i   Ou Direitos Humanos. Em minha doutrina, Direitos Fundamentais e Direitos Humanos significam a mesma coisa, ou seja: são aquelas normas jurídicas que protegem o indivíduo, a coletividade de indivíduos e os bens jurídicos para a fruição de vida digna (liberdade, meio ambiente equilibrado, etc...) pelas pessoas (PAGLIARINI, 2014a).

secundários as Organizações Internacionais e as populações que formam não só os povos nacionais, mas os povos do mundo (*de Gentibus Terrae*), e, nesse sentido, há um DIP estruturante, um DIP dos Direitos Humanos e um DIP mais restrito referente às negociações entre duas ou mais soberanias e dependente – sempre – dos consentimentos[i] destas.

4
Universalismo jurídico no Direito Constitucional Internacional (DCI)

Não se pode pensar que soberania seja uma força semântica, jurídica ou política que se possa transferir à Cosmópolis ou ao DIP; a noção de soberania foi construída como realidade referente ao Estado nacional. Mas poucos conceitos em Direito e em Ciência Política são tão nebulosos e vulneráveis a críticas quanto o de soberania, e sobre isso se discorrerá antes de se dissertar acerca do universalismo jurídico propriamente dito.

    Em termos semânticos, *soberania* significa poder supremo e incontrastável, e é poder atribuído ao Estado nacional (a França é soberana!). Isso soa estranho – e matemática e fisicamente impossível –, pois são contabilizados no mundo atual 193 Estados soberanos (ou seja, 192 poderes totais, e mais um poder total – eis aí uma demonstração que faço de linguagem do absurdo). Daí, pergunta-se: Há 193 poderes incontrastáveis? Ou deveria haver um só? Era por isso que Kelsen (um lógico, linguista e positivista) questionava o alcance e o acerto do uso da palavra *soberania*; para ele, raciocinando em termos de linguagem e de incidência sistemática, a soberania, se houvesse, não seria um atributo do Estado (do Direito nacional), mas sim da Comunidade Internacional organizada (posta pelo DIP em um primeiro momento e pelo DCI a partir de maior centralização[ii]) (CAMPAGNOLO; KELSEN, 1999). Era também por isso que Kelsen se autoquestionava: Estado mundial ou mundo sem Estados?[iii] Seguindo-se esse raciocínio, de fato, não

---

i   *Pacta sunt servanda* (REZEK, 1984, p. 19).

ii   Nesse sentido, afirma-se, aqui, que o futuro do DIP é o DCI. Ao passo que o DIP é o primeiro passo rumo à universalização, o DCI é a própria universalização consolidada.

iii Nem uma coisa nem outra; entende-se que o Estado não é o fim da história; tampouco que ainda seja uma verdade insofismável a de

podem coexistir 193 poderes supremos e incontrastáveis, e ainda subsistir um DIP coeso; eis aí o grande problema do DIP. Isso, em Teologia, seria um retrocesso da *Ecclesia*[i] e representaria o retorno à época dos deuses, deixando-se de lado a sofisticação alcançada por judeus, cristãos e muçulmanos na revelação monoteística – no caso dos cristãos, sobretudo dos Católicos Romanos, a Perfeição se encarnou (em Jesus, o Cristo) e se mantém presente a todo instante (Espírito Santo, que provém do Pai e do Filho) *em uma só realidade de essência* junto ao Deus-Pai (SANTO AGOSTINHO, 2014).

Ora, a soberania tem seu papel histórico de supina relevância para a formatação do que se entende por *Estado moderno*: sim, ela tem sido usada como elemento justificador do Estado moderno que se impôs após a experiência de mil anos de fragmentação de poder que se verificava no modelo estatal da Idade Média, época em que o indivíduo era súdito do Rei da França, mas também do Senhor Feudal (Suserano) e do Papa. Daí a imprescindibilidade dos escritos de Bodin (1986) e Hobbes (2000) para alavancar a centralização do poder nas mãos do Rei, que passou a ser chamado justamente de *soberano*; eis o contratualismo hobbesiano. Evidentemente, isso foi desembocar no Absolutismo, derrubado paulatinamente na Inglaterra (desde 1215) e de modo violento em França (a partir de 14 de julho de 1789).

Sem necessitar recorrer ao *imbróglio* DIP *versus* Estado nacional, se se focar só neste já se encontrarão inúmeras realidades que diminuem (ou mesmo desconstituem a inexpugnabilidade do conceito de soberania):

A soberania já não é mais "tão soberana assim" em razão do federalismo. Há Estados que adotaram a forma federal; em uma federação, o poder central se dilui em outros poderes parciais e periféricos; veja-se o que ocorre nos Estados Unidos ou no Brasil (art. 18 da Constituição em vigor).

A soberania já não é mais "tão soberana assim" em virtude da tripartição dos Poderes, de Monstesquieu. De fato, o cumprimento da

---

que as únicas sociedades políticas são a família e o Estado (era o que pregava a velha Teoria Geral do Estado – TGE). Há inúmeras outras sociedades políticas, sendo a Organização Internacional (OI) a mais ousada delas todas, e, entre todas as OIs, a ONU é a representação mais aproximada do que se espera de uma cosmópolis da paz e da boa convivência.

i   Lugar de reunião ou de uma assembleia; Igreja.

função de governar por um órgão; da função de legislar por outro; e da função de julgar por um terceiro nada mais é do que a fragmentação da capacidade decisória, o que, em última análise, significa o mesmo que frear o poder (esvaziar a soberania).

A soberania já não é mais "tão soberana assim" em razão dos inúmeros outros fatores reais de poder que se acumulam e se diversificam dentro do próprio contexto interno e nacional do Estado "soberano".

Agora, sim, passe-se a recorrer ao *imbróglio* DIP *versus* Estado nacional. Faça-se o raciocínio: da soberania estatal ao universalismo jurídico. Ora, se fatores nacionais (nos parágrafos que a estes antecedem) já faziam com que a soberania não fosse mais o que era, a relação entre DIP e Direito interno é tensa, e, para muitos – os monistas moderados e os dualistas –, tem-se aí dois Direitos: um, nacional; outro, o DIP; e este último, para valer, teria de ser incorporado, de alguma forma, pelo primeiro. Isso ocorre porque o Estado é um foco ejetor de normas que não padece do mal do DIP, qual seja: do primitivismo e da descentralização. Mas o que são primitivismo e descentralização do DIP? Vamos a novas definições, a *variations sur le même thème*[i].

Algumas redefinições; doravante, passaremos a nos valer da verbalização na primeira pessoa: conceituamos o *Direito Constitucional (DC)* como o conjunto de normas-regras e de normas-princípios que constituem a comunidade política estatal (tradicionalmente esta) e que proclamam os Direitos Humanos, propiciando a garantia destes (PAGLIARINI, 2014b). Já o DIP é por nós definido como o conjunto de normas costumeiras, pactícias ou principiológicas que criam, modificam ou extinguem fatos juridicamente relevantes (Direitos) no sentido de estruturar a Comunidade Política internacional (Cosmópolis) e proclamar e garantir nesta comunidade os Direitos Humanos Fundamentais. Alguma semelhança entre as definições? Resposta: muitas! As semelhanças, sobre elas algo será adiante. Diferença importante há, contudo, entre DIP e DC. O DIP tem-se baseado na regra *pacta sunt servanda* (impõe-se o cumprimento do que se pactua). Dessa forma, tem sido corriqueiro analisar o DIP sob a ótica do consentimento. De fato, em uma avença internacional, as normas somente incidirão no campo existencial dos Estados que a ratificaram. São a *pacta sunt servanda* e a tese do consentimento que fizerem Hans Kelsen classificar o DIP como primitivo e descentralizado: primitivo porque nele a represália é imposta pelo próprio Estado que sofreu uma transgressão – "olho por

---

i   Variações sobre o mesmo tema.

olho, dente por dente" (Levítico, 24:20[i]); descentralizado porque as normas de DIP só incidem sobre os Estados que fizeram parte em um tratado internacional. Tal raciocínio leva a uma conclusão: o Direito dos tratados internacionais representa o Direito Internacional particular (incidente somente sobre os Estados que pactuaram); e nisso o DIP não guarda nenhuma semelhança com o DC, uma vez que este contém regras estruturantes de dado Estado e proclamadoras de Direitos Humanos no território inteiro desse mesmo Estado. Portanto, o DC é sempre o Direito geral do Estado que promulgou a Constituição, seja ele unitário, federal ou uma confederação; por exemplo: o DC japonês incide em todo país. Acontece que o DIP não contém somente regras provenientes de tratados internacionais (normas escritas ratificadas): segundo o Artigo 38 do Estatuto da Corte Internacional de Justiça (ECIJ), as espécies normativas que os Juízes da Corte da Haia devem aplicar nos casos concretos também são – além dos (i) tratados internacionais – o (ii) costume internacional (como prova de uma prática geral aceita como sendo o direito), os (iii) princípios gerais de direito (reconhecidos pelas nações civilizadas), e, sob ressalva da disposição ao art. 59 do ECIJ, também (iv) as decisões judiciárias e a doutrina dos publicistas mais qualificados das diferentes nações, como meio auxiliar para a determinação das regras de direito. Entre as espécies normativas supranumeradas nos subitens ii, iii e iv, as principais são o costume e os princípios, os quais constituem o que se pode chamar de *Direito Internacional geral*, e este se assemelha indubitavelmente ao DC por ter as pretensões de incidir sobre os Estados, e, consequentemente, as mulheres e os homens da inteira Comunidade Internacional vista como um todo-global – como se o mundo fosse um só país-mundo. No DIP, suas normas sempre serão superiores às nacionais – é assim que deve considerar um Juiz internacionalista e um bom estudioso da Teoria Geral da Norma. Mas há as Constituições, e cada qual escolhe sua opção hierárquica quanto ao DIP – o que é depreciador do próprio DIP e da unidade do Direito monístico como um todo. Daí ocorre uma questão que intriga: a da superioridade hierárquica nesse embate entre o particularismo (do Estado soberano) e o universalismo (do DIP). Nesse sentido, há duas posições a que se pode aderir: a internacionalista pura (o DIP na comunidade internacional); ou a constitucionalista (o DIP no Brasil – a partir da CF/1988). Nessa questão da hierarquia, adere-se à tese internacionalista pura (teoricamente menos dada ao egoísmo particularista). Uma semelhança (uma conciliação) entre DC

---

i   Todas as remissões e citações às Sagradas Escrituras, a partir daqui, têm como referência: BÍBLIA CATÓLICA, 2022.

e DIP: tanto o DC quanto o DIP em algum momento disporão normativamente sobre o tema organizacional: o DC cuidará da estruturação do Estado – ou seja, da Polis; o DIP se ocupará da estruturação da comunidade internacional – da Cosmópolis. O DC "Estruturante" é composto por aquelas normas magnas que fizeram da Espanha um Reino, dos Estados Unidos uma federação e da França um país em que o controle de constitucionalidade é feito pelo Conselho Constitucional *a priori*. O DIP "Estruturante" veicula normas que estabelecem um órgão responsável pela paz no mundo (a ONU), pelo comércio (a Organização Mundial do Comércio) e pelo julgamento dos países que atentarem contra a paz (a Corte Internacional de Justiça). Nota-se aqui, então, que ambos – DC e DIP – encontram importante ponto de convergência: um enquanto estruturante da Polis (o DC, pela Constituição) e outro enquanto estruturante da Cosmópolis (o DIP, pelas normas internacionais). Claro fica que por *polis* se deve entender Estado nacional, e por Cosmópolis a comunidade internacional. O ponto nevrálgico de encontro entre DC e DIP não é o das estruturações, mas sim o da positivação de normas humanitárias. Ora, o DC escrito nasceu no século XVIII para estruturar o Estado e para definir e garantir os Direitos Humanos no Estado. O DIP, por sua vez, é composto por normas estruturantes da Comunidade Internacional e definidoras – nesta Comunidade Internacional – dos Direitos Humanos. Esse *meeting point* normativo tem nome: Direito Constitucional Internacional; é esse o Direito do presente e o do futuro.

5
Universalismo geral na teologia católica

Ensina Joseph Ratzinger (2007) que a teologia é a filosofia das filosofias. Logo, também com a Teologia se faz ciência, não sendo de se esquecer que a teologia é a estrutura de pensamento que deu toda a base civilizatória do que se conhece por Europa (desde Israel, passando-se para o lado de lá dos Urais).

O universalismo bíblico se inicia onde deveria iniciar: no Livro do Gênesis, logo em 1:1. A queda de Adão e Eva, para a teologia judaico-cristã, recai sobre toda a humanidade, toda ela expulsa do Éden por toda a eternidade juntamente com os pais que se alimentaram do fruto proibido (Gênesis, 3:22). Noé nasceu anunciado como aquele que trará o alívio tirado da Terra amaldiçoada desde a queda de Adão (Gênesis, 5:29); fora o que foi selecionado por Noé para se proteger das águas na Arca, toda a criação foi exterminada (Gênesis, 7:23). Refundou-se a humanidade e toda a criação. Porém, por conta do egoísmo inerente ao ser humano – e do qual este nunca se afastou –, mesmo a (re)criação após Noé estava destinada ao universalismo, até que se fez gritante o desejo humano de se fazer igual ao Criador nas alturas da Torre de Babel, quando, para que já não falassem a mesma língua, a língua única foi fragmentada em línguas incompreensíveis; este episódio pode ser considerado como o de nascimento das Nações (Gênesis, 11:7). Ainda em Gênesis (12:2-3), em Abrão (depois chamado de Abraão) foram abençoadas todas as famílias da Terra. Em Gênesis, 17:4-5, o Criador acordou com Abraão o pacto de fazer dele o pai de uma multidão de povos. Todas essas passagens da Torá (Antigo Testamento) eram o prenúncio daquele que havia de vir, o Cristo Jesus, o que se repetiu em Davi (Salmo, 89:3-4).

Após a Anunciação, a Virgem Maria foi visitar sua prima Isabel, que a exaltou como a Mãe do seu Senhor, no que Maria entoou o *Magnificat*, dizendo: "Por isto, desde agora, me proclamarão bem-aventurada todas as gerações" (Lucas, 1:48). Perceba-se que a Virgem disse "todas as gerações" sem especificar quais, nem de quais nações; logo, por iluminação da Trindade, sabia-se Bem-Aventurada diante do mundo como um todo, em todos os tempos. Do poder temporal se ocupava o Imperador César Augusto (Lucas, 2:1); assim, enquanto se verificava o universalismo sob Roma em termos políticos, fez-se tempo de Se encarnar o universalismo do Verbo Eterno (Filho) no seio da Virgem para a recondução de todas as ovelhas ao redil do Pai, o que fez a multidão do Exército Celeste clamar "Glória a Deus no mais alto dos Céus e na Terra [...]" (Lucas, 2:13-14). No mesmo sentido universalista, Simeão, no Templo, profetizou que o Menino que Maria e José traziam era a salvação de todos os povos e luz para iluminar as nações (Lucas, 2:31-32). O Cristo, já em sua missão redentora, ouviu de Natanael a afirmação de que Ele era o Filho de Deus, no que este ouviu do Filho o seguinte complemento: "vereis o Céu aberto e os Anjos de Deus subindo e descendo sobre o Filho do Homem" (João, 1:48-51). Céu aberto e Anjos de Deus: por certo, tal universo não se limita aos horizontes de Israel, e mesmo quando, nas Escrituras, aparecem as expressões Israel e Jerusalém, tais espaços, que inicialmente parecem estar restritos a dada região da antiga Palestina, na realidade querem dizer *Mundus* e/ou *Universum* (vale ler sobre a Jerusalém Celeste em Apocalipse, 21:1-22:5).

Na Santa Ceia retratada em Mateus (26:26-28), o Filho do Homem[i] (inteiramente coeterno com o Pai como Deus-Filho, inteiramente Homem concebido no seio virginal de Maria pelo Espírito Santo), transubstancia seu próprio Corpo e seu próprio Sangue que eram ofertados pela redenção dos homens.

Ressuscitado, disse o Salvador aos Onze (São Matias só será sorteado por iniciativa de São Pedro nos Atos dos Apóstolos), "Ide por todo o mundo e pregai o Evangelho a toda criatura. Quem crer e for batizado será salvo, mas quem não crer será condenado" (Marcos, 16:15-16), mandando seus apóstolos ensinar e batizar a todos, indistintamente, em nome do Pai, do Filho e do Espírito Santo (Mateus, 28:19).

Logo, conclui-se: as Sagradas Escrituras, desde a Torá à Nova Aliança, são Lei Antiga mais Lei Nova e são universais, e a Verdade se revela no que a Igreja Católica Apostólica Romana convencionou intitular de *Novo Testamento*. E sabe-se o quanto de civilizatório tem a Bíblia – como um todo – na cultura, na geopolítica, na história e no Direito.

6
Conclusões

Feita de forma exaustiva a argumentação no decorrer deste *paper*, as perguntas inicialmente propostas serão aqui respondidas.

Perguntas problematizadas:

a. Problema de pesquisa n. 1: O que consta na Constituição brasileira em vigor são normas de DCI, são normas de DIP ou são normas do tradicional DCNB?

b. Problema de pesquisa n. 2: O que é o DCI?

c. Problema de pesquisa n. 3: É possível um Direito Universal (DU)?

d. Problema de pesquisa n. 4: É possível uma Constituição internacional?

---

i   Em tudo igual a nós, menos no pecado.

e. Se a resposta ao problema D for positiva, então a pergunta será: Pode-se pensar na criação e no funcionamento de um Tribunal Constitucional Internacional (TCI)?

Respostas:

a. O que consta na Constituição brasileira de 1988 sobre Relações Internacionais e sobre DIP não é DIP nem DCI. Trata-se tais normas de Direito Constitucional pátrio, pura e simplesmente isso; logo, são elas normas de DCNB.

b. O DCI é aquele conjunto de normas constitucionais internacionais que (i) estruturam a cosmópolis e que (ii) na cosmópolis definem e garantem Direitos Fundamentais.

c. Sim, o Direito Universal é justamente a evolução do DIP ao DCI, com as lições constituintes do Direito Constitucional tradicional. Logo, o DCI é o DIP do futuro.

d. Sim, pensa-se em uma Constituição internacional, e, de fato, ela já está consubstanciada formalmente em documentos normativos internacionais, de cunho e alcance "(*cosmo*)jurídicos-(*cosmo*)políticos" que já foram positivados e se encontram em pleno vigor, por exemplo: (i) a Carta da Organização das Nações Unidas (ONU), tratado internacional estruturante desta que é a mais importante sociedade política que existe em âmbito internacional; (ii) A Declaração Universal de Direitos Humanos (DUDH), que, em conjunto com o Pacto Internacional dos Direitos Civis e Políticos e seus dois Protocolos Opcionais (sobre procedimento de queixa e sobre pena de morte) e com o Pacto Internacional dos Direitos Econômicos, Sociais e Culturais e seu Protocolo Opcional, forma(m) a chamada Carta Internacional dos Direitos Humanos.

e. Sim, se é verificável a existência – fragmentada – de uma Constituição internacional, então isso implica afirmar que se faz necessária a criação formal do TCI, cujo papel será o de: (i) defender as normas estruturantes da Cosmópolis; e (ii) defender as normas de Direitos Humanos Internacionais.

"As ruas são do povo; as cidades têm ruas; os países têm cidades; tudo e todos estão no mundo; mas o mundo não tem paredes!"
(Alexandre Coutinho Pagliarini)

Referências

BÍBLIA CATÓLICA. **Bíblia Ave Maria**. Disponível em: https://www.bibliacatolica.com.br/. Acesso em: 25 abr. 2022.

BODIN, J. **Les Six Livres de la République**. Paris: Fayard, 1986.

CAMPAGNOLO, U.; KELSEN, H. In: LOSANO, M. **Diritto Internazionale e Stato Sovrano**. Milano: Giuffrè, 1999.

DESCARTES. **Discours de la Méthode**. Paris: Flammarion, 2000.

DUDLEY, D. **A History of Cynism**. London: Methuen, 1937.

ESTADOS UNIDOS. **Recueil des Loix Constitutives des États-Unis**. Ouro Preto: Museu da Inconfidência. Disponível em: http://www.museudainconfidencia.gov.br/pt_BR. Acesso em: 4 jul. 2021.

HOBBES, T. **Léviathan**. Paris: Folio Essais, 2000.

KANT, I. **Perpetual Peace**. New York: Cosimo/FQ Classics, 2005.

LEBEN, C. **Hans Kelsen**: Écrits Français de Droit International. Paris: PUF, 2004.

LAURSEN, J. C. **Cynicism and Cosmopolitanism at the Roots of Freedom of the Press**. Berkeley: University of California Press, 2007.

MELLO, C. D. de A. **Direito constitucional internacional**. Rio de Janeiro: Renovar, 2000.

MIRANDA, J. **Orientação metodológica para a escrita de ensaio de pós-doutoramento**. Lisboa: Faculdade de Direito da Universidade de Lisboa, 2009. (Comunicação oral).

PAGLIARINI, A. C. **A Constituição europeia como signo**: da superação dos dogmas do Estado Nacional. Prefácio de Friedrich Müller. Apresentação de Fauzi Hassan Choukr. Rio de Janeiro: Lumen Juris, 2004.

PAGLIARINI, A. C. A construção do Direito Constitucional Internacional pelos direitos humanos. **Revista do Instituto de Direito Brasileiro**, Lisboa: Faculdade de Direito da Universidade Clássica de Lisboa, ano 3, n. 1, p. 401-424, 2014a. Disponível em: https://www.cidp.pt/publicacoes/revistas/ridb/2014/01/2014_01_00401_00424.pdf. Acesso em: 25 abr. 2022.

PAGLIARINI, A. C. Direito Constitucional Internacional: tese unificadora. **Gazeta do Povo**, Curitiba, 6 mar. 2014b. Disponível em: https://www.gazetadopovo.com.br/vida-publica/justica-direito/artigos/direito-constitucional-internacional-tese-unificadora-1nzfwmpnva28evrlwyuo64tam. Acesso em: 25 abr. 2022.

PAGLIARINI, A. C. Nova ordem jurisdicional mundial. **Revista Internacional d'Humanitats**, Barcelona: Univ. Autònoma de Barcelona / CEMOrOc-FeUSP, n. 41, set.-dez. 2017. Disponível em: http://www.hottopos.com/rih41/27-40 Pagliarini.pdf. Acesso em: 25 abr. 2022.

RATZINGER, J. **Natureza e missão da teologia**. Petrópolis: Vozes, 2007.

REZEK, Francisco. **Direito dos tratados**. Rio de Janeiro: Forense, 1984.

SANTO AGOSTINHO. **A Trindade**. São Paulo: Paulus, 2014. (Coleção Patrística, v. 7).

VENERAL, D. C.; GUIESELER JUNIOR, L. C.; PEREIRA, J. H. C. **Teoria da Constituição e do Estado e direitos e garantias fundamentais**. Curitiba: InterSaberes, 2016.

VILANOVA, L. **As estruturas lógicas e o sistema do direito positivo**. São Paulo: Max Limonad, 1977.

Apêndice

O UNIVERSALISMO DOS DIREITOS DO HOMEM E O DIREITO INTERNACIONAL NA CONSTITUIÇÃO BRASILEIRA

Sumário. 1. Introdução. 1.1. Prolegômenos metodológicos. 1.2. Problematizações científicas. 2. O que consta na Constituição brasileira sobre o Direito Internacional Público (DIP), sobre o Direito Constitucional Internacional (DCI) e sobre as Relações Internacionais da República Federativa do Brasil. 3. O que não é e o que é o Direito Constitucional Internacional (DCI). 3.1. O que não é e o que é o Direito Internacional Público (DIP). 4. Universalismo jurídico no Direito Constitucional Internacional (DCI). 5. Universalismo geral na Teologia Católica. 6. Conclusões. Referências.

Resumo. Este texto científico defende o universalismo dos Direitos Humanos a partir de uma união substancial entre o Direito Constitucional tradicional, o Direito Internacional Público e um novo campo normativo intitulado Direito Constitucional Internacional.

Palavras-chave. Direitos Humanos. Direito Constitucional. Direito Internacional Público. Direito Constitucional Internacional.

UNIVERSALISMO DE LOS DERECHOS HUMANOS Y EL DERECHO INTERNACIONAL EN LA CONSTITUCIÓN BRASILEÑA

Sumilla. *1. Introducción. 1.1. Prolegómenos metodológicos. 1.2. Problematizaciones científicas. 2. Lo contenido en la Constitución Brasileña sobre Derecho Internacional Público (DIP), sobre Derecho Constitucional Internacional (DCI) y sobre Relaciones Internacionales de la República Federativa de Brasil. 3. Qué no es y qué es Derecho Constitucional Internacional (DCI). 3.1. Qué no es y qué es Derecho Internacional Público (DIP). 4. Universalismo jurídico en el Derecho Constitucional Internacional (DCI). 5. Universalismo General en la Teología Católica. 6. Conclusiones. Referencias.*

Resumen. *Este texto científico defiende la universalidad de los Derechos Humanos a partir de una unión sustancial entre el Derecho Constitucional tradicional, el Derecho Internacional Público y un nuevo campo normativo denominado Derecho Constitucional Internacional.*

Palabras clave. *Derechos humanos. Derecho constitucional. Ley internacional publica. Derecho Constitucional Internacional.*

Artigo 2

A arguição de descumprimento de preceito fundamental e o mandado de injunção: condições de fixação de técnicas estruturantes para o exercício de direitos assegurados constitucionalmente[i]

---

[i] O artigo não é inédito, embora tenham sido acrescidas algumas referências para ser republicado, tendo sido veiculado originalmente na obra: CLÉVE, Clèmerson Merlin; SCHIER, Paulo Ricardo; LORENZETTO, Bruno Meneses (coords.). **Jurisdição constitucional em perspectiva**: estudos em comemoração aos 20 anos da Lei 9.868/1999. São Paulo: Revista dos Tribunais, 2020. Posteriormente, também modificado, foi remetido para publicação na obra que dá vida escrita ao Congresso Internacional de Direito Constitucional Processual, ocorrido entre os dias 7 de junho a 2 de julho de 2021.

Ingo Wolfgang Sarlet

Doutor em Direito pela Ludwig-Maximillians-Universität-München (1997). Pós-doutor pela Universidade de Munique. Professor Titular da Faculdade de Direito e dos Programas de Mestrado e de Doutorado em Direito e em Ciências Criminais da Escola de Direito da Pontifícia Universidade Católica do Rio Grande do Sul (PUCRS). Desembargador aposentado do TJRS e ex-Juiz do TRE/RS. Advogado.

Marco Félix Jobim

Pós-doutor pela Universidade Federal do Paraná. Doutor em Teoria Geral da Jurisdição e Processo pela PUCRS. Mestre em Direitos Fundamentais pela ULBRA/RS. Professor adjunto dos cursos de graduação e pós-graduação *lato* e *stricto sensu* (mestrado e doutorado) da PUCRS. Advogado. E-mail: marco@jobimesalzano.com.br.

1
Introdução

Ainda hoje, duas décadas transcorridas da entrada em vigor das Leis n. 9.882 e n. 9.686, ambas de 1999, o Supremo Tribunal Federal vem sendo provocado a decidir em questões das mais complexas em ações de controle concentrado de constitucionalidade, veiculadas por meio de ADPF (Arguição de Descumprimento de Preceito Fundamental) e de ADI (Ação Direta de Inconstitucionalidade)[i], encontrando dificuldades dos mais variados níveis, desde a forma de decidir a como, eventualmente, assegurar a autoridade de sua decisão[ii]. Não é demais fazer a ressalva que na Lei n. 9.868/1999 também estão sistematizadas a Ação Direta de Inconstitucionalidade por Omissão e a Ação Declaratória de Constitucionalidade que, de igual forma como a ADI e ADPF, recebem assuntos de significativa complexidade a serem julgados pelo STF[iii].

Para adiantarmos algumas questões, que podem ser tidas como preliminares, calha formular três observações: (i) há algum tempo, parte da doutrina tem trabalhado com a teorização da possibilidade

---

i   Inicialmente, a lei dispunha sobre a Ação Direta de Inconstitucionalidade e a Ação Declaratória de Constitucionalidade para, posteriormente, ter incorporada a Ação Direta de Inconstitucionalidade por Omissão pela Lei n. 12.063/2009.

ii Na literatura, tem-se destacado o surgimento de abordagens de natureza mais crítica sobre o funcionamento e papel do STF, além de uma perspectiva diferenciada de enfrentamento da matéria, como são, contam, entre outras, as contribuições de FALCÃO, Joaquim. **O Supremo:** compreenda o poder, as razões e as consequências das decisões da mais alta Corte do Judiciário do País. Rio de Janeiro: Edições de Janeiro, Fundação Getúlio Vargas, 2015; RECONDO, Filipe; WEBER, Luiz. **Os onze:** O STF, seus bastidores e suas crises. São Paulo: Companhia das Letras, 2019.

iii Apenas a título exemplificativo, a ADO 60 (Fundo Clima), quando da decisão para marcação das audiências públicas, teve em seu conteúdo a expressa referência pelo Ministro Luís Roberto Barroso de tratar-se de litígio de natureza estrutural. Refere o relator na decisão: "O quadro descrito na petição inicial, se confirmado, revela a existência de um estado de coisas inconstitucional em matéria ambiental, a exigir providências de natureza estrutural. Vale reiterar: a proteção ambiental não constitui uma opção política, mas um dever constitucional". (Disponível em: https://www.conjur.com.br/dl/barroso-stf-ado-60-meio-ambiente.pdf. Acesso em: 26 jan. 2022)

de objetivação do controle difuso de constitucionalidade; (ii) existem já no Brasil muitos estudos concluídos e em andamento sobre processos, decisões ou medidas estruturantes; (iii) ambas as modalidades de controle – *difuso* e *concentrado* (por ação e mesmo omissão!) prevêm (expressa ou implicitamente) a possibilidade de adoção das assim denominadas *medidas* ou *técnicas estruturantes*.

Sobre a primeira afirmação – objetivação do controle difuso –, desde a Emenda Constitucional n. 45/2004[i], há uma redefinição das atribuições das funções dos Tribunais Superiores e do Supremo Tribunal Federal[ii]. Uma das novidades da Emenda foi a positivivação de um filtro denominado *repercussão geral*[iii], inserido no art. 102, § 3º[iv], o qual possibilita que a interposição desse meio recursal transcenda a subjetividade do recorrente e, com isso, obtenha contornos de objetivação do controle pelo modelo difuso. Tal freio, até então pensado para o STF[v],

---

i Para maior conhecimento da EC n. 45/2004, ver: TAVARES, André Ramos. **Reforma do Poder Judiciário no Brasil pós-88**: (des)estruturando a justiça: comentários completos à Emenda Constitucional n. 45/04. São Paulo: Saraiva, 2005.

ii Note-se que é a própria Constituição que anuncia que tanto o Supremo Tribunal Federal quanto os Tribunais Superiores têm sede em Brasília, demonstrando que se trata de Tribunal cujas funções são diferentes daquelas exercidas por Tribunais Superiores. É a redação do art. 92: "São órgãos do Poder Judiciário: § 1º O Supremo Tribunal Federal, o Conselho Nacional de Justiça e os Tribunais Superiores têm sede na Capital Federal".

iii PINHO, Humberto Dalla Bernardina de. **Direito processual civil contemporâneo**: teoria geral do processo. 4. ed. São Paulo: Saraiva, 2012. V. 2. p. 1211. Nas palavras do autor, trata-se de mais um requisito de admissibilidade do Recurso Extraordinário, assim expondo: "O recorrente, na fase de admissibilidade, além de demonstrar a presença dos requisitos objetivos e subjetivos comuns a qualquer recurso e, ainda, o prequestionamento, deverá demonstrar, através da abertura de um capítulo preliminar em seu recurso, a existência de uma questão relevante do ponto de vista econômico, político, social ou jurídico que ultrapasse os interesses subjetivos da causa".

iv O § 3º restou com a seguinte redação: "No recurso extraordinário o recorrente deverá demonstrar a repercussão geral das questões constitucionais discutidas no caso, nos termos da lei, a fim de que o Tribunal examine a admissão do recurso, somente podendo recusá-lo pela manifestação de dois terços de seus membros".

v Existe discussão parlamentar para alocação do filtro nos Recursos Especiais, ver: PEDRON, Flavio Quinaud; FARIA, Guilherme

não deixou descansar a ideia de que os demais Tribunais de Brasília pudessem ter outros filtros semelhantes, o que acabou ocorrendo para o Superior Tribunal de Justiça com os Recursos Repetitivos e ao Tribunal Superior do Trabalho com a reformulação do conceito do Recurso de Revista e a transcendência da matéria.

A partir da repercussão geral no Recurso Extraordinário, a aproximação entre os sistemas difuso e concentrado acabou por encontrar, em parte da doutrina, alguma simpatia, especialmente em autores como Luiz Guilherme Marinoni[i], Fredie Didier Jr.[ii], Gláucia

---

Henrique Lage. Repercussão geral em recursos especiais é aposta em mecanismo fracassado. **Revista Consultor Jurídico**, 3 jun. 2018, 16h30. Disponível em: https://www.conjur.com.br/2018-jun-03/opiniao-repercussao-geral-resp-aposta-mecanismo-fracassado. Acesso em: em: 25 out. 2019.

i MARINONI, Luiz Guilherme. **Teoria geral do processo**. 4. ed. São Paulo: Revista dos Tribunais, 2010. p. 58-59. Relata o processualista: "Mas, quando a causa chega ao Supremo Tribunal Federal em razão de recuso extraordinário, o controle da constitucionalidade continua sendo incidental ao julgamento da causa. Porém, a ideia de que a decisão proferida em razão de recurso extraordinário atinge apenas as partes tem sido mitigada na prática jurisprudencial do Supremo Tribunal Federal. Isso ocorreu, inicialmente, após a fixação do entendimento de que, após o Supremo ter declarado, na via incidental, a inconstitucionalidade de uma lei, os demais tribunais estão dispensados de observar o art. 97 da Constituição Federal (reserva de plenário), podendo a inconstitucionalidade da lei, nesse caso, ser reconhecida pelos órgãos fracionários de qualquer tribunal. E, recentemente, surgiu no Supremo Tribunal Federal orientação que nega expressamente a equivalência entre controle incidental e eficácia da decisão restrita às partes do processo. Essa tese sustenta que, mesmo decisões tomadas em sede de recurso extraordinário – ou seja, em controle incidental –, quando objeto de manifestação do Plenário do Supremo Tribunal Federal, gozam de efeito vinculante em relação aos órgãos da Administração e aos demais órgãos do Poder Judiciário". Mais recentemente: MARINONI, Luiz Guilherme; MITIDIERO, Daniel. **Recurso extraordinário e recurso especial**: do jus litigatoris ao jus constitutionis. São Paulo: Revista dos Tribunais, 2019.

ii DIDIER JR., Fredie. O recurso extraordinário e a transformação do controle difuso de constitucionalidade no direito brasileiro. *In:* CAMARGO, Marcelo Novelino (Org.). **Leituras complementares de constitucional**: controle de constitucionalidade. Salvador: JusPODIVM, 2007. p. 99. Refere o processualista baiano: "O objetivo deste ensaio é o de demonstrar a transformação do controle

Mara Coelho[i], Dalton Santos Morais[ii], Bruno Taufner Zanotti[iii] e André Ramos Tavares[iv], ou seja, a de existir uma conexão entre controles após a reforma do Poder Judiciário, o que encontra também olhar semelhante em trabalhos mais recentes sobre o tema como o de Daniel Moura Nogueira[v].

No que diz com a referida quantidade e qualidade da produção já existente no Brasil sobre o tema dos processos estruturais, são diversos os títulos de qualidade já publicados. Mesmo o entendimento – a operar como espécie de fio condutor da presente abordagem – de que,

> difuso de constitucionalidade no direito brasileiro, notadamente quando realizado por meio do recurso extraordinário", e finaliza: "A idéia é a seguinte: o controle, embora difuso, quando feito pelo STF (Pleno), tem força para vincar os demais órgãos do Poder Judiciário, assemelhando-se, nesta eficácia, ao controle concentrado de constitucionalidade".

i COELHO, Gláucia Mara. **Repercussão geral**: da questão constitucional no processo civil brasileiro. São Paulo: Atlas, 2009. p. 136. Expõe a autora: "Por fim, pode-se afirmar que a adoção da repercussão geral nesses moldes (permitindo-se que uma única decisão do pleno possa ser utilizada como precedente para as ciências ordinárias), assim como da súmula com efeitos vinculantes, caracteriza um inequívoco movimento de aproximação entre os modelos de controle de constitucionalidade 'difuso-concreto' e 'abstrato-concentrado', já que as características de um e de outro modelo acabam se tornando, ao final, muito semelhantes, com o fortalecimento deste último".

ii MORAIS, Dalton Santos. **Controle de constitucionalidade**: exposições críticas à luz da jurisprudência do Supremo Tribunal Federal. Salvador: Juspodivm, 2010. p. 99 e ss.

iii ZANOTTI, Bruno Taufner. **Controle de constitucionalidade**: leis comentadas. Salvador: Juspodivm, 2011. p. 74 e ss.

iv TAVARES, André Ramos. **Manual do Poder Judiciário brasileiro**. São Paulo: Saraiva, 2012. p. 145. Refere o autor: "A partir da Reforma do Judiciário, contudo, mudanças significativas passaram a ser incorporadas ao controle de constitucionalidade. A combinação da súmula vinculante com o instituto da repercussão geral cria uma nítida conexão entre o modelo difuso-concentrado [...]".

v NOGUEIRA, Daniel Moura. O recurso extraordinário como função de controle difuso de constitucionalidade. *In:* MARINONI, Luiz Guilherme; SARLET, Ingo Wolfgang (Coord.); PESSOA, Paula; CREMONESE, Cleverton (Org.). **Processo constitucional**. São Paulo: Revista dos Tribunais, 2019. p. 754.

na decisão da arguição de descumprimento de preceito fundamental, o STF pode determinar a realização de medidas estruturantes, objeto da tese doutoral do autor Marco Félix Jobim.[i] Além disso, ainda na literatura nacional, vale conferir as contribuições de Jordão Violin[ii], Edilson Vitorelli[iii], entre tantas outras[iv], inclusive obras coletivas contendo par-

---

i   JOBIM, Marco Félix. **Medidas estruturantes**: da Suprema Corte Estadunidense ao Supremo Tribunal Federal. Porto Alegre: Livraria do Advogado, 2013. A tese ganhou, recentemente, uma segunda edição: JOBIM, Marco Félix. **Medidas estruturantes na jurisdição constitucional**: da Suprema Corte Estadunidense ao Supremo Tribunal Federal. 2. ed. Porto Alegre: Livraria do Advogado, 2021.

ii   VIOLIN, Jordão. **Protagonismo judiciário e processo coletivo estrutural**: o controle jurisdicional de decisões políticas. Salvador: Juspodivm, 2013.

iii   VITORELLI, Edilson. **O devido processo legal coletivo**: dos direitos aos litígios coletivos. São Paulo: Revista dos Tribunais, 2016.

iv   MEDEIROS JÚNIOR, Leonardo. **Processo estrutural consequencialista**: a intervenção judicial em políticas públicas. Rio de Janeiro: Lumen Juris, 2018; PINTO, Henrique Alves. **O enquadramento das decisões estruturais no Código de Processo Civil de 2015**. Rio de Janeiro: Lumen Juris, 2018; DANTAS, Eduardo Souza. **Ações estruturais e estado de coisas inconstitucional**: a tutela de direitos fundamentais em casos de graves violações do Poder Público. Curitiba: Juruá, 2018; MORAIS, Poliana Correa. **Medidas estruturantes no Supremo Tribunal Federal**. Florianópolis: Emais, 2018; GISMONI, Rodrigo. **Processo civil de interesse público & medidas estruturantes**. Curitiba: Juruá, 2017; PORFIRO, Camila Almeida. **Litígios estruturais**: legitimidade democrática, procedimento e efetividade. Rio de Janeiro: Lumen Juris, 2018; COTA, Samuel Paiva. **Do pedido e da participação**: proposições para o desenvolvimento de uma teoria acerca dos processos estruturais. Belo Horizonte: D'Plácido, 2019; LIRA, Adriana Costa. **O processo coletivo estrutural**: mecanismo de combate ao estado de coisas inconstitucional. Belo Horizonte: D'Plácido, 2019; ARENHART, Sérgio Cruz; OSNA, Gustavo; JOBIM, Marco Félix. **Curso de processo estrutural**. São Paulo: Revista dos Tribunais, 2021; GALDINO, Matheus Souza. **Processos estruturais**: identificação, funcionamento e finalidade. Salvador: JusPodivm, 2020; MARÇAL, Felipe Barreto. **Processos estruturantes**. Salvador: JusPodvim, 2021; BROOCKE, Bianca M. Schneider Van Der. **Litígios estruturais, estado de coisas inconstitucional e gestão democrática do processo**: um papel transformador para o controle judicial de políticas públicas. Londrina, PR: Thoth, 2021; DUARTE, Verônica Rangel. **Processo estrutural no**

ticipações de autores de renome nacional e internacional[i], assim como curso[ii] próprio. Todo esse arcabouço doutrinário, que também inclui manifestações de conteúdo mais crítico, mas vem para aperfeiçoar o modelo[iii], está à disposição para consulta dos mais variados temas ligados ao processo estrutural e demonstra, à sociedade, a afirmação de que já se está em nível bastante avançado de pesquisa, razão pela qual sobre a segunda afirmativa não se fará aqui maior digressão.

Diante disso, o texto que, neste momento, submete-se ao leitor se debruçará sobre a terceira afirmativa, qual seja, de que existe previsão expressa no ordenamento jurídico brasileiro em relação às medidas

---

conflito ambiental: ferramentas para a implementação da tutela específica. Rio de Janeiro: Lumen Juris, 2021.

i   Como são os casos das obras: ARENHART, Sérgio Cruz; JOBIM, Marco Félix. **Processos estruturais**. 2. ed. Salvador: Juspodivm, 2019; GRINOVER, Ada Pelegrini; WATANABE, Kazuo; COSTA, Susana Henriques da. **O processo para solução de litígios de interesse público**. Salvador: Juspodivm, 2017.

ii   ARENHART, Sérgio Cruz; OSNA, Gustavo; JOBIM, Marco Félix. **Curso de processo estrutural**. São Paulo: Revista dos Tribunais, 2021.

iii   Como na leitura de: SARLET, Ingo Wolfgang. Direitos fundamentais sociais e o mínimo existencial. *In:* ARENHART, Sérgio Cruz; JOBIM, Marco Félix (Coord.). **Processos estruturais**. 2. ed. Salvador: Juspodivm, 2019, p. 498-499, escreve: "De todo o modo, longe de esgotar aqui as possibilidades e, manifestando a nossa simpatia por um recurso cauteloso e complementar às decisões de caráter estruturante, o que se buscou aqui foi manter um diálogo crítico e propor mais algumas questões para reflexão e discussão sobre tão delicado e mesmo complexo tema. Cientes de que ainda (e isso não é de longe 'privilégio' do Brasil) se está distante de construir um modelo sólido e operativo de efetivação dos direitos fundamentais, aqui com foco no direito ao mínimo existencial, o que se busca – ao invés de apostar em modelos de intervenção – é privilegiar fórmulas dialógicas (até mesmo recorrendo à conciliação e mediação) e que impliquem menos resistência por parte dos atores envolvidos, ao mesmo tempo assegurando, inclusive, maior legitimidade aos órgãos judiciários quanto ao modo de decidir", e finaliza: "Além disso, o manejo adequado das decisões judiciais do tipo estruturante poderá então colaborar efetivamente para inibir uma litigância errática e individualizada, ademais de contribuir para uma cultura de diálogo e – o que segue sendo uma das principais carências – de respeito institucional, ademais dos efeitos de racionalização, organização do processo e da sua efetividade".

ou técnicas estruturantes, vinculadas ao processo estrutural, e que se fazem presentes em ambas as modalidades de controle de constitucionalidade – *difuso e concentrado* –, inclusive e em especial, mediante a devida compreensão e interpretação do art. 10 da Lei n. 9.882/1999. Mas a possibilidade de se manejar decisões do tipo estruturante também ocorre em sede do processo do Mandado de Injunção, como dá conta o disposto no art. 8º, inciso II, da Lei n. 12.300/2016, que, por tal razão e como já anunciado, irá também ser objeto da presente análise. A nova Lei de Mandando de Injunção não impediu que o Supremo Tribunal Federal já se posicionasse a favor de decisões com caráter estruturante, o que aliás já se deu na esfera da evolução jurisprudencial da própria Corte, bastando aqui citar o caso da greve dos servidores públicos.

Não é demais referir que o processo constitucional brasileiro[i] tem alçado vôos importantes cada vez mais, sendo um dos últimos os próprios debates existentes sobre a viabilidade de uma compilação das leis que tem conteúdo processual constitucional, tendo comissão própria para tanto[ii].

2
O art. 10 da Lei n. 9.882/1999

Não há uma efetiva linha doutrinária reflexiva sobre o art. 10[iii] da Lei n. 9.882/1999. Nele há autorização para, no julgamento da Arguição de Descumprimento de Preceito Fundamental, o Tribunal ir além da mera eficácia declaratória típica do controle abstrato de constitucionalidade das leis, concedendo permissão para que se fixe, desde já, as condições e o modo de interpretação e aplicação do preceito fundamental que

---

i   Para uma visão mais abrangente do conteúdo do processo constitucional brasileiro, recomenda-se: MARINONI, Luiz Guilherme. **Processo constitucional e democracia**. São Paulo: Thomsom Reuters Brasil, 2021; ABBOUD, Georges. **Processo constitucional brasileiro**. 5. ed. São Paulo: Thomsom Reuters Brasil, 2021.

ii Disponível em: https://www.camara.leg.br/noticias/710651-camara-cria-comissao-de-juristas-para-avaliar-legislacao-sobre-processo-constitucional/.

iii "Art. 10. Julgada a ação, far-se-á comunicação às autoridades ou órgãos responsáveis pela prática dos atos questionados, fixando-se as condições e o modo de interpretação e aplicação do preceito fundamental."

restou violado. Quando se faz referência de que o enunciado é pouco comentado pela doutrina brasileira, está-se afirmando que, embora exista profícua literatura sobre ações do controle abstrato de constitucionalidade de leis, há déficit naquilo que é produzido sobre o art. 10, como se pode ver com a leitura de Humberto Peña de Moraes[i] que se manifesta sobre ser o dispositivo apenas mais um na legislação, sem adentrar em maiores detalhes sobre sua potencialidade. A título de confirmação, basta analisar aquela que talvez seja a obra de maior envergadura sobre o tema produzida pela doutrina brasileira: o tratado escrito sobre a ADPF de André Ramos Tavares[ii], no qual existem algumas poucas páginas destinadas ao tratamento do artigo em questão.

O dispositivo apresenta certa clareza: fixar as condições[iii] para a interpretação e aplicação do preceito fundamental violado, o que, nas palavras de Gilmar Ferreira Mendes[iv], importa em defender que o

---

[i] Apenas repete a redação do artigo: MORAES, Humberto Peña. Arguição de descumprimento de preceito fundamental: lineamentos sobre o tema. *In:* QUEIROZ, Raphael Augusto Sofiati de. **Acesso à justiça**. Rio de Janeiro: Lumen Juris, 2002. p. 155. Da mesma forma: CHAI, Cássius Guimarães. **Descumprimento de preceito fundamental**: identidade constitucional e vetos à democracia. Belo Horizonte: Mandamentos, 2004. p. 121.

[ii] TAVARES, André Ramos. **Tratado da arguição de preceito fundamental**: Lei n. 9.868/99 e Lei n. 9.882/99. São Paulo: Saraiva, 2001. Entre as páginas 385 e 387, discorre o autor sobre o tema, chegando, como os outros autores citados, a quase repetir a redação neste trecho na p. 385 ao dizer: "As autoridades e órgãos referidos devem ser cientificados de todo o decisium, vale dizer, tanto da procedência ou improcedência do pedido de reconhecimento do descumprimento, com seus efeitos, bem como das condições e modo de interpretação e aplicação do preceito fundamental".

[iii] A expressão a que se refere a legislação não pode ser outra que não a resolutiva. Cf.: CONDIÇÃO. *In:* HOUAISS, Antônio; VILLAR, Mauro de Salles. **Dicionário Houaiss da língua portuguesa**. Rio de Janeiro: Objetiva, 2004. p. 791: "**c. resolutiva** JUR aquela que extingue a eficácia de um ato caso se realize um evento futuro e incerto. c. *sine qua non* condição absolutamente necessária, indispensável para que um certo fato se realize" (grifos do autor).

[iv] MENDES, Gilmar Ferreira. **Arguição de descumprimento de preceito fundamental**. 2. ed. São Paulo: Saraiva, 2011. p. 301. Aduz o ministro do Supremo Tribunal Federal: "O art. 10, caput, da Lei n. 9.882/99 estabelece – tal como o art. 25 da Lei n. 9.868/1999 – que, julgada a ação, deverá ser feita a comunicação às autoridades ou aos

Tribunal não apenas declara o direito, mas também passa a ter a possibilidade de ditar as condições de interpretação do preceito violado. Equivoca-se o constitucionalista quando expõe que os arts. 10 da Lei n. 9.882/1999 e 25[i] da Lei n. 9.868/1999 estabelecem o mesmo, uma vez que neste há redução de um em relação ao outro.

Na leitura de Frederico Barbosa Gomes, vê-se, na mesma linha dos demais autores, apenas uma paráfrase do art. 10, sem nenhum comentário adicional que possa descortinar a real importância de seu texto e dos sentidos normativos[ii] extraídos a partir de sua interpretação[iii], o que pode ser, da mesma forma, confirmado com a leitura de Marco Aurélio Paganella[iv], Edilson Pereira Nobre Júnior[v] e Fernando

---

órgãos responsáveis pela prática dos atos questionados, fixando-se, se for o caso, as condições e o modo de interpretação de preceito fundamental", e finaliza: "Tem-se, pois, aqui, a possibilidade de o Tribunal não apenas declarar a eventual legitimidade ou ilegitimidade de ato do Poder Público, mas também de fixar, de maneira expressa, as condições e formas de interpretação do preceito fundamental".

i   Dispõe o art. 25 da Lei n. 9.868/1999: "Julgada a ação, far-se-á a comunicação à autoridade ou ao órgão responsável pela expedição do ato".

ii Sobre o tema, recomenda-se: GUASTINI, Riccardo. **Das fontes às normas**. Tradução de Edson Bini. São Paulo: QuartierLatin, 2005.

iii Sobre o tema da interpretação, em recente publicação, vale a leitura de: ÁVILA, Humberto. **Constituição, liberdade e interpretação**. São Paulo: Malheiros, 2019. Em interessante passagem, defende: "A interpretação que – direta ou indiretamente – negue as limitações decorrentes da estrutura normativa, dos significados e das consequências estabelecidos pela Constituição– de maneira ostensiva ou oculta – uma conexão necessária e indefinida entre Direito e Moral, na verdade transformando o Direito em Moral, o julgador em legislador e o discurso jurídico em simples meio de expressão de emoções pessoais; além disso, aniquila com a liberdade individual, porquanto tolhe ao indivíduo a possibilidade de, com base no Direito, plasmar seu presente e, com autonomia e independência, sem engano ou injustificada surpresa, planejar o futuro".

iv PAGANELLA, Marco Aurélio. **A arguição de descumprimento de preceito fundamental no contexto do controle de constitucionalidade**. São Paulo: LTr, 2004. p. 108.

v   NOBRE JÚNIOR, Edilson Pereira. **Direitos fundamentais e arguição de descumprimento de preceito fundamental**. Porto Alegre: Sergio Antonio Fabris, 2004. p. 115.

Reverendo Vidal Akaoui[i]. Em obra específica sobre as eficácias das sentenças na jurisdição constitucional, de Teori Albino Zavascki[ii], há na mesma linha uma pequena referência à existência do art. 10 da Lei n. 9.882/1999 quando o saudoso jurista aborda o tema da ADPF.

Há problemas criados pela doutrina, pela lei e pela jurisprudência do Supremo Tribunal Federal que enfraqueceram a utilização da ADPF durante anos, que agora parece ter trilhado seu próprio caminho. Na linha doutrinária, autores como Elival da Silva Ramos[iii] e

---

[i] AKAOUI, Fernando Reverendo Vidal. **Jurisdição constitucional e a tutela dos direitos metaindividuais**. São Paulo: Verbatim, 2009. p. 96.

[ii] ZAVASCKI, Teori Albino. **Eficácia das sentenças na jurisdição constitucional**. 2. ed. São Paulo: Revista dos Tribunais, 2012. p. 59. Dispõe: "Consideram-se 'atos do Poder Público' causador de lesão a preceito fundamental, não apenas os de natureza normativa, mas os de caráter individual, inclusive os de natureza jurisdicional. A decisão de mérito proferida em ADPF fixará 'as condições e o modo de interpretação e aplicação do preceito fundamental' (art. 10), 'terá eficácia contra todos e efeito vinculante relativamente aos demais órgãos do Poder Público' (art. 10, § 3º) e seu cumprimento pode ser assegurado e controlado por via de reclamação perante o próprio STF (art. 13)".

[iii] RAMOS, Elival da Silva. **Controle de constitucionalidade no Brasil**: perspectivas de evolução. São Paulo: Saraiva, 2010. p. 411. O autor, no capítulo que chama de "A reconfiguração do recurso extraordinário e a eliminação da ADPF", assim expõe seu pensamento: "Diante da reconfiguração ora proposta para o recurso extraordinário, afinada com o desenho de uma jurisdição constitucional concentrada, tornar-se-ia inteiramente dispensável o instituto da arguição de descumprimento de preceito fundamental. Com efeito, o campo de aplicação da arguição, nas mais otimistas das perspectivas doutrinárias a seu respeito, estaria totalmente coberto pelo sistema jurisdicional brasileiro após a ampla reforma que se vaticina e se preconiza. Destarte, o controle de constitucionalidade dos atos legislativos assumiria amplitude máxima, pois abrangeria leis, em sentido formal ou apenas em sentido material, editadas nos três níveis da federação, mesmo se já revogadas pela própria Constituição ou por legislação ordinária subsequente, admitindo-se as duas modalidades básicas de controle (incidental e principal) e atribuindo-se às decisões declaratórias de efeitos desconstitutivos oponíveis contra todos. No tocante aos atos administrativos *lato sensu*, se de natureza normativa e diretamente reportados à Constituição Federal, seriam objeto de controle de constitucionalidade, enquanto os seus efeitos

Gabriel Dias Marques da Cruz[i] praticamente exigiram sua morte, enquanto outros trabalharam para ser uma via adequada à jurisdição constitucional[ii].

No sentido da legalidade, outra tese que enfraqueceu a ADPF foi ela ser considerada como uma ação subalterna, subsidiária no sistema pátrio, o que hoje não mais se sustenta, apesar de a leitura do art. 4º, § 1º[iii], da Lei n. 9.882/1999 aparentar tal interpretação, aliada a defesas restritivas como a de Carlos Roberto de Alckmin Dutra[iv].

concretos, atentatórios a preceitos fundamentais, seriam passíveis de questionamentos por parte dos interessados, mediante o uso dos instrumentos processuais adequados, no âmbito da jurisdição ordinária. Por último, na hipótese de decisões judiciais ofensivas a normas fundamentais da Constituição, as situações, em tese, mais usuais e de maior significação a ensejar reparo por ADPF, são exatamente aquelas que continuariam a ser submetidas ao Supremo Tribunal Federal, agora por meio da interposição de recurso extraordinário, visto pressuporem a violação de direito ou garantia fundamental" (grifo do original).

i   CRUZ, Gabriel Dias Marques da. **Arguição de descumprimento de preceito fundamental**: lineamentos básicos e revisão crítica no direito constitucional brasileiro. São Paulo: Malheiros, 2011. p. 138. Na realidade, o autor foi orientado em seu mestrado por Elival da Silva Ramos, o que explica os posicionamentos convergentes. Conclui em sua obra, fruto de sua dissertação defendida na USP: "Tenho certeza, entretanto, de que, no caso da arguição de descumprimento, a morte se apresentaria como medida proveitosa, destinando um legado mais que conveniente para o necessário aperfeiçoamento do exercício da jurisdição constitucional brasileira".

ii MAZZUOLI, Valerio de Oliveira. **O controle jurisdicional da convencionalidade das leis**. São Paulo: Revista dos Tribunais, 2009, v. 4. p. 138. Isso sem que se defenda pela ótica de quanto mais meios de se atacar uma lei que afronta a Constituição, mais segurança existe para um Estado de Direito, conforme aponta o autor em sua obra.

iii É a redação do art. 4º, § 1º, da Lei: "A petição inicial será indeferida liminarmente, pelo relator, quando não for o caso de argüição de descumprimento de preceito fundamental, faltar algum dos requisitos prescritos nesta Lei ou for inepta. § 1º Não será admitida argüição de descumprimento de preceito fundamental quando houver qualquer outro meio eficaz de sanar a lesividade".

iv DUTRA, Carlos Roberto de Alckmin. **Controle abstrato de constitucionalidade**: análise dos princípios processuais aplicáveis. São Paulo: Saraiva, 2012. p. 175. Refere: "Portanto, entendo deva ser prestigiada a regra geral, a impor o uso apenas subsidiário da ADPF,

Contudo, há também na doutrina salvo conduto para considerá-la da mesma envergadura das demais ações, conforme defende André Ramos Tavares[i]. Uma leitura mais atenta do fenômeno da jurisdição constitucional – que abarca o controle abstrato – faz crer que a palavra *subsidiariedade*, anunciada na legislação, pode ter outro significado, até em razão da própria palavra ser dotada de múltiplos significados como lembra Omar Serva Maciel[ii]. Convergindo com a linha apresentada, Willis Santiago Guerra Filho[iii] alude que, se o que se busca é uma unidade na

> não advindo daí nenhum prejuízo para a proteção do preceito fundamental, que poderá ser resguardado de maneira tão eficaz quanto por meio de ação direta de inconstitucionalidade ou declaratória de constitucionalidade".

[i] TAVARES, André Ramos. **Curso de direito constitucional**. 8. ed. São Paulo: Saraiva, 2010. p. 314. Refere: "A arguição é medida tão primordial (ou principal) quanto à ação direta de inconstitucionalidade – ou até de relevância superior, se se quiser atentar para a 'qualificação' das normas constitucionais do instituto. No próprio art. 102 da Constituição encontra-se a regra matriz tanto da arguição como da ação direta, ambas presentes no texto original da Constituição de 1988".

[ii] MACIEL, Omar Serva. **Princípio de subsidiariedade e jurisdição constitucional**. Belo Horizonte: Mandamentos, 2004. p. 27. Refere o autor: "O conceito de subsidiariedade é plurissignificativo, dado o discurso interdisciplinar que pode ser travado em torno do tema. A etimologia do vocábulo deriva do latim subsidium, identificado por alguns como auxílio ou ajuda".

[iii] GUERRA FILHO, Willis Santiago. **Processo constitucional e direitos fundamentais**. 5. ed. São Paulo: RCS, 2007. p. 242. Refere: "Para concluir, então, vale o registro de que, mesmo considerando a argüição um instrumento de tutela constitucional da ordem jurídica subjetiva, não há porque ignorar o uso subsidiário que dela possa se fazer, para suprir deficiências em nosso sistema de controle de constitucionalidade, colmatando lacunas – é o caso quando se pretenda exercer tal controle, de forma concentrada e em abstrato, sobre lei ou ato normativo, seja municipal, seja por anterior à atual Constituição Federal, pois a tais hipóteses a criatividade judicial e doutrinária até hoje não logrou permitir que se estenda o controle por meio da ação direta de inconstitucionalidade perante o STF. É que o sistema de tutela de uma ordem constitucional há de ser, o quanto possível, integral, sendo válido, para atingir tão nobre finalidade, o emprego de qualquer meio juridicamente admissível, donde se admitir a fungibilidade entre os institutos de proteção dos aspectos subjetivo e objetivo dessa ordem, uma vez que, afinal de contas, devem formar uma unidade: a unidade da Constituição".

Constituição Federal, pelo que a lei fazer referência a ser a Arguição de Descumprimento de Preceito Fundamental, uma ação subsidiária em nada inibe que o sistema de controle de constitucionalidade, quando deficientemente lacunoso, não possa abarcar a normatização exposta na lei que regula a arguição. Por isso que se deve, necessariamente, defender que o princípio da subsidiariedade fortalece a aplicação do princípio da fungibilidade entre as ações do controle abstrato de constitucionalidade, podendo, em determinados casos, uma ação direta ser recebida pelo fato de a parte ter ingressado com a Arguição de Descumprimento de Preceito Fundamental e vice-versa.

Na linha jurisprudencial, o início da ADPF realmente não foi de caminhada fácil no Supremo Tribunal Federal[i]. Em um primeiro momento, além do hiato temporal existente entre sua criação na Constituição Federal e a promulgação da lei em 1999, algumas arguições não foram conhecidas em razão do princípio da subsidiariedade, como a ADPF n. 3/CE[ii], podendo ainda serem referidas

---

i   PAULA, Felipe Duarte Gonçalves Ventura de. A arguição de descumprimento de preceito fundamental. In: VOJVODIC, Adriana et al. (Org.). **Jurisdição constitucional no Brasil**. São Paulo: Malheiros, 2012. p. 182. Refere sobre o início da arguição: "Durante 11 anos a arguição de descumprimento de preceito fundamental permaneceu inerte em nosso ordenamento jurídico. De fato, o STF reconheceu a não autoaplicabilidade do § 1º do art. 102 da CF de 1988 e, invocando a ausência de disciplina legislativa, indeferiu pedidos de arguição de descumprimentos ajuizadas antes da edição da Lei 9.882/1999".

ii   "EMENTA: DIREITO CONSTITUCIONAL. ARGUIÇÃO DE DESCUMPRIMENTO DE PRECEITO FUNDAMENTAL (ART. 102, § 1º, DA CONSTITUIÇÃO FEDERAL, 1º E SEGUINTES DA LEI N. 9.882, DE 3 DE DEZEMBRO DE 1999). VENCIMENTOS DE SERVIDORES PÚBLICOS ATIVOS E PROVENTOS DE INATIVOS. GRATIFICAÇÕES. VANTAGENS. CÁLCULO DE ACRÉSCIMOS PECUNIÁRIOS. TETO DE VENCIMENTOS E PROVENTOS. IMPUGNAÇÕES DE DECISÕES MONOCRÁTICAS E COLEGIADAS DO TRIBUNAL DE JUSTIÇA DO CEARÁ, PROFERIDAS EM RECLAMAÇÕES. ALEGAÇÃO DE VIOLAÇÃO AOS ARTS. 5º, LIV E LV, 37, "CAPUT" E INCISO XIV, 100, § 2º, DA C.F. DE 1988, BEM COMO AO ART. 29 DA EMENDA CONSTITUCIONAL N. 19/98. QUESTÃO DE ORDEM. MEDIDA CAUTELAR. 1. A Constituição Federal de 5.10.1988, no parágrafo único do art. 102, estabeleceu: a argüição de descumprimento de preceito fundamental decorrente desta Constituição será apreciada pelo Supremo Tribunal Federal, na forma da lei. Esse texto foi reproduzido como § 1º do mesmo artigo, por força da Emenda Constitucional n. 3, de 17.03.1993. 2. A Lei n. 9.882, de 03.12.1999, cumprindo a norma constitucional, dispôs sobre o processo e julgamento da argüição de descumprimento de preceito fundamental. No art. 1º estatuiu: 'Art. 1º A arguição prevista no § 1º do art. 102 da Constituição Federal será proposta perante o Supremo Tribunal Federal, e terá por objeto evitar ou reparar lesão a preceito fundamental, resultante de ato do Poder Público.' Trata-se, nesse caso, de Argüição autônoma, com caráter de verdadeira Ação, na qual se pode impugnar ato de qualquer dos Poderes Públicos, no âmbito federal, estadual ou municipal, desde que para evitar ou reparar lesão a preceito fundamental da Constituição. 3. Outra hipótese é regulada no parágrafo único do mesmo art. 1º da Lei n. 9.882/99, 'in verbis': 'Parágrafo único. Caberá também argüição de descumprimento de preceito fundamental: I – quando for relevante o fundamento da controvérsia constitucional sobre lei ou ato normativo federal, estadual ou municipal, incluídos os anteriores à Constituição.' 4. Cuida-se aí, não de uma Ação autônoma, qual a prevista no 'caput' do art. 1º da Lei, mas de uma Ação incidental, que pressupõe a existência de controvérsia constitucional relevante sobre lei ou ato normativo federal, estadual ou municipal, incluídos os anteriores à Constituição. 5. O caso presente não é de Argüição Incidental, correspondente a um incidente de constitucionalidade, pois não se alega na inicial a existência de qualquer controvérsia entre as decisões focalizadas, pois todas elas foram no mesmo sentido, deferindo medidas liminares em Reclamações, para os efeitos nelas mencionados. 6. Cogita-se, isto sim, de Argüição autônoma prevista no 'caput' do art. 1º da Lei. 7. Dispõe, contudo, o § 1º do art. 4º do diploma em questão: '§ 1º – Não será admitida argüição de descumprimento de preceito fundamental quando houver qualquer outro meio eficaz de sanar a lesividade'. 8. E ainda há meios judiciais eficazes para se sanar a alegada lesividade das decisões impugnadas. 9. Se, na Corte estadual, não conseguir o Estado do Ceará obter medidas eficazes para tal fim, poderá, em tese, renovar a Argüição de Descumprimento de Preceito Fundamental. 10. Também assiste ao Governador, em tese, a possibilidade de promover, perante o Supremo Tribunal Federal, Ação Direta de Inconstitucionalidade do art. 108, VII, 'i', da Constituição do Estado, bem como do art. 21, VI, 'j', do Regimento Interno do Tribunal de Justiça do Ceará, que instituíram a Reclamação destinada à preservação de sua competência e garantia da autoridade de suas decisões. É que, segundo entendimento desta Corte, não compete aos Tribunais legislar sobre Direito processual, senão quando expressamente autorizados pela Constituição (RTJs 112/504, 117/921, 119/1145). Assim, também, os Estados, mesmo em suas Constituições. 11. E as decisões atacadas foram proferidas em processos de Reclamação. 12. Questão de Ordem que o Supremo Tribunal Federal resolve não conhecendo da presente Argüição de Descumprimento de Preceito Fundamental, ficando, em conseqüência, prejudicado o pedido de medida liminar."

as ADPFs n. 12[i] e n. 13[ii], ambas com decisões monocráticas do ministro Ilmar Galvão. Após esse período de carência, no qual a ADPF passou por seus piores anos de existência, o Supremo Tribunal Federal começou a modificar seu posicionamento sobre o tema e admitir a aplicação do princípio da fungibilidade, convertendo as ações equivocadamente propostas, o que pode ser exemplificado com a Ação Direta de Inconstitucionalidade n. 4.180/DF[iii], de relatoria do ministro Cezar

    Cf.: BRASIL. Supremo Tribunal Federal. **Arguição de Descumprimento de Preceito Fundamental n. 3**. Relator: Min. Sydney Sanches. Disponível em: http://www.stf.jus.br/portal/jurisprudencia/listarJurisprudencia.asp?s1=%28ADPF%24%2ESCLA%2E+E+3%2ENUME%2E%29+OU+%28ADPF%2EACMS%2E+ADJ2+3%2EACMS%2E%29&base=baseAcordaos. Acesso em: 29 out. 2019.

i   BRASIL. Supremo Tribunal Federal. **Arguição de Descumprimento de Preceito Fundamental n. 12**. Relator: Min. Ilmar Galvão. Disponível em: http://www.stf.jus.br/portal/jurisprudencia/listarJurisprudencia.asp?s1=%28ADPF%24%2ESCLA%2E+E+12%2ENUME%2E%29&base=baseMonocraticas. Acesso em: 29 out. 2019.

ii   BRASIL. Supremo Tribunal Federal. **Arguição de Descumprimento de Preceito Fundamental n. 13**. Relator: Min. Ilmar Galvão Disponível em: http://www.stf.jus.br/portal/jurisprudencia/listarJurisprudencia.asp?s1=%28ADPF%24%2ESCLA%2E+E+13%2ENUME%2E%29&base=baseMonocraticas. Acesso em: 29 out. 2019.

iii   "EMENTAS: 1. AÇÃO DIRETA DE INCONSTITUCIONALIDADE. Impropriedade da ação. Conversão em Argüição de Descumprimento de Preceito Fundamental - ADPF. Admissibilidade. Satisfação de todos os requisitos exigidos à sua propositura. Pedido conhecido como tal. Aplicação do princípio da fungibilidade. Precedentes. É lícito conhecer de ação direta de inconstitucionalidade como argüição de descumprimento de preceito fundamental, quando coexistentes todos os requisitos de admissibilidade desta, em caso de inadmissibilidade daquela. 2. INCONSTITUCIONALIDADE. Art. 2º da Lei n. 3.189/2003, do Distrito Federal. Inclusão de evento privado no calendário de eventos oficiais do Distrito Federal. Previsão da destinação de recursos do Poder Executivo para seu patrocínio. Encargo adicional à Secretaria de Segurança Pública. Iniciativa legislativa de deputado distrital. Inadmissibilidade. Aparente violação aos arts. 61, § 1º, II, alínea "b", e 165, III, da Constituição Federal. Medida liminar deferida e referendada. Aparenta inconstitucionalidade, para efeito de liminar em ação de descumprimento de preceito fundamental, o disposto no art. 2º da Lei n. 3.189/2003. do Distrito Federal." Cf.: BRASIL. Supremo Tribunal Federal. **Ação Direta de Inconstitucionalidade 4.180/DF**. Relator: Min. Cezar Peluso. Disponível em: http://www.stf.jus.br/portal/jurisprudencia/listarJurisprudencia.asp?s1=%28ADI%24%2ESCLA%2E+E+4180%2ENUME%2E%29+OU

Peluso, e as Arguições de Descumprimento de Preceito Fundamental n. 178[i], de relatoria do ministro Gilmar Ferreira Mendes, e n. 72[ii], de relatoria da ministra Ellen Gracie.

O princípio da fungibilidade, inicialmente criado para dar guarida à interposição de alguns recursos[iii] equivocados, aborda a possibilidade de abrandamento da rigidez das regras recursais, autorizando a

---

+%28ADI%2EACMS%2E+ADJ2+4180%2EACMS%2E%29&base=baseAcordaos. Acesso em: 29 out. 2019.

[i] BRASIL. Supremo Tribunal Federal. **Arguição de Descumprimento de Preceito Fundamental n. 178**. Relator: Min. Gilmar Ferreira Mender. Disponível em: http://www.stf.jus.br/portal/jurisprudencia/listarJurisprudencia.asp?s1=%28ADPF%24%2ESCLA%2E+E+178%2ENUME%2E%29&base=baseMonocraticas. Acesso em: em: 24 out. 2012.

[ii] "QUESTÃO DE ORDEM EM ARGÜIÇÃO DE DESCUMPRIMENTO DE PRECEITO FUNDAMENTAL. PORTARIA N. 156, DE 05.05.05, DA SECRETARIA EXECUTIVA DA FAZENDA DO ESTADO DO PARÁ. FIXAÇÃO, PARA FINS DE ARRECADAÇÃO DE ICMS, DE NOVO VALOR DE PREÇO MÍNIMO DE MERCADO INTERESTADUAL PARA O PRODUTO CARVÃO VEGETAL. ARTS. 150, I, II E V, 152 E 155, § 2º, XII, i, TODOS DA CONSTITUIÇÃO FEDERAL. 1. O ato normativo impugnado é passível de controle concentrado de constitucionalidade pela via da ação direta. Precedente: ADI 349, rel. Min. Marco Aurélio. Incidência, no caso, do disposto no art. 4º, § 1º, da Lei n. 9.882/99; 2. Questão de ordem resolvida com o aproveitamento do feito como ação direta de inconstitucionalidade, ante a perfeita satisfação dos requisitos exigidos à sua propositura (legitimidade ativa, objeto, fundamentação e pedido), bem como a relevância da situação trazida aos autos, relativa a conflito entre dois Estados da Federação."Cf. BRASIL. Supremo Tribunal Federal. **Arguição de Descumprimento de Preceito Fundamental n. 72/PA**. Relatora: Min. Ellen Gracie. Disponível em: http://www.stf.jus.br/portal/jurisprudencia/listarJurisprudencia.asp?s1=%28ADPF%24%2ESCLA%2E+E+72%2ENUME%2E%29+OU+%28ADPF%2EACMS%2E+ADJ2+72%2EACMS%2E%29&base=baseAcordaos. Acesso em: 29 out. 2019.

[iii] A previsão estava expressa no Decreto-lei n. 1.608, de 18 de setembro de 1939, o então Código de Processo Civil da época, em seu art. 810, com a seguinte redação: "Salvo a hipótese de má-fé ou erro grosseiro, a parte não será prejudicada pela interposição de um recurso por outro, devendo os autos ser enviados à Câmara, ou turma, a que competir o julgamento". BRASIL. Decreto-lei n. 1.608, de 18 de setembro de 1939. **Código de Processo Civil**. Disponível em: http://www.planalto.gov.br/ccivil_03/decreto-lei/1937-1946/Del1608.htm. Acesso em: 29 out. 2019.

flexibilização do princípio da correspondência[i], ao conceder a possibilidade de um recurso ser conhecido por outro, o que é certificado por Rita de Cássia Corrêa de Vasconcelos[ii] em estudo específico sobre o tema. Mas isso não significa dizer que a fungibilidade está adstrita à teoria geral dos recursos, contudo, como ilustra Guilherme Freire de Barros Teixeira[iii], está vinculada às medidas processuais que, erroneamente utilizadas, podem ser alvo de substituição por outra, apenas pecando ao afirmar que eventual equívoco pela parte é irrelevante, uma vez que é, sim, relevante o erro grosseiramente realizado[iv]. Posteriormente, afirma o autor[v] que o princípio da fungibilidade tem expressa vinculação à

---

i Também chamado de princípio da singularidade, ou da unirrecorribilidade ou da unicidade recursal. Sobre conceito, nomenclatura e exceções, conferir: NUNES, Dierle et al. **Curso de direito processual civil**: fundamentação e aplicação. Belo Horizonte: Fórum, 2012. p. 272-275.

ii VASCONCELOS, Rita de Cássia Corrêa. **Princípio da fungibilidade**: hipóteses de incidência no processo civil brasileiro contemporâneo. São Paulo: Revista dos Tribunais, 2007. p. 78. Refere a autora: "O princípio da fungibilidade recursal consiste, então, numa atenuação desses princípios, num abrandamento das respectivas regras, na medida em que autoriza o recebimento de um recurso por outro, proporcionando o conhecimento de mais de uma espécie de recurso, contra uma única decisão judicial".

iii TEIXEIRA, Guilherme Freire de Barros. **Teoria do princípio da fungibilidade**. São Paulo: Revista dos Tribunais, 2008. p. 290. Refere: "O princípio da fungibilidade pode ser conceituado como a possibilidade de substituição de uma medida processual por outra, admitindo-se aquela erroneamente utilizada, como se tivesse sido empregada uma outra mais adequada à situação concreta existente nos autos, sendo irrelevante eventual equívoco no manejo de medida inapropriada pela parte".

iv PORTANOVA, Rui. **Princípios do processo civil**. 6. ed. Porto Alegre: Livraria do Advogado, 2005. p. 274. Refere: "Hoje a fungibilidade é amplamente admitida, em especial nos recursos ordinários. Persiste, é claro, a preocupação com o erro grosseiro e a má-fé. Mas não pode haver dúvida: não se identificando hipótese de erro grosseiro, fica autorizado o princípio da fungibilidade recursal, que o Código não repele, expressamente, enquanto a doutrina e a jurisprudência o aceitam".

v TEIXEIRA, Guilherme Freire de Barros. **Teoria do princípio da fungibilidade**. São Paulo: Revista dos Tribunais, 2008. p. 295. Aduz: "Na aplicação do princípio da fungibilidade, o órgão judicial desempenha um papel de relevo, devendo voltar sua atuação para a busca da melhoria da prestação jurisdicional, com a consciência de que deve ser extraído o máximo de resultados práticos do processo. Por isso, deve ser superada a visão do juiz neutro, ganhando destaque a concepção que preconiza o

melhoria da prestação jurisdicional, por meio da visão do juiz de que, diante de casos que necessitem desse reajuste processual, ele não seja um mero espectador e assuma sua função de condutor do processo na busca da finalidade do ato processual. Diante disso, o princípio da fungibilidade tem alargado seus conceitos para além do direito recursal, o que também é defendido por Sidnei Amendoeira Jr.[i], encontrando esteio, atualmente, até mesmo no controle de constitucionalidade de leis, em especial na Arguição de Descumprimento de Preceito Fundamental.

Com esse entendimento, o papel assumido pela ADPF passa de subsidiário para principal, o que proporciona que a normatividade dela transcenda seu campo de abrangência, podendo incidir as regras de seu procedimento em todo o controle de constitucionalidade de leis realizado pelo Supremo Tribunal Federal. A importância da ação está expressamente colocada por André Ramos Tavares[ii], o qual defende que, sempre que existir ofensa a preceito fundamental, que, como conceituou anteriormente, abarca a obediência a princípios e regras constitucionais, é de ser utilizada a via da Arguição quando se estiver falando das ações do controle abstrato de constitucionalidade das leis, chegando a afirmar que o objeto da ação genérica estaria absorvido pela própria Arguição[iii].

---

    aumento dos poderes do órgão judicial na avaliação da finalidade do ato processual e na condução do processo, e que utiliza seus poderes-deveres sem ficar relegado ao papel de mero expectador da atividade das partes, devendo, ao contrário, atuar ativamente na busca da verdade e do esclarecimento dos fatos".

i   AMENDOEIRA JR., Sidnei. **Fungibilidade de meios**. São Paulo: Atlas, 2008. p. 13. Afirma: "Em nosso entendimento, tal princípio pode e deve ser aplicado de forma muito mais ampla, de modo a alcançar sua verdadeira natureza, a de servir como mecanismo eficiente e seguro para a instrumentalidade do processo e a economia processual, permitindo que, em diversas outras situações, possa ser entregue uma tutela jurisdicional efetiva, tempestiva e justa".

ii   TAVARES, André Ramos. **Curso de direito constitucional**. 8. ed. São Paulo: Saraiva, 2010. p. 312. Refere: "A hermenêutica mais engajada com o nível de abertura proposto pela Constituição e a busca por uma tutela efetiva da supremacia constitucional permitem a leitura de que sempre, absolutamente sempre, que houver violação de preceito constitucional fundamental, a medida de controle abstrato-concentrado deva ser a ADPF".

iii   TAVARES, André Ramos. **Curso de direito constitucional**. 8. ed. São Paulo: Saraiva, 2010. p. 313. Aduz: "Dessa forma, no que respeita aos preceitos constitucionais fundamentais, o objeto da ação genérica teria

Diante disso, inegável a reflexão de que as regras garantidoras de maiores direitos aos cidadãos, de maior efetividade da Constituição e de maior dotação das questões relacionadas à eficácia dos direitos fundamentais[i] sob a matriz da dignidade da pessoa humana[ii] devem ser migradas de uma ação para outra, encontrando moradia o art. 10 da Lei n. 9.882/1999 em todo controle de constitucionalidade, inclusive no Recurso Extraordinário, com repercussão geral pelo contorno abstrato que hoje lhe é inerente.

Contudo, hoje já não mais há necessidade de se realizar tamanha engenharia interpretativa para se defender que a regra que garante medidas do tipo estruturante no art. 10 da ADPF possa ser uma realidade para as ações da Lei n. 9.868/1999 e, a partir da objetivação do controle difuso para essa via também pois, com o advento da Lei n. 13.300/2016 e seu art. 8°, inciso II, a possibilidade de medidas do tipo estruturante também passam a ser uma realidade do controle difuso de constitucionalidade, como se passa a demonstrar.

3
O art. 8°, inciso II, da Lei n. 13.300/2016

A história do Mandado de Injunção[iii] no Brasil está intimamente relacionada à sua inefetividade e ao seu desrespeito. Mesmo com sua

---

sido total e exclusivamente absorvido pela arguição. Em outras palavras, atos normativos (leis em especial) violadores de norma constitucional fundamental haveriam de sofrer a reprimenda cabível por meio da provocação pela ADPF, e não mais pela ADI".

i   Aqui imperiosa a leitura de: SARLET, Ingo Wolfgang. **A eficácia dos direitos fundamentais**: uma teoria geral dos direitos fundamentais na perspectiva constitucional. 13. ed. Porto Alegre: Livraria do Advogado, 2018.

ii Sobre o tema: SARLET, Ingo Wolfgang. **Dignidade da pessoa humana e direitos fundamentais na Constituição Federal de 1988**. 8. ed. Porto Alegre: Livraria do Advogado, 2010.

iii Sobre o conceito, recomenda-se: OLIVEIRA, Francisco Antonio de. **Mandado de injunção**: da inconstitucionalidade por omissão, enfoques trabalhistas, jurisprudência. 2. ed. São Paulo: Revista dos Tribunais, 2004. p. 26-27.

proteção constitucional[i] e fazendo parte do rol de ações constitucionais da via do controle difuso[ii] de constitucionalidade ou concreto, nomenclatura preferida por Fábio Lima Quintas[iii], o *writ* padecia de uma identidade nos julgamentos proferidos pelo Supremo Tribunal Federal que, utilizando-se de um modelo mais *self restraint*, inicialmente decidia apenas sobre a mora do legislativo frente ao comando inexistente questionado. A função, então meramente declaratória do atraso, não produzia qualquer benefício ao exercício do direito do qual padecia de regulamentação, posição essa que praticamente colocava a garantia processual em limbo existencial.

---

i "Art. 5º Todos são iguais perante a lei, sem distinção de qualquer natureza, garantindo-se aos brasileiros e aos estrangeiros residentes no País a inviolabilidade do direito à vida, à liberdade, à igualdade, à segurança e à propriedade, nos termos seguintes: [...]; LXXI – conceder-se-á mandado de injunção sempre que a falta de norma regulamentadora torne inviável o exercício dos direitos e liberdades constitucionais e das prerrogativas inerentes à nacionalidade, à soberania e à cidadania."

ii AGRA, Walber de Moura. **Aspectos controvertidos do controle de constitucionalidade**. Salvador: Juspodivm, 2008. p. 61. Refere: "Com relação aos outros remédios constitucionais, como o mandando de injunção, habeas corpus, habeas data, ação popular, todos eles podem ser utilizados no controle difuso de constitucionalidade, pugnando, de maneira direta, pela defesa de direitos subjetivos, sendo o pedido de declaração de inconstitucionalidade fundamento do mérito tencionado nesses writs constitucionais"; CUNHA JÚNIOR, Dirley da. **Controle de constitucionalidade**: teoria e prática. 5. ed. Salvador: Juspodivm, 2011. p. 134. Escreve: "O mandado de injunção, consoante sua clara definição constitucional, constitui ação especial de controle concreto ou incidental de constitucionalidade das omissões do Poder Público, quando a inércia estatal inviabiliza o desfrute de algum direito fundamental"; na mesma linha: FONTELES, Samuel Sales. **Remédios constitucionais**. 4. ed. Salvador: Juspodivm, 2019. p. 119.

iii QUINTAS, Fábio Lima. **Mandado de injunção no Supremo Tribunal Federal**: de acordo com a Lei 13.300, de 23 de junho de 2016. São Paulo: Saraiva, 2016. p. 332. Escreve: "O mandado de injunção tem natureza dúplice: de ação constitucional de defesa do cidadão e de instrumento para o exercício da jurisdição constitucional do Supremo Tribunal Federal. Constitui, portanto, uma ação de controle de constitucionalidade concreto, concentrado e para defender situações subjetivas, conferindo ao cidadão legitimidade para provocar a jurisdição constitucional do Supremo Tribunal Federal em razão de omissões legislativas inconstitucionais".

Em um segundo momento, a Corte, identificando que seus julgados eram transformados em letra morta pelo Poder Legislativo, para além de decretar a mora, identificava no julgamento o prazo para a criação do texto, o que, de igual maneira, acabava sendo descumprido e, com isso, a vida das pessoas continuava a carecer de um regramento que concedesse a viabilidade da defesa de seus direitos e garantias constitucionalmente asseguradas.

Em uma terceira tentativa de revolução em sua jurisprudência, o Tribunal, nos julgamentos dos Mandados de Injunção n. 670, n. 708 e n. 712, acabou por fazer história, adotando uma prática mais proativa no modo de decidir a partir do polêmico julgamento do caso da greve dos servidores públicos, quando alinhou seu exercício, no que coubesse, à Lei Geral de Greve prevista pela legislação n. 7.783/1989. No caso em questão, em especial o de n.708, impetrado pelo Sindicato dos Trabalhadores em Educação do Município de João Pessoa (Sintem), em face do Congresso Nacional, contestando a ausência de lei que regulamentasse o exercício do direito de greve previsto no art. 37, inciso VII[i], da Constituição Federal, tendo sido julgado pelo Tribunal Pleno em 25.10.2007, sob a relatoria do ministro Gilmar Ferreira Mendes. Outros dois Mandados de Injunção (n. 670 e n. 712), também impetrados com esse fim, pelos Sindicatos dos Servidores Policiais Civis do Espírito Santo (Sindpol) e pelo Sindicato dos Trabalhadores do Poder Judiciário do Pará (Sinjep), merecem a referência.

Note-se que autores como Gregório Assagra de Almeida[ii], nos anos 1960, quando estava em pauta o julgamento desses mandados de injunção, o Supremo Tribunal Federal, renovando os olhares sobre a ação, já estava por atribuir duras críticas à Corte, que adotava postura demasiadamente tímida e frustrante, praticamente clamando por uma eficácia decisional além da meramente declaratória, o que aparenta ter sido ouvido, finalmente, com a mudança de orientação do Tribunal.

Com a jurisprudência do Supremo Tribunal Federal caminhando nesse sentido, e na ausência de uma lei federal que regulasse a ação constitucional que dependia de uma imersão na Lei do Mandado de

---

i "Art. 37. A administração pública direta e indireta de qualquer dos Poderes da União, dos Estados, do Distrito Federal e dos Municípios obedecerá aos princípios de legalidade, impessoalidade, moralidade, publicidade e eficiência e, também, ao seguinte: [...]; VII – o direito de greve será exercido nos termos e nos limites definidos em lei específica."

ii ALMEIDA, Gregório Assagra de. **Manual das ações constitucionai**s. Belo Horizonte: Del Rey, 2007. p. 624-625.

Segurança para sua procedimentalização, conforme explicado por Gilmar Ferreira Mendes[i], continuando a ser lei subsidiária conforme previsão do art. 14[ii], assim como o Código de Processo Civil brasileiro, já era momento de o legislativo enfrentar a questão, o que o fez com a promulgação da Lei n. 12.300/2016, que disciplina o processo e o julgamento dos Mandados de Injunção Individual e Coletivo e dá outras providências.

Para fins de algumas considerações que se quer realizar nesse estudo, o que importa nesse momento é a previsão contida no art. 8º da lei que atribui ao Poder Judiciário a possibilidade de, em decretando a mora legislativa, conceder prazo razoável para editar a norma regulamentadora, prazo que pode ser desconsiderado pela previsão do parágrafo único e, caso reconhecido o atraso (mora) na produção do enunciado após o esgotamento daquele lapso de tempo determinado, poderá a Corte estabelecer as condições em que se dará o exercício do respectivo direito, liberdade ou prerrogativa que se está buscando. Nas palavras de Fábio Lima Quintas, uma vez reconhedida a mora, o Tribunal está investido de poder de estabelecer condições para o efetivo exercício do direito omitido.

A complementar o art. 8º no que toca ao alcance da decisão, pode-se citar ainda o art. 9º, que faz menção à produção de eficácia inter partes, podendo ser conferido efeitos ultra partes ou *erga omnes* quando isso restar indispensável ao exercício do direito, liberdade ou prerrogativa que se queira exercer a partir do *writ*, assim como o faz o art. 13,

---

i MENDES, Gilmar Ferreira. **Jurisdição constitucional**: o controle abstrato de normas no Brasil e na Alemanha. 5. ed. São Paulo: Saraiva, 2005. p. 377. Essa construção permitiu ao Tribunal afirmar a imediata aplicação do mandado de injunção, independentemente da edição das normas processuais específicas. A natureza jurídica semelhante do mandado de injunção e do mandado de segurança, enquanto ações destinadas a abrigar os agentes públicos a empreenderem determinadas providências, autorizava, segundo o Tribunal que, na ausência de regras processuais próprias, fossem aplicadas aquelas pertinentes ao mandado de segurança.

ii "Art. 14. Aplicam-se, subsidiariamente ao mandado de injunção, as normas do mandado de segurança, disciplinado pela Lei n. 12.016, de 7 de agosto de 2009, e do Código de Processo Civil, instituído pela Lei n. 5.869, de 11 de janeiro de 1973, e pela Lei n. 13.105, de 16 de março de 2015, observado o disposto em seus arts. 1.045 e 1.046."

que trata da eficácia nos Mandados de Injunção Coletivos e sua limitação às pessoas integrantes da coletividade, do grupo, da classe ou da categoria, determinando, quando for o caso, a prerrogativa dos efeitos ultra partes e *erga omnes* previstos no art. 9º.

4
Considerações finais

A Arguição de Descumprimento de Preceito Fundamental faz parte do controle abstrato de constitucionalidade das leis, ao passo que o Mandado de Injunção compõe o controle difuso, sendo ambas ações previstas na Constituição Federal e com legislações infraconstitucionais lhes concedendo substrato procedimental. Não se precisa, neste momento, pensar na teoria da objetivação do controle difuso para se chegar a uma consideração bastante plausível, baseando-se somente na leitura e na interpretação de ambas legislações federais, qual seja, a de que ambas as ações têm previsões bastante semelhantes no que se refere à forma das condições de exercício dos direitos conferidos normativamente em cada uma das leis.

A Lei n. 9.882/1999, que regula a Arguição de Descumprimento por Preceito Fundamental, em seu art. 10, anuncia que devem ser fixadas as condições de interpretação para o exercício dos preceitos fundamentais violados, sendo que, na Lei 13.300/2016, que regulamenta o Mandado de Injunção, a fixação das condições a partir da mora legislativa são também atribuição do Poder Judiciário para o exercício dos direitos, das liberdades ou das prerrogativas reclamados pelo *writ* impetrado.

Controle difuso e controle concentrado de constitucionalidade das leis, com previsões bastante similares sobre a fixação de condições pelo Poder Judiciário de concretização de direitos assegurados pela Constituição Federal, dão conta, cada qual em seu meio de controle, de irradiar os efeitos de sua própria lei às demais ações, quer do controle difuso, quer do controle abstrato, em sede de aplicação subsidiária e suplementar das estudadas legislações.

Diante disso, obviamente respeitando uma gama considerada de situações, é de ser aventada a possibilidade de, nessas condições a serem fixadas, estarem presentes medidas ou técnicas do tipo estruturante, a partir de decisões proferidas em processos estruturais, viabilizando, assim, que os preceitos fundamentais e o exercício legítimo de outros direitos constitucionalmente assegurados não restem prejudicados pela inércia dos demais poderes existentes.

Referências

ABBOUD, G. **Processo constitucional brasileiro**. 5. ed. São Paulo: Thomsom Reuters Brasil, 2021.

AGRA, W. de M. **Aspectos controvertidos do controle de constitucionalidade**. Salvador: Juspodivm, 2008.

ALMEIDA, G. A. de. **Manual das ações constitucionais**. Belo Horizonte: DelRey, 2007.

AMENDOEIRA JR., S. **Fungibilidade de meios**. São Paulo: Atlas, 2008.

AKAOUI, F. R. V. **Jurisdição constitucional e a tutela dos direitos metaindividuais**. São Paulo: Verbatim, 2009.

ARENHART, S. C.; JOBIM, M. F. (Coord.). **Processos estruturais**. 2. ed. Salvador: Juspodivm, 2019.

ARENHART, S. C.; OSNA, G.; JOBIM, M. F. **Curso de processo estrutural**. São Paulo: Revista dos Tribunais, 2021.

ÁVILA, H. **Constituição, liberdade e interpretação**. São Paulo: Malheiros, 2019.

BRASIL. Constituição (1988). **Diário Oficial da União**, Brasília, Poder Legislativo, DF, 5 out. 1988. Disponível em: http://www.planalto.gov.br/ccivil_03/constituicao/constituicao.htm. Acesso em: 25 abr. 2022.

BRASIL. Decreto-Lei n. 1.608, de 18 de setembro de 1939. **Coleção das Leis da República**, Poder Executivo, Rio de Janeiro, 18 set. 1939. Disponível em: http://www.planalto.gov.br/ccivil_03/decreto-lei/1937-1946/Del1608.htm. Acesso em: 25 abr. 2022.

BRASIL. Lei n. 9.868, de 10 de novembro de 1999. **Diário Oficial da União**, Poder Executivo, Brasília, DF, 11 nov. 1999a. Disponível em: http://www.planalto.gov.br/ccivil_03/LEIS/L9868.htm. Acesso em: 25 abr. 2022.

BRASIL. Lei n. 9.882, de 3 de dezembro de 1999. **Diário Oficial da União**, Poder Legislativo, Brasília, DF, 6 dez. 1999b. Disponível em: http://www.planalto.gov.br/ccivil_03/leis/l9882.htm. Acesso em: 25 abr. 2022.

BRASIL. Lei n. 13.300, de 23 de junho de 2016. **Diário Oficial da União**, Poder Legislativo, Brasília, DF, 24 jun. 2016. Disponível em: http://www.planalto.gov.br/ccivil_03/_Ato2015-2018/2016/Lei/L13300.htm. Acesso em: 25 abr. 2022.

BRASIL. Supremo Tribunal Federal. Ação Direta de Inconstitucionalidade n. 4.180/DF. Rel. Min. Cezar Peluso. **Diário da Justiça**, Brasília, DF, 11 set. 2014. Disponível em: https://redir.stf.jus.br/paginadorpub/paginador.jsp?docTP=TP&docID=6892031. Acesso em: 25 abr. 2022.

BRASIL. Supremo Tribunal Federal. Ação Direta de Inconstitucionalidade por Omissão n. 60/DF. Rel. Min. Luis Roberto Barroso. **Diário da Justiça**, Brasília, DF, 24 ago. 2001a. Disponível em: https://www.conjur.com.br/dl/barroso-stf-ado-60-meio-ambiente.pdf. Acesso em: 25 abr. 2022.

BRASIL. Supremo Tribunal Federal. Arguição de Descumprimento de Preceito Fundamental n. 3/CE. Rel. Min. Sydney Sanches. **Diário da Justiça**, Brasília, DF, 27 fev. 2004. Disponível em: https://redir.stf.jus.br/paginadorpub/paginador.jsp?docTP=AC&docID=348390. Acesso em: 25 abr. 2022.

BRASIL. Supremo Tribunal Federal. Arguição de Descumprimento de Preceito Fundamental n. 12/DF. Rel. Min. Ilmar Galvão. **Diário da Justiça**, Brasília, DF, 26 mar. 2001b. Disponível em: http://www.stf.jus.br/portal/jurisprudencia/listarJurisprudencia.asp?s1=%28ADPF%24%2ESCLA%2E+E+12%2ENUME%2E%29&base=baseMonocraticas. Acesso em: 25 abr. 2022.

BRASIL. Supremo Tribunal Federal. Arguição de Descumprimento de Preceito Fundamental n. 13/SP. Rel. Min. Ilmar Galvão. **Diário da Justiça**, Brasília, DF, 29 mar. 2001c. Disponível em: http://www.stf.jus.br/portal/jurisprudencia/listarJurisprudencia.asp?s1=%28ADPF%24%2ESCLA%2E+E+13%2ENUME%2E%29&base=baseMonocraticas. Acesso em: 25 abr. 2022.

BRASIL. Supremo Tribunal Federal. Arguição de Descumprimento de Preceito Fundamental n. 72/PA. Rel. Min. Ellen Gracie. **Diário da Justiça**, Brasília, DF, 2 dez. 2005. Disponível em: http://www.stf.jus.br/portal/jurisprudencia/listarJurisprudencia.asp?s1=%28ADPF%24%2ESCLA%2E+E+72%2ENUME%2E%29+OU+%28ADPF%2EACMS%2E+ADJ2+72%2EACMS%2E%29&base=baseAcordaos. Acesso em: 25 abr. 2022.

BRASIL. Supremo Tribunal Federal. Arguição de Descumprimento de Preceito Fundamental n. 178/DF. Rel. Min. Gilmar Ferreira Mendes. **Diário da Justiça**, Brasília, DF, 13 out. 2011. Disponível em: http://www.stf.jus.br/portal/jurisprudencia/listarJurisprudencia.asp?s1=%28ADPF%24%2ESCLA%2E+E+178%2ENUME%2E%29&base=baseMonocraticas. Acesso em: 25 abr. 2022.

BROOCKE, B. M. S. Van D. **Litígios estruturais, estado de coisas inconstitucional e gestão democrática do processo**: um papel transformador para o controle judicial de políticas públicas. Londrina, PR: Thoth, 2021.

CHAI, C. G. **Descumprimento de preceito fundamental**: identidade constitucional e vetos à democracia. Belo Horizonte: Mandamentos, 2004.

CLÉVE, C. M.; SCHIER, P. R.; LORENZETTO, B. M. (Coords.). **Jurisdição constitucional em perspectiva**: estudos em comemoração aos 20 anos da Lei 9.868/1999. São Paulo: Revista dos Tribunais, 2020.

COTA, S. P. **Do pedido e da participação**: proposições para o desenvolvimento de uma teoria acerca dos processos estruturais. Belo Horizonte: D'Plácido, 2019.

COELHO, G. M. **Repercussão geral**: da questão constitucional no processo civil brasileiro. São Paulo: Atlas, 2009.

CONDIÇÃO. In: HOUAISS, A.; VILLAR, M. de S. **Dicionário Houaiss da língua portuguesa**. Rio de Janeiro: Objetiva, 2004.

CRUZ, G. D. M. da. **Arguição de descumprimento de preceito fundamental**: lineamentos básicos e revisão crítica no direito constitucional brasileiro. São Paulo: Malheiros, 2011.

CUNHA JÚNIOR, D. da. **Controle de constitucionalidade**: teoria e prática. 5. ed. Salvador: Juspodivm, 2011.

DANTAS, E. S. **Ações estruturais e estado de coisas inconstitucional**: a tutela de direitos fundamentais em casos de graves violações do Poder Público. Curitiba: Juruá, 2018.

DIDIER JR., F. O recurso extraordinário e a transformação do controle difuso de constitucionalidade no direito brasileiro. In: CAMARGO, M. N. (Org.). **Leituras complementares de constitucional**: controle de constitucionalidade. Salvador: Juspodivm, 2007.

DUARTE, V. R. **Processo estrutural no conflito ambiental**: ferramentas para a implementação da tutela específica. Rio de Janeiro: Lumen Juris, 2021.

DUTRA, C. R. de A. **Controle abstrato de constitucionalidade**: análise dos princípios processuais aplicáveis. São Paulo: Saraiva, 2012.

FALCÃO, J. **O Supremo**: compreenda o poder, as razões e as consequências das decisões da mais alta Corte do Judiciário do País. Rio de Janeiro: Edições de Janeiro, Fundação Getúlio Vargas, 2015.

FONTELES, S. S. **Remédios constitucionais**. 4. ed. Salvador: Juspodivm, 2019.

GALDINO, M. S. **Processos estruturais**: identificação, funcionamento e finalidade. Salvador: JusPodivm, 2020.

GISMONI, R. **Processo civil de interesse público e medidas estruturantes**. Curitiba: Juruá, 2017.

GOMES, F. B. **Arguição de descumprimento de preceito fundamental**: uma visão crítica. Belo Horizonte: Fórum, 2008.

GRINOVER, A. P.; WATANABE, K.; COSTA, S. H. da. **O processo para solução de litígios de interesse público**. Salvador: Juspodivm, 2017.

GUASTINI, R. **Das fontes às normas**. Tradução de Edson Bini. São Paulo: QuartierLatin, 2005.

GUERRA FILHO, W. S. **Processo constitucional e direitos fundamentais**. 5. ed. São Paulo: RCS, 2007.

JOBIM, M. F. **Medidas estruturantes**: da Suprema Corte estadunidense ao Supremo Tribunal Federal. Porto Alegre: Livraria do Advogado, 2013.

JOBIM, M. F. **Medidas estruturantes na jurisdição constitucional**: da Suprema Corte estadunidense ao Supremo Tribunal Federal. 2. ed. Porto Alegre: Livraria do Advogado, 2021.

LIRA, A. C. **O processo coletivo estrutural**: mecanismo de combate ao estado de coisas inconstitucional. Belo Horizonte: D'Plácido, 2019.

MACIEL, O. S. **Princípio de subsidiariedade e jurisdição constitucional**. Belo Horizonte: Mandamentos, 2004.

MARÇAL, F. B. **Processos estruturantes**. Salvador: JusPodvim, 2021.

MARINONI, L. G. **Processo constitucional e democracia**. São Paulo: Thomsom Reuters Brasil, 2021.

MARINONI, L. G. **Teoria geral do processo**. 4. ed. São Paulo: Revista dos Tribunais, 2010.

MARINONI, L. G.; MITIDIERO, D. **Recurso extraordinário e recurso especial**: do jus litigatoris ao jus constitutionis. São Paulo: Revista dos Tribunais, 2019.

MAZZUOLI, V. de O. **O controle jurisdicional da convencionalidade das leis**. São Paulo: Revista dos Tribunais, 2009, v. 4.

MEDEIROS JÚNIOR, L. **Processo estrutural consequencialista**: a intervenção judicial em políticas públicas. Rio de Janeiro: Lumen Juris, 2018.

MENDES, G. F. **Arguição de descumprimento de preceito fundamental**. 2. ed. São Paulo: Saraiva, 2011.

MENDES, G. F. **Jurisdição constitucional**: o controle abstrato de normas no Brasil e na Alemanha. 5. ed. São Paulo: Saraiva, 2005.

MORAES, H. P. Arguição de descumprimento de preceito fundamental: lineamentos sobre o tema. In: QUEIROZ, R. A. S. de. **Acesso à justiça**. Rio de Janeiro: Lumen Juris, 2002.

MORAIS, D. S. **Controle de constitucionalidade**: exposições críticas à luz da jurisprudência do Supremo Tribunal Federal. Salvador: Juspodivm, 2010.

MORAIS, P. C. **Medidas estruturantes no Supremo Tribunal Federal**. Florianópolis: Emais, 2018.

NOBRE JÚNIOR, E. P. **Direitos fundamentais e arguição de descumprimento de preceito fundamental**. Porto Alegre: Sergio Antonio Fabris, 2004.

NOGUEIRA, D. M. O recurso extraordinário como função de controle difuso de constitucionalidade. In: MARINONI, L. G.; SARLET, I. W. (Coord.); PESSOA, P.; CREMONESE, C. (Org.). **Processo constitucional**. São Paulo: Revista dos Tribunais, 2019. p. 717-754.

NUNES, D. et al. **Curso de direito processual civil**: fundamentação e aplicação. Belo Horizonte: Fórum, 2012.

OLIVEIRA, F. A. de. **Mandado de injunção**: da inconstitucionalidade por omissão, enfoques trabalhistas, jurisprudência. 2. ed. São Paulo: Revista dos Tribunais, 2004.

PAGANELLA, M. A. **A arguição de descumprimento de preceito fundamental no contexto do controle de constitucionalidade**. São Paulo: LTr, 2004.

PAULA, F. D. G. V. de. A arguição de descumprimento de preceito fundamental. In: VOJVODIC, A. et al. (Org.). **Jurisdição constitucional no Brasil**. São Paulo: Malheiros, 2012.

PEDRON, F. Q.; FARIA, G. H. L. Repercussão geral em recursos especiais é aposta em mecanismo fracassado. **Revista Consultor Jurídico**, 3 jun. 2018. Disponível em: https://www.conjur.com.br/2018-jun-03/opiniao-repercussao-geral-resp-aposta-mecanismo-fracassado. Acesso em: 25 abr. 2022.

PINHO, H. D. B. de. **Direito processual civil contemporâneo**: teoria geral do processo. 4. ed. São Paulo: Saraiva, 2012. v. 2.

PINTO, H. A. **O enquadramento das decisões estruturais no Código de Processo Civil de 2015**. Rio de Janeiro: Lumen Juris, 2018.

PORFIRO, C. A. **Litígios estruturais**: legitimidade democrática, procedimento e efetividade. Rio de Janeiro: Lumen Juris, 2018.

PORTANOVA, R. **Princípios do processo civil**. 6. ed. Porto Alegre: Livraria do Advogado, 2005.

QUINTAS, F. L. **Mandado de injunção no Supremo Tribunal Federal**: de acordo com a Lei 13.300, de 23 de junho de 2016. São Paulo: Saraiva, 2016.

RAMOS, E. da S. **Controle de constitucionalidade no Brasil**: perspectivas de evolução. São Paulo: Saraiva, 2010.

RECONDO, F.; WEBER, L. **Os onze**: o STF, seus bastidores e suas crises. São Paulo: Companhia das Letras, 2019.

SARLET, I. W. **A eficácia dos direitos fundamentais**: uma teoria geral dos direitos fundamentais na perspectiva constitucional. 13. ed. Porto Alegre: Livraria do Advogado, 2018.

SARLET, I. W. **Dignidade da pessoa humana e direitos fundamentais na Constituição Federal de 1988**. 8. ed. Porto Alegre: Livraria do Advogado, 2010.

SARLET, I. W. Direitos fundamentais sociais e o mínimo existencial. In: ARENHART, S. C.; JOBIM, M. F. (Coord.). **Processos estruturais**. 2. ed. Salvador: Juspodivm, 2019. p. 469-499.

TAVARES, A. R. **Curso de direito constitucional**. 8. ed. São Paulo: Saraiva, 2010.

TAVARES, A. R. **Manual do Poder Judiciário brasileiro**. São Paulo: Saraiva, 2012.

TAVARES, A. R. **Reforma do Poder Judiciário no Brasil pós-88**: (des)estruturando a justiça – comentários completos à Emenda Constitucional n. 45/04. São Paulo: Saraiva, 2005.

TAVARES, A. R. **Tratado da arguição de preceito fundamental**: Lei n. 9.868/99 e Lei n. 9.882/99. São Paulo: Saraiva, 2001.

TEIXEIRA, G. F. de B. **Teoria do princípio da fungibilidade**. São Paulo: Revista dos Tribunais, 2008.

VASCONCELOS, R. de C. C. **Princípio da fungibilidade**: hipóteses de incidência no processo civil brasileiro contemporâneo. São Paulo: Revista dos Tribunais, 2007.

VIOLIN, J. **Protagonismo judiciário e processo coletivo estrutural**: o controle jurisdicional de decisões políticas. Salvador: Juspodivm, 2013.

VITORELLI, E. **O devido processo legal coletivo**: dos direitos aos litígios coletivos. São Paulo: Revista dos Tribunais, 2016.

ZANOTTI, B. T. **Controle de constitucionalidade**: leis comentadas. Salvador: Juspodivm, 2011.

ZAVASCKI, T. A. **Eficácia das sentenças na jurisdição constitucional**. 2. ed. São Paulo: Revista dos Tribunais, 2012.

Apêndice

A ARGUIÇÃO DE DESCUMPRIMENTO DE PRECEITO FUNDAMENTAL E O MANDADO DE INJUNÇÃO: CONDIÇÕES DE FIXAÇÃO DE TÉCNICAS ESTRUTURANTES PARA O EXERCÍCIO DE DIREITOS ASSEGURADOS CONSTITUCIONALMENTE

Sumário. 1. Introdução. 2. O art. 10 da Lei n. 9.882/1999. 3. O art. 8, inciso II, da Lei n. 13.300/2016. 4. Considerações finais. Referências.

Resumo. Neste texto, as técnicas estruturantes para a operacionalização efetiva dos Direitos Fundamentais são estudadas por meio da análise da Arguição de Descumprimento de Preceito Fundamental (ADPF) e do Mandado de Injunção.

Palavras-chave. Jurisdição constitucional. Direitos Fundamentais. Arguição de Descumprimento de Preceito Fundamental. Mandado de Injunção.

EL ARGUMENTO DE LA INCUMPLIMIENTO DE LOS PRECEPTOS FUNDAMENTALES Y LA ORDEN DE INJUNCIÓN: CONDICIONES PARA LA FIJACIÓN DE TÉCNICAS ESTRUCTURADORAS PARA EL EJERCICIO DE LOS DERECHOS CONSTITUCIONALMENTE ASEGURADOS

Sumilla*. 1. Introducción. 2. Artículo 10 de la Ley n. 9.882/1999. 3. Artículo 8, inciso II, de la Ley n. 13.300/2016. 4. Consideraciones finales. Referencias.*

Resumen*. En este texto se estudian las técnicas estruturantes para la efectiva operativización de los Derechos Fundamentales a través del análisis de el Argumento de la Incumplimiento de los Preceptos Fundamentales y la Orden de Injunción.*

Palabras clave*. Jurisdicción constitucional. Derechos fundamentales. Argumento de la Incumplimiento de los Preceptos Fundamentales. Orden de Injunción.*

Artigo 3

*Direitos humanos na globalização:
sem espaço para isolacionismos –
diálogos legislativos e
jurisprudenciais em perspectiva
comparada*

Eugenio Facchini Neto

Doutor em Direito Comparado (Florença/Itália). Mestre em Direito Civil (USP). Professor titular dos cursos de Graduação, Mestrado e Doutorado em Direito da PUC/RS. Professor e ex-diretor da Escola Superior da Magistratura/AJURIS. Desembargador no TJ/RS.

Susana Sbrogio'Galia

Juíza Federal, integrante da 3ª Turma Recursal do Rio Grande do Sul e da Turma Nacional de Uniformização de Jurisprudência dos Juizados Especiais Federais do Conselho de Justiça Federal (biênio 2020-2022). Mestre e doutoranda em Direito pela Pontifícia Universidade Católica do Rio Grande do Sul (PUCRS).

1
Introdução

Lição antiga, mas que permanentemente deve ser lembrada, foi imortalizada no Digesto (D.1.5.2), recolhendo a advertência de Ermogeniano, segundo quem *hominum causa omne ius constitutum,* ou seja, todo o direito é estabelecido em função dos homens[i]. De tempos em tempos, essa antiga sabedoria deve ser recuperada, como o foi pela revolução francesa, que consagrou no art. 12 da Declaração dos Direitos do Homem e do Cidadão o seguinte preceito: "Art. 12. A garantia dos direitos do Homem e do Cidadão exige uma força pública: esta força é, porém, instituída para o benefício de todos e não para a utilidade particular daqueles a quem é confiada". Lição mais moderna confirma a atualidade daquelas mais antigas: "as instituições políticas devem existir somente em função da liberdade dos indivíduos e do seu bem comum"[ii].

Essas imorredouras lições supõem a universalidade do fenômeno jurídico e a centralidade dos direitos de todos os seres humanos. Todavia, homens e mulheres habitam territórios geograficamente delimitados e estão sujeitos a uma legislação nacional, que é concretamente aplicada por juízes investidos de uma jurisdição eficaz somente dentro de uma específica circunscrição. Portanto, nesse contexto, coloca-se naturalmente a questão do relacionamento entre direitos humanos universais e direitos positivados em uma específica nação, doravante denominados *direitos fundamentais*. Mais concretamente, procura-se saber qual a relação entre a aplicação e garantia de direitos fundamentais por magistrados de uma jurisdição, frente à interpretação e aplicação de direitos fundamentais assemelhados ou de direitos humanos acolhidos em tratados e convenções internacionais aos quais se tenha aderido.

O presente estudo parte da concepção de que não existe incompatibilidade entre direitos humanos, tendencialmente universais, e a identidade de cada nação, com suas peculiaridades e idiossincrasias mais paroquiais. Análise comparatista permitirá identificar se existe ou não uma base ética comum, que explica a interação entre o direito

---

i   A lembrança é do ex-presidente da Corte Costituzionale italiana, CASAVOLA, Francesco Paolo. **I diritti umani**. Padova: Ed. Cedam, 1997, p. 3.

ii Tradução livre de CASSESE, Antonio. **I diritti umani nel mondo contemporaneo**. Bari: Laterza, 1998, p. 22.

constitucional dos diferentes países e o direito internacional e a incorporação das normas deste aos direitos nacionais[i].

Pretende-se demonstrar a identificação de uma relação de interdependência entre as nações, acentuada no contexto da globalização[ii], que gera um cenário propício à postura cooperativa em várias áreas. No campo jurídico, percebe-se uma sensível harmonização em matéria de direitos humanos e sua proteção, com incorporação nas ordens jurídicas nacionais da proteção conferida em tratados e convenções internacionais ou regionais. Também se percebe um diálogo mais acentuado entre tribunais superiores, que cada vez mais citam precedentes de outras jurisdições em matéria de direitos humanos.

No primeiro capítulo, será examinada a evolução do Estado em sua relação com as demais nações, frente ao tema dos direitos humanos. O Estado, que era o grande inimigo dos direitos humanos até alguns séculos atrás, com déspotas prendendo pessoas, confiscando

---

i   Essa interação é apontada por todos os especialistas no setor. Cançado Trindade é um deles, ao lembrar a "interação dinâmica entre o direito internacional e o direito interno", sendo que "os próprios tratados de direitos humanos significativamente consagram o critério da primazia da norma mais favorável aos seres humanos protegidos, seja ela norma de direito internacional ou de direito interno" (CANÇADO TRINDADE, Antônio Augusto. **A proteção internacional dos direitos humanos e o Brasil**. 2. ed. Brasília: Ed. Universidade de Brasília, 2000, p. 164.)

ii   Interessante, a respeito, as ponderações de Tushnet, ao referir os efeitos da globalização sobre as ordens constitucionais internas. Ele cita a economista política Susan Strange, ao afirmar que "a autoridade do Estado vazou para cima, para os lados e para baixo. Em alguns assuntos, parece até não ter ido a lugar nenhum, apenas evaporado". Realmente, a autoridade subiu para organizações supranacionais, como a Organização Mundial do Comércio; diminuiu à medida que as nações concedem maior autoridade às regiões; e evaporou conforme as corporações transnacionais usam a ameaça de relocação para restringir a capacidade de cada nação de impor regulamentação. Os efeitos da globalização sobre os regimes constitucionais são bastante complexos. A mobilidade de capital significa que as nações individuais perdem uma parte significativa de sua capacidade de regular a produção e o emprego e – indiretamente, como suas bases tributárias são ameaçadas pela mobilidade de capital – sua capacidade de sustentar extensos programas de bem-estar social (TUSHNET, Mark. **The New Constitutional Order**. Princeton/New Jersey: Princeton University Press, 2003, p. 142.)

bens, oprimindo liberdades, aos poucos vai se tornando "amigo" e protetor dos direitos humanos. Ainda que nem todos os países tenham avançado no mesmo ritmo, hoje se pode dizer que existe uma consciência internacional sobre a importância dos direitos humanos, devidamente incorporados aos sistemas jurídicos nacionais como direitos fundamentais. A proteção de tais direitos, atualmente, não é mais algo que se deixa apenas aos cuidados de cada país. Além de entidades civis que se preocupam com sua violação, há organismos internacionais ou supranacionais voltados a essa fiscalização e proteção.

O segundo capítulo será destinado à análise do diálogo entre as normas constitucionais nacionais com o direito internacional dos direitos humanos, em uma perspectiva comparada, mostrando a abertura dos direitos nacionais para a incorporação de normas internacionais e supranacionais sobre direitos humanos.

Na sequência, o terceiro capítulo procurará traçar como os direitos humanos adquiriram a primazia de que hoje gozam, analisando a situação a partir do segundo pós-Guerra, encerrando-se posteriormente com algumas considerações finais.

2
Do Estado liberal à interdependência complexa

Embora com algumas manifestações ainda no período medieval (especialmente o britânico, com a Magna Carta), foi a partir da afirmação do Estado liberal, aprofundada com sua transição para o Estado Social, que surge e se robustece a concepção de direitos fundamentais, atrelada ao Estado de Direito[i]. Todavia, foi somente após o segundo pós-Guerra

---

i PÉREZ LUÑO, Antônio Enrique. **Derechos humanos, estado de derecho y constitución**. 6. ed. Madrid: Tecnos, 1999, p. 114, e MIRANDA, Jorge. **Manual de Direito Constitucional**. 3. ed. rev. e atual. Coimbra: Coimbra, 2000, p. 22-23, bem como SBROGIO'GALIA, Susana. Direitos Fundamentais no Estado Globalizado: o processo de internalização dos Direitos Fundamentais de Terceira Geração. In: PÉREZ, David Vallespín (Org.). **Direito e justiça, derecho ante los desafíos de la globalización**. v. 3, n. 5. Curitiba: Juruá, 2017, p. 109-127; e SBROGIO'GALIA, Susana. Internalização da Convenção Americana de Direitos Humanos para Efetividade do Direito Fundamental às Prestações Positivas do Estado.

que a consciência mundial se orientou no sentido de que a proteção dos direitos fundamentais não poderia mais permanecer vinculada à discricionariedade dos Estados[i]. Sob a designação de *direitos humanos*, passou-se a defender "posições jurídicas que se reconhecem ao ser humano como tal, independentemente de sua vinculação com determinada ordem constitucional, e que, portanto, aspiram à validade universal[ii],

---

In: NORONHA, João Otávio de (Org.).; ALBUQUERQUE, Paulo Pinto de. **Comentários à Convenção Americana sobre Direitos Humanos**. São Paulo: Tirant lo Blanch Brasil, 2020. p. 236-282.

i Como refere Piovesan, "o significado do Tribunal de Nuremberg para o processo de internacionalização dos direitos humanos é duplo: não apenas consolida a ideia da necessária limitação da soberania nacional, como também reconhece que os indivíduos têm direitos protegidos pelo Direito Internacional" (PIOVESAN, Flávia. **Direitos humanos e o Direito Constitucional Internacional**. São Paulo: Max Limonad, 2000, p. 135). Na 18ª edição de sua festejada obra, Piovesan lembra que "os primeiros marcos do processo de internacionalização dos direitos humanos fomam o Direito Humanitário, a Liga das Nações e a Organização Internacional do Trabalho", portanto várias décadas antes da segunda guerra mundial, cuja maciça violação de direitos humanos serviu de estopim para a reação que veio após o encerramento do conflito (PIOVESAN, Flávia. **Direitos humanos e o Direito Constitucional Internacional**. 18. ed. rev. e atual. São Paulo: Saraiva Educação, 2018, p. 504.)

ii Sobre a vocação universalista dos direitos humanos, afirmou-se que "La cultura jurídica europea se contrapone a las culturas de otras áreas geográficas, en la medida en que no pocos de sus elementos han nacido con vocación de universalidad: así, los derechos humanos desde 1789; la dignidad humana como premisa antropológica, sentido y meta del orden político; la doctrina de la Justicia; el principio democrático; el Estado de Derecho y la división de poderes; en fin, hoy, incluso la economía de mercado" (PINA, Antonio López. La vocación cívica universal de Pedro Häberle. In: HÄBERLE, Peter. **Libertad, igualdad, fraternidad**. 1789 como historia, actualidad y futuro del Estado constitucional. Madrid: Editorial Trotta, 1998, p. 11).

para todos os povos e tempos"[i-ii]. Inaugura-se, assim, a era do direito internacional dos direitos humanos[iii].

Como tudo está interligado[iv], especialmente em tempos de acelerada globalização, o quadro do Estado Social de Direito acaba por refletir as

---

i   SARLET, Ingo Wolfgang. **A eficácia dos direitos fundamentais**. 6. ed. rev. e atual. Porto Alegre: Livraria do Advogado, 2006, p. 36.

ii   Comparato atribui ao cristianismo o início da universalização dos direitos humanos, embora obviamente sem que essa terminologia tivesse sido empregada àquela época. Diz ele que o ponto de ruptura do cristianismo com o judaísmo consistiu na "superação da ideia de que o Deus único e transcendente havia privilegiado um povo entre todos, escolhendo-o como seu único e definitivo herdeiro. Algumas passagens dos Evangelhos demonstram o inconformismo de Jesus de Nazaré com essa concepção nacionalista da religião. Paulo de Tarso levou o universalismo evangélico às últimas consequências ao afirmar que, diante da comum filiação divina, 'já não há judeu nem grego, nem escravo nem livre, nem homem nem mulher'. [...] a mensagem evangélica postulava, no plano divino, uma igualdade de todos os seres humanos, apesar de suas múltiplas diferenças individuais e grupais" (COMPARATO, Fábio Konder. **A afirmação histórica dos direitos humanos**. São Paulo: Saraiva, 1999, p. 17).

iii Nas palavras de Canotilho: "O constitucionalismo global compreende não apenas o clássico paradigma das relações horizontais entre Estados, mas no novo paradigma centrado: nas relações Estado/povo, na emergência de um Direito Internacional dos Direitos Humanos e na tendencial elevação da dignidade humana a pressuposto ineliminável de todos os constitucionalismos. Por isso, o Poder Constituinte dos Estados, consequentemente, das respectivas Constituições nacionais, está hoje cada vez mais vinculado a princípios e regras de direito internacional. É como se o Direito Internacional fosse transformado em parâmetro de validade das próprias Constituições nacionais (cujas normas passam a ser consideradas nulas se violadoras das normas do *jus cogens* internacional" (CANOTILHO, José Joaquim Gomes. **Direito Constitucional e Teoria da Constituição**. Coimbra: Liv. Almedina, 1998, p. 1217).

iv Aliás, interligação existe não só entre fatores econômicos, sociais e políticos, como também entre os próprios direitos humanos das diversas dimensões ou gerações. Isso porque "todos os direitos humanos constituem um complexo integral, único e indivisível, em que os diferentes direitos estão necessariamente inter-relacionados e interdependentes entre si". Consequentemente, "revela-se esvaziado o direito à liberdade, quando não assegurado o direito à igualdade e, por sua vez, esvaziado revela-se o direito à igualdade, quando não

crises que assolam os demais setores, especialmente o econômico, em razão dos custos financeiros e burocráticos para manter uma agenda ambiciosa de direitos sociais e econômicos, que por vezes diminuem a competitividade de um Estado em relação a países com menor proteção aos direitos sociais. Isso pode resultar no aumento da exclusão social – ou ao menos diminuir o ritmo da inclusão social –, com agravamento das desigualdades na distribuição da renda e das riquezas.

Depois de referir as significativas mudanças que o mundo enfrentou desde a Segunda Guerra Mundial, Jackson aduz que um crescente número de países adotou constituições escritas e controle de constitucionalidade[i]. Além disso, o desenvolvimento do direito internacional dos direitos humanos produz uma mudança fundamental nas relações entre as nações, diante do novo entendimento de que cada nação tem interesse em como os outros países tratam os direitos humanos internamente.[ii]

De fato, enquanto constituições aplicam-se em determinado território e a um grupo definido de pessoas, os direitos humanos aspiram transcender fronteiras políticas, uma vez que eles são inerentes às pessoas, qualquer que seja sua origem. Houve tempos e lugares em que se pensava que sociedades democráticas pudessem existir desde que concordassem sobre como as leis seriam feitas, aplicadas e interpretadas. Essa possibilidade não mais existe, pois a proteção dos direitos humanos por um Judiciário independente é agora considerada um componente-chave para definir uma democracia[iii]. Assim, a partir do final da

---

        assegurada a liberdade" (PIOVESAN, Flávia. **Temas de direitos humanos**. São Paulo: Max Limonad, 1998, p. 28-29).

i   De 1985 a 2007, foram promulgadas 106 constituições nacionais. Todas continham um rol de direitos fundamentais e apenas 5 no previam alguma forma de controle de constitucionalidade (SWEET, Alec Stone. Constitutional Courts. In: REIMANN, MATHIAS; ZIMMERMANN, Reinhard (Ed.). **The Oxford Handbook of Comparative Constitutional Law**. Oxford: Oxford University Press, 2008, p. 816).

ii   JACKSON, Vicki C. Progressive Constitutionalism and Transnational Legal Discourse. In: BALKIN, Jack M.; SIEGEL, Reva B. (Ed.). **The Constitutions in 2020**. New York: Oxford University Press, 2009, p. 288.

iii   GEARTY, Conor. Human Rights Law. In: MASTERMAN, Roger; SCHÜTZE, Robert. **The Cambridge Companion to Comparative Constitutional Law**. Cambridge: Cambridge University Press, 2019, p. 291-292.

Segunda Guerra Mundial, "o mundo deu-se conta de que a existência de um Poder Judiciário independente e forte é um importante fator de preservação das instituições democráticas e dos direitos fundamentais"[i].

Na esfera supranacional, evidenciam-se questões que transbordam fronteiras, decorrentes do processo de globalização, intensa circulação de pessoas e do virtualmente ilimitado acesso à e circulação de informação. Suscitam-se, outrossim, assuntos de interesse mundial, quais sejam, a preocupação com questões ambientais, manipulação genética, proteção de dados pessoais e movimentos migratórios. Registram-se, nesse segmento, os direitos fundamentais de terceira dimensão[ii], que,

---

i   BARROSO, Luís Roberto. **A judicialização da vida e o papel do Supremo Tribunal Federal**. Belo Horizonte: Fórum, 2018, p. 94.

ii   Segundo Pérez Luño, "la mutación histórica de los derechos humanos ha determinado la aparición de sucesivas 'generaciones' de derechos. Los derechos humanos como categorías históricas [...] nacen con la modernidad en el seno de la atmósfera iluminista que inspiró las revoluciones burguesas del siglo XVIII". Essa peculiar atmosfera conferiu aos direitos humanos um perfil ideológico bastante definido, qual seja, o signo do individualismo. Essa matriz ideológica individualista sofrerá um amplo processo de erosão durante as lutas sociais do século XIX, acrescentando-se uma segunda dimensão de direitos humanos, quais sejam, os direitos econômicos, sociais e culturais. Mais recentemente, surgiu uma terceira geração de direitos humanos. Para Pérez Luño, "los derechos relativos al medio ambiente, la calidad de vida, la paz, la libertad informática, la ciberciudadania, o las garantías en la esfera biotecnológica, no son los únicos derechos que conforman la tercera generación, aunque quizás sean los más representativos y consolidados. Junto a ellos se postulan también otros derechos de muy heterogénea significación, tales como: el derecho al desarrollo, los derechos de consumidores y usuarios, el derecho al disfrute del patrimonio histórico-artístico, las reivindicaciones de género, así como las distintas facultades y pretensiones que se incluyen en la postulación de los denominados 'derechos emergentes'.". Esse paradigma geracional dos direitos humanos encontrou confirmação em distintas iniciativas mais recentes, entre as quais a chamada Declaração do Milênio, aprovada por Resolução da Assembleia Geral das Nações Unidas, em 08.09.2000, vazada em oito prioridades sobre as quais se devia pautar a convivência entre as nações no início do novo milênio: "1) Valores e princípios; 2) A paz, a segurança e o desarmamento; 3) O desenvolvimento e a erradicação da pobreza; 4) Proteção do meio ambiente; 5) Direitos humanos, democracia e bom governo; 6) Proteção das pessoas vulneráveis; 7) Atenção às necessidades especiais da África; 8) Fortalecimento das Nações

na condição de direitos de solidariedade[i] e fraternidade, de titularidade coletiva e difusa, desprendem-se da figura do indivíduo, destinando-se à proteção de grupos humanos. Inserem-se nesse contexto os direitos à paz, à autodeterminação dos povos e à convivência pacífica entre as nações, ao desenvolvimento, ao meio ambiente e à qualidade de vida.

Esses fatores demonstram que as relações internacionais são multifacetadas, desenvolvendo-se em segmentos específicos, mas interligados. Compreendem interesses políticos, econômicos, humanitários e ambientais. Exsurge disso a relação de dependência mútua entre as nações, conduzindo a uma maior propensão à integração e cooperação no cenário internacional.

Em razão disso, o Estado constitucional torna-se permeável às significativas demandas do cenário geopolítico supranacional, inclusive por meio dos mecanismos de internalização de pactos internacionais. Por outro lado, apesar de o Estado ser dotado de uma Constituição escrita, suas disposições carecem de determinação de sentido para sua concretização. Assim, a interpretação evolutiva das normas constitucionais, no tempo e espaço, permite adaptação do respectivo alcance, sentido e significado. Esse procedimento, no que concerne ao respeito aos direitos humanos e à efetividade dos direitos fundamentais, passa pelo esquema da ponderação dos interesses[ii] em colisão, que igual-

---

  Unidas" (PÉREZ LUÑO, Antonio Enrique. **Los derechos humanos en la sociedad tecnológica**. Madrid: Editorial Universitas S.A., 2012, p. 25, 33-34).

i Losano discorre sobre aplicação prática do princípio da solidariedade no âmbito dos direitos fundamentais, dizendo que "las desigualdades siempre han existido (y en el Occidente medieval, por ejemplo, éstas eran atemperadas mediante la caridad individual y las instituciones de la Iglesia católica), pero se han vuelto especialmente graves desde la revolución industrial. Por tanto, es a partir del siglo XIX cuando se intenta [...] corregir las desigualdades y transformar la caridad hacia el pobre en un derecho del pobre. Nacen así los distintos tipos de Estado social, es decir, Estados que aplican alguna de las teorías de la solidaridad para cubrir las necesidades fundamentales de los sectores más débiles de la sociedad" (LOSANO, Mario G. Las teorías del solidarismo y su influencia en la formulación de los derechos fundamentales económicos. Trad. de Luiz M. Lloredo Alix. In: LOSANO, Mario. G. (ed.). **Solidaridad y derechos humanos en tiempos de crisis**. Madrid: Editorial Dykinson, 2011, p. 37-38).

ii Sobre a noção de ponderação, no âmbito dos direitos fundamentais, veja-se a clássica lição de ALEXY, Robert. **Teoría de los derechos**

mente pode servir de mecanismo para fazer dialogar a ordem jurídica nacional e as disposições supranacionais.

Todos esses fenômenos explicam o surgimento do chamado *constitucionalismo multinível*, em que a proteção dos direitos e garantias fundamentais é fornecida por camadas diversas de legislações e tribunais, nacionais, regionais e internacionais. Como refere Clavero, "lo que es más, hoy el propio constitucionalismo estatal está penetrado y permeado por derechos y poderes que se desenvuelven en espacios internacionales, ya regionales, ya globales"[i].

Esse coenvolvimento de nações e organismos nacionais e supranacionais com o tema dos direitos humanos exige um diálogo efetivo entre a legislação e jurisprudência nacionais e internacionais, como se verá no próximo capítulo.

3
O diálogo das normas constitucionais nacionais com o Direito Internacional dos direitos humanos em perspectiva comparada

Segundo Slaughter, a crescente disposição dos tribunais nacionais e regionais de seguir a jurisprudência do Tribunal Europeu de Direitos Humanos – desde tribunais do Zimbábue até a Comissão Interamericana de Direitos Humanos – sugere o reconhecimento de um conjunto global

---

fundamentales. Trad. de Ernesto G. Valdés. Madrid: Centro de Estudios Políticos y Constitucionales, 2001, p. 157-170, aprofundada em ALEXY, Robert. **Constitucionalismo discursivo**. Trad. de Luís Afonso Heck. 2. ed. rev. Porto Alegre: Livraria do Advogado Ed., 2008, p. 105-116 e 155-162, bem como o capítulo escrito por SANCHÍS, Luis Prieto. Neoconstitucionalismo y ponderación judicial. In: CARBONELL, Miguel (ed.). **Neoconstitucionalismo(s)**. 4. ed. Madrid: Editorial Trotta, 2009, p. 123/158. Na literatura nacional, entre tantos, confira-se o Capítulo IV da obra de BARCELLOS, Ana Paula de. **A eficácia jurídica dos princípios constitucionais**. O princípio da dignidade da pessoa humana. 2. ed. rev. e atual. Rio de Janeiro: Renovar, 2008, p.111-118.

i CLAVERO, Bartolomé. **Derecho global**. Por una historia verosímil de los derechos humanos. Madrid: Ed. Trotta, 2014, p. 130-131.

de questões de direitos humanos a serem resolvidas por tribunais de todo o mundo, em diálogo uns com os outros. Tal reconhecimento decorre da comum ideologia dos direitos humanos universais incorporados na Declaração Universal dos Direitos Humanos da ONU. A premissa do universalismo, entretanto, não unge nenhum tribunal com autoridade universal para interpretar e aplicar esses direitos. Trata-se de um verdadeiro processo coletivo internacional de deliberação e decisão judicial[i].

De fato, as Cortes Superiores, Supremas e, especialmente, as Constitucionais vêm cada vez mais "dialogando" umas com as outras, em questões envolvendo a interpretação e aplicação dos direitos humanos. McCrudden refere que antigamente os juízes, para decidir um caso, voltavam-se ao texto positivado, à dogmática, à jurisprudência de seu país, ao raciocínio analógico, ou a outros fatores nacionais. Mas ele aponta para um fenômeno crescente, em matéria de interpretação de normas de direitos humanos, qual seja a referência, por juízes nacionais, a interpretações judiciais de direitos humanos de tribunais estrangeiros. "O fenômeno do empréstimo e transplante no desenvolvimento dos direitos humanos, de internacional para nacional, e de uma jurisdição nacional para outra, agora é lugar comum"[ii].

Parâmetros de comunicabilidade entre normas de direito internacional sobre direitos humanos e normas de direito interno podem ser extraídos do exame de cláusulas constitucionais, ou de sua interpretação jurisprudencial, em grande parte dos países que ostentam regimes democráticos[iii].

Iniciando-se pela Constituição Espanhola de 1978 (doravante CE), tem-se que seu art. 10.2[iv] dispõe expressamente que normas relativas

---

i SLAUGHTER, Anne-Marie. A Typology of Transjudicial Communication. **University of Richmond Law Review**, v. 29, issue 1, article 6, 1994, p. 121-122.

ii McCRUDDEN, Christopher. Human Rights and Judicial Use of Comparative Law. In: ÖRÜCÜ, Esin. **Judicial Comparativism in Human Rights Cases**. London: The United Kingdom National Committee of Comparative Law, 2003, p. 2.

iii O Estudo ora realizado toma por base os textos das Constituições mencionadas neste tópico e o material compilado na obra de Luciano Arlindo de Carlesso (**O princípio da prevalência dos direitos humanos**. Brasília: ESMPU, 2019, p. 58-183).

iv TÍTULO I. "De los Derechos y Deberes Fundamentales. Artículo 10 1. La dignidad de la persona, los derechos inviolables que le son

aos direitos fundamentais e às liberdades individuais interpretar-se-ão de acordo com a Declaração Universal dos Direitos Humanos e os tratados e acordos internacionais sobre as mesmas matérias, ratificados pela Espanha. Isso denota claramente a extensão da abertura daquela ordem jurídica estatal para a dimensão supranacional dos direitos humanos.

A CE inspira-se na Constituição Portuguesa (doravante CP), que igualmente propugna uma interpretação das normas de direitos fundamentais em conformidade com o direito internacional[i], e considera integradas à ordem jurídica portuguesa as normas internacionais devidamente ratificadas[ii].

O Tribunal Constitucional Espanhol, contudo, vem adotando uma interpretação expansiva daquele dispositivo, afirmando que o caráter universal dos direitos humanos, constantes dos tratados e das convenções ratificados pela Espanha, justifica sua plena incorporação ao ordenamento jurídico espanhol[iii].

inherentes, el libre desarrollo de la personalidad, el respeto a la ley y a los derechos de los demás son fundamento del orden político y de la paz social. **2. Las normas relativas a los derechos fundamentales y a las libertades que la Constitución reconoce se interpretarán de conformidad con la Declaración Universal de Derechos Humanos y los tratados y acuerdos internacionales sobre las mismas materias ratificados por España.**" (Grifo nosso)

i "ARTIGO 16º (Âmbito e sentido dos direitos fundamentais) 1. Os direitos fundamentais consagrados na Constituição não excluem quaisquer outros constantes das leis e das regras aplicáveis de direito internacional. 2. Os preceitos constitucionais e legais relativos aos direitos fundamentais devem ser interpretados e integrados de harmonia com a Declaração Universal dos Direitos do Homem."

ii "ARTIGO 8º (Direito internacional) 1. As normas e os princípios de direito internacional geral ou comum fazem parte integrante do direito português. 2. As normas constantes de convenções internacionais regularmente ratificadas ou aprovadas vigoram na ordem interna após a sua publicação oficial e enquanto vincularem internacionalmente o Estado Português. 3. As normas emanadas dos órgãos competentes das organizações internacionais de que Portugal seja parte vigoram diretamente na ordem interna, desde que tal se encontre estabelecido nos respetivos tratados constitutivos. 4. As disposições dos tratados que regem a União Europeia e as normas emanadas das suas instituições, no exercício das respetivas competências, são aplicáveis na ordem interna, nos termos definidos pelo direito da União, com respeito pelos princípios fundamentais do Estado de direito democrático."

iii Jurisprudência do Tribunal Constitucional Espanhol: SSTC 21/81.

Quanto à Corte Constitucional portuguesa, ela frequentemente incorpora ao direito constitucional daquele país a jurisprudência internacional sobre direitos humanos, ou leva em consideração estes parâmetros para definir o alcance e sentido das normas constitucionais nacionais[i]. A respeito, Jorge Miranda pontua que "entre as Constituições abertas ao Direito internacional dos direitos do homem citem-se a portuguesa de 1976, ao mandar interpretar e integrar os seus preceitos de harmonia com a Declaração Universal (art. 16º, n. 2)"[ii].

Em ambos os países ibéricos, como se percebe, há um diálogo direto entre as normas de direito internacional sobre direitos humanos e suas normas internas. Isso é ainda mais acentuado em razão da influência derivada da integração desses países no espaço jurídico europeu, o que acostumou os operadores jurídicos daquele país, sejam legisladores, juízes ou advogados, a permanentemente levarem em consideração os precedentes de ambas as cortes supranacionais europeias, ou seja, a Corte Europeia de Direitos Humanos (Estrasburgo) – cujos precedentes em matéria de direitos e garantias fundamentais previstas na Convenção Europeia dos Direitos Humanos (Carta de Roma, de 1950) vinculam todos os 47 países que formam o Conselho da Europa –, quanto o Tribunal de Justiça da União Europeia (Luxemburgo), responsável pela interpretação uniforme dos Tratados da União Europeia e demais normas emanadas no âmbito dos 27 Estados que compõem a União Europeia, cujas decisões igualmente vinculam todos os países membros. Portugal e Espanha, como sabido, integram as duas comunidades.

Interessante verificar que a comunicabilidade entre as normas de direito internacional e a ordem jurídica estatal encontra previsão similar na Constituição brasileira de 1988 (doravante CB). Em que pese os textos ibéricos apontem explicitamente para uma abertura hermenêutica, semelhante diretriz é conferida no § 2º do art. 5º da CB, de forma implícita, no que concerne à incorporação de direitos fundamentais. Mas deve ser recordado o § 3º do art. 2º, incluído pela Emenda Constitucional n. 45/2004, que estabeleceu que "os tratados e convenções internacionais sobre direitos humanos que forem aprovados, em cada Casa do Congresso Nacional, em dois turnos, por três

---

i   CARLESSO, 2019, p. 101: Acórdão 347/01 (de 10.07.2001), Acórdão 935/96 (de 10.7.1996). Acórdão 186/1998 (de 18. 2.1998), que tratou do mesmo tema, e o Acórdão 247/2005 (10.5.2005).

ii MIRANDA, Jorge. **Manual de direito constitucional**. Tomo IV. Direitos fundamentais. 3. ed. Coimbra: Coimbra Editora, 2000, p. 27.

quintos dos votos dos respectivos membros, serão equivalentes às emendas constitucionais"[i]. Refira-se que, durante nossa primeira República, o Decreto n. 848/1890, ao organizar a incipiente Justiça Federal, previu, em seu art. 386, que quando houvesse lacuna na lei, poderiam os juízes se utilizar dos "estatutos dos povos cultos e especialmente os que regem as relações jurídicas na República dos Estados Unidos da América do Norte, os casos de *common law* e *equity"*, pois eles "serão também subsidiários da jurisprudência e processo federal". Referida previsão não foi feita com o pensamento no tema dos direitos humanos, até porque, à época de sua edição, tal tema não tinha a relevância que conquistou mais de meio século depois, mas também não o excluía. O mencionado dispositivo legal já foi revogado e nenhum outro semelhante foi editado.

Interpretando os dispositivos constitucionais pertinentes, nosso Supremo Tribunal Federal, como se sabe, fixou a orientação de que os tratados e convenções internacionais em matéria de direitos humanos ratificados pelo Brasil são incorporados ao nosso direito como normas infraconstitucionais, embora supralegais[ii].

---

[i] Piovesan refere que "com o advento do § 3º do art. 5º surgem duas categorias de tratados internacionais de proteção de direitos humanos: a) os materialmente constitucionais; e b) os material e formalmente constitucionais. Frise-se: todos os tratados internacionais de direitos humanos são materialmente constitucionais, por força do §2º do art. 5º. Para além de serem materialmente constitucionais, poderão, a partir do § 3º do mesmo dispositivo, acrescer a qualidade de formalmente constitucionais, equiparando-se às emendas à Constituição, no âmbito formal" (PIOVESAN, Flávia. **Direitos humanos e o Direito Constitucional Internacional**. 18. ed. rev. e atual. São Paulo: Saraiva Educação, 2018, p. 501). Com base nesse procedimento foram aprovados o Decreto Legislativo n. 186, de 2008, e o Decreto n. 6.949, de 25.08.2009, ambos relativos à incorporação, ao nosso Direito, do texto da Convenção sobre os Direitos das Pessoas com Deficiência e de seu Protocolo Facultativo, assinados em Nova Iorque, em 30 de março de 2007; bem como o Decreto Legislativo n. 261, de 25.11.2015 e Decreto n. 9.522, de 08.10.2018, ambos relativos à incorporação, ao nosso Direito, do "Tratado de Marraqueche para Facilitar o Acesso a Obras Publicadas às Pessoas Cegas, com Deficiência Visual ou com Outras Dificuldades", firmado em Marraqueche, em 27 de junho de 2013.

[ii] "Desde a adesão do Brasil, sem qualquer reserva, ao Pacto Internacional dos Direitos Civis e Políticos (art. 11) e à Convenção Americana sobre Direitos Humanos – Pacto de San José da Costa Rica (art. 7º, 7), ambos no ano de 1992, não há mais base legal para prisão civil

A orientação brasileira é a mesma observada em países como a França e Alemanha. A seu turno, o acolhimento de tratados e convenções internacionais com *status* de normas constitucionais internas ocorre em países como Áustria e Argentina[i].

Na Europa em geral, verifica-se comunicação entre o direito supranacional e o direito interno, pois normas de direitos fundamentais necessariamente devem ser interpretadas à luz dos princípios constitucionais do direito europeu em matéria de direitos humanos, especialmente aqueles constantes da Carta de Roma, que a todos vincula. Na Alemanha, embora normas de direito internacional sobre direitos humanos sejam recepcionadas em seu ordenamento com *status* inferior à Constituição pátria[ii], essas mesmas normas internacionais, incluindo-se a Convenção Europeia dos Direitos Humanos (doravante CEDH), têm influência sobre a interpretação dos direitos fundamentais no âmbito jurídico interno daquela nação. A base jurídica para esse entendimento encontra-se no art. 25 da Lei Fundamental[iii]. Refira-se, também, o consolidado entendimento da Corte Constitucional alemão de que, em caso de eventual insuficiência de normas protetivas dos direitos fundamentais na esfera comunitária, normas internas alemãs mais protetivas prevalecem.[iv] Diante do expressivo desenvolvimento

---

      do depositário infiel, pois o caráter especial desses diplomas internacionais sobre direitos humanos lhes reserva lugar específico no ordenamento jurídico, estando abaixo da Constituição, porém acima da legislação interna. O *status* normativo supralegal dos tratados internacionais de direitos humanos subscritos pelo Brasil torna inaplicável a legislação infraconstitucional com ele conflitante, seja ela anterior ou posterior ao ato de adesão" (Supremo Tribunal Federal, RE 349.703, Pleno, Relator do Acórdão: Min. Gilmar Mendes, julgamento: 03.12.2008, Publicação: 05.06.2009). Citam-se igualmente os julgados: REs 349.703 e 466.343.

i   CARLESSO, 2019, p. 71.

ii   HESSE, Konrad. **Elementos da República Federal da Alemanha**. Tradução de Luís Afonso Heck. Porto Alegre: Sérgio Antônio Fabris Editor, 1998, p. 226.

iii "As regras gerais do direito internacional público são parte integrante do direito federal. Sobrepõem-se às leis e constituem fonte direta de direitos e obrigações para os habitantes do território federal" (**Lei Fundamental da República Federal da Alemanha**. Tradução de Aachen Assis Mendonça. Edição impressa. Atualização: janeiro de 2011. Berlin: Deutscher Bundestag, 2011).

iv BVerfGE 37, 271, 272 e seguintes.

do direito nacional (alemão) em matéria de direitos fundamentais, esse entendimento é significativo. Essa interação resultou em benefícios mútuos para as diferentes esferas de proteção jurídica, de maneira a propiciar a aproximação do direito nacional ao direito supranacional para fins de harmonização e ampliação das diretrizes protetivas[i]. Em síntese, a autoridade judiciária nacional conserva a prerrogativa de atuar subsidiariamente na proteção dos direitos fundamentais, quando a aplicação das normas de direito supranacional conferir proteção inferior à garantida pela Lei Fundamental (BverfGE 73, 339, 340, caso *Solange II*).

Na França, a CEDH impactou sobremaneira o direito interno, já que sua constituição é reconhecidamente pobre quanto à proteção expressa e detalhada dos direitos fundamentais. A aplicação da CEDH, pelo Judiciário francês, implicou a aceitação da preeminência da Convenção europeia sobre as normas de direito interno, inclusive constitucionais, representando eficaz resposta protetiva dos direitos e das garantias do cidadão contra atos do legislador que importem violações àqueles direitos[ii].

A par disso, na França, tratados e convenções internacionais – sem distinção de tratamento com relação às normas internacionais sobre direitos humanos – situam-se em posição supralegal. Porém, têm *status* infraconstitucional, não compondo o chamado *Bloc de constitutionnalité* e não podendo servir de parâmetro, portanto, para um juízo de inconstitucionalidade perante o Conselho Constitucional. Em contraposição, essa caracterização oportunizou a expansão do controle de convencionalidade[iii] relativamente a essas normas, compondo alternativa de controle difuso, em matéria de direitos humanos, ao lado da tradicional forma de controle abstrato e preventivo. Isso porque, desde 1975, o *Conseil Constitutionnel,* ao julgar caso relativo ao direito ao

---

i   CARLESSO, 2019, p. 79.

ii CARLESSO, 2019, p. 110-112. Somente com a 5ª República, instaurada pela Constituição gaullista de 1958, a França passou a contar com o Conselho Constitucional e, assim, a afirmar o princípio da primazia da Constituição em detrimento do princípio da supremacia das leis e da soberania do Parlamento, que orientou a 3ª e 4ª República.

iii Sobre controle de convencionalidade, entre outros, v. CHAVES, Denisson Gonçalves; SOUSA, Mônica Teresa Costa. O controle de convencionalidade e a autoanálise do Poder Judiciário brasileiro, **Revista da Faculdade de Direito – UFPR**, Curitiba, v. 61, n. 1, jan./abr. 2016, p. 87-113.

aborto (IVG) (caso 74-54, julgado em 15/01/1975, posição reafirmada por ocasião do julgamento sobre entrada e saída de estrangeiros CC 86-216, de 03/09/1986), afirmou não ser competente para realizar o controle de convencionalidade. Isso implicou, como consequência, que o controle de convencionalidade passasse a ser realizado diretamente pelos juízes franceses, quer da justiça ordinária, quer da justiça administrativa. Com isso, as normas de direito internacional sobre direitos humanos, em especial a CEDH, passaram a ter significativo relevo perante o ordenamento jurídico interno[i].

O sistema de direitos fundamentais francês desenvolveu-se eminentemente de modo jurisprudencial, uma vez que a Constituição de 1958 não conferiu mecanismos sistêmicos específicos para proteção destes direitos. A situação começou a se modificar na década de 1970, com a assunção de uma postura mais incisiva por parte do Conselho Constitucional, especialmente a partir da alteração constitucional que permitiu o acesso àquele órgão de minorias parlamentares.[ii] A ratificação da CEDH (em 1974) e a aceitação do direito de recurso individual à Corte de Estrasburgo (em 1981) tornaram o cenário propício para a incorporação das normas internacionais de direitos humanos à ordem jurídica nacional francesa[iii].

Essa proteção jurisprudencial dos direitos humanos não é algo peculiar ao direito francês, mas sim a toda experiência europeia,

---

i CARDINALI, Daniel Carvalho. Conselho Constitucional Francês. In: BRANDÃO, Rodrigo (Org.). **Cortes Constitucionais e Supremas Cortes**. Salvador: Juspodivm, 2017, p. 584 e 606.

ii Até 1974, quando foi alterado o art. 61 da Constituição de 1958, havia apenas 4 legitimados a acessar o Conselho Constitucional: o Presidente da República, o Primeiro Ministro, o Presidente do Senado e o Presidente da Assembleia Nacional. A partir de 1974, também tiveram acesso 60 deputados ou 60 senadores, ou seja, minorias parlamentares (considerando que o Senado é composto por 348 membros e a Assembleia Nacional é integrada por 577 deputados). Essa alteração implicou substancial aumento do acesso ao Conselho, pois entre 1958 e 1974, o Conselho proferiu uma média 3.125 decisões por ano, ao passo que entre 1975 e 2015, foi proferida uma média de 16.725 decisões anuais (CARDINALI, Daniel Carvalho. Conselho Constitucional Francês. In: BRANDÃO, Rodrigo (Org.). **Cortes Constitucionais e Supremas Cortes**. Salvador: Juspodivm, 2017, p. 581).

iii CARLESSO, 2019, p. 117: isso a partir da decisão sobre a liberdade de associação, do Conselho Constitucional francês, em 1971.

segundo Calzolaio, ao afirmar que "o fenômeno da proteção de direitos humanos no contexto europeu é essencialmente jurisprudencial", uma vez que "é inquestionável que a proteção de direitos humanos repousa na concreta aplicação da Convenção Europeia de Direitos Humanos pela Corte Europeia de Direitos Humanos". O autor refere que se trata de um fenômeno crescente, em razão das mudanças introduzidas na década de 1990 sobre o funcionamento da Corte de Estrasburgo, ampliando e facilitando seu acesso para demandas envolvendo direitos humanos[i].

No âmbito da União Europeia, uma abertura a uma visão senão globalizante, ao menos europeizante, foi paulatinamente assumida pelo Tribunal de Justiça da antiga Comunidade Econômica Europeia, hoje Tribunal de Justiça da União Europeia. As Comunidades Econômicas europeias surgiram na década de 1950 com um propósito puramente econômico, buscando a criação de um mercado comum europeu. Assim, em seu período inicial, o então Tribunal de Justiça das Comunidades Europeias seguiu uma abordagem restritiva frente a proteção de direitos fundamentais, ao interpretar e aplicar o direito comunitário. Todavia, a partir dos anos 1970, essa orientação foi alterada.[ii] O primeiro passo

---

i   CALZOLAIO, Ernanno. National Judges and Strasbourg Case Law. Comparative Reflections about the Italian Experience. In: ANDENAS, Mads; FAIRGRIEVE, Duncan. **Courts and Comparative Law**. Oxford: Oxford University Press, 2015, p. 177-178.

ii   Vale a pena reproduzir as lúcidas lições de Bonilla sobre essa evolução: "La tutela de los derechos fundamentales en el derecho comunitario europeo ha sido un proceso lento y complejo. Los tratados que crearon la Comunidad Económica Europea (C.E.E.) no hacían referencia alguna a los derechos fundamentales. En ausencia de una disciplina comunitaria de derechos, la Corte de Justicia individuó una serie de principios en materia de derechos fundamentales que resultaban de las tradiciones constitucionales comunes de los Estados. Esas tradiciones comunes se individualizaron de las tradiciones constitucionales nacionales". "En un primer momento, el reconocimiento de las tradiciones constitucionales comunes como fuente del derecho comunitario debe ser considerado como una regla jurisprudencial. Posteriormente, dicha fórmula que fue incorporada a nivel normativo comunitario en el artículo 6 del Tratado de la Unión Europea (Tratado de Maastricht 1992) y posteriormente en el artículo 8.1 del Tratado de Ámsterdam (1997) hasta que se promulgó la Carta de Derechos Fundamentales de la Unión Europea, la cual estableció un 'catalogo de derechos fundamentales', el cual con la entrada en vigor del Tratado de Lisboa (01.12.2009), es de acatamiento obligatorio para los Estados miembros y para las instituciones de la Unión Europea" (BONILLA, Haideer Miranda. **Diálogo judicial interamericano**.

foi dado por ocasião do julgamento do caso *Stauder* (*Eric Stauder,* proc. 29/69, j. em 12/12/1969), no qual aquele órgão jurisdicional considerou os direitos fundamentais como "parte integrante do corpo de princípios gerais de direito comunitário". Um ano mais tarde, ao julgar o caso *Internationale Handesgesellschaft* (proc. 11/70, j. em 17/12/1970), o Tribunal de Justiça afirmou que a proteção dos direitos fundamentais, enquanto princípio geral de direito comunitário (como afirmado no caso anterior), inspirava-se "nas tradições constitucionais comuns aos Estados-membros, e que não permitiria a aplicabilidade de preceitos comunitários que se revelassem incompatíveis com os direitos fundamentais consagrados pelas Constituições desses Estados". Essa orientação consolidou-se quatro anos mais tarde, quando do julgamento do caso *Nold* (proc. 4/73, j. em 14/05/1974), em que o Tribunal de Justiça mencionou como "quadro de referência da proteção dos direitos fundamentais no direito comunitário não apenas as Constituições nacionais, mas também os instrumentos internacionais relativos à proteção dos direitos humanos de que os Estados-membros sejam parte"[i]. Essa tendência nunca mais foi alterada, tendo sido reforçada com a Carta dos Direitos Fundamentais da União Europeia (Carta de Nice), de 2000. Isso demonstra a tendencial abertura a um constitucionalismo verdadeiramente cosmopolita. No espaço europeu vigora o princípio da primazia das normas comunitárias. Todavia, decidiu o Tribunal Europeu que essa primazia deve representar harmonização das diferentes ordens constitucionais, sem que haja supressão da autonomia reconhecida a cada nação. Nesse sentido o Parlamento Europeu, em 2010 (Resolução de 19 de maio), ao dispor sobre a adesão da União Europeia ao Sistema Europeu de Proteção de Direitos Humanos (CEDH), "ressaltou a necessidade de coerência e harmonização entre os sistemas jurídicos, de colaboração, cooperação e diálogo, de modo a ter afirmado que tal interdependência não implica deixar de reconhecer a autonomia de cada Tribunal".[ii]

Na América do Sul, a Argentina inicialmente atribuía aos tratados e convenções *status* de lei ordinária. Todavia, após o *leading case Ekmekjian*, passou a conferir *status* constitucional às normas de

---

Entre constitucionalidade y convencionalidad. Bogotá: Ediciones Nueva Juridica, 2016, p. 329, 331 e 333).

i   SOARES, António Goucha. **A Carta dos Direitos Fundamentais da União Europeia**. A protecção dos direitos fundamentais no ordenamento comunitário. Coimbra: Coimbra Editora, 2002, p. 12-13.

ii   CARLESSO, 2019, p. 121.

direito internacional sobre direitos humanos. Essa posição foi posteriormente incorporada à Constituição promulgada em 1994[i]. Tem-se que a Suprema Corte argentina pauta-se pela observância da jurisprudência internacional e dos respectivos *standards* de interpretação, instando os juízes das instâncias inferiores à compatibilização das normas internas com o direito internacional[ii].

No Peru, em que pese a Constituição peruana de 1993 esteja relacionada ao ambiente golpista de Fujimori – quando os tratados internacionais foram situados no nível das leis ordinárias –, aquela Carta Constitucional apresentou importante diretriz interpretativa para efetividade dos direitos fundamentais, fazendo com que tratados e convenções pudessem ser incorporados ao direito pátrio pela via exegética[iii]. É que, a despeito do disposto no art. 55 da aludida Constituição, a cláusula quarta das Disposições Finais e Transitórias, dispondo sobre "Interpretación de los derechos fundamentales", estabelece que "Las

---

i   Art. 22, segundo parágrafo, da Constituição argentina de 1994: "La Declaración Americana de los Derechos y Deberes del Hombre; la Declaración Universal de Derechos Humanos; la Convención Americana sobre Derechos Humanos; el Pacto Internacional de Derechos Económicos, Sociales y Culturales; el Pacto Internacional de Derechos Civiles y Políticos y su Protocolo Facultativo; la Convención sobre la Prevención y la Sanción del Delito de Genocidio; la Convención Internacional sobre la Eliminación de todas las Formas de Discriminacion Racial; la Convención sobre la Eliminación de todas las Formas de Discriminacion contra la Mujer; la Convención contra la Tortura y otros Tratos o Penas Crueles, Inhumanos o Degradantes; la Convención sobre los Derechos del Niño; en las condiciones de su vigencia, tienen jerarquía constitucional, no derogan articulo alguno de la primera parte de esta Constitución y deben entenderse complementarios de los derechos y garantías por ella reconocidos. Solo podrán ser denunciados, en su caso, por el Poder Ejecutivo nacional, previa aprobación de las dos terceras partes de la totalidad de los miembros de cada Cámara".

ii Sobre importantes acórdãos da Corte Suprema da Nação Argentina, em matéria de direitos e garantias fundamentais (especialmente casos *Angel Siri* e *Kot, Samuel SRL s/ recurso de habeas corpus*, casos *Antonio Sofía* e *Primera Plana*, caso Alejandro Moreno, caso *Ponzetti de Balbin*, caso *Juan Bautista Sejean* e, principalmente, casos *Ley de punto final* e *Ley de obediência debida*, além do caso *Simon*), v. PIRES, Thiago Magalhães. Corte Suprema de Justiça da Nação (Argentina). In: BRANDÃO, Rodrigo (Org.). **Cortes Constitucionais e Supremas Cortes**. Salvador: Ed. JusPodivm, 2017, p. 45-46.

iii CARLESSO, 2019, p. 170.

normas relativas a los derechos y a las libertades que la Constitución reconoce se interpretan de conformidad con la Declaración Universal de Derechos Humanos y con los tratados y acuerdos internacionales sobre las mismas materias ratificados por el Perú". Essa diretriz hermenêutica favorece amplamente a incorporação ao Direito interno do Peru dos entendimentos vigentes em outros países sobre direitos e garantias fundamentais. O Tribunal Constitucional, a seu turno, em 2014, decidiu que os tratados internacionais sobre direitos humanos são imediatamente incorporados ao direito interno, com natureza de norma constitucional[i].

A posição norte-americana demonstra-se distinta e peculiar. Os Estados Unidos não aderem efetivamente às instituições internacionais atreladas à defesa dos direitos humanos, a exemplo do que correu com a instituição do Tribunal Penal Internacional (TIP) e da Corte Interamericana de Direitos Humanos (CIDH), cujos documentos não foram assinados ou ratificados por aquela nação. Quanto à Convenção Americana de Direitos Humanos (CADH), a referida nação assinou, mas não ratificou o instrumento, porquanto pretendia que suas disposições não fossem consideradas autoexecutáveis no âmbito interno. Por outro lado, tanto na Inglaterra quanto nos Estados Unidos, a aplicação das normas internacionais não ocorre de maneira direta. Na Inglaterra, é necessário ato legislativo específico para incorporação destas normas ao direito interno, ao passo que, nos Estados Unidos, elas são consideradas com *status* de lei federal, mas são tidas reiteradamente por não autoexecutáveis[ii].

---

i   Sobre estrutura, funcionamento e jurisprudência do Peru, v. DANTAS, Eduardo Sousa. O Tribunal Constitucional do Peru. In: BRANDÃO, Rodrigo (Org.). **Cortes Constitucionais e Supremas Cortes**. Salvador: Juspodivm, 2017, p. 225-259, esp. p. 255.

ii   CRUZ, Sebastião Velasco e. **Notas sobre o paradoxo dos direitos humanos e as relações hemisféricas**. Lua Nova, São Paulo, n. 86, p. 17-50, 2012. Disponível em: http://www.scielo.br/scielo.php?script=sci_arttext&pid=S0102-64452012000200002&lng=en&nrm=iso Acesso em 12/08/2021. Vide igualmente: MONTEIRO, Marco Antonio Corrêa. **Incorporação dos tratados internacionais de direitos humanos ao direito interno brasileiro e sua posição hierárquica no plano das fontes normativas**. 2008. Dissertação (Mestrado em Direito do Estado) – Faculdade de Direito, Universidade de São Paulo, São Paulo, 2008. doi:10.11606/D.2.2008.tde-23112010-102354. Acesso em: 2021-08-12.

Quanto à invocação de decisões estrangeiras para julgar casos nacionais, Sunstein refere a raridade com que a Suprema Corte norte-americana alude a precedentes estrangeiros (citando os casos em que decidiu sobre a inconstitucionalidade das leis estaduais que criminalizavam relações homossexuais[i] e sobre a inconstitucionalidade da pena de morte para adolescentes e pessoas mentalmente incapazes[ii], entre outros[iii]). Mas, em seguida, ele alude a um *constitutional cosmopolitanism* como uma tendência universal. Refere que os tribunais domésticos consultam regularmente "precedentes estrangeiros" ao decidir sobre o significado de suas próprias constituições. E refere que, entre 1994 e 1998, a Corte Constitucional sul-africana fez 1.258 referências a decisões dos tribunais norte-americano, canadense, britânico, alemão, europeus e indianos. A Suprema Corte da Irlanda cita precedentes estrangeiros com muita frequência, o mesmo ocorrendo com a Suprema Corte israelense. Ele também refere que essa prática é comum nas cortes alemãs, suíça, austríaca, canadense, australiana, entre outras. E assim conclui que "constitutional cosmopolitanism seems to be the wave of the future" (em tradução livre, "cosmopolitismo constitucional parece ser a onda do futuro")[iv].

Corrobora essa afirmação o que consta do artigo 39, n. 1, alínea *c*, da Constituição da África do Sul de 1996: "When interpreting the Bill of Rights, a court, tribunal or forum [...] c. may consider foreign law" (Em tradução livre: "Ao interpretar a Declaração de Direitos, a corte, tribunal ou fórum [...] c. deve considerar o Direito estrangeiro"). Em sentido semelhante dispõe o art. 38, n. 1, alínea *c*, do Estatuto do Tribunal Internacional de Justiça (Corte de Haia): "O Tribunal, cuja função é decidir em conformidade com o direito internacional as controvérsias que lhe forem submetidas, aplicará: [...] c. Os princípios gerais de direito, reconhecidos pelas nações civilizadas".

---

i   *Lawrence v. Texas* (2003).

ii   *Roper v. Simmons* (2005).

iii   *Grutter v. Bollinger* (2003), *Printz v United States* (1997), *Planned Parenthood of Southeastern Pa. v. Casey* (1992), *Foster v. Florida* (2002), *Elledge v. Florida* (1998), *Washington v. Glucksberg* (1997), *Atkins v. Virginia* (2002) e *Raines v. Byrd* (1997).

iv   SUNSTEIN, Cass R. **A Constitution of Many Minds**. Why the Founding Document Doesn't Mean What It Meant Before. Princeton/New Jersey: Princeton University Press, 2009, p. 188-189.

Essa breve passada de olhos pelo direito comparado, na área de que estamos tratando, permite entender porque Charles Epp[i] fala em uma *Rights Revolution* que estaria ocorrendo em todo o mundo, mormente o ocidental, embora ele se concentre mais na experiência norte-americana. No caso dos Estados Unidos, ele recorda que até por volta dos anos 1930, menos de 10% dos casos que chegavam à Suprema Corte envolviam direitos individuais, pois sua atenção era substancialmente voltada para questões comerciais e direitos proprietários, que interessavam a elite econômica do país. A partir dos anos 1970, a situação se inverte, com cerca de 70% dos casos apreciados pela Corte envolvendo direitos individuais de cidadãos comuns – desde litígios envolvendo liberdade de expressão e de imprensa, direito a não ser discriminado com base na raça ou sexo, e direitos processuais em procedimentos criminais e administrativos.

Todos esses desenvolvimentos das últimas décadas, indicando um cada vez maior entrelaçamento entre normas e jurisdições nacionais, supranacionais e internacionais, derivam da ascensão da primazia dos direitos humanos no contexto histórico que passamos a vivenciar desde o segundo pós-Guerra, como se analisa na sequência.

4
A ascensão da primazia dos direitos humanos no atual contexto histórico-cultural

É cediço que os direitos nacionais não nasceram prontos e acabados, sendo, ao contrário, frutos de uma evolução secular e de intensa circulação e compartilhamentos[ii]. É do jurista americano Roscoe Pound a afirmação de que "a história de um sistema jurídico é substancialmente a história de empréstimos de materiais legislativos oriundos de outros

---

i   EPP, Charles R. **The Rights Revolution**. Lawyers, Activists, and Supreme Courts in Comparative Perspective. Chicago: The University of Chicago Press, 1998, p. 2, 3, 8 e 9.

ii   Sobre a história dos sistemas e famílias do direito contemporâneo, vide: GILISSEN. **Introdução histórica ao direito**. 5. ed. Tradução de A.M. Hespanha. Lisboa: Fundação Calouste Gulbenkian, 1986.

sistemas jurídicos e da inclusão de material estranho ao direito nacional"[i]. Aliás, aquilo que Pound referiu há quase cem anos "aumentou dramaticamente nas últimas décadas: tomar emprestado de outro sistema certamente é hoje a forma mais comum de mudança jurídica"[ii]. O resultado disso é que quase nenhuma legislação é atualmente promulgada sem antes envolver uma cuidadosa pesquisa comparativa, praticamente inexistindo áreas do direito deixadas às forças criativas de um único Estado[iii,iv].

Sendo assim, compreender as origens e a evolução histórica dos distintos sistemas jurídicos permite identificar as bases éticas sobre as quais estes foram erigidos, bem como a forma como se dá a interação com outros sistemas com os quais guardem afinidade.

Os países que apresentam sistemas jurídicos vinculados à *Common Law* encontram-se atrelados à tradição histórico-cultural das teorias morais consequencialistas, subdivididas em utilitarismo e pragmatismo. Por sua vez, os países vinculados à família romano-germânica têm, em sua raiz histórico-cultural, a deontologia[v].

A comparação realizada no item precedente revela que os países do sistema romano-germânico (*civil law*), em que pese busquem preservar sua identidade nacional, procuram harmonizar o direito doméstico com o direito internacional, por considerarem comum a todas as nações a base deontológica relativa à proteção dos direitos humanos. Nesses

---

i   *Apud* WATSON, Alan. **Il trapianto di norme giuridiche** – Un approccio al diritto comparato. (trad. italiana de Legal Transplants). Napoli: Edizioni Scientifiche Italiane, 1984, p. 20.

ii   FEDKE, Jörg. Legal Transplants. In: SMITS, Jan M. (Ed.). **Elgar Encyclopedia of Comparative Law**. Cheltenham/UK: Edward Elgar Ed., 2006, p. 434.

iii   ÖRÜCÜ, Esin. The Courts and the Legislator. In: ÖRÜCÜ, Esin and NELKEN, David (Ed.). **Comparative Law**: a Handbook. Portland/USA, Hart Publishing, 2007, p. 428.

iv   Sobre o fenômeno da circulação de modelos jurídicos, ou *legal transplants,* v. FACCHINI NETO, Eugenio. Duty to Mitigate the Loss – Cheapest Cost Avoider – Hand Formula: aplicação judicial brasileira de doutrina e jurisprudência estrangeiras: o positivismo jurídico em um mundo globalizado. **Revista de Direito Civil Contemporâneo**, v. 4, 2017, p. 247-280.

v   Sobre as grandes teorias morais advindas do giro copernicano, vide: VAZ, Henrique C. Lima. **Escritos de Filosofia IV**: introdução à ética filosófica 1. 7. ed. São Paulo, Edições Loyola, 2015.

termos e de acordo com a teoria moral deontológica, o ponto de conexão reside em estabelecer um padrão de conduta comum às nações, que priorize *standards* mínimos de proteção aos direitos humanos. Aqui reside a diretriz de prevalência ou primazia dos direitos humanos para os países da *Civil Law*. Essa diretriz, iniciada a partir da revolução francesa e afirmada de modo mais intenso após o segundo pós-Guerra, permitiu a incorporação dos princípios interpretativos e *standards* do direito internacional, para proteção dos direitos humanos também na seara doméstica dos Estados. E isso sem prejuízo da proteção da identidade e a soberania nacional, pelo reconhecimento ou preservação de um *status* constitucional superior ou paralelo ao direito internacional.

Distintamente, na perspectiva dos países da *Common Law,* a incorporação dos tratados e convenções sobre direitos humanos fica sujeita à análise das consequências advindas da assimilação das normas internacionais no âmbito interno. Além disso, a maior vinculação aos costumes e à tradição histórico-cultural dos países da *Common Law* é diretamente proporcional à resistência à abertura para a dimensão internacional do direito, em matéria de direitos humanos.

De qualquer forma, certo é que os direitos humanos conclamam proteção em patamar global. A necessidade de fomentar *standards* domésticos de proteção dos direitos humanos deve ser buscada igualmente como forma de harmonização das relações internacionais, porquanto se inserem em ideais morais ou valores de base comum a todas as nações. Por esse mesmo motivo, a equalização das condições sociais internas não prescinde da abertura do Estado para a dimensão dos direitos humanos. Esses direitos constituem posições jurídicas que reconhecem qualidades inerentes ao ser humano, independentemente da vinculação a determinada ordem nacional ou tradição histórico-cultural. Por isso, têm forte conteúdo axiológico, aspiração universal e base comunitária. Não por outra razão tem havido intenso 'diálogo' entre as cortes judiciais, especialmente as constitucionais, que frequentemente citam precedentes (obviamente não vinculatórios, mas simplesmente persuasivos) de tribunais estrangeiros.[i] Um argumento que se

---

i Um exemplo dado por Rosenfeld diz respeito ao discurso de ódio: "the trend toward excluding hate speech from constitutionally protected expression spread worldwide. This trend was reflected in international covenants as well as in the constitutional jurisprudence of numerous individual countries". ROSENFELD, Michel. Regulation of Hate Speech. In: AMAR, Vikran David; TUSHNET, Mark V. **Global Perspectives on Constitutional Law**. New York: Oxford University Press, 2009, p. 191.

pode invocar para justificar a circulação de orientações jurisprudenciais sobre temas envolvendo direitos fundamentais, de um país a outro, é extraível da colocação de Ferrajoli, ao referir à "naturaleza supranacional de gran parte de los derechos fundamentales", pois "las propias constituciones estatales confieren muchos de estos derechos con independencia de la ciudadanía"[i].

Essa assunção de relevância dos direitos humanos e fundamentais tem evidente reflexo na jurisprudência constitucional. Como refere Pegoraro, a progressiva incorporação aos textos constitucionais de princípios e garantias atinentes aos direitos fundamentais e a necessidade de ponderá-los quando em conflito, acabou por tornar mais incisiva a jurisprudência constitucional que, pressionada pelos cidadãos, colocou "a **tutela dos direitos** no centro de sua atividade" (grifo do original)[ii].

No âmbito interno, as Constituições, apesar de refletirem as tendências de dada sociedade no momento da respectiva promulgação, são organismos vivos, não somente com pretensão de permanência e respeito à singularidade que lhes é peculiar, mas, sobretudo, trazem consigo a inclinação do Estado em prol de seu desenvolvimento e de sua contínua expansão, pois esses movimentos são inerentes à natureza humana[iii].

Inerentes à natureza humana são também os ideais morais de cooperação, manutenção da paz e proteção aos direitos humanos como alicerce de toda sociedade, vinculando as nações a uma responsabilidade comum. A incorporação de tais ideais ao direito interno, garantindo efetividade à proteção dos direitos fundamentais no âmbito interno, representa o passaporte para a efetiva integração e cooperação no plano internacional. Pressupondo-se que as ordens constitucionais contemporâneas com pretensão democrática assentam suas bases no princípio

---

i   FERRAJOLI, Luigi. **Derechos y garantías**. La ley del más débil. Trad. de Perfecto Andrés Ibáñez y Andrea Greppi. 2. ed. Madrid: Editorial Trotta, 2001, p. 42.

ii   PEGORARO, Lucio. Garantías constitucionales y protección de la Constitución. Justicia constitucional. In: GARRIDO, Diego López; GARROTE, Marcos Francisco Massó; PEGORARO, Lucio (Dir.). **Derecho Constitucional comparado**. Valencia, Tirant lo Blanch Ed., 2017, p. 790.

iii   Sobre processos formais e informais de reforma da Constituição, v. SBROGIO'GALIA, Susana. **Mutações constitucionais e direitos fundamentais**. Porto Alegre: Livraria do Advogado, 2007.

da dignidade da pessoa humana[i], os respectivos sistemas jurídicos têm aptidão para identificar nesse fundamento o ponto de convergência do entrelaçamento das relações internacionais.

Por óbvio que não se cuida de impor a substituição do Direito Constitucional pelas normas supranacionais compartilhadas. O que se pretende é garantir maior eficácia da proteção dos direitos fundamentais e, por vezes, uma interpretação dos textos internos à luz das disposições de Direito Internacional eventualmente mais protetivas, permite esse ganho de efetividade[ii].

É hora de concluir.

5
Considerações finais

Constatou-se que, a partir do segundo pós-Guerra, a consciência mundial orientou-se no sentido de que a proteção dos direitos humanos e fundamentais não é tema de interesse restrito às nações. Surgiu e consolidou-se um consenso entre os Estados e seus cidadãos acerca de partilharem sentimento que identifica nos direitos humanos a garantia de condições mínimas para uma saudável convivência de todos[iii].

Esse sentimento de responsabilidade comum explica a adoção de posturas integrativas e cooperativas por parte de todos, Estados-Nações

---

i   Sobre o profundo significado da dignidade da pessoa humana, consulte-se a obra já clássica entre nós, de SARLET, Ingo Wolfgang. **Dignidade da pessoa humana e direitos fundamentais na Constituição Federal de 1988**. 5. ed. rev. e atual. Porto Alegre: Livraria do Advogado, 2007. Para informações sobre o processo de positivação do princípio da dignidade humana nas constituições nacionais e nas declarações e convenções internacionais, desde a precursora Constituição da Irlanda de 1937, v. STARCK, Christian. Dignidade humana como garantia constitucional: o exemplo da Lei Fundamental alemã. Tradução de Rita D. Zanini. In: SARLET, Ingo Wolfgang. **Dimensões da dignidade**. Ensaios de Filosofia do Direito e Direito Constitucional. 2. ed. Porto Alegre: Livraria do Advogado, 2009, p. 199 e ss.

ii   HÄBERLE, Peter. **Estado Constitucional cooperativo**. Tradução de Marcos Maliska e Elisete Antoniuk. Rio de Janeiro: Renovar, 2007, p. 3.

iii   SARLET, 2001, p. 371-376.

e entes supranacionais. Para garantir a eficácia e efetividade da proteção dos direitos humanos constatou-se que todas as democracias ocidentais têm como imprescindível a presença de um Judiciário independente. No espaço jurídico europeu, reconheceu-se essa autoridade não só a juízes nacionais, mas também a cortes supranacionais. Como já foi reconhecido por juristas de primeira grandeza, "encontramos uma correlação histórica notável em todas as democracias entre o interesse pela defesa da liberdade e a criação de uma autoridade judicial forte"[i].

No relatório de síntese da monumental obra "Constitutional Courts as Positive Legislators", tema do XVIII International Congress of Comparative Law, ocorrido em Washington/DC, em 2010, Allan Brewer-Carías concluiu que a função das Cortes Constitucionais como legisladores negativos segue importante e que as cortes não deveriam invadir a seara dos demais poderes políticos. Mas admitiu que, nas últimas décadas, o papel das Cortes Constitucionais mudou profundamente, pois, pelas razões que vieram à tona durante o Congresso, as Cortes Constitucionais vêm sendo chamadas para assumir um papel de assistente do legislador. Refere que "entre as principais ferramentas para desencadear esse novo papel dos tribunais constitucionais estão os princípios da progressividade e da prevalência dos direitos humanos, como ocorreu em muitos casos com a redescoberta do direito à igualdade e à não discriminação. Nestes casos, no interesse da proteção dos direitos e garantias dos cidadãos, não houve dúvidas em aceitar a legitimidade do ativismo dos tribunais constitucionais em interferir nas funções legislativas"[ii].

Como visto no trabalho, com a redemocratização do país, a Constituição Federal de 1988 consagrou o primado do respeito aos direitos humanos como paradigma a ser observado em suas relações internacionais, como expressamente previsto no art. 4º, inciso I, da CF. Isso representa uma necessária "abertura da ordem jurídica interna ao

---

i BADINTER, Robert; BREYER, Stephen (Ed.). **Judges in Contemporary Democracy**. An International Conversation. New York: New York University Press, 2004, p. 3 e 36. Participaram do colóquio, além dos referidos organizadores, também Antonio Cassese, Ronald Dworkin, Dieter Grimm e Gil Carlos Rodriguez Iglesias.

ii BREWER-CARÍAS, Allan R. Synthesis Report: Constitutional Courts as Positive Legislators in Comparative Law. In: BREWER-CARÍAS, Allan R. **Constitutional Courts as Positive Legislators**. A Comparative Law Study. New York: Cambridge University Press, 2013, p. 892.

sistema internacional de proteção dos direitos humanos"[i]. Essa não é uma peculiaridade de nosso direito, pois um número crescente e consistente de Constituições contemporâneas faz referência expressa aos direitos consagrados nos tratados e nas convenções sobre direitos humanos, "incorporando-os ao elenco dos direitos garantidos no plano do direito interno". Por essa razão, afirma-se que "o direito internacional e o direito público interno revelam uma alentadora identidade de propósito de proteção do ser humano, e contribuem à cristalização do novo Direito dos Direitos Humanos"[ii].

Poder-se-ia dizer, assim, que quase dois mil anos depois da lição de Ermogeniano, lembrada no início deste estudo – *hominum causa omne ius constitutum* –, parece que realmente a humanidade a está levando a sério. Ainda há muito a fazer nessa área, diante das flagrantes violações de básicos direitos humanos em todos os lugares desse mundo. A diferença é que, agora, temos normas suficientemente claras que deslocam tais práticas para o campo da ilegalidade. Pode parecer pouco, mas é um início promissor. Toda grande jornada inicia-se com os primeiros passos.

Referências

ALEMANHA. **Lei Fundamental da República Federal da Alemanha**. Tradução de Aachen Assis Mendonça. Berlin: Deutscher Bundestag, 2011.

ALEXY, R. **Teoría de los derechos fundamentales**. Traducción de Ernesto G. Valdés. Madrid: Centro de Estudios Políticos y Constitucionales, 2001.

ALEXY, R. **Constitucionalismo discursivo**. Tradução de Luís Afonso Heck. 2. ed. Porto Alegre: Livraria do Advogado, 2008.

BADINTER, R.; BREYER, S. (Ed.). **Judges in Contemporary Democracy**: an International Conversation. New York: New York University Press, 2004.

i   PIOVESAN, Flávia. **Direitos humanos e o Direito Constitucional Internacional**. 18. ed. rev. e atual. São Paulo: Saraiva Educação, 2018, p. 500.

ii   CANÇADO TRINDADE, Antônio Augusto. Apresentação. In: PIOVESAN, Flávia. **Direitos humanos e o Direito Constitucional Internacional**. 18. ed. rev. e atual. São Paulo: Saraiva Educação, 2018, p. 71.

BARCELLOS, A. P. de. **A eficácia jurídica dos princípios constitucionais**: o princípio da dignidade da pessoa humana. 2. ed. Rio de Janeiro: Renovar, 2008.

BARROSO, L. R. **A judicialização da vida e o papel do Supremo Tribunal Federal**. Belo Horizonte: Fórum, 2018.

BONILLA, H. M. **Diálogo judicial interamericano**: entre constitucionalidade y convencionalidad. Bogotá: Ediciones Nueva Juridica, 2016.

BREWER-CARÍAS, A. R. Synthesis Report: Constitutional Courts as Positive Legislators in Comparative Law. In: BREWER-CARÍAS, A. R. **Constitutional Courts as Positive Legislators**: a comparative law study. New York: Cambridge University Press, 2013.

CALZOLAIO, E. National Judges and Strasbourg Case Law: Comparative Reflections about the Italian Experience. In: ANDENAS, M.; FAIRGRIEVE, D. **Courts and Comparative Law**. Oxford: Oxford University Press, 2015.

CANÇADO TRINDADE, A. A. **A proteção internacional dos direitos humanos e o Brasil**. 2. ed. Brasília: Ed. da UnB, 2000.

CANÇADO TRINDADE, A. A. Apresentação. In: PIOVESAN, F. **Direitos humanos e o direito constitucional internacional**. 18. ed. São Paulo: Saraiva Educação, 2018.

CANOTILHO, J. J. G. **Direito constitucional e teoria da Constituição**. Coimbra: Almedina, 1998.

CARDINALI, D. C. Conselho Constitucional Francês. In: BRANDÃO, R. (Org.). **Cortes constitucionais e supremas cortes**. Salvador: JusPodivm, 2017.

CARLESSO, L. A. **O princípio da prevalência dos direitos humanos**. Brasília: ESMPU, 2019.

CASAVOLA, F. P. **I diritti umani**. Padova: Cedam, 1997.

CASSESE, A. **I diritti umani nel mondo contemporaneo**. Bari: Laterza, 1998.

CHAVES, D. G.; SOUSA, M. T. C. O controle de convencionalidade e a autoanálise do Poder Judiciário brasileiro. **Revista da Faculdade de Direito da UFPR**, Curitiba: UFPR, v. 61, n. 1, p. 87-113, jan./abr. 2016.

CLAVERO, B. **Derecho global**: por una historia verosímil de los derechos humanos. Madrid: Trotta, 2014.

COMPARATO, F. K. **A afirmação histórica dos direitos humanos**. São Paulo: Saraiva, 1999.

CRUZ, S. V. Notas sobre o paradoxo dos direitos humanos e as relações hemisféricas. **Lua Nova**, São Paulo, n. 86, p. 17-50, 2012. Disponível em: http://www.scielo.br/scielo.php?script=sci_arttext&pid=S0102-64452012000200002&lng=en&nrm=iso. Acesso em: 25 abr. 2022.

DANTAS, E. S. O Tribunal Constitucional do Peru. In: BRANDÃO, R. (Org.). **Cortes constitucionais e supremas cortes**. Salvador: Juspodivm, 2017.

EPP, C. R. **The Rights Revolution**: Lawyers, Activists, and Supreme Courts in Comparative Perspective. Chicago: The University of Chicago Press, 1998.

FACCHINI NETO, E. Duty to Mitigate the Loss: Cheapest cost avoider. Hand Formula: aplicação judicial brasileira de doutrina e jurisprudência estrangeiras. O positivismo jurídico em um mundo globalizado. **Revista de Direito Civil Contemporâneo**, v. 4, 2017, p. 247-280.

FEDKE, J. Legal Transplants. In: SMITS, J. M. (Ed.). **Elgar Encyclopedia of Comparative Law**. Cheltenham/UK: Edward Elgar Ed., 2006.

FERNANDES, V. R. Idealismo e realismo nas relações internacionais: um debate ontológico. **JANUS.NET e-Journal of International Relations**, v. 7, n. 2, nov. 2016/abr. 2017.

FERRAJOLI, L. **Derechos y garantías**. La ley del más débil. Traducción de Perfecto Andrés Ibáñez y Andrea Greppi. 2. ed. Madrid: Trotta, 2001.

GEARTY, C. Human Rights Law. In: MASTERMAN, R.; SCHÜTZE, R. **The Cambridge Companion to Comparative Constitutional Law**. Cambridge: Cambridge University Press, 2019.

GILISSEN, J. **Introdução histórica ao direito**. Tradução de A.M. Hespanha. 5. ed. Lisboa: Fundação Calouste Gulbenkian, 1986.

HÄBERLE, P. **Estado Constitucional Cooperativo**. Tradução de Marcos Maliska e Elisete Antoniuk. Rio de Janeiro: Renovar, 2007.

HESSE, K. **Elementos da República Federal da Alemanha**. Tradução de Luís Afonso Heck. Porto Alegre: Sérgio Antônio Fabris Editor, 1998.

JACKSON, V. C. Progressive Constitutionalism and Transnational Legal Discourse. In: BALKIN, J. M.; SIEGEL, R. B. (Ed.). **The Constitutions in 2020**. New York: Oxford University Press, 2009.

LOSANO, M. G. Las teorías del solidarismo y su influencia en la formulación de los derechos fundamentales económicos. Traducción de Luiz M. Lloredo Alix. In: LOSANO, M. G. (Ed.). **Solidaridad y derechos humanos en tiempos de crisis**. Madrid: Dykinson, 2011.

McCRUDDEN, C. Human Rights and Judicial Use of Comparative Law. In: ÖRÜCÜ, E. **Judicial Comparativism in Human Rights Cases**. London: The United Kingdom National Committee of Comparative Law, 2003.

MONTEIRO, M. A. C. **Incorporação dos tratados internacionais de direitos humanos ao direito interno brasileiro e sua posição hierárquica no plano das fontes normativas**. 2008. Dissertação (Mestrado em Direito do Estado) – Faculdade de Direito, Universidade de São Paulo, São Paulo, 2008.

MIRANDA, J. **Manual de direito constitucional**. 3. ed. Coimbra: Coimbra, 2000. (tomo IV: Direitos Fundamentais).

NORONHA, J. O. de; ALBUQUERQUE, P. Pinto de (Orgs.). **Mutações constitucionais e direitos fundamentais**. Porto Alegre: Livraria do Advogado, 2007.

ÖRÜCÜ, E. The Courts and the Legislator. In: ÖRÜCÜ, E.; NELKEN, D. (Eds.). **Comparative Law**: a Handbook. Portland/USA: Hart Publishing, 2007.

PEGORARO, L. Garantías Constitucionales y Protección de la Constitución: Justicia Constitucional. In: GARRIDO, D. L.; GARROTE, M. F. M.; PEGORARO, L. (Dir.). **Derecho Constitucional Comparado**. Valencia: Tirant lo Blanch, 2017.

PÉREZ LUÑO, A. E. **Derechos humanos, estado de derecho y constitución**. 6. ed. Madrid: Tecnos, 1999.

PÉREZ LUÑO, A. E. **Los derechos humanos en la sociedad tecnológica**. Madrid: Editorial Universitas S.A., 2012.

PINA, A. L. La vocación cívica universal de Pedro Häberle. In: HÄBERLE, P. **Libertad, igualdad, fraternidad**: 1789 como historia, actualidad y futuro del Estado constitucional. Madrid: Trotta, 1998.

PIOVESAN, F. **Temas de direitos humanos**. São Paulo: Max Limonad, 1998.

PIOVESAN, F. **Direitos humanos e o direito constitucional internacional**. São Paulo: Max Limonad, 2000.

PIOVESAN, F. **Direitos humanos e o direito constitucional internacional**. 18. ed. São Paulo: Saraiva Educação, 2018.

PIRES, T. M. Corte Suprema de Justiça da Nação (Argentina). In: BRANDÃO, R. (Org.). **Cortes constitucionais e supremas cortes**. Salvador: JusPodivm, 2017.

ROSENFELD, M. Regulation of Hate Speech. In: AMAR, V. D.; TUSHNET, M. V. **Global Perspectives on Constitutional Law**. New York: Oxford University Press, 2009.

SANCHÍS, L. P. Neoconstitucionalismo y ponderación judicial. In: CARBONELL, M. (Ed.). **Neoconstitucionalismo(s)**. 4. ed. Madrid: Trotta, 2009. p. 123-158.

SARLET, I. W. **A eficácia dos direitos fundamentais**. 6. ed. Porto Alegre: Livraria do Advogado, 2006.

SARLET, I. W. **Dignidade da pessoa humana e direitos fundamentais na Constituição Federal de 1988**. 5. ed. rev. e atual. Porto Alegre: Livraria do Advogado, 2007.

SBROGIO'GALIA, S. Direitos fundamentais no Estado globalizado: o processo de internalização dos direitos fundamentais de terceira geração. In: PÉREZ, D. V. (Org.). **Direito e Justiça – Derecho ante los Desafíos de la Globalización**, Curitiba: Juruá, v. 3, n. 5, p. 109-127, 2º Sem. 2017.

SBROGIO'GALIA, S. Internalização da Convenção Americana de Direitos Humanos para efetividade do direito fundamental às prestações positivas do Estado. In: NORONHA, J. O. de; ALBUQUERQUE, P. Pinto de (Orgs.). **Comentários à Convenção Americana sobre Direitos Humanos**. São Paulo: Tirant lo Blanch Brasil, 2020. p. 236-282.

SLAUGHTER, A.-M. A Typology of Transjudicial Communication. **University of Richmond Law Review**, v. 29, n. 1, article 6, p. 121-122, 1994.

SOARES, A. G. **A Carta dos Direitos Fundamentais da União Europeia**: a Protecção dos Direitos Fundamentais no Ordenamento Comunitário. Coimbra: Coimbra Editora, 2002.

SUNSTEIN, C. R. **A Constitution of Many Minds**: Why the Founding Document Doesn't Mean What It Meant Before. Princeton/New Jersey: Princeton University Press, 2009.

STARCK, C. Dignidade humana como garantia constitucional: o exemplo da Lei Fundamental alemã. Tradução de Rita D. Zanini. In: SARLET, Ingo Wolfgang. **Dimensões da dignidade**: ensaios de filosofia do direito e direito constitucional. 2. ed. Porto Alegre: Livraria do Advogado, 2009.

SWEET, A. S. Constitutional Courts. In: REIMANN, M.; ZIMMERMANN, R. (Eds.). **The Oxford Handbook of Comparative Constitutional Law**. Oxford: Oxford University Press, 2008.

TUSHNET, M. **The New Constitutional Order**. Princeton/New Jersey: Princeton University Press, 2003.

VAZ, H. C. L. **Escritos de Filosofia IV**: introdução à ética filosófica 1. 7. ed. São Paulo: Edições Loyola, 2015.

WATSON, A. **Il trapianto di norme giuridiche**: un approccio al diritto comparato. Tradução italiana de Legal Transplants. Napoli: Edizioni Scientifiche Italiane, 1984.

Apêndice

DIREITOS HUMANOS NA GLOBALIZAÇÃO: SEM ESPAÇO PARA ISOLACIONISMOS. DIÁLOGOS LEGISLATIVOS E JURISPRUDENCIAIS EM PERSPECTIVA COMPARADA

Sumário. 1. Introdução. 2. Do estado liberal à interdependência complexa. 3. O diálogo das normas constitucionais nacionais com o direito internacional dos direitos humanos, em perspectiva comparada. 4. A ascensão da primazia dos direitos humanos no atual contexto histórico-cultural. 5. Considerações finais. Referências.

Resumo. Este é um texto escrito numa perspectiva global, universalista, que, ao considerar os Direitos Humanos previstos nos ordenamentos jurídicos dos Estados nacionais, expande-os para cumprir a finalidade de rechaçar os isolacionismos. Para cumprir este desiderato, promove diálogos de Direito Comparado entre distintos Legislativos e Judiciários.

Palavras-chave. Direitos humanos. Direito comparado. Jurisdição.

LOS DERECHOS HUMANOS EN LA GLOBALIZACIÓN: NO HAY LUGAR PARA AISLAMIENTOS. DIÁLOGOS LEGISLATIVOS Y JURISPRUDENCIALES EN PERSPECTIVA COMPARATIVA

Sumilla. 1. Introducción. 2. Del estado liberal a la interdependencia compleja. 3. El diálogo entre las normas constitucionales nacionales y el derecho internacional de los derechos humanos, en una perspectiva comparada. 4. El surgimiento de la primacía de los derechos humanos en el contexto histórico-cultural actual. 5. Consideraciones finales. Referencias.

Resumen. Este es un texto escrito en una perspectiva global, universalista, que al considerar los Derechos Humanos previstos en los ordenamientos jurídicos de los Estados nacionales, los amplía para cumplir con el propósito de rechazar el aislacionismo. Para cumplir con este desiderátum, promueve diálogos sobre Derecho Comparado entre los diferentes Poderes Legislativo y Judicial.

Palabras clave. *Derechos humanos. Ley comparativa. Jurisdicción.*

Artigo 4

*O dever de justificar decisões
baseadas em sistemas de decisão
automatizada para evitar o
preconceito e a discriminação*

Jailson de Souza Araújo

Advogado. Professor da graduação, da pós-graduação *lato sensu* e do curso de Mestrado em Direito do Centro Universitário Internacional Uninter. Doutor em Direito Econômico e Desenvolvimento pela Pontifícia Universidade Católica do Paraná (PUCPR). E-mail: araujoadv@yahoo.com.br

1
Introdução

Parte-se da premissa que o uso da inteligência artificial (IA) afeta aspectos importantes da vida em sociedade e tem o potencial de impactar profundamente indivíduos e grupos sociais, de modo visível e invisível. Tecnologias disruptivas baseadas em IA, notadamente, sistemas de decisão automatizada, são utilizados para auxiliar gestores públicos e privados em rotinas administrativas e prometem inúmeros benefícios relacionados à eficiência produtiva, redução de custos e maximização de lucro.

Entretanto, inúmeros riscos e desafios já estão sendo percebidos. Decisões automatizadas são aptas a criar cenários em que um ser humano pode ser impactado negativamente e injustamente, violando os objetivos fundamentais da República Federativa do Brasil. Ainda assim, o sistema de decisão automatizada tomará uma decisão, mesmo que ela não seja a solução ideal, conforme o conjunto de valores éticos, morais e legais utilizados para avaliar a decisão tomada.

Será questionado, neste estudo, se o desenvolvimento e o uso de sistemas de decisão automatizada demandam diretrizes éticas e regulamentação, e se tal regulamentação deve competir aos poderes da república, em especial, aos juízes e aos representantes do Poder Executivo e Legislativo, estes, representantes eleitos democraticamente pelo povo.

Tal questionamento decorre da possibilidade da IA presente em sistemas de decisão automatizada ser programada, internacionalmente ou não, para tomar decisões com vieses discriminatórios. Tal possibilidade gera o risco de se ampliar a desigualdade, a exclusão e o cometimento de injustiça em face de indivíduos e grupos sociais frequentemente marginalizados, fomentando inclusive a discriminação e o preconceito a partir de distinções adotadas a partir de critérios tais como: raça, cor, gênero, orientação sexual, religião, nacionalidade, cidadania, opção política, condição de saúde, situação financeira, idade, deficiência, estado civil ou tipo físico.

Torna-se necessário garantir que, ao tomar decisões em situações críticas que utilizem critérios de seleção e escolha (decisões de natureza jurídica, médica, laboral, securitária ou financeira, por exemplo), tais tecnologias não repliquem eventuais comportamentos preconceituosos de seus programadores e usuários.

O presente estudo se fundamenta na premissa posta por Cass R. Sunstein, que afirma a possibilidade de julgamentos e decisões poderem ser influenciadas por viés sistemático, comportamento de manada ou polarização de grupo, e que tais decisões podem promover desigualdades sociais.

O estudo também se baseia no 4º Relatório da sessão 2017-19 do inquérito do Comitê de Ciência e Tecnologia da Câmara dos Comuns do Reino Unido *"Algorithms in decisionmaking"*, na Lei Geral de Proteção de Dados Pessoais (LGPD) e no Projeto de Lei n. 21/2020 – Câmara dos Deputados, que estabelece princípios, direitos e deveres para o uso de IA no Brasil e sua potencial contribuição para concretizar os objetivos fundamentais da República Federativa do Brasil.

A pesquisa tem caráter explicativo, passando pelas fases da pesquisa exploratória e descritiva. A partir do método dedutivo, objetiva-se, adotando Cass R. Sunstein como marco teórico, demonstrar os riscos sociais decorrentes da influência de viés sistemático, do comportamento de manada e da polarização de grupo nas opiniões e decisões.

Serão apresentados conceitos introdutórios de Inteligência Artificial e sistemas de decisão automatizada e possibilidades e riscos nas aplicações práticas destas tecnologias.

Serão estudados, no âmbito da filosofia constitucional e na compreensão do papel do Direito e da Justiça, cenários em que se constate o risco social de indivíduos e grupos sociais serem impactados negativamente e injustamente por sistemas de decisão automatizada.

Será investigada a possibilidade de assegurar a neutralidade e a não discriminação em sistemas de tomada de decisão automática e, consequentemente, a aplicação das leis que amparam o princípio da não discriminação neste contexto.

À luz da LGPD e do PL n. 21/2020 – Câmara dos Deputados, será realizada uma análise crítica sobre o dever de justificar decisões automatizadas, especialmente quando elas forem aptas a causar impactos negativos e injustos em seres humanos.

Trata-se de um tema atual, cujos efeitos nocivos já são percebidos na sociedade contemporânea, e que demanda uma adequada compreensão dos riscos e perigos que a tecnologia pode proporcionar ao promover, ainda que de maneira não intencional, o preconceito e a discriminação, especialmente em grupos vulneráveis e minorias, bem como a busca por soluções adequadas para enfrentar o problema que está já está ocorrendo no Brasil e no mundo globalizado.

2
Os riscos sociais decorrentes da influência de viés sistemático, do comportamento de manada e da polarização de grupo nas opiniões e decisões, segundo Cass R. Sunstein

De acordo com Cass R. Sunstein[i], decisões judiciais podem, e por vezes provocam, indignação pública, especialmente quando envolvem temas sensíveis relacionados a uniões homoafetivas, religião, poligamia ou segregação racial.

Segundo Sunstein, ao interpretar a Constituição, muitos juízes consideram as consequências de suas decisões, notadamente, a possibilidade de vir a indignar grandes segmentos do público[ii], hipótese que o leva à questão central de sua problematização: "Como os tribunais devem pensar, ou lidar com, a perspectiva de indignação pública?".

Sunstein assevera que normalmente as decisões da Suprema Corte norte-americanas estão alinhadas com a opinião pública, o que demonstra, de alguma forma, certo grau de constitucionalismo popular, na medida em que a justiça americana raramente decide descontroladamente fora de sintonia com as opiniões fortemente defendidas pelos cidadãos como um todo. Há um evidente "esforço" da justiça americana, ao interpretar a Constituição, para evitar o perigo de que as decisões judiciais produzam reações públicas que comprometam os objetivos do Tribunal[iii].

O principal objetivo da análise realizada por Sunstein reside em investigar se e por que razão a indignação pública antecipada deve ser relevante para decisões judiciais. A rigor, segundo Sustein, muitas pessoas acreditam que os tribunais devem interpretar a Constituição sem prestar atenção às possíveis objeções do público.

---

i SUNSTEIN, Cass. R. **If people would be outraged by their rullings, should judges care?** Rhe Social Science Research Network Eletronic Paper Collection: http://ssrn.com/abstract_id=965581.

ii Idem. p. 2.

iii Idem. p. 2-3.

O objetivo central do Direito Constitucional, ou ao menos da fiscalização judicial, de acordo com Sustein, é impor um controle sobre as decisões públicas, e eventualmente anular esses julgamentos[i].

Sunstein defende que que o Supremo Tribunal não deve permitir a discriminação racial, ainda que possa prever que o público ficaria indignado com essa decisão. Para Sunstein, a ideia de que o Tribunal deve antecipar e considerar os efeitos da indignação pública parece incompatível com o papel de um sistema judicial independente no sistema constitucional.

Para Sunstein, as multidões podem não ser tão sábias para interpretar a Constituição, pois elas podem sofrer de um viés sistemático, ou porque seus julgamentos podem ser um produto de comportamento de manada ou polarização de grupo. A compreensão dos problemas introduzidos por vieses sistemáticos, por comportamento de manada e polarização, afeta tanto sobre o constitucionalismo popular quanto o risco de que grandes grupos possam estar completamente equivocados[ii].

Ao analisar comportamentos preconceituosos e de manada, Sunstein afirma que a opinião das pessoas somente deve ser levada em consideração se corresponder a algo que se afirme com propriedade e com elevada probabilidade de estar certa, pois viés sistemático cria julgamentos errôneos[iii]. Ao mencionar como o hipotético juiz Condorcet deveria interpretar a Constituição, Sunstein afirma que se Condorcet tem boas razões para acreditar que a maioria das pessoas sofre de um tipo de preconceito que infecta seus julgamentos, Condorcet não deve prestar atenção ao elas pensam, pois tais julgamentos estão propensos a erros[iv].

Ao avaliar o julgamento da opinião pública, Sunstein afirma que pode ser produto de comportamento de manada, nas quais as pessoas não têm a necessária independência para se manifestar, pois sua opinião seria adotada em função da opinião manifestada pelos demais[v].

Sunstein aborda a possibilidade de decisões serem influenciadas por viés sistemático e influências sociais[vi]. E cita como exemplo um

---

i   Idem. p. 3.
ii   Idem. p. 5-6.
iii Idem. p. 34
iv Idem. p. 33-34.
v   Idem. p. 35.
vi Idem. p. 37.

Tribunal composto por nove advogados – a maioria brancos, a maioria homens, a maioria ricos e a maioria idosos (ou pelo menos não jovens). À luz desse fato, pode-se acreditar que os juízes estão em desvantagem epistêmica ao responder a algumas questões importantes – talvez por causa de sua relativa falta de diversidade, talvez por serem os que provavelmente sofrerão um viés sistemático[i].

No Brasil, o Código de Processo Civil impõe aos magistrados o dever de fundamentar adequadamente suas decisões, nos termos do art. 489 do Código de Processo Civil[ii]. Tal exigência processual decorre do dever de apresentar expressamente os fundamentos da decisão proferida, em que o juiz deverá analisar as questões de fato e de direito, justificando a aplicação da norma e as premissas fáticas que fundamentam a conclusão, sempre em conformidade com o princípio da boa-fé.

A fundamentação de uma decisão judicial em conformidade com as exigências previstas no art. 489 do Código de Processo Civil viabilizam a garantia constitucional ao duplo grau de jurisdição, previsto no art. 5º, inciso LV, da Constituição[iii], pois o recorrente, ciente da fundamentação utilizada pelo magistrado, poderá desafiá-la, enfrentando cada um dos fundamentos apresentados em seu pedido de revisão perante a instância superior.

O dever legal de justificar decisões ganha maior importância quando se vislumbra que a decisão pode não ter interpretado adequadamente os direitos em debate. Ou, em uma hipótese mais extrema, quando se constata que a decisão está contaminada por preconceito ou discriminação.

Uma situação dessa natureza ocorreu recentemente na decisão proferida pela juíza Inês Marchalek Zarpelon, da 1ª Vara Criminal de Curitiba, em que mencionou a raça de um réu negro em uma condenação. Ao fixar a pena-base, sustentou que o réu era "seguramente integrante do grupo criminoso, em razão da sua raça, agia de forma extremamente discreta os delitos e o seu comportamento, juntamente

---

i   Idem. p. 38.

ii   BRASIL. Lei n. 13.105, de 16 de março de 2015. **Código de Processo Civil**. Disponível em: http://www.planalto.gov.br/ccivil_03/_ato2015-2018/2015/lei/l13105.htm. Acesso em: 12 ago. 2020.

iii   BRASIL. Constituição (1988). **Constituição da República Federativa do Brasil de 1988**. Brasília, DF: Presidência da República. Disponível em: http://www.planalto.gov.br/ccivil_03/Constituicao/ConstituicaoCompilado.htm. Acesso em: 9 ago. 2020.

com os demais, causavam o desassossego e a desesperança da população, pelo que deve ser valorada negativamente (sic)"[i].

Enquanto Sunstein demonstra que a existência de vieses pode prejudicar a adequada interpretação constitucional por juízes, e consequentemente, promover desigualdades sociais, atenta-se para a possibilidade de os mesmos vieses serem replicados por máquinas aptas a prejudicar direitos sociais ao promover discriminação e preconceito de maneira muito mais sutil e difícil de detectar, se comparado, por exemplo, à decisão proferida pela juíza Inês.

Decisões automatizadas não emanam diretamente de seres humanos, e sim por um sistema de decisão automatizada, uma tecnologia desenvolvida por profissionais da tecnologia da informação (TI) apta a realizar escolhas e tomar decisões, conforme sua programação.

Tal peculiaridade dificulta substancialmente a possibilidade de questionar a decisão ou mesmo compreender se ela é isenta de vieses, inclusive por questões inerentes à complexidade de se questionar e auditar a sofisticada tecnologia envolvida.

Portanto, defende-se que decisões juridicamente relevantes, tanto as emanadas por seres humanos quanto as oriundas de sistemas de tomada de decisão automatizada (que é o ponto central do presente estudo), devem estar sujeitas ao dever legal de serem adequadamente justificadas e serem passíveis de revisão em virtude dos riscos sociais envolvidos em decisões aptas a causar impactos negativos e injustos em seres humanos.

No próximo tópico, serão analisados os aspectos técnicos e conceituais da tecnologia envolvida em sistemas de decisão automatizada, com o propósito de esclarecer suas peculiaridades e limitações.

---

i G1 PR E RPC CURITIBA. **Defensoria Pública anuncia força-tarefa para revisar sentenças de vara criminal em que juíza citou raça ao condenar réu negro.** 14/08/2020. https://g1.globo.com/pr/parana/noticia/2020/08/14/defensoria-publica-anuncia-forca-tarefa-para-revisar-sentencas-de-vara-criminal-em-que-juiza-citou-raca-ao-condenar-reu-negro.ghtml. Acesso em: 15 ago. 2020.

3
Inteligência artificial e sistemas de decisão automatizados

De acordo com George Luger[i], Inteligência Artificial (IA) corresponde ao ramo da ciência da computação que se ocupa da automação do comportamento inteligente. Trata-se da criação de soluções computacionais que simulem as capacidades cognitivas humanas de pensar, aprender, interpretar, falar, ouvir, ver e interagir.

O desenvolvimento da IA é fruto do trabalho de inúmeras empresas e programadores. Os trabalhos técnicos se complementam e os algoritmos utilizados na criação da IA podem ser utilizados em inúmeros contextos diferentes, inclusive para viabilizar decisões automatizadas.

A IA cumprirá as tarefas relacionadas à decisão automatizada conforme sua programação. Máquinas podem ser treinadas para tomar decisões a partir da avaliação das opções disponíveis para alcançar um objetivo. Definida a programação, quanto menor a necessidade de atuação e supervisão humana, maior será a autonomia e o poder de decisão dos sistemas de decisão automatizada. Entretanto, qualquer decisão equivocada pode gerar danos colaterais, e em situações extremas, colocar em risco a vida humana.

A decisão automatizada envolve desafios inerentes aos sistemas de Aprendizado de Máquina[ii] (*machine learning*), de Reconhecimento de Padrões e de Aprendizagem Profunda[iii] (*deep learning*), segurança de

---

[i] LUGER, George F. **Inteligência artificial**. Tradução de Daniel Vieira. 6. ed. São Paulo: Pearson Education do Brasil, 2013. p. 1.

[ii] O Aprendizado de Máquina investiga como os computadores podem aprender (ou melhorar seu desempenho) com base em dados. Uma área de pesquisa principal é que os programas de computador aprendam automaticamente a reconhecer padrões complexos e tomar decisões inteligentes com base em dados. HAN, Jiawei, KAMBER, Micheline, PEI, Jian. **Data Mining**: Concepts and Techniques. 3. ed. San Francisco, CA, USA: Morgan Kaufmann Publishers Inc., 2011. p. 24.

[iii] A aprendizagem profunda é uma técnica para implementar o aprendizado de máquina através de redes neurais artificiais inspiradas na compreensão da biologia do cérebro humano, permitindo aplicações práticas da IA, entre elas, a existência de carros autônomos. COPELAND, Michael. **What's the Difference Between Artificial**

dados e privacidade, e eventualmente de sistemas avançados de captura de imagem e reconhecimento facial para identificação de seres humanos.

Um sistema de decisão automatizada utiliza algoritmos de altíssima complexidade que lhe permite realizar escolhas a partir de opções que sua programação lhe oferece. As opções são fruto da "árvore de decisão", cuja origem se dá por meio de sua programação base e sua capacidade de "aprendizagem profunda". Tais tecnologias tornam o sistema de decisão automatizado apto a "pensar", "aprender" e "decidir".

Entretanto, tal consideração explicita um aspecto particularmente relevante da IA aplicada aos sistemas de decisão automatizada: a dificuldade de replicar capacidades cognitivas em que seres humanos são hábeis, tais como a contextualização, a capacidade de compreender a linguagem não falada e a capacidade de refletir sobre as consequências ao tomar decisões dilemáticas em cenários complexos.

Uma questão perturbadora reside na constatação fática de que a IA não é dotada de consciência, capacidade de autodeterminação moral, livre arbítrio, tampouco reflete sobre as consequências indiretas das decisões tomadas. Algoritmos são indiferentes à repressão.

Portanto, é inegável a dificuldade de compreender o funcionamento e prever com exatidão e certeza matemática a decisão que será tomada pelos sistemas de decisão automatizada diante de contextos aleatórios. Ou a escolha que o sistema tenha de realizar, sem contar com uma base de dados com uma amostragem suficientemente abrangente para ter a adequada compreensão do contexto em que sua decisão está sendo demandada.

Sistemas de decisão automatizada contam inúmeros algoritmos, entre eles, algoritmo de reconhecimento de padrões que permitem a identificação de pessoas, podendo realizar reconhecimento facial e identificar o indivíduo a partir da consulta a um banco de dados[i].

Intelligence, Machine Learning and Deep Learning? Disponível em: https://blogs.nvidia.com/blog/2016/07/29/whats-difference-arti ficial-intelligence-machine-learning-deep-learning-ai/. Acesso em: 4 de ago. 2020.

i O Google Fotos e o Facebook utilizam algoritmos de reconhecimento facial que permitem identificar pessoas a partir da imagem registrada em uma fotografia. Tal ação é possível através de tecnologia de reconhecimento de padrões e de consulta a bancos de dados contendo imagens. A associação da imagem ao banco de dados pode individualizar

A IA cumprirá sua programação e o sistema de decisão automatizada apresentará um resultado de forma rápida, auxiliando o gestor público ou privado na tomada de decisões, inclusive estratégicas, prometendo reduzir custos, aumentar a eficiência na análise de grandes volumes de dados e aumentar o lucro ou melhor a eficiência na prestação do serviço público. Esse é um exemplo de cenário ideal, desejado pelos usuários de sistemas de decisão automatizadas.

A tecnologia já permite, em diversos contextos, que a ação cognitiva humana de tomar decisões relevantes seja delegada para sistemas de decisão automatizada (análise automatizada de currículos em recrutamentos, por exemplo), que podem impactar indevidamente e negativamente pessoas pelo mesmo motivo: vieses e preconceitos, intencionais ou não.

Entretanto, a tecnologia ainda não alcançou um grau de perfeição que lhe torne infalível e incapaz de tomar decisões que impactem negativamente e injustamente seres humanos. E não se pode prever quando a tecnologia atingirá o nível de segurança que impeça falhas que possam promover injustiças.

Conforme Sunstein, vieses podem influenciar juízes ao interpretar a Constituição. E as opiniões das pessoas podem sofrer a interferência de comportamento de manada e polarização, tornando suas opiniões propensas a erros e seus julgamentos equivocados e contaminados pelo preconceito.

Trata-se de comportamentos humanos enviesados, intencionais ou não, inclusive por falta de diversidade (observe-se o exemplo do Tribunal composto, em sua maioria, por homens brancos, ricos e idosos, apresentado por Sunstein[i]).

Portanto, percebe-se que a tecnologia atualmente disponível de IA aplicada aos sistemas de decisão automatizada apresenta riscos que precisam ser identificados e debatidos com transparência, e seu uso deve ser fiscalizado e controlado, conforme será abordado a seguir.

---

a pessoa, revelando inclusive dados pessoais e, eventualmente, dados sensíveis, cujo tratamento pode viabilizar a discriminação.

i SUNSTEIN, Cass. R. **If people would be outraged by their rullings, should judges care?** Rhe Social Science Research Network Eletronic Paper Collection: http://ssrn.com/abstract_id=965581. p. 38.

4
Riscos sociais inerentes ao processo de tomada de decisão automatizada

O potencial da IA para as mais diversas aplicações causa inquietação na medida em que ainda não é algo completamente transparente e previsível a forma como um sistema de IA toma decisões, valendo-se dos dados coletados pelos algoritmos presentes no sistema e da capacidade de autoaprendizagem da máquina. Tal fenômeno está sendo chamado de *"black box"* da IA[i].

A maior preocupação reside justamente no fato da tecnologia ser mal utilizada pelas pessoas, seja na concepção, na aplicação ou a partir do aprendizado decorrente do uso, em especial, em sistemas de tomada de decisão automatizados.

Um bom exemplo é a Tay, um *"chat bot"* de IA criado pela Microsoft para servir de experimento social. A personagem fictícia foi programada com uma personalidade equiparável ao de uma jovem extrovertida de 19 anos. O objetivo era promover seu autoaprendizado a partir das interações com usuários do Twitter. Entretanto, em menos de 24 horas, ela teve de ser desativada, pois a partir do "aprendizado" obtido a partir dos dados coletados por meio das interações com humanos, rapidamente a personalidade de Tay foi corrompida. Ela se tornou agressiva e extremamente preconceituosa. Durante sua curta existência na vida selvagem do Twitter, Tay se tornou neonazista, "viciada" em sexo, transfóbica, xenófoba, racista, antifeminista, antissemita e passou a defender ideias controversas de Donald Trump.

Misha Bilenko afirma que o experimento foi uma ótima lição para os criadores de assistentes de IA sobre o que pode dar errado e como é importante ser capaz de resolver problemas rapidamente, algo que

---

i KNIGHT, Will. The Dark Secret at the Heart of AI. **MIT Technology Review**. 11 abr. 2017. Disponível em: https://www.technology review.com/s/604087/the-dark-secret-at-the-heart-of-ai/. Acesso em: 6 ago. 2020.

não é fácil de fazer[i]. Para Erik Kain, Tay foi programada para absorver o mundo ao seu redor. Tay simplesmente nos refletiu[ii].

De acordo com Cathy O'Neil, a coleta de dados e o uso de algoritmos em diversos contextos são utilizados para tomada de decisões que geram impactos significativos na vida dos cidadãos, tornando importante examinar as formas como os dados são recolhidos, manipulados e usados, e como isso agrava o problema da discriminação. Para O'Neil, os dados coletados e os algoritmos preditivos utilizados para análise e tomada de decisão são falhos em virtude do fato de serem tendenciosos, não terem rigor estatístico e serem protegidos do escrutínio público, pois seus métodos não são divulgados sob a justificativa da proteção assegurada pela propriedade intelectual[iii].

Em virtude dessas falhas, somado a maneira universal como os algoritmos são implementados, tais ferramentas foram apelidadas por O'Neil de "Armas de Destruição Matemática"[iv]. Segundo O'Neil, tais "armas" são caracterizadas por sua opacidade, seu dano e sua escala, pois, não permitem que os participantes ou sujeitos estejam cientes da coleta de dados ou mesmo de propósito, intenção ou do modelo da coleta de dados[v].

Visando coibir o uso nocivo de sistemas de tomada de decisão automatizados, inquéritos estão sendo instaurados, forças-tarefa estão sendo criadas, leis estão sendo sancionadas e políticas públicas estão sendo desenvolvidas para regulamentar a criação e o uso ético da IA.

---

i   METZ, Rachel. Microsoft's neo-Nazi sexbot was a great lesson for makers of AI assistants. **MIT Technology Review**. 27 mar. 2018. Disponível em: https://www.technologyreview.com/s/610634/microsofts-neo-nazi-sexbot-was-a-great-lesson-for-makers-of-ai-assistants/. Acesso em: 5 ago. 2020

ii   KAIN, Erik. Microsoft's Teenage, Nazi-Loving AI Is The Perfect Social Commentary For Our Times. **Forbes**. 24 mar. 2016. Disponível em: https://www.forbes.com/sites/erikkain/2016/03/24/microsofts-teenage-nazi-loving-ai-is-the-perfect-social-commentary-for-our-times/#6c3cc0bd235a Acesso em: 11 jul. 2019.

iii   O'NEIL, Cathy. **Weapons of Math Destruction**: How Big Data Increases Inequality and Threatens Democracy. New York: Crown, 2016. p. 2-4.

iv   Ibidem.

v   Ibidem, p. 28-31.

Na Inglaterra, o Comitê de Ciência e Tecnologia do Parlamento elaborou o relatório "Algoritmo na Tomada de Decisão"[i] para examinar o crescente uso de algoritmos na tomada de decisões públicas e empresariais. O relatório afirma que, apesar de algoritmos serem usados há tempos para auxiliar a tomada de decisões, o crescimento nos últimos anos de *"big data"* e *"aprendizado de máquina"* aumentou a tomada de decisões algorítmicas nas finanças, no setor legal, no sistema de justiça criminal, na educação e saúde, bem como na tomada de decisões relacionadas a recrutamento de funcionários e empréstimos[ii].

Um aspecto relevante apresentado no relatório foi justamente a questão de "até que ponto os algoritmos podem exacerbar ou reduzir vieses", bem como "a necessidade de decisões tomadas por algoritmos serem desafiadas, compreendidas e regulamentadas"[iii]. O relatório surge quando o Regulamento Geral de Proteção de Dados (GDPR)[iv] entra em vigor na União Europeia. Segundo o relatório, algoritmos, ao procurar e explorar padrões de dados, podem produzir "decisões" erradas ou tendenciosas, afetando desproporcionalmente certos grupos[v].

O Centro de Ética de Dados e Inovação, proposto pelo Comitê de Ciência e Tecnologia do Parlamento, deve examinar esses vieses de algoritmo, identificando formas de aperfeiçoar os "dados de treinamento" que eles usam e como as equipes de desenvolvedores de algoritmos devem ser estabelecidas, que incluem uma seção transversal suficientemente ampla da sociedade ou dos grupos que podem ser afetados por um algoritmo.

---

i   INGLATERRA. House of Commons. Science and Technology Committee. **Algorithms in decision-making. Fourth Report of Session 2017-19**. Publicado em 23 de maio de 2018. Disponível em: https://publications.parliament.uk/pa/cm201719/cmselect/cmsctech/351/351.pdf. Acesso em: 10 ago. 2020.

ii   Ibidem.

iii   Ibidem.

iv   UNIÃO EUROPEIA. Jornal Oficial da União europeia. Edição em língua portuguesa. **Regulamento (UE) 2016/679 do Parlamento Europeu e do Conselho de 27 de abril de 2016**. Disponível em: https://eur-lex.europa.eu/legal-content/PT/TXT/HTML/?uri=OJ:L:2016:119:FULL Acesso em: 10 ago. 2020.

v   Idem.

O GDPR, elaborado e aprovado pela União Europeia (UE), entrou em vigor em 25 de maio de 2018 impondo obrigações às organizações em qualquer lugar, desde que elas visem ou coletem dados relacionados a pessoas na União Europeia. No artigo 22 (Decisões individuais automatizadas, incluindo definição de perfis), estabelece-se que o titular dos dados tem o direito de não ficar sujeito a uma decisão baseada exclusivamente no processamento automatizado e que produza efeitos jurídicos que lhe digam respeito ou que lhe afetem significativamente.

Pessoas sujeitas a tomada de decisões mediante qualquer forma de tratamento automatizado de dados pessoais que avalie aspectos pessoais relacionados com o desempenho profissional, a situação econômica, saúde, preferências ou interesses pessoais deverão receber garantias adequadas, que deverão incluir o direito de obter a intervenção humana, de manifestar seu ponto de vista, de obter uma explicação sobre a decisão tomada na sequência dessa avaliação e de contestar a decisão[i].

Nos Estados Unidos, a Câmara Municipal da cidade de Nova York promulgou a Lei n. 49/2019[ii], que criou a Força-Tarefa de Sistemas de Decisão Automatizada de Nova York. A Força-Tarefa tem por objetivo recomendar um processo para revisar o uso de sistemas de decisão automatizados pela cidade. Muitas agências e escritórios municipais, inclusive o Departamento de Polícia, usam algoritmos para tomar ou auxiliar a tomada de decisões que, quando implementadas, impactam a vida do cidadão.

Tendo em vista que sistemas de decisão automatizados estão se tornando predominantes em todos os campos, a Força-Tarefa está examinando maneiras de testar os algoritmos para verificar e coibir a possibilidade de eles gerarem resultados preconceituosos, afetando desproporcionalmente pessoas a partir da utilização de regras e critérios discriminatórios.

Por meio de uma minuciosa auditoria nos algoritmos utilizados nos sistemas de decisão automatizado, a Força-Tarefa pretende garantir que esses sistemas se alinhem com a meta de tornar a cidade de Nova York

---

i   Ibidem.

ii   NOVA YORK. The New York City Council. **Int 1696-2017**. Automated decision systems used by agencies. Disponível em: https://legistar.council.nyc.gov/LegislationDetail.aspx?ID=3137815&GUID=437A6A6D-62E1-47E2-9C42-461253F9C6D0. Acesso em: 5 ago. 2020.

mais justa e equitativa. Os membros da Força-Tarefa incluem representantes de várias agências e escritórios governamentais, bem como parceiros do setor privado, organizações sem fins lucrativos, de defesa de direitos e comunidades de pesquisa[i].

Outro exemplo é o uso do algoritmo denominado COMPAS[ii] pela Agência de Justiça Criminal do Estado norte-americano de Wisconsin. O algoritmo foi desenvolvido para determinar o grau de periculosidade de criminosos através de um sistema de pontos que variam de 1 a 10, obtidos a partir de respostas de várias perguntas que avaliam a possibilidade de o criminoso reincidir, o que acaba influenciando sua pena. Uma das perguntas destina-se a saber "se a pessoa mora numa área com alto índice de criminalidade".

A avaliação pode ser usada inclusive para decidir se a pessoa será solta com pagamento de fiança, se deve ser mandada para a prisão ou receber outro tipo de sentença e – se já estiver na cadeia – se tem direito à liberdade condicional. A intenção é tornar as decisões judiciais menos subjetivas – menos influenciáveis por erros humanos, preconceitos ou racismo.

Entretanto, como o algoritmo transforma respostas em pontos é um segredo comercial de propriedade da empresa que presta serviço ao Sistema Penitenciário no Estado de Wisconsin. Questionada, ela limita a informar que a tabela de risco se baseia em traços gerais de comportamento. A Suprema Corte de Wisconsin advertiu, ainda, que o COMPAS pode dar uma pontuação consideravelmente maior para infratores de minorias étnicas[iii].

Mesmo que o COMPAS esteja programado para ser neutro e não seguir vieses, como um réu pode exercer o direito à ampla defesa e ao contraditório e contestar sua pontuação se o critério utilizado para restringir sua liberdade é uma "caixa-preta"?

---

i   NOVA YORK. **New York City Automated Decision Systems Task Force**. Disponível em: https://www1.nyc.gov/site/adstaskforce/index.page. Acesso em: 6 ago. 2020.

ii   Sigla em inglês para *"Correctional Offender Management Profiling for Alternative Sanctions"*.

iii   MAYBIN, Simon. Sistema de algoritmo que determina pena de condenados cria polêmica nos EUA. **BBC**, 31 out. 2016. Disponível em: https://www.bbc.com/portuguese/brasil-37677421 Acesso em: 6 ago. 2020.

Julia Angwin sustenta que quando analisamos um acusado negro e outro branco com a mesma idade, sexo e ficha criminal – e levando em conta que depois de serem avaliados os dois cometeram quatro, dois ou nenhum crime –, o negro tem 45% mais chances do que o branco de receber uma pontuação alta. Angwin cogita a possibilidade de o algoritmo não ter um viés racial, mas está expondo mais claramente os preconceitos raciais do sistema penal e da sociedade nos Estados Unidos e que tal fato merece reflexão: "queremos penalizar ainda mais os réus negros por viverem em áreas pobres e terem o que esse algoritmo considera atributos de maior periculosidade apesar de essas pessoas não serem perigosas? Ou estamos querendo usar esse sistema porque achamos que ele permite que todo mundo receba um tratamento justo?"[i].

O policiamento preditivo[ii] pode recomendar que determinada área deve receber reforços no policiamento. A adoção da medida pode resultar mais apreensões de drogas, dentre outras ocorrências policiais, acarretando mais prisões. Estatisticamente, a região pode passar a ser classificada como uma área com alto índice de criminalidade, enquanto uma região com criminalidade equivalente pode não ser reconhecida como tal, em virtude de uma análise incompleta ou erro de classificação do algoritmo de policiamento preditivo. Entretanto, uma eventual falha ou omissão dessa natureza pode gerar uma consequência injusta e discriminatória na vida do indivíduo que será julgado pelo algoritmo do COMPAS.

Essa hipótese ilustra a possibilidade de sistemas de tomada de decisão automatizada poderem subsidiar decisões preconceituosas e reforçar estereótipos, ainda que de maneira não intencional por quem desenvolveu o algoritmo ou por quem usa o sistema.

O viés algorítmico discriminatório também pode surgir de maneira não intencional por consequência de limitações tecnológicas, tal como ocorre nas falhas relacionadas a identificação de perfis.

A tecnologia desenvolvida pela Nikon para reconhecimento facial, disponibilizada na câmera digital Nikon Coolpix S630, ao identificar um rosto de feição asiática questionava: "Alguém piscou?". Apesar de ser um produto desenvolvido por uma empresa japonesa, seu algoritmo

---

i   Ibidem.

ii   SILVA, Wellington Clay Porcino. Empregando o policiamento preditivo: construção de um modelo de risco do terreno para crimes contra o patrimônio dos Correios. **Revista Brasileira de Ciências Policiais**, Brasília, v. 7, n. 2, p. 53-71, jul./dez., 2016. p. 54-56.

não funcionava adequadamente em consumidores com olhos orientais, o que demonstra um viés ocasional, ainda que claramente não intencional[i].

Situação mais delicada se constata quando o algoritmo utilizado pelo Google, empresa líder em IA e aprendizado de máquina, ainda apresenta dificuldades para identificar pessoas com total precisão. Em 2015, o aplicativo Google Fotos rotulou pessoas negras como "gorilas". Diante do constrangimento causado pela falha, o Google se declarou "chocado e genuinamente arrependido", evidenciando que os algoritmos de identificação são falíveis e possuem limites[ii]. A solução implementada pelo Google foi a de retirar o rótulo "gorila" da indexação de imagens, deixando o aplicativo de fotos cego para gorilas, como se eles não existissem[iii].

Ainda que usuários possam eventualmente relatar falhas e equívocos, a tecnologia de aprendizagem de máquina está limitada a experiência até então obtida pelo sistema, inclusive por meio da coleta de dados. Novamente nos reportamos à limitação da IA em compreender cenários complexos e tomar decisões que exijam habilidades típicas de seres humanos, como a capacidade de contextualizar, de usar o senso comum ou conceitos abstratos para interpretar e compreender o mundo tal como os seres humanos.

As iniciativas do Regulamento Geral de Proteção de Dados da União Europeia, da LGPD, da Força-Tarefa de Sistemas de Decisão Automatizada de Nova York e do Comitê de Ciência e Tecnologia do Parlamento Britânico partem da premissa que sistemas de tomada de decisão baseados em algoritmos de IA têm potencial para gerar desigualdade, exclusão e injustiça, fomentando inclusive a discriminação e o preconceito a partir de distinções adotadas a partir de critérios

---

i   ROSE, Adam. Are Face-Detection Cameras Racist? **Time**, 22 jan. 2010. Disponível: http://content.time.com/time/business/article/0,8599,1954643,00.html. Acesso em: 8 ago. 2020.

ii BARR, Alistair. Google Mistakenly Tags Black People as 'Gorillas', Showing Limits of Algorithms. **The Wall Street Journal**, 1º jul. 2015. Disponível em: https://blogs.wsj.com/digits/2015/07/01/google-mistakenly-tags-black-people-as-gorillas-showing-limits-of-algorithms/. Acesso em: 8 ago. 2020.

iii SIMONITE, Tom. When it Comes to Gorillas, Google Photos Remains blind. **Wired**, 1º nov. 2018. Disponível em: https://www.wired.com/story/when-it-comes-to-gorillas-google-photos-remains-blind/. Acesso em: 8 ago. 2020.

tais como raça, cor, gênero, orientação sexual, religião, nacionalidade, cidadania, condição de saúde, opção política, situação financeira, idade, deficiência, estado civil ou tipo físico, a depender da forma como eles forem concebidos, programados e utilizados.

Há inúmeros cenários cotidianos em que já se percebe que decisões socialmente e juridicamente relevantes não estão sendo tomadas por pessoas, mas por sistemas de decisão automatizada, entre elas: a concessão de um visto para estrangeiro, a definição do valor do prêmio de um seguro, as condições de contratação de um plano de saúde ou de um empréstimo financeiro, ou a escolha de um candidato em processo seletivo a vaga de emprego. Cada uma dessas decisões automatizadas é capaz de gerar a perpetuação da desigualdade, do abuso, da discriminação e da injustiça, que se tornam ainda mais graves quando afetam grupos vulneráveis e minorias.

Daí a importância desses processos decisórios serem identificados, explicados, justificados e, se necessário, revistos judicialmente, em busca da neutralidade na tomada de decisões, a partir de regulamentação que tenha por objetivo prevenir o agravamento de questões sociais relevantes como o aumento da vulnerabilidade de indivíduos ou de grupos sociais tradicionalmente marginalizados, promovendo a justiça, a equidade e a dignidade da pessoa humana. Tais medidas objetivam o equilíbrio e a neutralidade das decisões tomadas por IA por meio de ações transparentes e da reavaliação das decisões automatizadas por seres humanos.

5
A neutralidade é possível em sistemas de decisão automatizada?

Norberto Bobbio define *preconceito* como uma opinião ou um conjunto de opiniões ou, até mesmo, uma doutrina completa, que é aceita sem questionamentos e passivamente pela tradição, pelo costume ou por uma autoridade de quem aceitamos as ordens sem discursão e que resiste a qualquer refutação racional. Preconceitos coletivos são compartilhados por um grupo social inteiro e estão dirigidos a outro grupo social, sendo típico o preconceito racial. Para Bobbio, historicamente, as formas de preconceito mais relevantes e influentes são o preconceito nacional – estereótipos – e o preconceito de classe. Como consequência, o preconceito gera discriminação, que Bobbio conceitua como qualquer coisa a mais que diferença ou distinção, com conotação pejorativa.

A diferenciação é injusta ou ilegítima porque vai contra o princípio fundamental de justiça (tratar de modo igual os que são iguais). As vítimas são geralmente minorias étnicas, religiosas e linguísticas. Para Bobbio, a discriminação pode gerar consequências jurídicas, a partir da exclusão do gozo de determinados direitos, e marginalização social[i].

Para Michael Walzer, o objeto de tolerância no Estado-Nação não contempla os grupos minoritários, mas os indivíduos. Como cidadãos, eles têm os mesmos direitos e obrigações que todos os demais. Formas de discriminação e dominação outrora aceitas ou não contestadas no seio do grupo talvez se tornem inaceitáveis depois que os membros são reconhecidos como cidadãos[ii].

Vieses discriminatórios presentes em algoritmos, tais como gênero, idade, condição física, deficiência, origem étnica, raça, orientação política, religião ou situação patrimonial, podem ser desejados ou ser fruto da mente subconsciente de programadores. Para assegurar que os fundamentos das decisões automatizadas não sejam opacos e não respaldem tais vieses, a neutralidade no desenvolvimento e no uso da IA poderá ser obtida a partir da estrita obediência de diretrizes éticas fundamentadas na proteção do princípio da não discriminação, previsto nos arts. 1º, 2º e 7º da Declaração Universal dos Direitos Humanos[iii], no art. 3º, incisos III e IV, e no art. 5º, *caput* e incisos XLI e XLII, da Constituição Federal[iv] e nos arts. 1º e 20 da Lei de Crimes de Preconceito e Discriminação Racial[v].

---

i   BOBBIO, Norberto. **Elogio da serenidade e outros ensaios**. Tradução de Marco Aurélio Nogueira. São Paulo: Ed. da Unesp, 2002. p. 103-116.

ii   WALZER, Michael. **Da tolerância**. Tradução de Almiro Pisetta. São Paulo: M. Fontes, 1999. p.35-37.

iii   ONU. **Declaração Universal dos Direitos Humanos**. Disponível em: https://www.ohchr.org/EN/UDHR/Documents/UDHR_Translations/por.pdf. Acesso em: 9 ago. 2020.

iv   BRASIL. Constituição (1988). **Constituição da República Federativa do Brasil de 1988**. Brasília, DF: Presidência da República. Disponível em: http://www.planalto.gov.br/ccivil_03/Constituicao/ConstituicaoCompilado.htm. Acesso em: 9 ago. 2020.

v   BRASIL. **Lei n. 7.716, de 5 de janeiro de 1989**. Lei de Crimes de Preconceito e Discriminação Racial. Disponível em: http://www.planalto.gov.br/ccivil_03/leis/l7716.htm. Acesso em: 9 ago. 2020.

Um ser humano pode ser flagrado agindo de maneira discriminatória, ainda que de maneira indireta ou oculta. Entretanto, uma decisão automatizada baseada em uma programação discriminatória sutilmente disfarçada possui uma opacidade que, sem mecanismos de revisão, auditoria e transparência dos algoritmos, dificilmente será flagrada.

Assim, o preconceito humano pode ser camuflado em um sistema de decisão automatizada, nas entrelinhas do complexo código de programação de seus algoritmos. Mas, para o sistema de decisão automatizada gerar resultados intencionalmente tendenciosos, os algoritmos precisam ser programados com instruções discriminatórias. E tal ação deixará rastros digitais auditáveis que podem ser localizados e expostos, pois tanto a programação do algoritmo quanto suas decisões automatizadas geram registros. Algoritmos são programados para interpretar dados e padrões. Realizar juízo de valor ou enfrentar as consequências de dilemas morais são inerentes à condição humana, algo que não está ao alcance da IA, eis que ela (ainda) não é dotada de consciência ou subconsciência.

Para Yuval Harari, algoritmos não foram moldados pela seleção natural, não têm emoções nem instintos viscerais. Mas em momentos de crise, eles podem seguir diretrizes éticas muito melhor que os humanos, contanto que seja encontrada uma forma de codificar a ética em números e estatísticas precisos. De acordo com Harari, não podemos confiar na máquina para estabelecer os padrões éticos relevantes, pois tal tarefa deve caber exclusivamente aos humanos. Mas, uma vez que decidamos por um padrão ético, por exemplo, que é errado discriminar mulheres, ou pessoas negras, poderemos confiar em máquinas para implementar e manter esse padrão melhor que os humanos[i].

Para Patrick Lin, é notoriamente difícil traduzir corretamente em algoritmos um senso ético de maneira transparente e que produza resultados aceitáveis para a sociedade[ii].

---

i   HAHARI, Yuval Noah. **21 lições para o século 21**. Tradução de Paulo Geiger. São Paulo: Companhia das Letras, 2018. p. 62-63.

ii   LIN, Patrick. Why Ethics Matters for Autonomous Cars. In: Maurer M., Gerdes J., Lenz B., Winner H. (Eds.). **Autonomous Driving**: Technical, Legal and Social Aspects. Springer, Berlin, Heidelberg. p. 69-73. *e-book*. Disponível em: https://link.springer.com/book/10.1007%2F978-3-662-48847-8. Acesso em: 9 ago. 2020.

Algoritmos contam com vasta capacidade para processar dados previamente fornecidos, aprender a partir da análise desses dados, realizar previsões e tomar decisões de acordo com os limites de sua programação, sem avaliar se elas são neutras ou discriminatórias. O resultado dependerá, conforme dito, essencialmente da maneira como o algoritmo foi programado.

Nesse processo, o programador que não estiver subordinado à diretrizes éticas previamente estabelecidas, poderá inserir suas visões políticas, econômicas, culturais e sociais no código dos algoritmos. Se ele for concebido por um programador preconceituoso, certamente o algoritmo incorporará e repetirá esse padrão de comportamento, criando um viés discriminatório nas decisões automatizadas.

De acordo Salete Boff, Vinicius Fortes e Cinthia Freitas, um reflexo da aplicação das técnicas de tratamento de dados é a caracterização de perfil (*profiling*), que pode ser definido como métodos e técnicas computacionais aplicados aos dados pessoais ou não dos usuários, com objetivo de determinar o que é relevante em determinado contexto, tornando visível padrões que são invisíveis ao olho humano. Alguns reflexos da aplicação de *profiling* são a identificação de riscos e, também, a discriminação, considerado um efeito colateral perigoso da aplicação das técnicas de tratamento de dados[i].

Nesse contexto, Cinthia Freitas menciona a discriminação a partir do perfil de uma pessoa à disposição de apresentar determinada doença[ii].

Para Tess Posner, diretora executiva da AI4ALL, uma organização sem fins lucrativos que administra cursos de IA para estudantes de grupos minoritários, é essencial treinar um grupo heterogêneo para a próxima geração de trabalhadores da IA. Atualmente, apenas 13% das empresas de IA têm presidentes do sexo feminino e menos de 3% dos professores de engenharia nos Estados Unidos são negros. Posner defende que uma força de trabalho inclusiva pode ter mais ideias e

---

i   BOFF, S. O. FORTES, Vinícius Borges; FREITAS, C. **Proteção de dados e privacidade**: do direito às novas tecnologias na sociedade da informação. Rio de Janeiro: Lumen Juris, 2018. p. 161-164.

ii   FREITAS, Cinthia Obladen de Almendra. Tratamento de dados pessoais e a legislação brasileira frente ao profiling e à discriminação a partir das novas tecnologias. **Revista de Direito, Governança e Novas Tecnologias**, Maranhão, v. 3, n. 2, p. 18-38, jul./dez. 2017. p. 29.

identificar problemas nos sistemas antes que eles aconteçam, e a diversidade pode melhorar o resultado[i].

Defende-se que deve ser incentivado o treinamento e a formação de equipes profissionais de Tecnologia da Informação para o desenvolvimento de sistemas de IA com os mais diversos perfis, que correspondam a uma ampla parcela da sociedade, especialmente por representantes dos grupos que podem ser afetados por sistemas de decisões automatizadas.

Acredita-se que uma equipe heterogênea terá mais chances de desenvolver um algoritmo neutro e sem vieses discriminatórios (intencionais ou não), se comparado ao trabalho implementado por uma equipe de homens de 20 a 35 anos, brancos, cristãos, heterossexuais, sem deficiências e que trabalhem em seu país de origem. Trata-se do mesmo cenário ilustrado por Sunstein, ao descrever um Tribunal composto em sua maioria por homens brancos, ricos e idosos, e sua desvantagem epistêmica, talvez em virtude de sua relativa falta de diversidade, além do risco de sofrerem viés sistemático em suas decisões[ii].

Portanto, diante de dilemas semelhantes ao "dilema do bonde"[iii], sistemas de decisão automatizada não poderão ser programados para decidir em favor de um determinado grupo de seres humanos em detrimento de outro, baseado em características distintivas superficiais, que viabilize a discriminação de pessoas.

Finalmente, é essencial que seja assegurada a neutralidade em sistemas de decisão automatizada. Para tanto, sua programação deverá ser feita a partir de critérios previamente estabelecidos, observando diretrizes éticas fundamentadas na proteção do princípio da não discriminação.

---

i   SNOW, Jackie. For better AI, diversify the people building it. **MIT Technology Review**, 27 mar. 2018. Disponível em: https://www.technologyreview.com/s/610637/for-better-ai-diversify-the-people-building-it/ Acesso em: 9 ago. 2020.

ii   SUNSTEIN, Cass. R. **If people would be outraged by their rullings, should judges care?** Rhe Social Science Research Network Eletronic Paper Collection: http://ssrn.com/abstract_id=965581. p. 38.

iii   FOOT, Philippa. **The Problem of Abortion and the Doctrine of the Double Effect**. Oxford Review, n. 5, 1967. Disponível em: http://www2.pitt.edu/~mthompso/readings/foot.pdf. Acesso em: 10 ago. 2020.

6
O dever de justificar decisões automatizadas para evitar decisões discriminatórias

Enquanto sistemas de decisão automatizada não atingem seu ápice em termos de segurança e confiabilidade, precauções devem ser tomadas para garantir que as decisões sejam passíveis de análise e revisão, assegurando sua neutralidade, evitando o uso indevido da tecnologia e prevenindo sua utilização para fins discriminatórios, ilícitos ou abusivos. Para tanto, é fundamental que os critérios utilizados em decisões automatizadas sejam devidamente justificados de maneira transparente.

No Brasil, o Projeto de Lei n. 21/2020 – Câmara dos Deputados, de autoria do Deputado Federal Eduardo Bismark, estabelece princípios, direitos, deveres e instrumentos de governança para o uso da IA e determina as diretrizes para a atuação da União, dos estados, do Distrito Federal e dos municípios, pessoas físicas e jurídicas, de direito público ou privado, e entes sem personalidade jurídica em relação ao uso de IA no Brasil[i].

Os fundamentos do uso da IA no Brasil, segundo o art. 4º do Projeto de Lei, são:

> *III – o respeito aos direitos humanos e aos valores democráticos;*
>
> *IV – a igualdade, a não discriminação, a pluralidade e o respeito aos direitos*
>
> *trabalhistas; e*
>
> *V – a privacidade e a proteção de dados.*

De acordo com o inciso I do art. 5º do referido Projeto, o uso da IA no Brasil tem por objetivo a promoção da pesquisa e do desenvolvimento da IA ética e livre de preconceitos.

---

i   BRASIL. Câmara dos Deputados. **Projeto de Lei n. 21/2020**. Estabelece princípios, direitos e deveres para o uso de inteligência artificial no Brasil, e dá outras providências. Texto original. Disponível em: https://www.camara.leg.br/proposicoesWeb/prop_mostrarintegra?codteor=1853928. Acesso em: 12 ago. 2020.

Segundo o art. 6º do Projeto, são princípios para o uso responsável de IA no Brasil:

I – finalidade: uso da inteligência artificial para buscar resultados benéficos para as pessoas e o planeta, com o fim de aumentar as capacidades humanas, reduzir as desigualdades sociais e promover o desenvolvimento sustentável;

II – centralidade no ser humano: respeito à dignidade humana, à privacidade e à proteção de dados pessoais e aos direitos trabalhistas;

III – não discriminação: impossibilidade de uso dos sistemas para fins discriminatórios, ilícitos ou abusivos;

IV – transparência e explicabilidade: garantia de transparência sobre o uso e funcionamento dos sistemas de inteligência artificial e de divulgação responsável do conhecimento de inteligência artificial, observados os segredos comercial e industrial, e de conscientização das partes interessadas sobre suas interações com os sistemas, inclusive no local de trabalho;

V – segurança: utilização de medidas técnicas e administrativas, compatíveis com os padrões internacionais, aptas a permitir a funcionalidade e o gerenciamento de riscos dos sistemas de inteligência artificial e a garantir a rastreabilidade dos processos e decisões tomadas durante o ciclo de vida do sistema; e

VI – responsabilização e prestação de contas: demonstração, pelos agentes de inteligência artificial, do cumprimento das normas de inteligência artificial e da adoção de medidas eficazes para o bom funcionamento dos sistemas, observadas suas funções.

Conforme a redação do art. 7º do Projeto, são direitos das partes interessadas no sistema de IA, utilizado na esfera privada ou pública:

I – ciência da instituição responsável pelo sistema de inteligência artificial;

II – acesso a informações claras e adequadas a respeito dos critérios e dos procedimentos utilizados pelo sistema de inteligência artificial que lhes afetem adversamente, observados os segredos comercial e industrial; e

III – acesso a informações claras e completas sobre o uso, pelos sistemas, de seus dados sensíveis, conforme disposto no art. 5º, II, da Lei Geral de Proteção de Dados.

Constata-se, nas diretrizes propostas no Projeto de Lei n. 21/2020, que a regulamentação da IA, e consequentemente os sistemas de decisão automatizada, deve estar centralizada no ser humano, devendo ser assegurada a transparência, a explicabilidade, a responsabilização e a prestação de contas, a fim de contribuir para promover o respeito aos Direitos Humanos e aos valores democráticos e para evitar o preconceito e a discriminação.

A LGPD[i] estabelece, em seu art. 6º, que as atividades de tratamento de dados pessoais deverão observar a boa-fé e ao princípio da não discriminação, afirmando a impossibilidade de realização do tratamento para fins discriminatórios ilícitos ou abusivos. Por sua vez, o art. 20 assegura ao titular dos dados o direito de solicitar a revisão de decisões tomadas unicamente com base em tratamento automatizado de dados pessoais que afetem seus interesses, incluídas as decisões destinadas a definir seu perfil pessoal, profissional, de consumo e de crédito ou os aspectos de sua personalidade.

Em que pese a LGPD não objetivar regulamentar sistemas de decisão automatizada, os artigos mencionados se aplicam perfeitamente aos fins propostos, eis que promovem formas eficazes de combater a discriminação, o preconceito e a promover a transparência nas decisões.

Portanto, devem ser observados os seguintes aspectos nos sistemas de decisão automatizada:

- Que o cidadão saiba que a decisão que lhe impactou negativamente decorreu de um sistema integralmente automatizado.
- Que seja assegurado o direito do cidadão de obter informações claras e adequadas sobre os critérios adotados por sistemas de decisão automatizada que possam afetar direitos fundamentais, assegurando o direito à explicação de maneira transparente.

---

i   BRASIL. **Lei n. 13.709, de 14 de agosto de 2018**. Lei Geral de Proteção de Dados Pessoais. Disponível em: http://www.planalto.gov.br/ccivil_03/_Ato2015-2018/2018/Lei/L13709.htm. Acesso em: 10 ago. 2020.

- Que os sistemas de decisão automatizada sejam desenvolvidos e executados de modo a não permitir qualquer forma de discriminação ou preconceito.
- Que os sistemas de decisão automatizado possam ser submetidos à auditoria e revisão por órgão público independente e os operadores de tais sistemas possam ser demandadas a justificar a programação e as escolhas feitas pelos sistemas de IA e ser responsabilizado em caso de violação de direitos.

O controlador[i] deverá fornecer informações claras e adequadas a respeito dos critérios e dos procedimentos utilizados para a decisão automatizada. Em caso de não oferecimento de informações, a autoridade nacional[ii] poderá realizar auditoria para verificação de aspectos discriminatórios em tratamento automatizado de dados pessoais.

No que os algoritmos puderem afetar significativamente direitos, a resposta deve ser uma combinação de explicação e transparência tanto quanto possível[iii], inclusive para permitir que indivíduos possam questionar os resultados de todas as decisões significativas que os algoritmos lhe afetam, e quando apropriado, buscar a devida reparação para os impactos de tais decisões[iv].

Assim, decisões baseadas em sistemas de decisão automatizada devem ser devidamente justificadas[v] e passíveis de serem auditadas por comitês independentes para examinar de maneira transparente os modos de operação dos sistemas de decisão automatizada, viabilizando, se necessário, a devida revisão judicial, especialmente quando

---

i   Pessoa natural ou jurídica, de direito público ou privado, a quem competem as decisões referentes ao tratamento de dados pessoais, nos termos do art. 5, inciso VI, da LGPD.

ii Órgão da Administração Pública responsável por zelar, implementar e fiscalizar o cumprimento desta Lei em todo o território nacional, conforme o art. 5º, inciso XIX, da LGPD.

iii INGLATERRA. House of Commons. Science and Technology Committee. **Algorithms in Decision-Making**. Fourth Report of Session 2017-19. Publicado em: 23 de maio de 2018. Disponível em: https://publications.parliament.uk/pa/cm201719/cmselect/cmsctech/351/351.pdf. Acesso em: 5 ago. 2020.

iv Ibidem.

v   A exemplo do art. 489 do Código de Processo Civil, que demanda do julgador o dever de fundamentar sua decisão.

tiver o potencial de afetar direitos fundamentais ou a capacidade para promover práticas discriminatórias.

Para alcançar tal intento, torna-se imperativa a criação de regulamentação estatal (leis e políticas públicas) que estabeleçam diretrizes éticas e de governança no desenvolvimento e uso de sistemas de decisão automatizada.

7
Considerações finais

Cass R. Sunstein aborda a possibilidade de decisões serem influenciadas por vieses e influências sociais e ressalta que a existência de vieses pode prejudicar a adequada interpretação constitucional por juízes, promovendo, consequentemente, desigualdades sociais.

Sunstein destaca que as multidões podem não ser tão sábias, pois elas também podem sofrer de um viés sistemático, ou porque seus julgamentos podem ser um produto de comportamento de manada ou polarização de grupo.

Segundo Sunstein, a compreensão dos problemas introduzidos por vieses sistemáticos, por comportamento de manada e polarização, afeta tanto sobre o constitucionalismo popular quanto o risco de que grandes grupos possam estar completamente equivocados.

Atenta-se para a possibilidade de os mesmos vieses e influências sociais mencionados por Sunstein serem replicados por sistemas de decisão automatizada, aptos a promover discriminação e preconceito de maneira muito mais sutil e difícil de detectar.

Diante do caminho perigoso a ser percorrido em busca do amadurecimento e da previsibilidade das tecnologias presentes nos sistemas de decisão automatizada, não se pode ignorar o grande potencial para causar consequências indesejadas, em especial, o risco de tais sistemas amplificarem preconceitos sociais em cenários socialmente relevantes.

Esses riscos precisam ser identificados, compreendidos, questionados e enfrentados. Assim, iniciativas como o PL n. 21/2020 tornam-se necessárias para a criação de diretrizes legais que estabeleçam critérios objetivos para que as referidas decisões automatizadas sejam adequadamente identificadas e justificadas, promovendo a neutralidade e a transparência e impedindo que a tecnologia de decisão automatizada viabilize a tomada de decisões discriminatórias ou preconceituosas.

Ainda que a pesquisa e o desenvolvimento tecnológico relacionado à IA e a decisão automatizada avancem a passos largos, o "gorila" do Google, a câmera "Coolpix S630" da Nikon e a "Tay" da Microsoft ilustram a grande complexidade para treinar sistemas de IA e ensinam que a implementação responsável, segura e isenta de vieses discriminatórios em sistemas de tomada de decisão automatizada exige cautela e controlabilidade.

Nesse sentido, reportamo-nos às legislações brasileira e estrangeira que combatem o preconceito e a discriminação. Tais regramentos deverão nortear e disciplinar o desenvolvimento tecnológico, os testes e o uso de sistemas de decisão automatizada no Brasil.

Propõe-se que sistemas de decisão automatizada sejam aptos a justificar as decisões emanadas, notadamente quando estas tiverem o potencial de promover desigualdade e preconceito, permitindo coletar dados que viabilizem a investigação e identificação das causas e o contexto de decisão, possibilitando sua revisão e viabilizando que seja tomada uma nova decisão, inclusive sob a supervisão humana, ou, em último caso, a revisão judicial da decisão supostamente enviesada.

Além disso, por meio da análise dos dados, as autoridades públicas e as partes interessadas poderão auditar o método utilizado pelos sistemas de decisão automatizada nas decisões emanadas, expondo eventuais vieses, intencionais ou acidentais.

Tais medidas também viabilizarão que se verifique a neutralidade dos algoritmos relacionados ao sistema de decisão automática. A transparência do sistema de decisão automatizada poderá evitar a programação deliberada de algoritmos para a tomada de decisões que contrariem os objetivos fundamentais da República Federativa do Brasil.

Portanto, verifica-se a necessidade da rigorosa aplicação da legislação existente e de regulamentação estatal, estabelecendo o dever de fundamentar as decisões emanadas de maneira automatizada, protegendo o cidadão contra a violação de seus direitos fundamentais, previstos no art. 3º, inciso IV, art. 5º, inciso XLI, da Constituição, em particular, a não discriminação a partir do uso de novas tecnologias e o respeito ao pluralismo.

Nesse processo, torna-se imperativo que os algoritmos de IA sejam desenvolvidos com neutralidade, passíveis de serem auditados de forma transparente pelas autoridades públicas para descobrir eventuais vieses discriminatórios inseridos na programação e tomar as providências necessárias para combater tal prática, responsabilizando os responsáveis nos termos da legislação que asseguram a observância do princípio da não discriminação.

Assim, diante dos potenciais riscos envolvidos, propõe-se que não se permita a autorregulamentação desse setor relevante e estratégico. A regulamentação deve competir aos juízes, interpretando e aplicando o Direito, em conformidade com as teorias da justiça e da democracia, e dando efetividade ao princípio da não discriminação, e aos representantes do povo eleitos democraticamente, administradores públicos, criando políticas públicas para incentivar, disciplinar e fiscalizar o uso adequado e impactos sociais dos referidos sistemas e aos representantes do poder legislativo, criando legislação que defina diretrizes éticas que impeçam a utilização de critérios discriminatórios nos sistemas de tomada de decisão automatizada, sempre que um ser humano possa ser impactado negativamente e injustamente.

Assim, decisões baseadas em sistemas de decisão automatizada, tal como as decisões emanadas por seres humanos, devem ser devidamente justificadas, inclusive para viabilizar a devida revisão judicial, especialmente quando tiverem o potencial de afetar direitos fundamentais ou o potencial para promover práticas preconceito e a discriminação

Finalmente, o ser humano e a proteção à sua vida e dignidade deve ser colocado no centro do debate a respeito do desenvolvimento e do uso de sistemas de decisão automatizada, eis que se trata de tecnologia disruptiva apta tanto a promover o progresso social e a eficiência econômica quanto colocá-los em risco, se utilizados critérios que não observem o direito à não discriminação previsto nos artigos 1º, 2º e 7º da Declaração Universal dos Direitos Humanos, no art. 3º, incisos III e IV, e no art. 5, *caput* e incisos XLI e XLII, da Constituição.

Referências

BARR, A. Google Mistakenly Tags Black People as 'Gorillas', Showing Limits of Algorithms. **The Wall Street Journal**, 1º jul. 2015. Disponível em: https://blogs.wsj.com/digits/2015/07/01/google-mistakenly-tags-black-people-as-gorillas-showing-limits-of-algorithms/. Acesso em: 25 abr. 2022.

BOBBIO, N. **Elogio da serenidade e outros ensaios**. Tradução de Marco Aurélio Nogueira. São Paulo: Ed. da Unesp, 2002. p. 103-116.

BOFF, S. O.; FORTES, V. B.; FREITAS, C. **Proteção de dados e privacidade**: do direito às novas tecnologias na sociedade da informação. Rio de Janeiro: Lumen Juris, 2018. p. 161-164.

BRASIL. Câmara dos Deputados. **Projeto de Lei n. 21/2020**. Estabelece princípios, direitos e deveres para o uso de inteligência artificial no Brasil, e dá outras providências. Texto original. Brasília, 2020. Disponível em: https://www.camara.leg.br/proposicoesWeb/prop_mostrarintegra?codteor=1853928. Acesso em: 25 abr. 2022.

BRASIL. Constituição (1988). **Diário Oficial da União**, Brasília, Poder Legislativo, DF, 5 out. 1988. Disponível em: http://www.planalto.gov.br/ccivil_03/constituicao/constituicao.htm. Acesso em: 25 abr. 2022.

BRASIL. Lei n. 7.716, de 5 de janeiro de 1989. **Diário Oficial da União**, Brasília, Poder Legislativo, DF, 5 jan. 1989. Disponível em: http://www.planalto.gov.br/ccivil_03/leis/l7716.htm. Acesso em: 25 abr. 2022.

BRASIL. Lei n. 13.105, de 16 de março de 2015. **Diário Oficial da União**, Brasília, Poder Legislativo, DF, 17 mar. 2015. Disponível em: http://www.planalto.gov.br/ccivil_03/_ato2015-2018/2015/lei/l13105.htm. Acesso em: 25 abr. 2022.

BRASIL. Lei n. 13.709, de 14 de agosto de 2018. **Diário Oficial da União**, Brasília, Poder Executivo, DF, 15 ago. 2018. Disponível em: http://www.planalto.gov.br/ccivil_03/_Ato2015-2018/2018/Lei/L13709.htm. Acesso em: 25 abr. 2022.

COPELAND, M. **What's the Difference Between Artificial Intelligence, Machine Learning and Deep Learning?** 29 July 2006. Disponível em: https://blogs.nvidia.com/blog/2016/07/29/whats-difference-artificial-intelligence-machine-learning-deep-learning-ai/. Acesso em: 25 abr. 2022.

FOOT, P. The Problem of Abortion and the Doctrine of the Double Effect. **Oxford Review**, n. 5, 1967. Disponível em: https://philpapers.org/archive/FOOTPO-2.pdf. Acesso em: 25 abr. 2022.

FREITAS, C. O. de A. Tratamento de dados pessoais e a legislação brasileira frente ao profiling e à discriminação a partir das novas tecnologias. **Revista de Direito, Governança e Novas Tecnologias**, Maranhão, v. 3, n. 2, p. 18-38, jul/dez. 2017.

G1 PR; RPC CURITIBA. Defensoria Pública anuncia força-tarefa para revisar sentenças de vara criminal em que juíza citou raça ao condenar réu negro. **Paraná RPC**, 14 ago. 2020. Disponível em: https://g1.globo.com/pr/parana/noticia/2020/08/14/defensoria-publica-anuncia-forca-tarefa-para-revisar-sentencas-de-vara-criminal-em-que-juiza-citou-raca-ao-condenar-reu-negro.ghtml. Acesso em: 25 abr. 2022.

GOOGLE. **Google Flu Trends and Google Dengue Trends**. 2019. Disponível em: https://www.google.org/flutrends/about/. Acesso em: 9 ago. 2020.

HAHARI, Y. N. **21 lições para o século 21**. Tradução de Paulo Geiger. São Paulo: Companhia das Letras, 2018.

HAN, J.; KAMBER, M.; PEI, J. **Data Mining**: Concepts and Techniques. 3. ed. San Francisco, CA, USA: Morgan Kaufmann Publishers Inc., 2011.

INGLATERRA. House of Commons. Science and Technology Committee. **Algorithms in decision-making. Fourth Report of Session 2017-19**. 23 May 2018. Disponível em: https://publications.parliament.uk/pa/cm201719/cmselect/cmsctech/351/351.pdf. Acesso em: 25 abr. 2022.

KAIN, E. Microsoft's Teenage, Nazi-Loving AI Is The Perfect Social Commentary For Our Times. **Forbes**, 24 mar. 2016. Disponível em: https://www.forbes.com/sites/erikkain/2016/03/24/microsofts-teenage-nazi-loving-ai-is-the-perfect-social-commentary-for-our-times/#6c3cc0bd235a. Acesso em: 25 abr. 2022.

KNIGHT, W. The Dark Secret at the Heart of AI. **MIT Technology Review**, 11 abr. 2017. Disponível em: https://www.technologyreview.com/s/604087/the-dark-secret-at-the-heart-of-ai/. Acesso em: 25 abr. 2022.

LIN, P. **Why Ethics Matters for Autonomous Cars**. In: MAURER M.; GERDES, J., LENZ, B., WINNER, H. (Eds.). Autonomous Driving: Technical, Legal and Social Aspects. Berlin, Heidelberg: Springer, 2016. p. 69-73. e-book. Disponível em: https://link.springer.com/book/10.1007%2F978-3-662-48847-8. Acesso em: 25 abr. 2022.

LUGER, G. F. **Inteligência artificial**. Tradução de Daniel Vieira. 6. ed. São Paulo: Pearson Education do Brasil, 2013.

MAYBIN, S. Sistema de algoritmo que determina pena de condenados cria polêmica nos EUA. **BBC**, 31 out. 2016. Disponível em: https://www.bbc.com/portuguese/brasil-37677421. Acesso em: 25 abr. 2022.

METZ, R. Microsoft's Neo-Nazi Sexbot was a Great Lesson for Makers of AI Assistants. **MIT Technology Review**, 27 Mar. 2018. Disponível em: https://www.technologyreview.com/s/610634/microsofts-neo-nazi-sexbot-was-a-great-lesson-for-makers-of-ai-assistants/. Acesso em: 25 abr. 2022.

NEW YORK. **New York City Automated Decision Systems Task Force**. Disponível em: https://www1.nyc.gov/site/adstaskforce/index.page. Acesso em: 25 abr. 2022.

NEW YORK. The New York City Council. **Int 1696-2017**. Automated Decision Systems Used by Agencies. 2017. Disponível em: https://legistar.council.nyc.gov/LegislationDetail.aspx?ID=3137815&GUID=437A6A6D-62E1-47E2-9C42-461253F9C6D0. Acesso em: 25 abr. 2022.

O'NEIL, C. **Weapons of Math Destruction**: How Big Data Increases Inequality and Threatens Democracy. New York: Crown, 2016.

ONU. **Declaração Universal dos Direitos Humanos**. 10 dez. 1948. Disponível em: https://www.ohchr.org/EN/UDHR/Documents/UDHR_Translations/por.pdf. Acesso em: 25 abr. 2022.

ROSE, A. Are Face-Detection Cameras Racist? **Time**, 22 jan. 2010. Disponível: http://content.time.com/time/business/article/0,8599,1954643,00.html. Acesso em: 25 abr. 2022.

SILVA, W. C. P. Empregando o policiamento preditivo: construção de um modelo de risco do terreno para crimes contra o patrimônio dos Correios. **Revista Brasileira de Ciências Policiais**, Brasília, v. 7, n. 2, p. 53-71, jul./dez. 2016.

SIMONITE, T. When it Comes to Gorillas, Google Photos Remains Blind. **Wired**, 1º nov. 2018. Disponível em: https://www.wired.com/story/when-it-comes-to-gorillas-google-photos-remains-blind/. Acesso em: 25 abr. 2022.

SNOW, J. For better AI, Diversify the People Building it. **MIT Technology Review**, 27 mar. 2018. Disponível em: https://www.technologyreview.com/s/610637/for-better-ai-diversify-the-people-building-it/. Acesso em: 25 abr. 2022.

SUNSTEIN, C. R. If People Would Be Outraged by Their Rulings, Should Judges Care? University of Chicago Law & Economics, **Olin Working Paper** n. 332; University of Chicago, **Public Law Working Paper** n. 151. Feb. 2007. Disponível em: https://ssrn.com/abstract=965581. Acesso em: 25 abr. 2022.

UNIÃO EUROPEIA. Regulamento (UE) n. 2.016/679 do Parlamento Europeu e do Conselho, de 27 de abril de 2016. **Jornal Oficial da União Europeia**. Edição em língua portuguesa. Disponível em: https://eur-lex.europa.eu/legal-content/PT/TXT/HTML/?uri=OJ:L:2016:119:FULL. Acesso em: 25 abr. 2022.

WALZER, M. **Da tolerância**. Tradução de Almiro Pisetta. São Paulo: M. Fontes, 1999.

Glossário

Algoritmo: sequência de regras e procedimentos lógicos perfeitamente definidos que, aplicada a um número de dados, permite solucionar classes semelhantes de problemas. Correspondem a uma forma de representar matematicamente um processo estruturado para a realização de uma tarefa, como os processos de tomada de decisão.

Árvore de decisão: representação dos possíveis resultados de uma série de escolhas relacionadas que permite comparar resultados e prever a melhor escolha.

Big data: conjunto de técnicas capazes de se analisar grandes quantidades de dados para a geração de resultados importantes.

Chat bot: programa de computador que tenta simular um ser humano na conversação com as pessoas. O objetivo é responder às perguntas de tal forma que as pessoas tenham a impressão de estar conversando com outra pessoa, e não com um programa de computador.

Sistema de decisão automatizado: implementações de algoritmos, incluindo aqueles derivados de aprendizado de máquina ou uso de técnicas de inteligência artificial, que são usadas para decidir ou ajudar na tomada de decisões.

Apêndice

O DEVER DE JUSTIFICAR DECISÕES BASEADAS EM SISTEMAS DE DECISÃO AUTOMATIZADA PARA EVITAR O PRECONCEITO E A DISCRIMINAÇÃO

Sumário. 1. Introdução. 2. Os riscos sociais decorrentes da influência de viés sistemático, do comportamento de manada e da polarização de grupo nas opiniões e decisões, segundo Cass R. Sunstein. 3. Inteligência Artificial e sistemas de decisão automatizados. 4. Riscos sociais inerentes ao processo de tomada de decisão automatizada. 5. A neutralidade é possível em sistemas de decisão automatizada? 6. O dever de justificar decisões automatizadas para evitar decisões discriminatórias. 7. Considerações finais. Referências. Glossário.

Resumo. Propõe-se investigar, seguindo o método dedutivo com caráter explicativo e passando pelas fases de pesquisa exploratória e descritiva, o dever de justificar as decisões emanadas por sistemas de decisão automatizada, baseados em inteligência artificial, aptas a criar cenários em que um ser humano possa ser impactado negativamente e injustamente, violando os objetivos fundamentais da República Federativa do Brasil, notadamente a erradicação da pobreza, a marginalização e redução das desigualdades sociais e regionais, ou que dificulte ou impeça a promoção do bem de todos, sem preconceitos de gênero, idade, condição física, deficiência, étnico, racial, político, religioso, patrimonial ou qualquer outra forma de discriminação. Propõe-se que compete aos Poderes da República impor aos administradores de sistemas de decisão automatizada o dever de justificar tais decisões, como forma de promover a transparência e a neutralidade, prevenindo que tais sistemas, intencionalmente ou acidentalmente, utilizem critérios enviesados de seleção e escolha. Para tanto, parte-se da premissa posta por Cass

R. Sunstein, que julgamentos e decisões podem ser influenciados por viés sistemático, comportamento de manada ou polarização de grupo, e que tais decisões podem promover desigualdades sociais. Será utilizado como fundamento legal a proteção do princípio da não discriminação previsto nos artigos 1º, 2º e 7º da Declaração Universal dos Direitos Humanos, nos arts. 1º e 20 da Lei de Crimes de Preconceito e Discriminação Racial, no art. 20 da Lei Geral de Proteção de Dados Pessoais e no art. 3º, incisos III e IV, e art. 5, *caput* e incisos XLI e XLII, da Constituição Federal. Por fim, será analisada a Lei Geral de Proteção de Dados Pessoais e o Projeto de Lei n. 21/2020 – Câmara dos Deputados, que estabelece princípios, direitos e deveres para o uso de inteligência artificial no Brasil e sua potencial contribuição para concretizar os objetivos fundamentais da República Federativa do Brasil.

Palavras-chave. Sistema de decisão automatizada. Inteligência artificial. Preconceito e discriminação. Transparência e neutralidade. Projeto de Lei n. 21/2000.

EL DEBER DE JUSTIFICAR LAS DECISIONES BASADAS EN SISTEMAS AUTOMATIZADOS DE DECISIÓN PARA EVITAR PREJUICIOS Y DISCRIMINACIONES

Sumilla. *1. Introducción. 2. Los riesgos sociales derivados de la influencia del sesgo sistemático, el comportamiento gregario y la polarización grupal en las opiniones y decisiones, según Cass R. Sunstein. 3. Inteligencia artificial y sistemas de decisión automatizados. 4. Riesgos sociales inherentes a la toma de decisiones automatizada. 5. ¿Es posible la neutralidad en los sistemas de decisión automatizados? 6. Deber de justificar las decisiones automatizadas para evitar decisiones discriminatorias. 7. Consideraciones finales. Referencias. Glosario.*

Resumen. *Se propone investigar, siguiendo el método deductivo con carácter explicativo y pasando por las fases de investigación exploratoria y descriptiva, el deber de justificar las decisiones que emanan de los sistemas de decisión automatizados, basados en inteligencia artificial, capaces de crear escenarios en los que un ser humano ser puede ser afectado negativa e injustamente, violando los objetivos fundamentales de la República Federativa de Brasil, en particular la erradicación de la pobreza, la marginación y reducción de las desigualdades sociales y regionales, o que dificulten o impidan* *la promoción del bien de todos, sin perjuicio de género, edad, condición física, discapacidad, étnica, racial, política, religiosa, patrimonial o cualquier otra forma de discriminación. Se propone que corresponda a los Poderes de la República imponer a los administradores de los sistemas de decisión automatizados el deber de justificar dichas decisiones, como una forma de promover la transparencia y neutralidad, evitando que tales sistemas, intencional o accidentalmente, utilicen la selección sesgada. y criterios de elección. Para ello, parte de la premisa planteada por Cass R. Sunstein, de que los juicios y decisiones pueden estar influidos por sesgos sistemáticos, comportamientos de rebaño o polarización de grupos, y que tales decisiones pueden promover desigualdades sociales. La protección del principio de no discriminación previsto en los artículos 1, 2 y 7 de la Declaración Universal de los Derechos Humanos, en los arts. 1 y 20 de la Ley de Delitos de Perjuicio y Discriminación Racial, en el art.20 de la Ley General de Protección de Datos Personales y en el art. 3, incisos III y IV, y en el art. 5, caput y artículos XLI y XLII, de la Constitución Federal. Finalmente, se analizará la Ley General de Protección de Datos Personales y el Proyecto de Ley n. 21/2020 – Cámara de Diputados, que establece principios, derechos y deberes para el uso de la inteligencia artificial en Brasil y su potencial contribución para el logro de los objetivos fundamentales de la República Federativa de Brasil.*

Palabras clave. *Sistema de decisión automatizado. Inteligencia artificial. Prejuicio y discriminación. Transparencia y neutralidad. Proyecto de Ley n. 21/2000.*

Artigo 5

Sentido dos direitos fundamentais

Jorge Miranda

Professor catedrático das Faculdades de Direito da Universidade de Lisboa e da Universidade Católica Portuguesa.

1
Noção de direitos fundamentais

I – O Estado consiste, primordialmente, numa comunidade de pessoas entrelaçado com um poder institucionalizado. Constituem-no aqueles homens e aquelas mulheres que o seu Direito reveste da qualidade de cidadãos ou súbditos e a que atribui direitos e deveres. Não é a única manifestação de fenómeno político e jurídico; outras existiram e outras têm emergido nas grandes transformações dos últimos cem anos. Mas é a única em que a autoridade se exerce diretamente sobre as pessoas e em que estas podem participar na formação da vontade funcional.

São muitos e muito diversificados os direitos das pessoas dentro da ordem jurídica estatal. Entre todos avultam os direitos fundamentais ou direitos das pessoas perante o Estado e assentes na Constituição ou Lei Fundamental – direitos fundamentais, por traduzirem essa relação fundamental e por beneficiarem das garantias inerentes à força específica das suas normas[i].

Sem negar que tenha havido também direitos afins em quaisquer tipos de Estados e em todas as épocas, apesar disso só com o constitucionalismo moderno e com a sua ideia de limitação de poder adquirem pleno sentido os direitos fundamentais. Tal como apenas com o seu desenvolvimento, eles se vão alargando aos diversos domínios

---

i   Para uma iniciação da análise dos direitos fundamentais da ótica dos direitos subjetivos, v. ROBERT ALEXY, **Theorie der Grundrechte**, 1986, trad. Teoria de los Derechos Fundamentales, Madrid, 1993, p. 173-ss.; THOMAS MEINDL, **La notion de droit fondamental dans les jurisprudences et doctrines constitutionnelles françaises et allemandes**, Paris, 2003, p. 279-ss.; JOSÉ DE MELO ALEXANDRINO, **A estruturação do sistema de direitos, liberdades e garantias na Constituição portuguesa**, 11, Coimbra, 2006, p. 50-ss.; CELSO ANTÓNIO BANDEIRA DE MELO, **Eficácia das normas constitucionais e direitos sociais**, São Paulo, 2011, p. 42; VASCO PEREIRA DA SILVA, "Todos diferentes, todos iguais"–Breve consideração acerca da natureza jurídica dos direitos fundamentais, in **Estudos dedicados ao Professor Luís Alberto Carvalho Fernandes**, obra coletiva, III, Coimbra, 2011, p. 553-ss.; JOSÉ CARLOS VIEIRA DE ANDRADE, **Os direitos fundamentais na Constituição portuguesa de 1976**, 5. ed., Coimbra, 2012, p. 107-ss.; CARLOS BLANCO DE MORAIS, **Curso de Direito Constitucional**, I, Coimbra, 2016, p. 549-ss.

das formas de realização das pessoas no âmbito da vida económica, social e cultural[i].

II – Direitos fundamentais implicam necessariamente três pressupostos ou condições firmes.

Em primeiro lugar, não há verdadeiros direitos fundamentais sem que as pessoas estejam em relação imediata com o poder político, beneficiando de um estatuto comum e não separadas em razão dos grupos ou das instituições a que pertençam. Não há direitos fundamentais sem cidadãos[ii]; não há direitos fundamentais sem Estado que os respeite e que os proteja.

Em segundo lugar, não há direitos fundamentais sem reconhecimento de uma esfera própria de autonomia das pessoas frente ao poder, não absorvendo este a sociedade em que eles se movem. Não existem em regimes políticos totalitários[iii].

Em terceiro lugar, não há direitos fundamentais sem Constituição – sem a Constituição do constitucionalismo moderno iniciado no século XVIII, a Constituição enquanto fundação ou refundação do ordenamento jurídico estatale incindível de um poder constituinte; a Constituição como sistematização racionalizadora das normas estatutárias de poder e da comunidade; a Constituição como lei, mesmo se acompanhada de fontes consuetudinárias e jurisprudenciais.

Numa visão restrita, direitos fundamentais seriam apenas direitos dos cidadãos perante ou contra o Estado. Mas a comunicação entre Estado e sociedade leva a considerar direitos fundamentais também

---

i   Cfr., por todos, a nossa **Teoria da Constituição**, Coimbra, 2020, p. 8-ss., e Autores citados.

ii   Cfr. a síntese histórica de MARTIM DE ALBUQUERQUE, As ideias de "cidadão" e de "cidadania" em Portugal. Gênese e evolução, in **Homenagem ao Professor Doutor Diogo Freitas do Amaral**, obra coletiva, Coimbra, 2010, p. 241-ss.

iii   Cfr., mais frisantemente, acerca do nacional-socialismo alemão, ÜLRICH SCHEUNER, Le peuple, l'État, le droit et la doctrinenational-socialiste, **Revuedu Droit Public**,1937, p. 50: "já não há direitos subjetivos do indivíduo perante o Estado, nem esfera de ação individual livre de qualquer ingerência do Estado; pelo contrário, qualquer cidadão é, antes de mais, membro da comunidade; o indivíduo em toda a sua atividade acha-se em comunhão com a comunidade".

direitos de particulares em relação a particulares, na medida em que previstos na Constituição e ligados a deveres de justiça do Estado[i].

III – No período liberal oitocentista, falava-se em direitos e garantias individuais. A locução direitos fundamentais, embora não desconhecida no século XIX[ii], seria consagrada na Constituição de Weimar, de 1919, e viria a generalizar-se depois nos textos constitucionais – como o português de 1976, o brasileiro de 1988 ou o angolano de 2010 e na jurisprudência e na doutrina[iii].

Explicam este fenômeno também a ligação a outras figuras subjetivas e objetivas, a virtualidade de se abrir a diferentes precompreensões, a consideração do "homem situado" (na expressão de GEORGES BURDEAU) e a consagração de direitos das confissões religiosas, de múltiplas associações, de sindicatos, de partidos políticos e de outras entidades coletivas. Basta lembrar ainda, no caso do Brasil, a epígrafe do Capítulo I do Título I da Constituição: "direitos e deveres individuais e coletivos".

Já em Direito Internacional continuam a prevalecer os termos direitos do homem, direitos humanos ou proteção internacional da pessoa humana – em parte, por assim ficar mais clara a atinência aos seres humanos, e não aos Estados[iv] ou a outras entidades internacionais; e, em parte por, para lá de convenções setoriais sobre matérias específicas, ser menos extenso ou menos profundo o desenvolvimento alcançado e procurar-se um "mínimo ético universal".

PAULO ÜTERO, diferentemente, prefere a expressão "direitos humanos", por se concentrar no essencial – o estatuto da pessoa

---

i   Cfr. infra.

ii Recorde-se a Declaração de Direitos Fundamentais do Povo Alemão de 1848 e, sobre ela, por exemplo, ÜLIVIER JOUANJAN, Uneorigine des "droits fondamentaux" en Allemagne: lemoment 1848, **Revuede Droit Public**, 2012, p. 766-ss. Ou, numa aceção algo diversa, LOPES PRAÇA, **Estudos sobre a Carta Constitucional e Acto Adicional de 1852**, I, Coimbra, 1878, p. 25 e 26.

iii É a expressão que desde sempre temos adotado: **Contributo para uma teoria da inconstitucionalidade**, Lisboa, 1968, p. 71; **Ciência Política e Direito Constitucional**, policopiado, II, Lisboa, 1971, p. 212.

iv Cfr. o nosso **Curso de Direito Internacional Público**, 6. ed. Cascais, 2016, p. 309-ss.

humana – e por, a partir das últimas décadas do século XX, se assistir a uma progressiva perda de "fundamentalidade", com excessivo alargamento, despersonalização e diluição e até com o aparecimento de direitos fundamentais contrários à dignidade da pessoa humana[i].

Mas não. O alargamento dos direitos fundamentais para além dos direitos individuais não traduz senão o reconhecimento da inserção comunitária, sem a qual a pessoa humana, sobretudo na época atual, fica desamparada e ameaçada. Outra coisa vem a ser o exagero na formalização constitucional de certos direitos, derivada, porém, em larga medida, do caráter compromissório das Constituições recentes.

Acresce que o próprio termo "direitos humanos" pode não servir para a defesa da pessoa humana (tal como "dignidade humana", e não "dignidade da pessoa humana"), por poder inculcar direitos inerentes à Humanidade ou ao género humano e não a todas e cada uma das pessoas humanas[ii].

IV – Em rigor, direitos fundamentais são sempre direitos constantes da Constituição formal. A seu lado fala-se, entretanto, em direitos fundamentais em sentido material para abranger todos os direitos constantes da Constituição em sentido material como conjunto de normas de qualquer natureza que lhes acrescentam novos direitos, por si só ou enquanto reguladores da organização e da atividade do Estado ou da estrutura de seus órgãos e dos respetivos titulares.

Essa distinção de direitos fundamentais em sentido formal e direitos fundamentais em sentido material remonta, de algum modo, ao IX Aditamento (de 1791) à Constituição dos Estados Unidos e encontra-se, expressa ou implícita, em não poucas Constituições.

---

i **Instituições políticas e constitucionais**, 1, Coimbra, 2007, p. 526-ss.

ii Sobre a questão terminológica, cfr. PAULO FERREIRA DA CUNHA, **Res Publica**, Coimbra, 1998, p. 76-ss.; INGO WOLFGANG SARLET, **A eficácia dos direitos fundamentais**, 10. ed., Porto Alegre, 2009, p. 27-ss.; LUCIO PEGORARO, Derecho Constitucional Comparado y uso comutativo de la palabra derecho (y de los adjetivos que la acompañam), in **Anuario Iberoamericano de Fusticia Constitucional**, 14, 2010, p. 347-ss.
Cfr. já num plano conceitual, ROBERT ALEXY, **Constitucionalismo discursivo,** trad., Porto Alegre, 2011, p. 10 e 11; JOSÉ DE MELO ALEXANDRINO, A natureza variável dos direitos humanos: uma perspectiva de dogmática jurídica, in **Liber Amicorum Fausto de Quadros**, obra coletiva, II, Coimbra, 2016, p. 63-ss.

Na verdade, lê-se nesse Aditamento que "a especificação de certos direitos pela Constituição não significa que fiquem excluídos ou desprezados outros direitos até agora possuídos pelos cidadãos". Segundo o art. 16º, n. 1, da atual Constituição portuguesa, "os direitos fundamentais consagrados na Constituição não excluem quaisquer outros constantes das leis e das regras de direito internacional". E algo de parecido consta do art. 5.º, § 2.º, da Constituição brasileira. Quer isto dizer que há (ou pode haver) normas de Direito ordinário, interno e internacional, atributivas de direitos equiparados aos constantes de normas constitucionais.

Debruçando-se sobre o texto norte-americano, escreve KELSEN que ele consagra a doutrina dos direitos naturais: os autores da Constituição terão querido afirmar a existência de direitos não expressos na Constituição, nem na ordem positiva. E, a seguir, explica, no seu jeito de raciocinar caraterístico, que o que isso traduz é que os órgãos de execução do Direito, especialmente os tribunais, podem estipular outros direitos, afinal indiretamente conferidos pela Constituição[i].

Pois bem: cabe acrescentar que se a Constituição (a norte-americana, a portuguesa ou a brasileira) os prevê é porque adere a certa concepção de jusfundamentalidade (conforme adiante se mostrará) ou, doutra perspectiva, porque adere a uma ordem de valores que ultrapassa as disposições dependente da capacidade do legislador constituinte[ii] Nisso consiste a dimensão objetiva dos direitos fundamentais, indissociável da sua dimensão subjetiva.

2
Os direitos fundamentais na história

I – Somente há direitos fundamentais quando o Estado e a pessoa, a autoridade e a liberdade se distinguem e até, em maior ou menor medida, se contrapõem. Mas – por isso mesmo – não podem apreender-se senão como realidades que se postulam reciprocamente, se condicionam, interferem uma com a outra.

Os fins do Estado, a organização do Estado, o exercício do poder, a limitação do poder são função do modo de encarar a pessoa, sua

---

i **General Theory of Law and State**, Nova Iorque, 1961 (reimpressão), p. 266-267.

ii Cfr. INGO WOLFGANG SARLET, op. cit., p. 74-ss.

liberdade, suas necessidades. E, do mesmo modo, as aspirações e pretensões individuais, institucionais ou coletivas reconhecidas, os direitos e deveres da pessoa, sua posição perante a sociedade e o Estado são função do sentido que ele confere à sua autoridade, das normas que a regulam, dos meios de que dispõe.

Eis o que resulta com toda a nitidez, desde logo, do conspecto histórico que temos de brevemente fazer, na sequência do que resumimos no tomo I do nosso *Manual de Direito Constitucional*, e que também fica comprovado numa perspectiva de evolução de crenças, filosofias e ideologias[i].

---

i   Sobre a história dos direitos fundamentais, v., entre tantos, Georg JELLINEK, **Allgemeine Staatslehre**, trad. castelhana Teoria General dei Estado, Buenos Aires, 1954, p. 307-ss.; A. ESMEIN, **Éléments de Droit Constitutionnel Français et Comparé**, 7. ed., I, Paris, 1921, p. 539-ss.; CARL SCHMITT, **Verfassungslehre**, trad. castelhana Teoria de la Constitución, Madrid,1934, p. 182-ss.; NIYAZI YELTEKIN, **La nature juridique des droits de l'homme**, Lausana, 1950, p. 65-ss.; PHILIPPE DE LA CHAPPELLE, **La Déclaration Universelle des Droits de l'Homme et /e Catholicisme**, Paris, 1962, p. 345-ss.; MANUEL GARCIA PELAYO, **Derecho Costitucional Comparado**, 8. ed., Madrid, 1967, p. 144-ss.; PELICE BATTAGLIA, Dichiarazionedi Diritti, in **Enciclopedia dei Diritto**, XII, p. 409-ss.; ÜTTO BRUNNER, **Neue Wege der Verfassungs und Sozialgeschichte**, Gotinga, 1968, trad. italiana Per una nuova storia costituzionale e sociale, Milão, 1970, p. 201-ss.; ÉTIENNE GRISEL, **Les Droits Sociaux**, Basileia, 1973, p. 17-ss.; JEAN RIVERO, **Les libertés publiques**, Paris, 1973, I, p. 33-ss.; IRING FETSCHER, Libertad, in **Marxismo y Democracia- Enciclopedia de Conceptos Basicos- Política 5**, obra coletiva, trad., Madrid, 1975, p. l-ss.; RICHARD P. CLAUDE, **The classical model of humam rights development, in Comparative Human Rights**, obra coletiva, Baltimore e Londres, 1976, p. 6-ss.; PABLO LUCAS VERDU, **Curso de DerechoPolítico**, Madrid,1976, p. 39-ss.; PONTES DE MIRANDA, **Democracia, Liberdade, Igualdade**, 2. ed., São Paulo, 1979, p. 259-ss.; ADRIANO MOREIRA, **Ciência Política**, Lisboa, 1979, p. 311-ss.; JESÚS GONZÁLEZ AMUCHASTEGUI, Acerca dei origen de la Declaración de los Derechos dei Hombre y dei Ciudadano de 1789, in **Anuario de Derechos Humanos**, 2, março de 1983, p.119-ss.; JEAN MORANGE, **Libertés Publiques**, Paris, 1985, p. 24-ss.; GEORGES TÉNÉKIDES, La citéd'Athenes et les droits de l'homme, in **Protecting Human Rights**: the European Dimension -Studies in honourof Gerard J Wiarda, obra coletiva, Colónia, 1988, p. 605-ss.; PEDRO CRUZ VILLALON, Formacióny evolución de los derechos fundamentales, in **Revista Española de**

II – São bem conhecidas quatro grandes diferenciações de compreensão e extensão dos direitos das pessoas, as quais revertem em sucessivos períodos de formação.

Derecho Constitucional,1989, p. 35-ss.; MANOEL GONÇALVES FERREIRA FILHO, **Direitos humanos fundamentais**, São Paulo, 1995, p. 9-ss.; REINHOLD ZIPPELIUS, **Allgemeine Staatslehre**, trad. portuguesa Teoria Geral do Estado, 3.' ed., Lisboa, 1997, p. 418-ss.; JOSÉ MARTINEZ DE PISÓN, **Derechos humanos**: historia, fundamento y realidad, Saragoça, 1997, p. 57-ss.; **Historia de los Derechos Fundamentales**, obra coletiva editada por GREGORIO PECES-BARBA e EUSEBIO FERNANDEZ-GARCIA, I, Madrid, 1998, GILLES LEBRETON, **Libertés publiques et droits de l'homme**, 4. ed., Paris, 1999, p. 56-ss.; ISABEL BANOND, A ideia de liberdade no mundo antigo: notas para uma reflexão, **Revista da Faculdade de Direito da Universidade de Lisboa**,1999, p. 325-ss.; PAULO FERREIRA DA CUNHA, **Teoria da Constituição**, II, Lisboa, 2000, p. 91-ss.; LOURS FAVOREAU et al., **Droit des Libertés Fondamentales**, Paris, 2000, p. 27-ss.; CHRISTOPH EBERHARD, **Droits de l'homme et dialogue interculturel**, Paris, 2002, p. 37-ss.; FÁBIO KONDER COMPARATO, **A afirmação histórica dos direitos humanos**, 3. ed., São Paulo, 2003 e **Ética**: direito, moral e religião no mundo moderno, São Paulo, 2006; SÉRGIO RESENDE DE BARROS, **Direitos fundamentais**: paradoxo da história, Belo Horizonte, 2003; J. J. GOMES CANOTILHO, **Direito Constitucional e Teoria da Constituição**, 7. ed., Coimbra, 2004, p. 380-ss.; e O círculo e a linha: da "liberdade dos antigos" à "liberdade dos modernos" na teoria republicana dos direitos fundamentais, in **Estudos sobre direitos fundamentais**, 2. ed., Coimbra, 2008, p. 7-ss.; GERHARD ÜESTRETCH, **Geschichte der Menschenrechte und Grundfreiheiten in Umriss**, trad. italiana Storia dei diritti umani e dei/e libertà fondamentali, 4. ed., Bari, 2006; ISAAL SABBÍ GUIMARÃES, Direito Talmúdico como precursor dos direitos humanos, in **De jure – Revista Jurídica do Ministério Público do Estado de Minas Gerais**, jan./jun. 2006, p. 69-ss.; PAULO ÜTERO, op. cit., p. 55-ss.; PAULO BONAVIDES, **Do Estado liberal ao Estado social**, 9. ed., São Paulo, 2009, p. 31-ss.; INGO WOLFGANG SARLET, op. cit., p. 37-ss.; ISABEL CABRITA, **Direitos humanos**: um conceito em movimento, Coimbra, 2011; José Carlos Vieira de Andrade, op.cit., p. 51e segs.; JORGE PEREIRA DA SILVA, **Deveres do Estado de proteção de direitos fundamentais**, Lisboa, 2015, p. 63-ss. e **Direitos fundamentais**: Teoria geral, Lisboa, 2018, p. 34-ss.; **Direito na lusofonia**: Constituição, direitos humanos e globalização, obra coletiva, Braga, 2016; FLÁVIO PENSIERI, **A liberdade no pensamento ocidental**, 4 volumes, Belo Horizonte, 2018.

A primeira consiste – adotando a fórmula célebre de BENJAMIN CONSTANT[i] – na distinção entre liberdade dos antigos e liberdade dos modernos, na distinção entre a maneira de encarar a pessoa na Antiguidade e a maneira de a encarar a partir do Cristianismo. Para os antigos, a liberdade é, antes de mais, participação na vida da Cidade; para os modernos, antes de mais, realização da vida pessoal[ii].

A segunda refere-se à tutela dos direitos própria da Idade Média e do Estado estamental e à tutela dos direitos própria do Estado moderno, mais particularmente do Estado constitucional. Ali, direitos (ou melhor, privilégios, imunidades, regalias) de grupos, de corporações, de ordens, de categorias; aqui direitos comuns, ou universais, ligados a uma relação imediata com o Estado, direitos do homem e do cidadão (ainda que sem excluir alguns direitos de categorias particulares).

A terceira contraposição dá-se entre direitos, liberdades e garantias e direitos sociais e patenteia-se nas grandes clivagens políticas, ideológicas e sociais dos séculos XIX, XX e XXI. Se o Estado liberal se oferece relativamente homogêneo, já o Estado social recolhe concretizações e regimes completamente diferentes.

A quarta e última distinção prende-se com a proteção interna e a proteção internacional dos direitos do homem. Até ao fim da Segunda Guerra Mundial, os direitos fundamentais, concebidos contra, diante ou através do Estado, só por este podiam ser assegurados; desde então, também podem ser assegurados por meio de instâncias internacionais.

---

i   De la liberté des anciens comparée à celle des modernes,1815 (in **Cours de Politique Constitutionnelle**, rv, Paris, 1820, p. 238-ss.). Há uma tradução em português de ANTÓNIO DE ARAÚJO, As duas liberdades de Benjamin Constant, in **Revista da Faculdade de Direito da Universidade de Lisboa**, 1999, p. 523-ss. E há mesmo quem aproxime o regime dos direitos em Atenas do regime contemporâneo: assim, EDUARDO CORREIA BAPTISTA, Direitos fundamentais e controlo judicial da constitucionalidade na Atenas clássica, in **Estudos em homenagem ao Prof. Doutor José Joaquim Gomes Canotilho**, obra coletiva, III, Coimbra, 2012, p. 97-ss.; OSVALDO FERREIRA DE CARVALHO, **Eficácia dos direitos fundamentais na esfera privada**, Curitiba, 2017, p. 33-ss.

ii Excederia o escopo deste livro indagar do exato alcance da contraposição. Acentuando-a, FUSTEL DE COULANGES, **La Cité Antique**, 22. ed., Paris, 1912, p. 285-ss. Mitigando-a, GEORG JELLINEK, op. cit., p. 223-ss., ou GIOVANNI SARTORI, **Théorie de la Démocratie**, trad., Paris, 1973, p. 205-ss.

Donde, o seguinte quadro:

1ª fase	Liberdade dos Antigos
2ª fase	Liberdade dos Modernos
3ª fase	Direitos estamentais
	Direitos comuns
4ª fase	Direitos, liberdades e garantias
5ª fase	Direitos, liberdades e garantias e direitos sociais
	Também proteção internacional

3
A evolução até ao Estado moderno

I – Situando-nos, tal como a propósito da evolução geral do Estado[i], na linha do caminho conducente ao Estado moderno de tipo europeu – e tendo, portanto, de não considerar, embora não podendo ignorar, situações e aquisições homólogas noutros tipos históricos, noutras civilizações, noutros lugares – avultam como principais marcas dessa evolução até aos séculos XV e XV:

- A prevalência do fator pessoal sobre o fator territorial, como elemento definidor da comunidade política na Grécia e em Roma (apesar de não se reconhecer ao homem, só por ser homem, necessariamente personalidade jurídica).

- A reflexão e a criação cultural da Grécia clássica, quando questionam o poder estabelecido, afirmam a existência de leis que lhe são superiores e reivindicam um direito de desobediência individual, de que fica sendo emblemática a atitude de ANTÍGONA[ii].

---

[i] V. **Manual**..., 1, subtomo I, 10. ed., Coimbra, 2014, p. 51-ss.

[ii] Recordem-se os discursos contrastantes e sempre atuais da tragédia de SÓFOCLES (na tradução de Maria Helena da Rocha Pereira, Coimbra, 1984): "ANTÍGONA – É mais longo o tempo em que devo agradar aos que estão no além do que aos que estão aqui. É lá que ficarei para sempre". "ISMENA – Eu não faço nada que não seja honroso, mas sou incapaz de atuar contra o poder do Estados" (p. 42).

- A análise filosófica do conceito de justiça–distributiva e comutativa devida a ARISTÓTELES[i] e a análise técnico-jurídica subsequente feita pelos juristas romanos.

- A distinção de poder público e poder privado e, correlativamente, de Direito público e Direito privado, em Roma, acompanhada, porém, da completa prevalência da família sobre a personalidade individual.

- A formação, em Roma, do *jus gentium* como complexo de normas reguladoras de relações jurídicas em que interviessem estrangeiros (*peregriny* e a atribuição progressiva aos habitantes do Império de direitos e até da cidadania romana[ii].

- O reconhecimento, com o cristianismo, da dignidade de cada homem ou mulher como filho ou filha de Deus, do destino e da responsabilidade individual, da unidade do género humano e da autonomia do espiritual perante o temporal[iii].

"ANTÍGONA – Não nasci para odiar, mas sim para amar" (p. 60). "CREONTE – Não há calamidade maior que a anarquia. É ela que perde os Estados, que deita por terra ascasas, que rompe as filas das lanças aliadas. E àqueles que seguem caminho direito é a obediência que salva a vida a maior parte das vezes" (p. 67). "HÉMON – Não há Estado algum que seja pertença de um só homem". "CREONTE – Acaso não se deve entender que o Estado é de quem manda?" (p. 70). E sobretudo: "ANTÍGONA – Eu entendo que os teus éditos não tinham tal poder que um mortal pudesse sobrelevar os preceitos, não escritos, mas imutáveis dos deuses. Porque esses não são de agora, nem de ontem, mas vigoram sempre, e ninguém sabe quando surgiram. Por causa das tuas leis, não queria eu ser castigada perante os deuses, por ter temido a decisão de um homem" (p. 57). Cfr. entre tantos, VICENTE DE PAULO BARRETTO, Philia, autonomia e legitimidade, in **Direito e literatura**: reflexões teóricas, obra coletiva, Porto Alegre, 2008, p. 75-ss.; ou MARTA CARTABIA e LUCIANO VIOLANTE, **Giustizia e diritto**, Bolonha, 2018, p. 83-ss.

i **Ética a Nicômaco**, livro v, de que há tradução portuguesa, de António de Castro Caeiro, 4. ed., Lisboa, 2012.

ii Cfr., por todos, MARNOCO E SOUSA, **História das instituições de Direito Romano, Peninsular e Português**, Coimbra, 1910, p. 280-ss., ou RAÚL VENTURA, **Direito Romano**, policopiado, Lisboa, 1958-1959, p. 320-ss.

iii Sem esquecer O Antigo Testamento. Cfr., por exemplo, JORGE DANIEL BARRIENTOS-PARROS, Alguns fundamentos bíblicos na formação dos direitos humanos, in **Direito Constitucional**

- A condenação da escravatura pela Patrística e a doutrina da lei injusta formulada pela Escolástica medieval.
- A conquista de algumas garantias básicas de liberdade e segurança pessoal, na Inglaterra, a partir da Magna Charta de 1215[i].
- Aparecimento também de algumas garantias da propriedade e até de participação política das pessoas e dosgrupos, conexas com a interven ção das assembleias estamentais na criação de impostos (precursoras do princípio, mais tarde proclamado, no *taxation without representation*).

II – É com o cristianismo que todos os seres humanos, só por o serem e sem aceção de condições, são considerados pessoas dotadas de um eminente valor. Criados à imagem e semelhança de Deus, todos os homens e mulheres são chamados à salvação através de Jesus que, por eles, verteu o Seu sangue. Criados à imagem e semelhança de Deus, todos têm uma liberdade irrenun ciável que nenhuma sujeição política ou social pode destruir[ii].

> *Sabeis que os chefes das nações as governam como seus senhores e que os grandes exercem sobre elas o seu poder. Não seja assim entre vós. Pelo contrário, quem entre vós quiser fazer-se grande seja o vosso servo; e quem no meio de vós quiser ser o primeiro, seja vosso servo. (Evangelho segundo S. Mateus, II, 5; Evangelho segundo S. Lucas, 6; Evangelho segundo S. João, 15)*

---

    e **Internacional dos Direitos Humanos**, obra coletiva (coord. de Alexandre Coutinho Pagliarini e Dimitri Dimoulis), Belo Horizonte, 2012, p. 95-ss.

i   Cfr., por todos, ANNE PALLISTER, **Magna Carta**: The Heritage of Liberty Oxónia, 1971, ou JOÃO SOARES CARVALHO, **Em volta da Magna Carta**, Lisboa, 1993. Fizemos uma tradução dos pontos mais importantes em **Textos históricos de Direito Constitucional**, 2. ed., Lisboa, 1990, p.13-ss.

ii   Sobre os direitos do homem na Revelação e na doutrina da Igreja, v., por exemplo, **I Diritti Umani**, obra coletiva (dir. de GINO CONCETTI), Roma,1982, p. 21e segs.; MICHEL VILLEY, **Le droit et les droits de l'homme**, Paris,1983, p. 105-ss.; ALAN BRUDNER, **Constitutional Goods**, Oxónia, 2004, p. 52-ss.; ou JOÃO CARLOS LOUREIRO, Pessoa, Dignidade e Cristianismo, in **Ars Iudicandi**: Estudos em homenagem ao Prof Doutor António Castanheira Neves, obra coletiva, Coimbra, 2008.

> *Dai a César o que é de César e a Deus o que é de Deus. (Evangelho segundo S. Mateus, XXII, 21; Evangelho segundo S. Marcos, 12)*
>
> *Bem-aventurados os pobres, porque vosso é o Reino de Deus. Bem-aven turados os que agora tendes fome, porque sereis saciados (Evangelho segundo S. Lucas, VI, 20, 21)*
>
> *O Senhor é espírito e onde está o Espírito do Senhor há liberdade. (2.ª Epístola aos Corintios, III, 17)*
>
> *Não há judeu, nem grego, não há escravo nem homem livre, não há homem nem mulher: todos vós sois um só em Cristo. (Epístola aos Gálatas, III, 26)*[i]
>
> *Vós, Irmãos, fostes chamados à liberdade; convém somente que não façais desta liberdade um pretexto para viver segundo a carne, mas servi-vos uns aos outros pela caridade do Espírito. (Epístola aos Gálatas, V, 13)*
>
> *Não há poder que não venha de Deus. (Epístola aos Romanos, XIII, 1)*
>
> *Velai e procedei como pessoas que devem ser julgadas segundo a lei da liberdade. Porque será julgado sem misericórdia aquele que não usar de misericórdia. A misericórdia triunfará do juiz. (Epístola de S. Tiago, II, 12, 13)*

A liberdade é, essencialmente, a liberdade interior, espiritual, dos filhos de Deus. Não é a liberdade política – que não teria sentido no contexto em que o Cristianismo se difundiu, primeiro no meio adverso do Império Romano pagão, depois no cesaropapismo constantiniano e bizantino, a seguir na insegurança provocada pelas invasões bárbaras e, por último, na nova sociedade homogénea, a Cristandade ocidental, resultante da reconstrução e da fusão dos elementos latinos e germânicos[ii-iii].

---

i   V. igualmente a Epístola aos Colossenses, 11.

ii Cfr. BERTRAND BADIE, **Les Deux États-Pouvoir et Société en Occident eten Terre d'Islam**, Paris, 1986, p. 20, 28, 39 e 67-ss.

iii Também a escravatura não foi abolida, a Patrística só a conseguiu suavizar. Cfr. JEAN-MARIE SALANITRO, Pourquoi les chrétiens n'ont-ils pas aboli l'esclavage antique?, in **Revue Français de Philosophie et de Culture Juridique**, n. 2 29, p. 15-ss.

Nem, durante os séculos de formação da Europa, poderia surgir a própria noção de direitos fundamentais como interesses, pretensões ou direitos subjetivos frente ao Estado (inexistente, de resto, durante a Idade Média, por quase toda a parte), porque se procurava, antes de mais, firmar uma ordem objetiva – moral, religiosa e jurídica – ao serviço do bem comum. Eram, simultaneamente, os deveres de realização do bem comum e um diversificado sistema de garantias no interior de uma sociedade policêntrica que haviam de assegurar a proteção da pessoa[i].

4
Da centralização do poder ao constitucionalismo

I – A sociedade política medieval era, com efeito, como se sabe, uma sociedade complexa, feita de grupos, de ordens, de classes, de múltiplas unidades territoriais ou sociais. Os direitos aí eram direitos das pessoas enquanto membros desses grupos ou estamentos, direitos de acentuado cunho institucional e concreto, por vezes em concorrência uns com os outros. O único direito comum parecia ser o de petição e queixa[ii].

Mas o Estado estamental seria substituído pelo Estado absoluto, o qual, afirmando o princípio da soberania, não mais aceitaria qualquer interposição a separar o poder do príncipe e os súbditos. Ora, desaparecendo as ordens e as classes enquanto portadoras de faculdades políticas[iii], perante o poder soberano todos os grupos e todos os homens eram iguais[iv]. O rei a todos governava e todos estavam sujeitos ao rei. Sob esse aspeto, o Estado absoluto – que, aliás, se pretendia legítimo,

---

i   Cfr., quanto a Portugal, MARIA DA GLÓRIA GARCIA, **Da justiça administrativa em Portugal**, Lisboa, 1994, p. 62-ss.

ii   Cfr. GERHARD OESTERREICH, op. cit., p. 22-ss., que se refere, porém, à obtenção pelas Cartas de Leão, em 1188, do Rei Afonso IX de certos direitos de defesa e dos direitos à vida, à honra e à propriedade.

iii   Alguns resquícios de direitos feudais e estamentais subsistiriam, porém, até às revoluções dos séculos XVIII e XIX.

iv   Recorde-se CAMÕES (Lusíadas, rx, 94): "Ou dai na paz leis iguais, constantes, Que aos grandes não dem o dos pequenos". Tal como se refere à "Lusitana antiga liberdade" (1, 6). Cfr. PEDRO CALMON,

e não tirânico[i] – viria a ser um dos passos necessários para a prescrição de direitos comuns e universais, em vez de situações particulares ou especiais, privilégios ou imunidades.

Além de criar condições jurídicas de igualdade, o Estado absoluto suscitaria objetivamente (ou, se se quiser, dialeticamente) condições de luta pela liberdade. Os seus exageros e arbítrios, a insuficiência das garantias individuais e a negação de direitos políticos dos súbditos tornar-se-iam cada vez menos admissíveis no "século das luzes"[ii]. E também a burguesia ascendente reclamaria zonas de liberdade económica, carecidas de justificação sem uma nova referência global a direitos e liberdades individuais.

II – Um lugar de especial relevo deve ser conferido à liberdade religiosa[iii]. A quebra da unidade da Cristandade ocidental, a Reforma e a Contra-Reforma abriram profundas fissuras políticas, internas e externas, e guerras que, num contexto de absolutismo e intolerância conduziram à regra de, em cada Estado, uma religião, a do Príncipe (Cujus Regia Ejus Religio)[iv]. E, em face da "aliança entre o trono e o altar"[v],

---

O Estado e o Direito n'Os Lusíadas, Rio de Janeiro-Lisboa, 1945, p. 89-ss.

i   Como já escrevia JERÓNIMO OSÓRIO, **Da Instituição Real e sua disciplina** (na ed. de 1944, p. 219, 373 e 405), "éa lei que distingue o Rei do Tirano".

ii Cfr. ALEXIS DE ToCQUEVILLE, **L'Ancien Régime et la Révolution**, Paris, 1856 (na ed. de 1964, p. 191-ss., maxime 204); PIER FRANCESCO GROSSI, **I diritti di libertà ad uso di lezioni**, 1, 1, 2. ed., Turim,1991, p.107-ss.; IGNACIO ARA PINILLA, **Las transformaciones de los derechos humanos**, Madrid, 1991.

iii V., porém, a defesa da liberdade religiosa em TOMÁS MORUS (**Utopia**, 1515-1516) e, mais limitadamente, em LOCKE (**Epistola de Tolerantia**, 1689). Há traduções para português. Cfr. MARIA MARGARIDA CANDEIAS, A filosofia de Locke – Os direitos fundamentais do homem, in **O Direito**, 2016, p. 157-ss. e 473-ss.

iv Exceção foi, na França, o Édito de Nantes, de 1598, que garantia a liberdade de culto dos huguenotes nos locais onde estavam estabelecidos, e o direito de acesso a cargos públicos. Seria revogado em 1685.

v   Cfr., por todos, JÓNATAS MACHADO, **Liberdade religiosa numa comunidade constitucional inclusiva**, Coimbra, 1996, p. 60-ss.; FERNANDO CATROGA, **Entre Deuses e Césares**: secularização, laicidade e religião civil, Coimbra, 2006.

a perseguições por toda a parte e à terrível desumanidade que foi a Inquisição (em Portugal, desde meados do século XVI até 1821).

III – Todavia, foi em nome da religião cristã que, aquando da expansão colonial europeia se afirmaria a igualdade substancial de todos os seres humanos e de todos os povos (FRANCISCO DE VITORIA) e se denunciaram os maus tratos e as espoliações dos povos indígenas e mostrariam compaixão e vontade de salvar as almas dos escravos (ANTONIO DE MONTESINOS, BARTOLOMEU DE LAS CASAS, MANUEL DA NÓBREGA, ANTÓNIO VIEIRA)[i].

IV – Entretanto, esse circunstancialismo também a muitos mostraria a necessidade de professar a própria fé e de praticar os respetivos atos de culto e de, quando posta em causa, procurar outras paragens. Foi o que aconteceu no século XVII com a emigração de prosélitos de várias confissões para a costa oriental da América do Norte.

JELLINEK chegou mesmo a escrever que a ideia de consagrar legislativamente os direitos naturais do indivíduo não era uma ideia de origem política, mas antes uma ideia de origem religiosa. O que se julgava ser obra da Revolução, não teria sido, na realidade, senão um produto da Reforma e das lutas por ela engendradas[ii].

Por outro lado, a experiência comprovaria o nexo indissociável entre liberdade religiosa e liberdade política.

V – As duas linhas de força mais próximas – não únicas, nem isoladas – dirigidas à formação e ao triunfo generalizado do conceito moderno de direitos fundamentais são, porém, a tradição inglesa de limitação

---

i   Dizia VIEIRA (Sermão do 1.2 Domingo da Quaresma, de 1653): "Sabeis, cristãos, sabeis nobreza e povo de Maranhão, qual é o jejum que quer Deus de vós esta Quaresma? Que solteis a atadura de injustiça e que deixeis ir livres os que tendes cativos e oprimidos. – Não há maior maldição numa casa, nem numa família, que servir-se com suor e com sangue injusto".

ii **La Déclaration des Droits de l'Homme et du Citoyen**, trad., Paris, 1902, p. 79. Na mesma linha, ÉDUARD ROSENTHAL, A transformação das funções do Estado no último período histórico, in **Boletim da Faculdade de Direito da Universidade de Coimbra**, ano VIII, 1923-1925, p. 25.

do poder (da Magna Charta ao Act of Settlement) e a conceção iluminista jusracionalista projetada nas Revoluções americana e francesa.

Embora tenham de ser inseridas num fundo de valores e de experiên cias que radicam no cristianismo e no humanismo renascentista[i], são elas que determinam o aparecimento das declarações de direitos setecentistas. E embora tenham de ser tomadas como contribuições complementares que se reforçam mutuamente e, ao longo do século XIX, se interinfluenciam, elas correspondem a visões bem diversas de irradiação e defesa dos direitos do homem: empiricamente e com base nas decisões dos juízes, na Inglaterra e nos países da sua família constitucional[ii]; dedutivamente e por meio da lei escrita, na França e nos países continentais; participando duma e doutra, nos Estados Unidos[iii].

VI – "Todos os homens são, por natureza, livres e têm certos direitos inatos, de que, quando entram no estado de sociedade, não podem, por nenhuma forma, privar ou despojar a sua posteridade, entre os quais o gozo da vida e da liberdade, com os meios de adquirir e possuir a propriedade e procurar e obter felicidade e segurança" (art. 1.2 da Declaração de Direitos da Virgínia, de 1776, e muito próxima a Declaração de Independência dos Estados Unidos da América).

---

[i]   Apesar das aparências contrárias, é isso que permite ultrapassar a conhecida polêmica, no início do século XX, entre GEORG JELLINEK e ÉMILE BOUTMY acerca da origem da Declaração dos Direitos do Homem e do Cidadão de 1789. V. GEORG JELLINEK, **La Déclaration**..., cit., e La Déclaration des Droits de l'Hommeet du Citoyen, in **Revue du Droit Public**, jul./dez. 1902, p. 385-ss.; e de BOUTMY, La Déclaration des Droits de l'Homme et du Citoyen et M. Jellinek, in **Études Politiques**, Paris, 1907, p. 119-ss. Cfr. Ainda a recolha de estudos de JELLINEK, BOUTMY, DOUMERGUE e POSADA feita por JESUS G. AMUCHASTEGUI, **Origines de la Declaración de Derechos dei Hombre y dei Ciudadano**, Madrid, 1984; ou, recentemente, EMERSON GARCIA, **Estudo introdutório à tradução de SIEYÉS**, Exposição Refletida dos Direitos do Homem e do Cidadão, Rio de Janeiro, 2008, p. l-ss.

[ii]   Apesar de, como se sabe, um dos principais escritores do jusracionalismo ser inglês: LOCKE (coma sua consideração dos direitos à vida, à liberdade e à propriedade).

[iii]   É usual também contrapor o cunho nacional das Declarações inglesas e norte-americanas ao universalismo pretendido pelas Declarações francesas.

"O fim de toda a associação política é a conservação dos direitos naturais e imprescritíveis do homem" (art. 2º da Declaração dos Direitos do Homem e do Cidadão); "o exercício dos direitos naturais de cada homem não tem por limites senão os que asseguram aos outros membros da sociedade o gozo dos mesmos direitos" (art. 4º da Declaração dos Direitos do Homem e do Cidadão).

Observe-se que, ao contrário do que, por vezes, se julga, não se trata apenas de proclamar solenemente direitos subjetivos anteriores e superiores ao poder público. Eles são, simultaneamente, afirmados (com ou sem clara perceção disso) como princípios objetivos e institucionais. Os direitos do homem são as bases do Estado (preâmbulo da Declaração de Virgínia) e uma sociedade em que falte a sua garantia não tem Constituição (art. 16º da Declaração de 1789)[i].

Mas viria de KANT o contributo decisivo, dentro do iluminismo, para a definição da dignidade da pessoa humana[ii].

VII – Muito interessante é o modo como MARCELO NEVES traça a passagem daquilo a que chama a força simbólica dos direitos para a força normativa. Como escreve, no primeiro momento, manifestam-se, no domínio de um discurso social difuso, amparado inicialmente na reflexão filosófica (contratualismo), expectativas normativas por inclusão universal no Direito. Estas expectativas implicam, originariamente, uma reação contra o absolutismo e a pretensão da afirmação política e validação jurídica das liberdades civis (individuais). Nesse contexto, sobretudo a liberdade religiosa e a liberdade econômica (propriedade privada) têm destaque. A força simbólica desse discurso social, altamente conflituoso, leva, posteriormente, à estruturação política das expetativas correspondentes. Nesse segundo momento, surgem as declarações políticas das liberdades civis, sem que essas tenham a validade jurídica dos direitos positivados. Aqui, já há um forte grau de seletividade em relação às expetativas diversas e conflituosas que emergem no

---

i V. também sobre a diferença entre as Declarações americanas e francesa, HANNAH ARENDT, **On Revolution**, trad. portuguesa Sobre a Revolução, Lisboa, 1971, p. 107; GRORGIO DEL VECCHIO, **La Déclaration des Droits de l'Homme et du Citoyen de la Révolution Française**, 2. ed., Roma,1979; EDUARDO GARCIA DE ENTERRÍA, **La língua de las Derechos**: La formacion dei Derecho publico europeo tras la Revolución francesa, Madrid, 1994, p. 65-ss.

ii Cfr. infra.

momento anterior. As declarações políticas das liberdades civis tiveram uma enorme força simbólica nos processos constituintes decorrentes das revoluções liberais. Tal força simbólica contribuiu imensamente para a positivação jurídica dessas liberdades como direitos constitucionalmente garantidos. Mas, nesse terceiro momento, tem-se, a rigor, apenas a textualização de expetativas nor mativas referentes às liberdades individuais. Evidentemente, a força normativa não decorre diretamente da textualização em documentos constitucionais. Esta já implica uma estruturação jurídica seletiva de expetativas normativas textualizadas nas declarações políticas. No entanto, textos de normas, especialmente de normas constitucionais, podem aflorar abundantemente, sem que estas sejam concretizadas ou realizadas. A textualização constitucional pode, porém, ter um papel simbólico relevante na paulatina concretização e realização normativa. Só nesse quarto momento é que se passa de uma força meramente simbólica para a força normativo-jurídica dos direitos humanos enquanto direitos constitucionais concretizados e amplamente realizados no Estado Democrático de Direito. Aqui, há como que um equilíbrio construtivo entre força simbólica e força normativa, uma servindo de suporte e fortificando, reciprocamente, a outra[i].

5
Do Estado liberal ao Estado social

I – Tal como o conceito de Constituição, o conceito de direitos fundamentais surge indissociável da ideia de Direito liberal. Daí que se carregue das duas características identificadoras da ordem liberal: a postura individualista abs trata de (no dizer de RADBRUCH) um "indivíduo sem individualidade"[ii]; e o primado da liberdade, da segurança e da propriedade, complementadas pela resistência à opressão.

Apesar de todos os direitos serem ou deverem ser (por coerência) direitos de todos, alguns (maxime o sufrágio) são, no século XIX, denegados a mulheres e aos cidadãos que não possuam determinados requisitos económicos; outros (v.g., a propriedade); aproveitam sobretudo

---

[i] A força simbólica dos direitos humanos, in **Direitos sociais**: fundamentos judicialização e direitos sociais em espécie, obra coletiva (coord. de Cláudio Pereira de Souza Neto e Daniel Sarmento), Rio de Janeiro, 2010, p. 434.

[ii] **Filosofia do Direito**, 4. ed. portuguesa, Coimbra, 1961, I, p. 177.

aos que pertençam a certa classe; e outros ainda (o direito de associação, em particular de associação sindical) não é sem dificuldade que são alcançados.

Contrapostos aos direitos de liberdade são, nesse século e no século XX reivindicados (sobretudo, por movimentos de trabalhadores) e sucessivamente obtidos, direitos económicos, sociais e culturais[i] – direitos económicos para garantia da dignidade do trabalho, direitos sociais como segurança na necessidade e direitos culturais como exigência de acesso à educação e à cultura e, em último termo, de transformação da condição humana[ii].

---

i No século XIX, encontram-se textos precursores destes direitos, sendo o mais significativo a Constituição francesa de 1848, cujo art. 13.2 prescrevia que se favorecesse e encorajasse o desenvolvimento do trabalho, designadamente pela igualdade das relações entre o patrão e o operário e pelas instituições de previdência e de crédito. Em Portugal, também poderia dizer-se que a Constituição de 1822 já os pressupunha, ao propor-se, no preâmbulo "segurar os direitos de cada um e o bemgeral de todos os Portugueses". E ao prever, em todos os lugares do reino, escolas em que se ensinasse a mocidade de ambos os sexos a ler, escrever e contar e as obrigações religiosas e civis (art. 227.2) e a fundação de hospitais (art. 24.2). V. ainda arts. 237.2 a 240.2; na Carta Constitucional, art. 145.2, §§ 29.2, 30 e 32.2; e, na Constituição de 1838 o art. 28-I, II e III. E já no século XX, o art. 3.2, n. 11 e 29 da Constituição de 1911.

ii Sobre esta evolução, cfr., por exemplo, ALESSANDRO PASSERIN D'ENTREVES, **La Dottrina dello Stato**, 2. ed., Turim, 1967, p. 281-ss.; JORGE MIRANDA, **Contributo para uma teoria da inconstitucionalidade**, Lisboa, 1968, p. 70-ss.; ERNST FORSTHOFF, **Der Staat der Industriegesellschaft**, trad. castelhana El Estado de la Sociedad Industrial, Madrid, 1975, p. 249-ss.; VITAL MOREIRA, **A ordem jurídica do capitalismo**, Coimbra, 1973, p. 145-ss.; AMÂNCIO FERREIRA, A conquista dos direitos sociais, in **Fronteira**, n. 5, janeiro-março de 1979, p. 83-ss.; JOSÉ VILAS NOGUEIRA, Igualdad jurídica y Desigualdad economica en el Estado capitalista: los derechos sociales, in **Revista de Estudios Políticos**, n. 14, março-abril de 1980, p. 11 e segs.; GÉRARD MARCOU, Réflexions sur l'origine et l'évolution des droits de l'homme, in **Service Public et Libertés**: Mélanges offerts au Professeur Robert-Édouard Charlier, obra coletiva, Paris, 1981, p. 635-ss.; **The Development of Welfare States in Europe and America**, obra coletiva, ed. por Peter Flora e Arnold J. Heidenheimer, New BrunsWick e Londres, 1984; WOLFGANG ABENDROTH, ERNST FORSTHOFF e KARL DOEHRING, **El Estado Social**,

De notar, entretanto, uma diferença. Nos países com Constituições vindas do século XIX e socialmente mais avançados, não se sentiu necessidade de ir além da via legislativa; aí os direitos sociais são apenas direitos fundamentais em sentido material. Já em países como os da Europa meridional e da América Latina coube às Constituições dar o passo em frente; sem a constitucionalização, em maiores ou menores catálogos, não se chegaria a níveis comparáveis de progresso social.

II – Num resumo da evolução dos direitos fundamentais, indicam-se, correntemente, quatro ou cinco gerações: a dos direitos de liberdade;

---

trad., Madrid, 1986; JORGE REIS NOVAIS, **Contributo para uma teoria do Estado de Direito**, Coimbra, 1987, p. 213-ss.; IGNACIO ARAS PRNILLA, op. cit., p. 86-ss.; ÜLIVIER JOUANJAN, **Le príncipe d'égalité devant la loi en Droit allemand**, Paris, 1992, p. 129-ss.; **Les droits de l'homme à l'aube les XXe siècle**, obra coletiva, Conselho da Europa, Estrasburgo, 1993; PAULO ÜTERO, **Introdução ao Estado de Direito**, I, Lisboa,1998, p. 233-ss.; NIKLAS LUHMANN, **Politische Theorie imWohlfahrtstaat**,1981, trad. Teoria Política dei Estado de Bien Estar, Madrid, 1993, reimpressão de 2002; PAULO BONAVIDES, **Do Estado...**, cit., p.182-ss.; DANIEL SARMENTO, Os direitos fundamentais nos paradigmas liberal, social e pós-social, in **Crise e desafios da Constituição**, obra coletiva, Belo Horizonte, 2004, p. 375-ss.; HANS RUDOLF HORN, Generaciones de derechos fundamentales y Estado constitucional cooperativo, in **Anuario Iberoamericano de Justicia Constitucional**, 2014, p. 251e segs.; AUGUSTO SILVA DIAS, **"Delicta in se" e "delicta mere prohibita"**, Coimbra, 2005, p. 629-630; JÜRGEN HABERMAS, **A transformaçao estrutural da esfera pública**, trad., Coimbra, 2012; JEFF KING, Social Rights, Constitutionalism and German Social Principie, in **Pública–Revista Eletrónica de Direito Público**, n. 3, 2014, p. 2-ss.; INGO WOLFGANG SARLET, As assim chamadas dimensões dos direitos fundamentais e a contribuição de Paulo Bonavides, in **Democracia e direitos fundamentais**: uma homenagem aos 90 anos de Paulo Bonavides, obra coletiva, São Paulo, 2016, p. 387-ss.; CLÁUDIA MARIA DA COSTA GONÇALVES, Possibilidades e tensões dos direitos humanos no século XXI, in **Biodiversidade, democracia e direitos humanos**, obra coletiva, Rio de Janeiro, 2016, p. 367-ss.; JORGE PEREIRA DA SILVA, Justiça intergeracional entre a Política e o Direito Constitucional, in **Justiça entre Gerações**: Perspectivas Interdisciplinares, obra coletiva, Lisboa, 2017, p. 25-ss.; ANA RAQUEL GONÇALVES MONIZ, **Os direitos fundamentais e a sua circunstância**: crise e vinculação axiológica entre o Estado, a sociedade e a comunidade globalizada, Coimbra, 2018.

a dos direitos políticos; a dos direitos sociais; a dos direitos ao ambiente, à autodeterminação, aos recursos naturais e ao desenvolvimento; e, ainda, a dos direitos relativos à bicética, à engenharia genética, à informática e a outras utilizações das modernas tecnologias[i].

Conquanto esta maneira de ver possa ajudar a apreender os diferentes momentos históricos de aparecimento dos direitos, o termo geração, geração de direitos, afigura-se enganador por sugerir uma sucessão de categorias de direitos, umas substituindo-se às outras – quando, pelo contrário, o que se verifica ou deve verificar-se é um enriquecimento crescente em resposta às novas exigências das pessoas e das sociedades.

Pode propor-se uma dimensão intergeracional dos direitos fundamentais. Mas não se trata de um mero somatório e, sim, de uma interpenetração mútua, com a consequente necessidade de harmonia e concordância prática. Os direitos vindos de certa época recebem o influxo dos novos direitos, tal como estes não podem deixar de ser entendidos em conjugação com os anteriormente consagrados: algumas liberdades e o direito de propriedade não têm hoje o mesmo alcance que tinham no século XIX, e os direitos sociais adquirem um sentido diverso consoante os outros direitos garantidos pelas Constituições.

---

i Cfr., por exemplo, ROBERT PELL Oux, Vrais et faux droits de l'homme, in **Revue du Droit Public**, 1981, p. 53-ss.; PÉREZ LUNO, Las generaciones de derechos humanos, in **Revista dei Centro de Estudios Constitucionales**, set./out. 1991, p. 203-ss.; HANS RUDOLF HORN, Generaciones de derechos fundamentales en el Estado constitucional cooperativo, in **Anuario Iberoamericano de Justicia Constitucional**, 2004, p. 251-ss.; MARTA REBELO, A doutrina contemporânea e a pós-moderna de direitos fundamentais, in **Scientia Jurídica**, abr./jun. 2005, p. 220-ss.; VASCO PEREIRA DA SILVA, op. cit., p. 554-ss.; PAULO BONAVIDES, **Curso de Direito Constitucional**, 28. ed., São Paulo, 2013, p. 580-ss.; CATARINA SANTOS BOTELHO, **Os direitos sociais em tempo de crise**, Coimbra, 2015, p. 89-90; ALÍSON JOSÉ MAIA MELO, Revisitando as gerações de direitos fundamentais, in **Democracia e direitos fundamentais**: uma homenagem aos 90 anos do Professor Paulo Bonavides, obra coletiva, 1996, p. 95-ss.; DIRLEY DA CUNHA JÚNIOR, **Curso de Direito Constitucional**, 10. ed., Salvador, 2016, p. 519-ss.

Tão pouco as pretensas gerações correspondem a direitos com estruturas contrapostas: um caso paradigmático é o do direito à intimidade ou à privacidade só plenamente consagrado no século XX[i]. E há direitos inseridos numa geração que ostentam uma estrutura extrema complexa: é o caso do direito ao ambiente.

Finalmente, direitos como os direitos à autodeterminação, aos recursos naturais e ao desenvolvimento nem sequer entram no âmbito dos direitos fundamentais, porque pertencem a outra área – a dos direitos dos povos – ainda que a descolonização tenha trazido à cidadania milhões de homens e mulheres. Eis o que adiante se mostrará.

III – Nos séculos XVIII e XIX dir-se-ia existir somente uma conceção de direitos fundamentais, a liberal. Não obstante as críticas – legitimistas, socialistas, católicas – era o liberalismo (então, cumulativamente, filosófico, político e económico) que prevalecia em todas as Constituições e Declarações; e, não obstante a pluralidade de escolas jurídicas – jusnaturalista, positivista, utilitarista, histórica – era a ele que se reportavam, duma maneira ou doutra, as interpretações da liberdade individual.

A situação muda nos séculos XX e XXI: não tanto por desagregação ou dissociação das três vertentes liberais (em especial, por o liberalismo político deixar de se fundar, necessariamente, no liberalismo filosófico e se poder desligar do liberalismo económico) quanto por quase todas (não todas) as grandes correntes – religiosas, culturais, filosóficas, ideológicas, políticas – se interessarem pelos direitos das pessoas em concreto, pela sua inserção na sociedade e pelas relações desta com o Estado. O tema dos direitos cessou de ser exclusivamente liberal ou liberal e individualista.

IV – A passagem para o Estado social de Direito[ii] irá reduzir ou mesmo eliminar o cunho classista que, por razões diferentes, ostentavam antes os direitos de liberdade e os direitos sociais. A transição do governo

---

i   Cfr. JOSÉ MARTINEZ DE PRSÓN, op. cit., p. 176 (autor que, aliás, acolhe a análise por gerações) ou, para todo o desenvolvimento, ALEXANDRE SOUSA PINHEIRO, **Privacy e proteção de dados pessoais**: a construção dogmática do direito à identidade informacional, Lisboa, 2015.

ii   V. a expressão em **Contributo**..., cit., p. 70. Supomos ter sido a primeira vez que ela foi utilizada na doutrina jurídica portuguesa.

representativo clássico para a democracia representativa[i] irá reforçar ou introduzir uma componente democrática que tenderá a fazer da liberdade tanto uma liberdade – participação como uma liberdade – autonomia (fechando-se, assim, o ciclo correspondente à contraposição de CONSTANT).

Por um lado, não só os direitos políticos são paulatinamente estendidos até se chegar ao sufrágio universal como os direitos económicos, sociais e culturais, ou a maior parte deles, vêm a interessar à generalidade das pessoas. Por outro lado, o modo como se adquirem, em regime liberal ou pluralista, alguns dos direitos económicos, sociais e culturais a partir do exercício da liberdade sindical, da formação de partidos, da greve e do sufrágio mostra que os direitos da liberdade se não esgotam num mero jogo de classes dominantes. A efetivação dos direitos sociais preservando as liberdades, viria, pois, a produzir nos países onde se tem verificado, um efeito pacificador e integrador.

Como escrevemos há muitos anos,

> *Tanto na conceção liberal como na conceção social, deparam-se a liberdade e a igualdade; porém, na primeira, a igualdade é a titularidade dos direitos e demanda liberdade para todos, ao passo que, na segunda, a igualdade é a concreta igualdade de agir e a liberdade a própria igualdade puxada para a ação. Na conceção liberal, a liberdade de cada um tem como limite a liberdade do outro; na conceção social, esse limite prende-se com a igualdade material e situada. Os direitos constitucionais de índole individualista podem resumir-se num direito geral de liberdade, os direitos de índole social num direito geral à igualdade.*
>
> *Sabemos que esta igualdade material não se oferece, cria-se; não se propõe, efetiva-se; não é um princípio, mas uma consequência. O seu sujeito não a traz consigo como qualidade inata que a Constituição tenha de confirmar e que requeira uma atitude de mero respeito; ele recebe-a através de uma série de prestações, porquanto nem é inerente às pessoas, nem preexistente ao Estado. Onde bastaria que o cidadão exercesse ou pudesse exercer as próprias faculdades, carece-se, doravante, de atos públicos em autónomo discricionariedade. Onde preexistiriam direitos, imprescindíveis, descobrem-se condições externas que se modificam, se removem ou se adquirem. Assim, o conteúdo*

---

i V. **A Constituição de 1976**, cit., p. 359-ss.

do direito de igualdade consiste num comportamento positivo, num dare ou num facere[i].

V – Para o Estado social de Direito, a liberdade possível – e, portanto, necessária – do presente não pode ser sacrificada em troca de quaisquer metas, por justas que sejam, a alcançar no futuro. Há que criar condições de liberdade – de liberdade de facto, e não só jurídica[ii]; mas a sua criação e a sua difusão somente têm sentido em regime de liberdade. Porque a liberdade (tal como a igualdade) é indivisível, a diminuição da liberdade – civil ou política – de alguns (ainda quando socialmente minoritários), para outros (ainda quando socialmente maioritários) acederem a novos direitos, redundaria em redução da liberdade de todos[iii].

O resultado almejado há de ser uma liberdade igual para todos, construída através da correção das desigualdades e não através de uma igualdade sem liberdade[iv]; sujeita às balizas materiais e procedimentais da Constituição; e suscetível, em sistema político pluralista, das modulações que derivem da vontade popular expressa pelo voto[v].

---

i **Contributo...**, cit., p. 71-72.

ii Cfr., por todos, PETER HABERLE, **Le libertà...**, cit., p. 49; ou ROBERT ALEXY, op. cit., p. 215-ss.

iii Na sociedade supercomplexa de hoje, o Direito só poderá exercer satisfatoriamente a sua função de congruente generalização de expectativas normativas enquanto forem institucionalizados constitucionalmente os princípios da inclusão e da diferenciação funcional e, por conseguinte, os direitos fundamentais sociais e os concernentes à liberdade política (MARCELO NEVES, **A constitucionalização simbólica**, 2. ed., São Paulo, 2007, p. 78).

iv Cfr., por exemplo, a visão de JOHN RAWLS, **A Theory of Justice**,1971, trad. Uma Teoria de Justiça, Brasília, 1981, p. 159-ss., maxime 232-233.

v Na vigência da Constituição de 1976, a ideia dos direitos de liberdade tem sido pacifica entre nós. Já não os dos direitos sociais, chegando a alguns autores a contestá-los ou a submetê-los a visões reducionistas em nome de certas premissas filosóficas ou teóricas. Uma dessas visões reducionistas é a de JOÃO CARLOS ESPADA, para quem os direitos sociais constituem algo que dá origem a um "chão comum" abaixo do qual ninguém deve recear vir a situar-se, mas acima do qual podem florescer desigualdades sociais (**Direitos sociais de cidadania**, Lisboa, 1997, p. 7 e 9). Eles corresponderiam a uma rede de segurança contra a privação ou a exclusão (p. 255). Não se trataria de promover a igualdade, mas sim a oportunidade; não de evitar

VI – Há quem considere a felicidade o princípio diretor do Estado social[i]. Mas há que recordar que foi a Declaração de Direitos de Virgínia que, pela primeira vez, falou num direito de procurar a felicidade, obviamente inseparável, no seu contexto, do direito à liberdade[ii]. E, sobretudo, há que recordar a prática dos regimes totalitários visando identificar a felicidade dos indivíduos com as suas próprias conceções ideológicas; e, mesmo o risco na nossa época, de correntes, formações sociais ou partidos diversos propenderem para um paternalismo justamente nos antípodas do respeito da liberdade individual.

6
Direitos fundamentais e regimes políticos no século XXI

I – A evolução e as vicissitudes dos direitos fundamentais, seja numa linha de alargamento e aprofundamento, seja numa linha de retração ou de obnubilação, acompanham o processo histórico, as lutas sociais e os contrastes de regimes políticos[iii] bem como o progresso científico, técnico e económico (que permite satisfazer necessidades cada vez maiores de populações cada vez mais urbanizadas).

---

    desigualdades, mas a exclusão de um universo de oportunidades. Porque as pessoas são livres e iguais enquanto cidadãos, podem ser livres e diferentes enquanto indivíduos (p. 264). Parece-nos restritivo e inadequado este "critério residual e negativo" dos direitos sociais. A libertação da necessidade não se consegue só com uma espécie de "rendimento mínimo garantido". Exige medidas positivas, global e continuamente orientadas por objetivos de desenvolvimento e transformação – por exemplo, por objetivos de democracia económica, social e cultural (como se lê nos arts. 2.2 e 9.2, alínea d, da Constituição).

i   Cfr. MARIA ISABEL LORCA MARTÍN DE VILLODRES, Felicidady constitucionalismo, in **Revista de Derecho Publico**, 2013, p. 323 ou SAUL TOURINHO LEAL, **Direito à felicidade**, Coimbra, 2017.

ii   Cfr. também o art. 13.2 da Constituição japonesa.

iii Tomando regime político como expressão ou objetivação de uma Constituição material, de uma ideia de Direito, de um projeto complexo e que se pretende coerente com a organização coletiva (do Estado-poder e do Estado-comunidade): v. **Manual...**, 6. ed., Coimbra, 2010, p. 278.

Do Estado liberal ao Estado social de Direito o desenvolvimento dos direitos fundamentais faz-se no interior das instituições representativas e procurando a harmonização entre direitos de liberdade e direitos sociais, de maneiras e segundo modelos mais ou menos variados. Já não assim no Estado soviético, no Estado fascista e autoritário de direita e em muitos dos regimes da Ásia e da África de diferentes tendências. Não importa a similitude de formulações que, por vezes, se nota; importa o seu sentido sistemático.

II – Entre muitas sínteses classificativas possíveis dos regimes políticos atuais em razão dos direitos fundamentais, é de referir, como exemplo interessante, a proposta por dois especialistas norte-americanos, RHODA E. HOWARD e JACK DONNELLY[i].

Estes autores contrapõem regimes individualistas e regimes comunitários, incluindo nos individualistas os que apelidam de regimes liberais[ii] e de regimes mínimos (ou de mínima intervenção econômico-social do Estado) e nos regimes comunitários os que designam por regimes tradicionais, regimes comunistas, regimes corporativos e regimes desenvolvimentistas. Haveria então o seguinte quadro de conceções sociais de dignidade e de realização dos direitos do homem[iii].

Tipos de regime	Igualdade ou Hierarquia	Valoração da pertença (ao grupo)	Relevância dos direitos civis e políticos	Relevância dos direitos econômicos e sociais
Regimes individualistas				
Liberal Mínimo	Igualdade Hierarquia	Moderada Muito baixa	Sim Sim	Sim Não

(continua)

---

i   Human Dignity, Human Rights and Política/ Regimes, in **American Political Science Review**, 1986, p. 801-ss.

ii   Na aceção corrente nos Estados Unidos, algo diversa da europeia. Cfr. a distinção entre liberalismo passivo ou conservador e liberalismo ativo ou igualitário de CARLOS SANTIAGO NINO (**Eticay Derechos Humanos**, Buenos Aires, 1984, p. 193-ss.).

iii   Ou seja (como explicam HOWARD e DONNELLY): através da prestação dos correspondentes bens e serviços, mas sem atribuição de verdadeiros direitos.

(conclusão)

Tipos de regime	Igualdade ou Hierarquia	Valoração da pertença (ao grupo)	Relevância dos direitos civis e políticos	Relevância dos direitos econômicos e sociais
Regimes comunitários				
Tradicional	Hierarquia	Muito alta	Não	Na substância apenas (1)
Comunista	Igualdade	Alta	Não	Na substância apenas
Corporativo Desenvolvimentista	Hierarquia Igualdade	Variável Moderada	Não Não	Não (?) Na substância (?)

III – Considerando em especial o princípio da liberdade, vale a pena lembrar a conhecida tricotomia de regimes liberais (liberais no sentido político e conexos com a democracia representativa), regimes autoritários e regimes totalitários. Embora muitas vezes acenada com finalidades de guerra ideológica (de todo em todo estranhas a este livro), ela afigura-se correta nas suas bases essenciais e não encontramos denominações alternativas mais adequadas para os três tipos de regimes.

Não se trata tanto, quantitativamente, do grau de liberdade reconhecida ou deixada às pessoas (máximo nos regimes liberais e mínimo ou inexistente nos regimes totalitários) quanto, qualitativamente, dos seguintes fatores:

a. De a liberdade – no sentido de ninguém ser obrigado a fazer ou deixar de fazer alguma coisa senão em virtude da lei – valer como princípio fundamental da ordem jurídica (regimes liberais), ainda que com desvios (regimes autoritários), ou não valer (regimes totalitários).

b. De serem garantidas e promovidas quer as liberdades civis, quer as liberdades políticas (regimes liberais); só as primeiras, sendo negadas ou obliteradas as liberdades políticas (regimes autoritários); ou nem umas nem outras serem admitidas, salvo em intenso regime de restrição (regimes totalitários).

c. De o abuso da liberdade ou de outros direitos estar apenas sujeito a medidas repressivas (regimes liberais) ou estar também sujeito a controlos preventivos, de grau variável (regimes autoritários e totalitários).

d. De o Estado ser neutro (regimes liberais); de não ser neutro, mas tolerar ideologias diferentes ou respeitar o direito de as perfilhar, sem quebra da primazia da sua conceção (regimes autoritários); de o Estado ter uma conceção total da vida, que pretende impor a todas as pessoas (regimes totalitários).

e. De o Estado acolher a diversidade de interesses, grupos e instituições no interior da sociedade civil (regimes liberais); de o ascendente das forças políticas dominantes não impedir a subsistência e a relevância de alguma ou algumas instituições presentes na sociedade civil (regimes autoritários); ou de o Estado ou as forças dominantes não consentirem quaisquer instituições ou grupos autónomos à sua margem (regimes totalitários).

f. De a organização política e social assentar na divisão do poder (regimes liberais); na concentração do poder político (regimes autoritários); e na concentração do poder político e social, com absorção, no limite, da sociedade pelo Estado (regimes totalitários).

g. De se admitir direito de oposição (regimes liberais) ou, embora, porventura, sob diversas formas, não se admitir direito de oposição (regimes autoritários e totalitários).

Verifica-se que os regimes liberais e democráticos atuais vêm na continuidade dos regimes políticos liberais do século XIX – sem embargo da profunda transformação que estes sofreram, quer no plano da fundamentação, quer no dos condicionalismos políticos, económicos e sociais; que os regimes autoritários têm paralelo nas numerosas autocracias de todas as épocas; e que, pelo contrário, os regimes totalitários constituem fenómeno específico do nosso tempo, ligado à conjugação de messianismos ideológicos com partidos de massas e à utilização de processos de domínio do ensino e da comunicação social[i].

---

i   Cfr., por exemplo, **Comparative Politics-A Reader**, obra coletiva (ed. por HARRY ECKSTEIN e DAVID E. APTER), Nova Iorque, 1963; KARL LOEWENSTEIN, **Verfassungslehre**, trad. castelhana Teoria de la Constitución, Barcelona, 1964, p. 75-ss.; RAYMOND ARON, **Démocratie et Totalitarisme**, Paris, 1965; GIOVANNI SARTORI, op. cit., p. 110-ss.; NICOS POULANTZAS, **L'État, le Pouvoir et le Socialisme**, Paris, 1978; FELIKS GROSS, Toleration and Pluralism, in **Il Político**, 1985, p. 181-ss.; Traité de Science Politiques-11 – Les Régimes Politiques, obra coletiva,

IV – O terrorismo, fenómeno antigo, mas eclodido com particular acutilância nos últimos vinte anos, suscita difíceis problemas aos regimes liberais. A começar nos Estados Unidos e passando por vários países europeus, têm sido emanadas leis e medidas administrativas destinadas a preveni-lo e a combatê-lo, não sem que, por vezes, pereçam situar-se no limite do constitucional e internacionalmente admissível[i].

A segurança é um imperativo a que se acha sujeito qualquer Estado. Não, porém, uma segurança que colida com o conteúdo essencial dos direitos de liberdade e que afete a dignidade das pessoas. De todo o modo, um juízo adequado há de atender à diversidade das situações e

---

Paris, 1985, p. 115-ss. e 269-ss.; REINHOLD ZIPPELIUS, op. cit., p. 367-ss.; MARGARETH ANNE LEISTER, Ordem jurídica e direitos humanos: o universalismo versus especificidades culturais, in **Revista Mestrado em Direito da UNIFIEO (Osasco)**, São Paulo, jul./dez. 2008, p. 51-ss. Sobre os regimes totalitários, cfr. CARL J. FRIEDRICH e ZBIGNIEW K. BRZEKINSKI, Totalitarian Dictatorship and Autocracy, in **Comparative Politics**, obra coletiva, Nova Iorque, 1963, p. 464-ss.; GEORGES BURDEAU, **Traité de Science Politique**, v. 2. ed., Paris, 1970, p. 621-ss., e v. 2. ed., Paris, 1973, p. 226-ss.; LEONARD SCHAPIRO, **Totalitarianism**, Londres, 1972; HANNAH ARENDT, **The Origins of Totalitarianism**, trad. portuguesa O Sistema Totalitário, Lisboa, 1978; PLAUTO FARACO DE AZEVEDO, **Limites e justificação do poder do Estado**, Petrópolis, 1979, p. 97-ss.; FRANÇOIS CHÂTELET e ÉVELINE PISIER-KOUCHNER, **Les Conceptions Politiques du XXe Siécle**, Paris, 1981, p. 765-ss.; **Totalitarismes**, obra coletiva sob a direção de Guy Hermet, Paris, 1984; ADRIANO MOREIRA, Totalitarismo, in **Polis**, v, p. 1218-ss.; JOHN L. STANLEY, Is Totalitarianism a New Phenomenon?, in **The Review of Politics**, 1987, p. 177-ss.; H. C. F. MANSILLA, La evolución dei Estado y la universalidad dei totalitarismo. El fenomeno orwelliano en el Tercer Mundo, in **Revista de Estudos Politicos**, julho-Setembro de 1987, p. 191-ss.; ALAIN TOURAINE, **Qu'est-ce que la Démocratie?**, Paris, 1994, p. 161e segs.; Luís PEREIRA COUTINHO, **Teoria dos regimes políticos**, Lisboa, 2000; CARLOS BLANCO DE MORAIS, **O sistema político**, Coimbra, 2017, p. 55-ss.

i   V. uma referência ao terrorismo na própria Constituição, em Portugal, desde 2001, ao admitir-se a entrada no domicílio de cidadãos, de noite, sem seu consenimento, embora com necessidade de autorização judicial (art. 34.2, n. 3). Cfr. BRUCE ACKERMAN, **Before the Next Attack**: Preserving Civil Liberties in an Age of Terrorism, Londres, 2006.

depende tanto da consciência jurídica geral como da limitação recíproca dos órgãos de poder e da fiscalização efetiva realizada pelos tribunais[i].

7
O Estado social, hoje

I – A passagem dos direitos sociais para as situações da vida foi ocorrendo, nos últimos cem anos, em ondas sucessivas e, em alguns casos, com refluxos[ii].

Na Europa, a sua época de ouro vai desde 1945 até aos anos 80 ou 90, com abonos familiares, segurança social abrangendo todas as vicissitudes das vidas das pessoas, serviço nacional de saúde geral e gratuito ou tendencialmente gratuito, garantia de acesso de todos aos graus mais elevados do ensino segundo as suas capacidades e independentemente das condições económicas, políticas de pleno emprego, extensão aos estrangeiros, etc. Alude-se, com frequência, a um modelo social europeu. Na realidade, ele toma configurações diversas em virtude de fatores

---

[i] Cfr. JORGE MIRANDA, Os direitos fundamentais e o terrorismo: os fins não justificam os meios, nem para um lado nem para o outro, in **Revista da Faculdade de Direito da Universidade de Lisboa**, 2003, p. 658-ss.; PETER WEISS, Terrorism, Counterterrorism and International Law, ibidem, p. 611-ss.; GIUSEPPE DE VERGOTINI, The Difficult Coexistance Between Freedom and Security. The Answer of Democracie to Terrorism, in **Constitution–Lex Super–Mélanges Paul Nikolici**, obra coletiva, Belgrado, 2004, p. 709-ss.; PAULO ALPOIM, A dignidade da pessoa humana e a problemática do terrorismo, in **Tratado Luso-Brasileiro da Dignidade Humana**, 2. ed., São Paulo, 2009, p. 945-ss.; J. J. GOMES CANOTILHO, Terrorismo e direitos fundamentais, in **Estudos sobre direitos fundamentais**, 2. ed., Coimbra, 2009, p. 233-ss.; **Terrorismo, democracia y seguridad en perspectiva constitucional**, obra coletiva (org. por JAVIER PÉREZ ROYO), Madrid, 2010; SUZANA TAVARES DA SILVA, **Direitos fundamentais na arena global**, Coimbra, 2011, p. 135-ss. (chegando a falar no risco do terrorismo como categoria dogmática – p. 152); o n. 158, de 2016, de Pouvoirs. Cfr. ainda, mais amplamente, de JORGE BACELAR GOUVEIA, **Direito da segurança**: cidadania, soberania e cosmopolitismo, Coimbra, 2019.

[ii] Há Constituições que expressamente definem o Estado como Estado social: a alemã (art. 20.2), a francesa (art. 1.2), a romena (aiot. 1.2, n.23), a búlgara (preâmbulo), a colombiana (art.1.2), a russa (art. 7.2), a ucraniana (art. 1.2).

variáveis; melhor será considerar um modelo nórdico, um modelo britânico, um modelo francês, um modelo alemão, e até um modelo da Europa meridional.

Fora da Europa, entre os países anglo-saxónicos ou de influência anglo-saxónica, muito nítido é o contraste entre, de um lado os Estados Unidos, com resistências antigas[i] e atuais, avanços e recuos[ii]; de outra parte, a Austrália e a Nova Zelândia; e de outro lado ainda, a África do Sul (onde, graças ao Tribunal Constitucional, se têm conseguido alguns avanços sociais).

Não menos significativas são as concretizações muito variáveis nos países da América Latina e com sucessivas vicissitudes presidenciais. Já em quase todos os países asiáticos e africanos o Estado social é mais uma aspiração do que uma realidade.

No tocante a Portugal, remontam à Constituição de 1933, as primeiras normas definidoras de direitos sociais, acompanhadas de instituição de previdência. Mas, em rigor, o Estado social apenas irá desenvolver-se por força e na vigência da Constituição democrática de 1976. E algo de parecido pode afirmar-se acerca do Brasil com as Constituições de1934 e, sobretudo, de1988.

II – Entretanto, desde os anos 90 e, mais ainda desde 2004, tornou-se na Europa um lugar-comum declarar a existência de uma crise ou rutura do Estado social ou mesmo um Estado pós-social[iii] E, por certo, ele

---

i   Cfr. JACQUES LAMBERT, **Le gouvernement des jugges et la lutte contre la législation sociale aux États-Unis**, Paris, 1931.

ii   Cfr. GEORGE S. KATROUGALOS, European "Social States" and the USA: Na Ocean apart?, in **European Constitutional Law Review**, 2008, n. 22, p. 225-ss.

iii   Por exemplo, de diversos quadrantes, em Portugal, VASCO PEREIRA DA SILVA, **Em busco do acto administrativo perdido**, Lisboa, 1995, p. 122-ss.; CARLA AMADO GOMES, Estado Social – Concretização de direitos fundamentais, in **Revista da Faculdade de Direito da Universidade do Porto**, 2010, p. 11-ss.; JOÃO CAUPERS, A agonia do Estado Social, ibidem, p. 45-ss.; PEDRO COSTA GONÇALVES, Estado de garantia e mercado, ibidem, p. 97-ss.; JOSÉ CASALTA NABAIS e SUZANA TAVARES DA SILVA, O Estado pós-moderno e a figura dos tributos, in **Revista de Legislação e de Jurisprudência**, nov./dez. 2010, p. 80-ss.; **Da sustentabilidade do Estado fiscal**, obra coletiva (coord. por José Casalta Nabais e Suzana Ta vares da Silva), Coimbra, 2011; SUZANA

enfrenta quer dificuldades quer ataques sem paralelo, particularmente, embora não só, nos países da periferia (Irlanda, Portugal, Espanha, Itália, Grécia, Chipre).

Tem que se reconhecer que contribuíram para a situação fatores de ordem interna: por um lado, as demandas excessivas de grupos sociais, com a criação de uma cultura de subsidiodependência frente ao Estado e, gerando uma patologia de direitos ou uma ampliação de prestações tão egoístas como a provocada pela mentalidade privada da sociedade organizada segundo a lei da oferta e da procura[i]; por outro lado, as duplicações de estruturas organizativas (ou um "Estado paralelo"), os desperdícios e as gestões incompetentes, inadequadas ou corruptas, e ainda o facilitismo do crédito bancário e a especulação bolsista.

TAVARES DA SILVA, **Direitos fundamentais**..., cit., p. 91-ss.; LUÍS S. CABRAL DE MONCADA, **Direito Económico**, 6. ed., Coimbra, 2012, p. 41-ss.; e o **Estado Pós-Moderno, Lisboa**, 2012, p. 73-ss.; ANTÓNIO CASIMIRO FERREIRA, **Política e sociedade**: teoria social e tempo de austeridade, Porto, 2014, p. 27-ss.; ANTÓNIO MANUEL HESPANHA, Rumos do constitucionalismo no séc. XXI: constitucionalismo, pluralismo e neoliberalismo, in **As Conferências do Centro de Estudos Judiciários**, obra coletiva, Coimbra, 2014, p. 9-ss.; CARLOS BLANCO DE MORAIS, **Curso de Direito Constitucional**, II, cit., p. 566-ss. Assim como **Para onde vai o Estado social em Portugal?**, obra coletiva (org. de Fernando Ribeiro Mendes e Nazaré Costa Cabral), Porto, 2014; ou ANTÓNIO CASIMIRO FERREIRA, **Política e sociedade**: teoria social em tempo de austeridade, Porto, 2014, maxime p. 209-ss. e 411-ss.; **O Tribunal Constitucional e a crise**, obra coletiva (org. de Gonçalo Almeida Ribeiro e Luís Pereira Coutinho), Coimbra, 2014; JORGE REIS NOVAIS, **Em defesa do Tribunal Constitucional**, Coimbra, 2015; CATARINA SANTOS BOTELHO, **Os direitos sociais em tempo de crise**, Coimbra, 2015, p. 359-ss., e 40 anos de direitos sociais: uma reflexão sobre o papel dos direitos fundamentais sociais no século XXI, in **Julgar**, maio/ago. 2016, p. 107-ss.; MIGUEL NOGUEIRA DE BRITO, Rendimento social básico eglobalização, in **Reforma do Estado social no contexto da globalização**, obra coletiva, Lisboa, 2018, p. 47-ss. Fora de Portugal, por exemplo, JOSEPH E. STIGLITZ, **The Great Divide: Unequal Societies and What We Can Do About Them**, 2015, trad. O fim da desigualdade, Lisboa, 2018. Em perspetiva não jurídica, cfr. **Os Portugueses e o Estado-Providência**, obra coletiva (org. por FILIPE CARREIRO DA SILVA), Lisboa, 2013.

i GREGORIO PECES-BARBA, **Ética, Poder y Derecho**: Reflexiones ante el fin del siglo, Madrid, 1995, p. 38.

Isto a par do aparecimento das chamadas correntes neoliberais, exigindo a desregulação de setores básicos da economia e privatizações sem freio; do desaparecimento ou apagamento dos partidos democratas-cristãos, da crise de identidade dos partidos social-democratas, socialistas e trabalhistas, do aparecimento de movimentos populistas e da perda de influência dos sindicatos. Assim como ressaltam as causas externas: o mercado global, com penetração de produtos vindos de países, com mão de obra barata e desprovida de proteção social, e levando à deslocalização de empresas para esses países; a concorrência desleal entre Estados no domínio dos sistemas tributários e os *off shores* ou "paraísos fiscais"; o capitalismo financeiro transnacional como ator privilegiado dos jogos económicos, sociais e políticos[i]; e, ao mesmo tempo, a crise económico-financeira mundial[ii].

Tudo isso conduzindo ao aumento do desemprego e da precariedade de trabalho, ausência de expectativas da juventude, redução de prestações sociais, retorno à emigração, aumento de conflitualidade.

III – Refira-se ainda num plano mais vasto e com incidência fortíssima nos direitos sociais, aquilo a que, a partir de ULRICH BECK, se vem chamando sociedades de risco e civilização do perigo – designadamente, risco económico, climático e provocado pelo terrorismo – e à escala mundial[iii].

---

[i] Donde aquilo que MARIO TURCHETTI (**Iyranieet tyranicide de l'Antichitéà nosjours**, Paris, 2000, p. 973-ss.) designou por "economicização do mundo"; ou GEORGE S. KATROVALES (op. cit., p. 249) por "cidadela mercantil da União Europeia".

[ii] Cfr., por todos, XENOPHON CONTIADES, **Constitutions in the Global Financial Crisis**, Burlington, 2013.

[iii] **Riskogesellschaft**. Mais recentemente, **Weltriskogesellschaft**, 2007, trad. Sociedade de Risco Mundial, Lisboa, 2016.

Ou, noutros âmbitos, as "sociedade de informação[i]", a "revolução digital" e a globalização[ii].

IV – Não obstante, o Estado social, o Estado social de Direito, está bem radicado na consciência jurídica por toda a Europa, e também em Portugal. Não se vislumbra um modelo alternativo. Mas, por isso mesmo, exige medidas corretivas e adaptações, desde a desburocratização à coordenação de serviços sociais com as autoridades independentes reguladoras das atividades económicas à luz de um princípio de eficiência; desde a racionalização dos tipos de prestações à quebra dos egoísmos de certos grupos sociais e a um novo espírito de solidariedade ou igualdade[iii]. Assim como políticas ajustadas às condições concretas de cada país.

Nem deixa de ser significativo que o Tratado da União Europeia inclua entre os objetivos a prosseguir o combate à exclusão social e à discriminação e a promoção da justiça e de proteção social (art. 3º, n. 3) e que a Carta de Direitos Fundamentais da União lhes dedique todo um capítulo (arts. 27º a 38º) sob a rubrica de Solidariedade.

8
A justiça constitucional
e os direitos fundamentais

A fiscalização da constitucionalidade das leis é o meio mais importante (não o único) de conferir garantia aos direitos consignados nas

---

i   Cfr., por todos, CARLOS ALBERTO MOLINARO e INGO WOLFGANG SARLET, Sociedade da informação e direitos sociais. Breves reflexões e algumas inquietudes, in **Fundamentos – Caderno Monográfico de Teoria do Estado, Direito Público e História Constitucional**, Astúrias, 2016, p. 167-ss.; **A vida na sociedade da vigilância**: a privacidade hoje, trad., São Paulo, 2008, maxime p.165-ss.

ii Para uma introdução geral à globalização, v. ANTHONY GIDDENS, **Sociology**, 2009, trad., Sociologia, Lisboa, 2013, p. 110-ss.

iii Cfr. as visões de J. J. GOMES CANOTILHO, A governança do terceiro capitalismo e a Constituição social (Considerações preambulares), in **Entre Discursos e Cultura Jurídica**, obra coletiva, Coimbra, 2006, p. 146 e 149; ou de JOÃO CARLOS LOUREIRO, **Adeus ao Estado social**, Coimbra, 2010, p. 40-ss.

normas constitucionais, se bem que, como se sabe, a sua história seja muito diferente nos Estados Unidos, na Europa e no resto do mundo[i]; e se bem que apenas a partir da segunda metade do século XX se tenha tomado plena consciência do nexo incindível entre justiça constitucional e direitos fundamentais.

Nos Estados Unidos, desde a origem, e em especial com o caso Marbury *versus* Madison, os tribunais assumiram o poder de não aplicar normas inconstitucionais, porque feridas de nulidade. Mas, no início, o preocupação dominante era a defesa da unidade do país e não tanto a defesa dos direitos. Foi depois de 1880 que o Supremo Tribunal se esforçaria por preservar os direitos de matriz liberal, como a liberdade de iniciativa econômica e a propriedade, contra intentos de legislação social, o que se manteria até 1937-1938. Em 1954, com o caso Brown *versus* Board of Education of Topeka, que ele declararia inconstitucional a segregação racial nas escolas. E que, entretanto, que se voltaria para a salvaguarda de novas liberdades[ii].

Na Europa, ou por a Constituição não ser tomada rigorosamente como fundamento de validade das leis, ou por uma crença otimista na racionalidade destas, ou por uma visão rígida de separação de poderes, no século XIX a fiscalização da constitucionalidade foi ignorada ou rejeitada. Não surgiria senão após a Primeira Guerra Mundial[iii], por influxo de KELSEN, levando à criação de um Tribunal Constitucional na Constituição austríaca de 1920. E o seu desenvolvimentoviria desde o fim da Segunda Guerra Mundial e, mais recentemente, desde a queda dos regimes autoritários e totalitários do sul e do leste do continente.

Ora, na Europa, mais ainda que nos Estados Unidos, tem vindo a ser imenso o influxo das decisões dos Tribunais Constitucionais e de órgãos homólogos no desenvolvimento da matéria dos direitos fundamentais – desenvolvimento de grandes princípios, como os da igualdade, da proporcionalidade e da tutela da confiança, explicitação do sentido de muitos dos direitos e até explicitação de novos direitos,

---

i   Cfr. o nosso livro **Fiscalização da constitucionalidade**, Coimbra, 2018, p. 119-ss., e Autores citados.

ii   E até para a aceitação (parcial) de medidas de Estado social, com o chamado Obamacare no âmbito da saúde. Foram os casos National Federation of Independent Business v. Sebelius e King v. Burwell.

iii   Sem esquecer o art. 63.2 da Constituição portuguesa de 1911, de fiscalização difusa.

conjugação de direitos de liberdade e direitos sociais. Tudo isso em diálogo (muitas vezes crítico) com a doutrina[i].

Não menos interessante e significativa tem sido a comunicação entre as jurisprudências constitucionais[ii].

9
Os direitos das pessoas para além do Estado

I – A crença oitocentista na Constituição supusera que, onde esta existisse, estariam também garantidos os direitos fundamentais. Num contexto de subsistência do dogma da soberania do Estado, isto levaria a que se não concebesse senão uma proteção interna dos direitos fundamentais.

Mas, quando o Estado, não raramente, rompe as barreiras jurídicas de limitação e se converte em fim de si mesmo e quando a soberania entra em crise perante a multiplicação das interdependências e

---

[i] Cfr. **The Supreme Court and Human Rights**, obra coletiva (coord. de Burke Marshal), Washington, 1982; **Cours Constitutionnelles Européennes et Droits Fondamentaux**, obra coletiva (dir. de Louis Favoreu), Aix-Marselha, 1982; **La Justice Constitutionnelle au Portugal**, obra coletiva, Paris, 1989; MARIE-CLAIRE PONTHOREAU, **La reconnaissancedes droits non écrits parles cours constitutionnelles italienne et française**: Essai sur le pouvoir créateur du juge constitutionnel, Paris, 1994; Luís AFONSO HECK, **O Tribunal Constitucional Federal e o desenvolvimento dos princípios constitucionais**, Porto Alegre, 1995; GILMAR FERREIRA MENDES, **Direitos fundamentais e controle de constitucionalidade**, São Paulo, 1998; KENNETH W. STARR, **First Among Equals**. The Supreme Court in American Life, Nova Iorque, 2002; **XXV Aniversário da Jurisprudência Constitucional Portuguesa**, obra coletiva, Coimbra, 2009; JORGE REIS NOVAIS, **Direitos fundamentais e Justiça Constitucional em Estado de Direito democrático**, Coimbra, 2013, maxime, p. 137-ss.; **Tribunal Constitucional e a crise**, obra coletiva, Coimbra, 2014; CARLOS ALBERTO DE AZEVEDO CAMPOS, A evolução do ativismo judicial na Suprema Corte Americana, in **Revista do Ministério Público do Estado do Rio de Janeiro**, maio/jul. 2016, p. 59-ss.

[ii] Vide, por todos, MAURÍCIO RAMIRES, **Diálogo judicial internacional**, Rio de Janeiro, 2016.

das formas de institucionalização da comunidade internacional, torna-se possível reforçar e, se necessário, substituir, em parte, o sistema de proteção interna por vários sistemas de proteção internacional dos direitos do homem.

II – São antecedentes remotos da proteção internacional dos direitos da pessoa humana a Paz de Augsburgo, de 1555 (ao prescrever a igualdade de católicos e luteranos no Sacro Império Romano-Germânico), as capitulações ou os acordos com vista à proteção dos cristãos no Império Otomano ou dos residentes europeus no Extremo Oriente, os tratados tendentes à abolição da escravatura e do tráfico de escravos, as concordatas e outros acordos entre a Santa Sé e os Estados relativos às garantias da situação e da liberdade da Igreja Católica nos respetivos países, assim como a própria proteção humanitária e o asilo territorial.

São antecedentes próximos a proteção das minorias nacionais, étnicas e linguísticas após 1918, o art. 23.2 do Pacto da Sociedade das Nações (ao vincular os Estados-membros a assegurar e manter condições de trabalho equitativas e humanas para homens, mulheres e crianças) e a Organização Internacional do Trabalho.

E são origens imediatas, por um lado, os gravíssimos atropelos à dignidade das pessoas ocorridos no segundo quartel do século XX, em especial durante a Segunda Guerra Mundial; a consequente reação da consciência jurídica; o aparecimento das Nações Unidas e de outras organizações. E, por outro lado, as grandes transformações jurídico-políticas que determinaram, simultaneamente, a crise (ou a superação) do conceito clássico de soberania e o alargamento da noção de subjetividade internacional.

Existe um vínculo muito estreito entre a institucionalização da comunidade internacional e a proteção internacional dos direitos do homem. Só a existência de instituições e órgãos internacionais, com autoridade acatada pelos Estados, propicia, em última análise, uma plena garantia dos direitos do homem em face desses mesmos Estados.

No *jus cogens* – Direito Internacional imperativo com função superior à dos tratados (arts. 53º, 64º e 71º da Convenção de Viena sobre Direito dos Tratados, de 1969) – entram, pelo menos, os princípios de igual dignidade de homens e mulheres, de proibição da escravatura e do tráfico de seres humanos, da proibição do racismo e da proteção das vítimas de guerras e de conflitos[i].

---

i   V. o nosso **Curso**... cit., p. 323-ss.

III – Podem ser apontados grandes estádios de desenvolvimento:

1º) Mera declaração de direitos, sem imediata concretização prática.

2º) Consagração em tratados, aplicáveis, direta ou indiretamente, nas ordens jurídicas internas, com a possibilidade de invocação dos direitos consagrados em fontes internacionais pelos seus titulares perante os tribunais dos respetivos Estados.

3º) Possibilidade de invocação perante instâncias internacionais.

4º) Criminalização internacional das violações mais graves aos direitos da pessoa humana.

IV – Um papel decisivo no desenvolvimento da proteção têm tido as Nações Unidas, conscientes, desde o início, da ligação entre direitos do homem e a paz. E, ainda antes e sobrevivendo à Segunda Guerra Mundial, o papel da Organização Internacional do Trabalho (OIT) no campo dos direitos econômicos e sociais.

Como grandes marcos avultam a Declaração Universal dos Direitos do Homem, de 1948; os Pactos Internacionais de Direitos Económicos, Sociais e Culturais e de Direitos Civis e Políticos, de 1966; a Declaração de Viena de 1993 (proclamando que todos os direitos do homem são universais, interdependentes e inter-relacionados); e os textos de carácter específico produzidos ao longo de mais de setenta anos.

Também não pouco importante tem sido a obra das organizações espe cializadas da "família" da ONU: além da OIT, a UNESCO (Organização das Nações Unidas para a Educação, a Ciência e a Cultura), a FAO (Organização para a Alimentação e a Agricultura), a OMS (Organização Mundial de Saúde) ou a UNICEF (Fundo das Nações Unidas para a Infância).

A nível regional salientam-se:

a. A ação do Conselho da Europa, projetada sobretudo na Convenção Europeia de Salvaguarda dos Direitos do Homem e das Liberdades Fundamentais, de 1950, com os seus protocolos adicionais[i], e na Carta Social Europeia, de 1961, depois substituída pela Carta Revista de 1996.

---

i V. **Comentário da Convenção Europeia dos Direitos Humanos e Protocolos Adicionais**, obra coletiva, org. de P. PINTO DE ALBUQUERQUE, 3 vols., Lisboa, 2019 e 2020.

b. A Carta da Organização dos Estados Americanos e a Convenção Interamericana de Direitos do Homem, de 1969.

c. A Carta Africana dos Direitos do Homem e dos Povos, de 1981[i].

V – Naturalmente, hão de ser fortíssimas as relações entre o Direito constitucional e este Direito internacional de direitos do homem com a sua dupla função de garantia e prospetiva: de garantia de direitos já consagrados a nível interno, e prospetiva, tendente à atribuição de novos direitos. E entre as Constituições mais abertas ao Direito internacional dos direitos do homem encontra-se a portuguesa de 1976 como se verá adiante.

Seja qual for o sistema de incorporação das normas de Direito Internacional na ordem interna, elas, mesmo quando não habilitam os cidadãos a invocá-las em juízo, pelo menos vinculam diretamente as autoridades públicas e prevalecem sobre as normas das leis ordinárias[ii].

VI – Entre as Constituições abertas ao Direito internacional dos direitos do homem encontra-se a portuguesa de 1976. Ao declarar que:

- Portugal pode, tendo em vista a realização de uma justiça internacional que promova o respeito pelos direitos da pessoa humana e dos povos, aceitar a jurisdição do Tribunal Penal Internacional, nas condições de complementaridade e demais termos estabelecidos no Estatuto de Roma (art. 7.2, n.2 7).

- Os direitos fundamentais consagrados na Constituição não excluem quaisquer outros não apenas constantes da lei como das regras aplicáveis de Direito Internacional (art.16º, n. 2 l).

- Os preceitos constitucionais e legais relativos aos direitos fundamentais devem ser interpretados e integrados de harmonia com a Declaração Universal dos Direitos do Homem (art. 16º, n.2 2).

- É garantido o direito de asilo aos estrangeiros e aos apátridas perseguidos ou gravemente ameaçados de perseguição, em consequência da sua atividade em favor da democracia, da libertação social e nacional, da paz entre os povos, da liberdade e

---

i Sobre toda esta matéria, v. **Curso**..., cit., p. 309-ss. e Autores cit.

ii Ibidem, p. 141-ss.

dos direitos da pessoa humana (art. 33.2, n.2 8) e a lei define o estatuto de refugiado político (art. 33.2, n.2 9).

- A expulsão de quem tenha entrado ou permaneça regularmente em território nacional, de quem tenha obtido autorização de residência ou de quem tenha apresentado pedido de asilo não recusado só pode ser determinada por autoridade judicial, assegurando a lei formas expeditas de decisão (art. 33.2, n.2 2).

- Sem prejuízo das normas de cooperação judiciária penal no âmbito da União Europeia, só é admitida a extradição por crime a que corresponda, segundo o Direito do Estado requisitante, pena ou medida de segurança privativa ou restritiva de liberdade com carácter perpétuo ou de duração indefinida, se, nesse domínio, o Estado requisitante for parte de convenção internacional a que Portugal esteja vinculado e oferecer garantias de que tal pena ou medida de segurança não será aplicada ou executada (art. 33.2, n. 4 e 5).

- Não é admitida a extradição, nem a entrega, a qualquer título, por motivos políticos ou por crime a que corresponda, segundo o Direito do Estado requisitante, pena de morte ou outra de que resulte lesão irreversível da integridade física (art. 33.2, n. 2 6).

- A extradição só pode ser determinada por autoridade judicial (art. 33.2, n.2 7).

VII – De realçar a importância do Tribunal Europeu dos Direitos do Homem, aonde podem chegar queixas de cidadãos contra os seus próprios Estados por atos violadores dos direitos nela consignados e consignados nos Protocolos Adicionais (primeiro, através de uma Comissão e, desde 1994, diretamente)[i]. Ora, de grande importância tem sido a jurisprudência por ele emitida e os Tribunais Constitucionais não a têm podido ignorar[ii].

---

i   Na primeira revisão constitucional, chegou a ser proposta, sem êxito, uma referência expressa à Convenção. V. Diário da Assembleia da República, II legislatura, L'sessão legislativa, 2. série, 3.2 suplemento ao n. 108, p. 3332-(103)-ss.

ii   Cfr. DAVID SZYMEZAK, **La Convention Européenne des Droits de l'Homme et le juga constitutionnel national**, Bruxelas, 2007; ou MARCELO NEVES, **Transconstitucionalismo**, São Paulo, 2009, p. 196-ss.

Quanto ao nosso país, é frequente a Convenção ser invocada em casos perante o Tribunal Constitucional. Mas este tem entendido, em orientação constante, não se justificar nela fundamentar as suas decisões, por a Constituição portuguesa, abrangendo todos os direitos nela enumerados, a consumir. Em contrapartida, mais de uma vez o Tribunal tem trabalhado com a jurisprudência do Tribunal Europeu[i,ii].

VIII – O desenvolvimento das organizações internacionais de integração e de entidades supranacionais, com faculdades de autoridade – a par da erosão ou da chamada crise do Estado[iii] – levanta a necessidade de proteção das pessoas que possam ser por elas atingidas e, portanto, de direitos perante ou contra essas organizações e entidades.

É o que sucede, especificamente, no âmbito da União Europeia, em que foi elaborada uma Carta de Direitos Fundamentais, agora declarada vinculativa pelo Tratado de Lisboa de 2007 e publicada como seu anexo[iv].

Se parece ainda cedo transpor para fora do Estado toda a problemática dos direitos fundamentais, nem por isso deixa de se colocar o problema da concatenação do sistema da Carta com os da Convenção Europeia dos Direitos do Homem e das Constituições nacionais.

IX – Problema de todos os tempos tem sido o dos refugiados, vítimas de guerras, de situações de violência, de perseguições políticas, étnicas ou religiosas, de graves carências económicas.

---

i Cfr., entre outros, acórdão n. 547/98, de 22 de setembro, in Diário da República, 2. série, de 15 de março de 1999; ou acórdão n. 2 412/2000, de 4 de outubro, ibidem, de 24 de novembro de 2000.

ii Cfr., sobre o problema em geral, JOAQUIM DE SOUSA RIBEIRO, Encontros e desencontros entre a jurisprudência do Tribunal Europeu dos Direitos do Homem e a jurisprudência nacional, in **Revista de Legislação e de Jurisprudência**, jan./fev. 2011, p. 154.

iii Cfr. JOSÉ Luís BOLZAN DE MORAIS, **As crises do Estado e da Constituição e a transformação espacial dos direitos humanos**, Porto Alegre, 2002; SABINO CASSESE, **Oltre lo Stato**, Bari, 2006; t;tanual ..., 111, 6. ed. 2010, p. 9-ss., e autores citados; ANTONIO RUGGERI, La tutela multivello dei diritti fondamentali, tra esperienze di normazioni e teorie costituzionali, in **Política dei Diritto**, 2007, p. 317-ss.

iv Cfr. **Curso...**, cit., p. 357-ss., e autores citados.

Há uma Convenção Relativa aos Estatutos dos Refugiados, de 1951, e um Protocolo Adicional de1966; uma Declaração da Assembleia Geral das Nações Unidas sobre o Asilo Territorial, de 1967; e não poucas normas de âmbito europeu[i]. Não têm sido suficientes para se enfrentar o problema, muito grave nos últimos anos, até porque, para lá das normas tudo depende de um espírito de solidariedade difícil de se afirmar e concretizar.

10
Gerações futuras e sustentabilidade

I – Não é de agora que se tem consciência de que as gerações presentes, nas suas decisões, devem ter em conta as gerações futuras.

Já a Constituição francesa de 1793 (curiosamente, a Constituição jacobina) dizia no seu art. 28.2: "Um povo tem sempre o direito de rever, de reformar e de modificar a sua Constituição. Nenhuma geração pode sujeitar asgerações futuras às suas leis". E esse, como se sabe, tem sido um dos argumentos utilizados pelos adversários da prescrição de limites materiais de revisão constitucional, embora a isso também se contraponha o princípio da divisão intergeracional ou intemporal de trabalho[ii].

Mas, quando hoje se fala em direitos das gerações futuras ou em deveres para com elas, o cerne do problema não se situa aí, mas sim em âmbitos diversos – no da justiça entre gerações e no da sustentabilidade.

---

[i] Cfr. MÁRCIA MIEKO MORIKAWA, **Deslocados internos entre a soberania do Estado e a proteção internacional dos direitos do homem**: uma crítica ao sistema internacional de proteção de refugiados, Coimbra, 2006; MARGARIDA SALEMA o'OLIVEIRA MARTINS, O refugiado no Direito internacional e no Direito português, in **Estudos em homenagem ao Prof Doutor Martim de Albuquerque**, II, Coimbra, 2010, p. 263-ss.; HELEN E LAMBERT, Comparative Perspectives on Arbitrary de Privation of Nationality and Refugees States, in **International and Comparative Law Quarterly**, 2015, p. 1-ss.; ANA RITA GIL, **Imigração e Direitos Humanos**, Coimbra, 2017; JORGE MIRANDA, **Direito de asilo e refugiados na ordem jurídica portuguesa**, Lisboa, 2016.

[ii] Cfr. **Teoria da Constituição**, Coimbra, 2020, p. 214-ss.

II – JOHN RAWLS[i], no contexto da sua teoria contratualista da justiça, terá sido um dos primeiros autores a considerar o problema, dizendo:

> *Cada geração deve não só preservar as conquistas de cultura e civilização e manter intactas aquelas justas instituições que foram estabelecidas como também reservar, em cada período de tempo, uma adequada quantidade de real capital acumulado. Esta poupança pode assumir várias formas, desde o investimento líquido em máquinas e outros meios de produção ao investimento em aprendizado e educação. [...]*
>
> *[...]*
>
> *Desde que niguém sabe a qual geração pertence, a questão é encarada do ponto de vista de cada um e uma equitativa geração se expressa pelo princípio adotado. Todas as gerações estarão virtualmente representadas na posição original, desde que o mesmo princípio seja sempre escolhido. Resultará uma decisão idealmente democrática, uma que seja equitativamente ajustada às pretensões de cada geração e, portanto, satisfaça o preceito que o que diz respeito a todos interessa a todos. Além disto, é imediatamente óbvio que cada geração exceto possivelmente a primeira, ganha quando se mantém uma razoável taxa de poupança. O processo de acumulação, desde que começou e efetuou-se, existe para o bem de todas as gerações subsequentes.*
>
> *[...]*
>
> *Enquanto todas as gerações têm de fazer a sua parte, rumo ao justo estágio além do qual não se requeira posterior poupança líquida, não se tem de pensar nesse estágio como o único que dê significado e propósito ao conjunto do processo. Pelo contrário, todas as gerações têm suas metas adequadas. Não se subordinam entre si, mais que os indivíduos. A vida de um povo é concebida como um esquema de cooperação alastrado pelo tempo histórico. Tem de ser governada pela mesma conceção de justiça que regule a cooperação dos contemporâneos. Nenhuma geração tem pretensões mais fortes que qualquer outra. Tentando aferir a equitativa taxa de poupança, as pessoas, na posição original, indagam o que é razoável que os membros das seguintes gerações aguardem, entre si, a cada nível de incremento. Tentam organizar uma justa tabela de poupança, equilibrando quanto*

---

i   Op. cit., p. 220-ss.

cada estágio estaria querendo poupar em favor dos seus descendentes imediatos, diante do que se sentiriam intitula dos a pretender dos seus predecessores imediatos. Pois se imaginam pais, isto é, têm de definir quanto reservariam aos seus filhos, anotando o que estes se sentiriam com direito a reclamar dos seus pais. Quanto atinjam uma estimativa, parecendo equitativa a ambos os lados, com a devida permissão dada à melhora das suas circunstâncias, então a taxa equitativa (ou nível de taxas) está especificado para aquele estágio. Então, desde que isto seja feito em todos os estágios teremos definido o justo princípio de poupança. Quando tal princípio for seguido, as gerações próximas não poderão se queixar mutuamente; e, de fato, nenhuma geração pode incriminar outra, não importa sua distância no tempo.

Mais sinteticamente, PETER HABERLE liga a tutela das gerações futuras à própria tutela dos direitos fundamentais e afirma a necessidade de unir reciprocamente as gerações, conforme um princípio de justiça[i], assim como liga a dignidade da pessoa humana à solidariedade entre gerações[ii].

Na Itália, STEFANO RODOTÀ fala em responsabilidade perante o futuro[iii].

Desde há muito, nos Estados Unidos, AL GORE afirma a necessidade de um novo objectivo comum[iv].

Na doutrina portuguesa, JÓNATAS MACHADO preocupa-se com a necessidade de conferir uma dimensão intergeracional às expressões povo e soberania popular consagradas na Constituição, dentro do quadro normativo de uma teoria de justiça[v].

---

i **Cultura dei diritti e diritti di cultura nello spazio costituzionale europeo** – Saggi, trad., Milão, 2003, p. 114-ss.
ii **L'État constitutionnel**, trad., Paris, 2004, p. 143 e 144.
iii **Il diritto a averi diritti**, Roma-Bari, 2012, p. 175-ss.
iv In **Earth in the Balance**. trad. A Terra à procura de equilíbrio: ecologia e espírito humano, Lisboa, 1993, maxime p. 277-ss.
v Nós, o Povo "Português" (comunidade intergeracional e princípio de justiça), in **20 anos da Constituição de 1976**, obra coletiva, p. 72-ss., maxime 84.

E JORGE PEREIRA DA SILVA enuncia como princípios de justiça entre as gerações, além do da precaução, os da equivalência, da *ratio* positiva de poupança, do mínimo irreversível e da imparcialidade intergeracional[i].

III – Incindível do olhar para as gerações futuras, é o olhar para a sustentabilidade[ii]:

- sustentabilidade ambiental, antes de mais;
- outrossim, sustentabilidade cultural (perante a globalização de estereótipos que ameaçam as identidades nacionais e regionais e perante a degradação do património cultural);
- sustentabilidade financeira dos serviços sociais (perante o envelhecimento das populações e a quebra da natalidade);
- sustentabilidade no trabalho (perante inovações tecnológicas cons tantes que ameaçam a estabilidade dos empregos).

Considerando o ambiente, em discurso ao Parlamento Alemão, o Papa Bento XVI dizia que "nas nossas relações com a natureza, torna-se claro que algo não está bem: que a matéria não é apenas.material para o que construímos, mas que a própria Terra traz em si a sua dignidade e devemos seguir as suas indicações"[iii].

Na encíclica Laudato si, n.159, o Papa Francisco fala "na raiz humana da crise ecológica" e apela para uma "ecologia integral– ambiental, económica e social, cultural e de vida quotidiana" (n. 101-ss. e 137-ss.).

Em Portugal, VASCO PEREIRA DA SILVA lembra que o futuro do Homem não pode deixar de estar indissociavelmente ligado ao

---

i **Deveres do Estado de proteção de direitos fundamentais**, Lisboa, 2015, p. 437 e 438; v. também **Direitos fundamentais**, cit., p. 127-ss.

ii V., por todos, **Justiça entre gerações**: perspetivas interdisciplinares, obra coletiva coordenada por Jorge Pereira da Silva e Gonçalo Almeida Ribeiro, Lisboa, 2017.

iii Os fundamentos do Estado liberal de Direito (discurso ao Parlamento Alemão), in **Communio – Revista Internacional Católica**, 2012, p. 96.

futuro da Terra[i]; J. J. GOMES CANOTILHO afirma a dimensão ecológica da República e a necessidade de autossustentabilidade ambiental[ii]; MARIA DA GLÓRIA GARCIA apela a que se pense a axiologia do lazer[iii] e a responsabilidade pelo futuro[iv] e a que se tome a "questão ecológica" como "questão de destino"[v].

Para JOÃO CARLOS LOUREIRO, uma teoria da Constituição à distância, que tome a sério os desafios do futuro ao Direito não pode deixar de considerar entre os seus princípios, não apenas a dignidade – princípio fundante – mas também a sustentabilidade[vi].

---

i   **Verde, cor do Direito**: lições de Direito do Ambiente, Coimbra, 2002, p. 31. Cfr. ainda **Direito do Ambiente**, obra coletiva com coordenação de Diogo Freitas do Amaral e Marta Tavares de Almeida (Instituto Nacional de Administração), Oeiras, 1994; PAULO DE CASTRO RANGEL, **Concertação, programação e direito do ambiente**, Coimbra, 1994; JOSÉ MANUEL PUREZA, **Tribunais, natureza e sociedade**: o Direito do Ambiente em Portugal, Lisboa, 1996, p. 26-ss.; CARLA AMADO GOMES, **Risco e modificação do acto autorizativo concretizador de deveres de protecção do ambiente**, Coimbra, 2007; LUÍS FILIPE COLAÇO ANTUNES, **Direito Público do Ambiente**, Coimbra, 2008; Temas de Direito do Ambiente, obra coletiva, **Cadernos de O Direito**, 2011; ANTÓNIO LEITÃO AMARO, O princípio constitucional da sustentabilidade, em **Estudos em homenagem do Prof. Doutor Jorge Miranda**, obra coletiva, I, Coimbra, 2013, p. 415-ss.; TIAGO ANTUNES, **Pelos caminhos jurídicos do ambiente**, I, Lisboa, 2014; CATARINA SANTOS BOTELHO, **Os direitos sociais...**, cit., p. 395-ss.

ii Direito..., cit., p. 227. V. também as expressões *Estado de Direito do ambiente*, *Estado de Justiça do ambiente* e *Estado democrático do ambiente* em: Jurisdicização da ecologia ou ecologização do Direito, in **Revista Jurídica do Urbanismo e do Ambiente**, n. 4, dezembro de 1995, p. 73-ss.

iii **O lugar do Direito na protecção do ambiente**, Coimbra, 2007, p. 140-141.

iv Ibidem, p. 372-ss.

v   Ibidem, p. 496.

vi Autonomia do Direito, futuro e responsabilidade intergeracional, in **Boletim da Faculdade de Direito da Universidade de Coimbra**, 2010, p. 37. Cfr. do mesmo Autor Fiat constitutio, pereat mundus? Neojoaquimismo, Constitucionalismo e Escassez, in **Revista Portuguesa de Filosofia**, 2014, p. 244-ss. Cfr. também ANTÓNIO LEITÃO AMARO, O princípio constitucional da sustentabilidade, em **Estudos em homenagem do Prof. Doutor Jorge Miranda**, obra

Na doutrina brasileira, JUAREZ FREITAS liga a sustentabilidade ao direito ao futuro e define-a como o princípio constitucional que determina, com eficácia direta e imediata, a responsabilidade do Estado e da sociedade pela concretização solidária do desenvolvimento material e imaterial, socialmente inclusivo, durável e equânime, ambientalmente limpo, inovador, ético e eficiente[i].

INGO WOLFGANG SARLET e TIAGO FENSTERSEIFER apontam para um Estado socioambiental, com necessária e urgente convergência das agendas social e ambiental num mesmo projeto jurídico-político para o desenvolvimento humano"[ii].

GELTON COSTA CARDOSO DA SILVA fala em fraternidade socioambiental e apela a um constitucionalismo fraternal[iii].

LUIZ CLÓVIS MACHADO DA ROCHA JÚNIOR enfatiza a Constituição como receptáculo de todas as promessas que o corpo social faz a si mesmo e como instrumento jurídico de ligação do presente ao futuro – donde, mandamentos de interpretação e de tutela por proteção das condições de vida das gerações futuras[iv].

IV – A Constituição japonesa estatui que os direitos fundamentais são concedidos "às pessoas de hoje e às futuras gerações com direitos e em termos invioláveis" (art. 11.2, 2.ª parte). Falam também em gerações futuras, conquanto sem utilizarem a expressão direitos, a Constituição alemã (art. 20.º-A, no texto atual), a brasileira (art. 225.º), a norueguesa (art.110.º-B, após 1992), a sul-africana (art. 24.º), a polaca (art. 74.º), a suíça (preâmbulo), a boliviana (art. 7.º). E a Constituição portuguesa em "solidariedade entre gerações" (art. 66.º, n.º 2, alínea "d", após 1997).

---

    coletiva, I, Coimbra, 2013, p. 415-ss. ou SUZANA TAVARES DA SILVA, O problema da justiça intergeracional, em Comentário ao Acórdão do Tribunal Constitucional n. 187, 2013, in **Cadernos de Justiça Tributária**, abr./jun. 2013, p. 6-ss., máxime 12-ss.

i   **Direito ao futuro**, Belo Horizonte, 2011, p.147.

ii   **Princípios do direito ambiental**, São Paulo, 2014, p. 28.

iii   O princípio constitucional da fraternidade socioambiental, in **Sociedades e Direito**, obra coletiva (coord. de Alexandre Coutinho Pagliarini e Márcia Carla Pereira Ribeiro), Rio de Janeiro, 2013, p. 155-ss.

iv   **O direito das gerações futuras**, Porto Alegre, 2017, p. 88-89.

A nível internacional, refiram-se os preâmbulos da Carta das Nações Unidas, da Convenção sobre os Direitos do Homem e a Biomedicina (de 1997) e da Carta dos Direitos Fundamentais da União Europeia. Por seu lado, a UNESCO, em 1992, aprovou uma Convenção de Proteção do Património Mundial, Cultural e Natural e, em 1997, uma Declaração sobre as Responsabilidades das Gerações Presentes para com as Gerações Futuras.

11.
Direitos fundamentais das gerações futuras?

I – Haverá então direitos das gerações futuras?

KAREL VASAK defende-os, indo ao encontro da conceção africana da "cadeia da vida", segundo a qual os mortos, os vivos e os seres a nascer constituem uma mesma realidade e uma mesma comunidade. "À hora da globalização geográfica do mundo tudo milita a favor da globalização temporal . Afirmar que as gerações futuras são titulares de verdadeiros direitos do homem significa que se quer assegurar a continuidade do género humano na dignidade e na liberdade"[i]. Posição favorável, embora conformando os direitos das gerações futuras não como pretensões subjetivas acionáveis, nem como realidades inscritas na dimensão jurídica objetiva dos direitos fundamentais, é a de JORGE PEREIRA DA SILVA[ii].

---

[i] Les différents typologies des droits de l'homme, in **Classer les droits de l'homme**, obra coletiva, Bruxelas, 2004, p. 21 e 22.

[ii] Ensaio sobre a protecção constitucional das gerações futuras, in **Homenagem ao Professor Doutor Diogo Freitas do Amaral**, obra coletiva (org. por Augusto de Athayde, João Caupers e Maria da Glória Garcia), Coimbra, 2010, p. 459-ss. V. também **Deveres do Estado...**, cit., p. 403-ss.; **Justiça intergeracional...**, cit., loc. cit., p. 93-ss. e **Direitos Fundamentais e Teoria Geral**, Coimbra, 2018, p. 127-ss.

Subjetivamente, escreve, os direitos fundamentais fluem de forma contínua entre gerações, sem ruturas nem descontinuidades, mas numa perspetiva objetiva eles coexistem no tempo em termos tais que os direitos dasgerações futuras interagem hoje mesmo com os direitos da geração presente, cerceando-os no seu alcance material ou nas suas possibilidades de exercício, e vinculando as entidades públicas à sua salvaguarda. Trata-se assim, acima de tudo, de uma dimensão jusfundamental que compromete os seus titulares presentes para com os seus titulares supervenientes e que – como certamente já se vem pressentindo – depende da efetiva assunção pelo Estado das suas responsabilidades (éticas e) jurídicas para com o futuro. Os titulares presentes dos direitos fundamentais têm que agir, até certo ponto, como administradores fiduciários daqueles que lhes hão de suceder. [...]

A ideia de direitos fundamentais das gerações futuras não é apenas artifício retórico sem qualquer tradução jurídica, antes possuindo a consistência dogmática que deriva do facto de aqueles poderem já hoje produzir (pré)efeitos jurídicos delimitadores dosdireitos atualmente titulados pela geração presente. Desde logo – adaptando uma ideia recorrente no que toca ao relacionamento entre direitos de sujeitos contemporâneos – os direitos das gerações presentes terminam aí onde o seu exercício irrestrito (ou abusivo) ponha em causa a subsistência dos direitos dasgerações futuras, considerando sobretudo a dependência destes em face dos pressupostos naturais da vida humana na terra. Os direitos fundamentais presentes incorporam como limites (imanentes), se não mesmo restrições, a responsabilidade dos seus atuais titulares para com todos aqueles que lhes hão de suceder nessa posição. Para que essa eficácia delimitadora se produza em termos efetivos – assim se fechando o círculo –, os direitos das gerações futuras carecem apenas do cumprimento por parte do Estado, com um alcance temporalmente alargado, dos seus deveres de proteção de direitos fundamentais. Por outras palavras, entre a dimensão intergeracional dos direitos fundamentais – que permite falar com propriedade jurídica de direitos das gerações futuras – e a teoria dos deveres estaduais de proteção existe uma ligação umbilical, uma vez que é esta que fornece o caminho dogmático que permite dar tradução prática àquela dimensão e àqueles direitos.[i,ii]

II – Posição bem diversa é a de outros autores, como JOSÉ CASALTA NABAIS que não descortina quais sejam os atuais titulares (ativos) desses direitos.

Pois que estes ou são as futuras gerações, o que não é factível, ou se reconduzem à geração atual, o que originaria a curiosa categoria de direitos a que futuras gerações tenham direito(s) a uma vida digna de ser vivida. O que não deixa de ser uma forma bastante equívoca de dizer que sobre a atual geração, quer na forma de tarefas estaduais, quer na forma de diversos deveres (sem direitos) dos indivíduos, grupos e organizações, recaem exigências para com os vindouros orientadas no sentido da preservação no futuro da comunidade atual através da prevenção de riscos e perigos que possam vir a inviabilizar ou onerar exces sivamente a vida das gerações futuras.[iii].

Também, segundo afirma MASSIMO LUCRANI,

> *para além da ambiguidade e da polissemia da expressão, a questão dos direitos das gerações futuras é, antes de mais, a questão dos interesses do género humano. A razão essencial para não se comprometerem os bens de que pderiam gozar as gerações futuras não está no pretenso direito de um sujeito em potência, mas no interesse de sujeito em ato à própria sobrevivência como (parte do) género humano.*
>
> *"A tese dos direitos das gerações futuras não explica o que aconteceria na hipótese de conflito entre direitos destas e daquelas gerações futuras: teriam sempre razão as mais longínquas? E se*

---

i **Ensaio...**, cit., loc. cit., p. 459-ss., maxime 486-ss. Retomando o problema, v. do mesmo Autor, **Deveres do Estado de protecção de direitos fundamentais**, cit., p. 403-ss.

ii Cfr. SUZANA TAVARES DA SILVA, **Os direitos fundamentais...**, cit., p.125, procurando acentuá-los; e CATARINA SANTOS BOTELHO, **Os direitos sociais...**, cit., p. 361-ss., maxime 371e 380, aceitando-os como implícitos e derivados do princípio da dignidade da pessoa humana.

iii **Liberdade com responsabilidade**, Coimbra, 2007, p. 240.

são direitos e se forem violados, como encarar um problema de responsabilidade jurídica entre gerações[i]?

Ou, para ANTONIO SPADARO,

> *A tentativa de elaboração de uma teoria de direitos de gerações futuras apresenta um grau de abstração a roçar a presunção (isto é, paternalismo ético), visto que pretende disciplinar situações jurídicas antes e sem o consentimento dos diretos interessados que, bem pelo contrário, poderiam ter direitos (e deveres) segundo outras e diversas conceções das dos atuais vivos[ii]. [...] Coisa bem diferente é uma promessa, um empenhamento individual e coletivo ou a assunção de responsabilidades atuais e difusas para com as gerações futuras[iii].*

III – Uma posição de certo modo intermédia parece ser a de ELSA VAZ DE SEQUEIRA ao negar a existência no presente de direitos subjetivos das gerações futuras. "Não porque essa figura seja juridicamente inadmissível, mas porque o caráter futuro não apenas do sujeito mas, sobretudo, do objeto obsta à sua constituição. Isso não significa a não vinculação da geração presente aos direitos futuros da geração futura... O direito da geração vindoura é futuro, mas a vinculação da geração atual é presente"[iv].

IV – O problema exigiria uma atenção mais demorada. Pelo menos é mais plausível falar em deveres das gerações atuais perante as gerações futuras do que em direitos destas.

V – Seja como for, qualquer comunidade assenta numa cadeia de gerações – passadas, presentes e futuras. Mas a solidariedade não pode só voltar-se para as gerações futuras; tem de caber, desde logo, dentro das gerações presentes, obrigando quer os mais idosos perante os menos

---

i   Generazioni future, distribuzione temporal/e delle spese pubbliche e vincoli costituzionali, in **Diritto e Società**, 2008, p. 145-ss.

ii   **L'amore dei lontano**: universalità e intergenerazionalità dei diritti fondamentali fra ragionevolezza e globalizzazione, ibidem, p. 176.

iii   Ibidem, p. 210.

iv   Direitos sem sujeitos?, in **Justiça entre gerações – Perspetivas interdisciplinares**, p. 32-ss., máxime 36.

jovens quer os mais jovens perante os mais idosos. Nenhuma política de sustentabilidade de sistemas sociais pode ignorar esta perspetiva (cfr. art. 72.º da Constituição portuguesa e art. 230 da Constituição brasileira), também em virtude do princípio da proteção da confiança[i].

Referências

ALBUQUERQUE, M de. As ideias de "cidadão" e de "cidadania" em Portugal: gênese e evolução. In: HOMENAGEM ao Professor Doutor Diogo Freitas do Amaral. Coimbra, 2010.

ALEXANDRINO, J. de M. **A estruturação do sistema de direitos, liberdades e garantias na Constituição portuguesa**. 11. ed. Coimbra, 2006.

ALEXANDRINO, J. de M. A natureza variável dis direitos humanos: uma perspectiva de dogmática jurídica. In: LIBER Amicorum Fausto de Quadros. Coimbra, 2016. v. II.

ALEXY, R. **Constitucionalismo discursive**. Porto Alegre, 2011.

ALEXY, R. **Teoria de los Derechos Fundamentales**. Madrid, 1993.

AMUCHASTEGUI, J. G. **Acerca del origen de la Declaración de los Derechos del Hombre y del Ciudadano de 1789**. Anuario de Derechos Humanos, n. 2, mar. 1983

AMUCHASTEGUI, J. G. **Origines de la Declaración de Derechos dei Hombre y dei Ciudadano**. Madrid, 1984.

ANDRADE, J. C. V. de. **Os direitos fundamentais na Constituição portuguesa de 1976**. 5. ed. Coimbra, 2012.

ARA PINILLA, I. **Las transformaciones /e las derechos humanos**. Madrid, 1991.

ARENDT, H. **Sobre a Revolução**. Lisboa, 1971.

BADIE, B. **Les Deux États- Pouvoir et Société en Occident eten Terre d'Islam**. Paris, 1986.

---

i   Cfr. ROQUE CABRAL, Deveres para com os vindouros?, in **A propósito do que hoje vivemos – Reflexões sobre a realidadedo nosso tempo,** Parede, 2014; ou ALEXIS GOSSERIES, **Penser la justice entre générations**, trad. Pensar a justiça entre gerações, Coimbra, 2015 p. 107-ss.

BANDEIRA DE MELO, C. A. **Eficácia das normas constitucionais e direitos sociais**. São Paulo, 2011.

BANOND, I. A ideia de liberdade no mundo antigo: notas para uma reflexão. **Revista da Faculdade de Direito da Universidade de Lisboa**, p. 325-ss., 1999.

BARRETTO, V. de P. Philia, autonomia e legitimidade. In: DIREITO e literature: reflexões teóricas. Porto Alegre, 2008.

BARRIENTOS-PARROS, J. D. Alguns fundamentos bíblicos na formação dos direitos humanos. In: PAGLIARINI, A.; DIMOULIS, D. (Coords.). **Direito constitucional e internacional dos direitos humanos**. Belo Horizonte, 2012.

BARROS, S. R. de. **Direitos fundamentais**: paradoxo da história. Belo Horizonte, 2003.

BATTAGLIA. P. Dichiarazione dei Diritti. In: ENCICLOPEDIA dei Diritto. v. XII.

BONAVIDES, P. **Do Estado liberal ao Estado social**. 9. ed. São Paulo, 2009.

BOUTMY, E. La Déclaration des Droits de l'Homme et du Citoyen et M. Jellinek. **Études Politiques**, Paris, p. 119-ss., 1907.

BRUDNER, A. **Constitutional Goods**. Oxónia, 2004.

BRUNNER, O. **Per una nuova storia costituzionale e sociale**. Milão, 1970

CABRITA, I. **Direitos humanos**: um conceito em movimento. Coimbra, 2011.

CANDEIAS, M. M. A filosofia de Locke: os direitos fundamentais do homem. In: O DIREITO, 2016.

CANOTILHO, J. J. G. **Direito constitucional e teoria da Constituição**. 7. ed. Coimbra, 2004.

CANOTILHO, J. J. G. O círculo e a linha: da "liberdade dos antigos" à "liberdade dos modernos" na teoria republicana dos direitos fundamentais. In: ESTUDOS sobre direitos fundamentais. 2. ed. Coimbra, 2008.

CALMON, P. **O Estado e o Direito n'Os Lusíadas**. Rio de Janeiro-Lisboa, 1945.

CARTABIA, M.; VIOLANTE, L. **Giustizia e Diritto**. Bolonha, 2018.

CARVALHO, J. S. **Em volta da Magna Carta**. Lisboa, 1993.

CATROGA, F. **Entre deuses e césares**: secularização, laicidade e religião civil. Coimbra, 2006.

CLAUDE, R. P. The classical model of humam rights development. In: COMPARATIVE Human Rights. Baltimore; Londres, 1976

COMPARATO, F. K. **A afirmação histórica dos direitos humanos**. 3. ed. São Paulo, 2003.

COMPARATO, F. K. **Ética**: direito, moral e religião no mundo moderno. São Paulo, 2006.

CONCETTI, G. (Dir.). **I Diritti Umani**. Roma, 1982.

CONSTANT, B. De la liberté des anciens comparée à celle des modernes. In: COURS de Politique Constitutionnelle, Paris, 1820.

COULANGES, F. de. **La Cité Antique**. 22. ed. Paris, 1912.

CUNHA, P. F. da. **Teoria da Constituição**. Lisboa, 2000. v. II.

CUNHA, P. F. **Res Publica**. Coimbra, 1998.

DEL VECCHIO, G. **La Déclaration des Droits de l'Homme et du Citoyen de la Révolution Française**. 2. ed. Roma, 1979.

DIREITO na lusofonia: Constituição, direitos humanos e globalização. Braga, 2016.

EBERHARD, C. **Droits de l'homme et dialogue in!erculturel**. Paris, 2002.

ESMEIN, A. **Éléments de Droit Constitutionnel Français et Comparé**, 7. ed. Paris, 1921. v. I.

FAVOREAU, L. et al. **Droit des Libertés fondamentales**. Paris, 2000.

FERREIRA FILHO, M. G. **Direitos humanos fundamentais**. São Paulo, 1995.

FETSCHER, I. Libertad, in Marxismo y Democracia. In: ENCICLOPEDIA de Conceptos Basicos: Política 5. Madrid, 1975.

GARCIA, E. **Estudo introdutório à tradução de Sieyés**: exposição refletida dos direitos do homem e do cidadão. Rio de Janeiro, 2008.

GARCIA, M. da G. **Da justiça administrativa em Portugal**. Lisboa, 1994.

GARCIA DE ENTERRÍA, E. **La língua de las Derechos**. La formacion del Derecho publico europeo tras la Revolución francesa. Madrid, 1994.

GARCIA PELAYO, M. **Derecho constitucional comparado**. 8. ed. Madrid, 1967.

GRISEL, E. **Les Droits Sociaux**. Basileia, 1973.

GROSSI, P. F. **I diritti di libertà ad uso di lezioni**. 2. ed. Turim, 1991.

GUIMARÃES, I. S. Direito talmúdico como precursor dos direitos humanos. **De jure – Revista Jurídica do Ministério Público do Estado de Minas Gerais**, p. 69-ss., jan.-jun. 2006.

JELLINEK, G. **La Déclaration des Droits de l'Homme et du Citoyen**. Paris, 1902a.

JELLINEK, G. La Déclaration des Droits de l'Homme et du Citoyen. **Revue du Droit Public**, p. 385-ss., jul.-dez. 1902b.

JELLINEK, G. **Teoria General del Estado**. Buenos Aires, 1954

JOUANJAN, O. Uneorigine des "droits fondamentaux" en Allemagne: lemoment 1848. **Revuede Droit Public**, 2012.

KELSEN, H. **General Theory of Law and State**. Nova Iorque, 1961.

LA CHAPPELLE, P. de. **La Déclaration Universelle des Droits de l'Homme et le Catholicisme**. Paris, 1962.

LEBRETON, G. **Libertés publiques et droits de l'homme**. 4. ed. Paris, 1999.

LOUREIRO, J. C. Pessoa, dignidade e cristianismo. In: ARS IVDICANDI – Estudos em homenagem ao Prof Doutor António Castanheira Neves. Coimbra, 2008.

MACHADO, J. **Liberdade religiosa numa comunidade constitucional inclusive**. Coimbra, 1996.

MEINDL, T. **La notion de droit fondamental dans les jurisprudences et doctrines constitutionnelles françaises et allemandes**. Paris, 2003.

MIRANDA, J. **Ciência política e direito constitucional**. Lisboa, 1971. v. II.

MIRANDA, J. **Contributo para uma teoria da inconstitucionalidade**. Lisboa, 1968.

MIRANDA, J. **Curso de direito internacional público**. 6. ed. Cascais, 2016.

MIRANDA, J. **Fiscalização da constitucionalidade**. Coimbra, 2018.

MIRANDA, J. **Manual de direito constitucional**. 10. ed. Coimbra, 2014. tomo 1; subtomo 1.

MIRANDA, J. **Teoria da Constituição**. Coimbra, 2020.

MIRANDA, J. (Org.; Trad.). **Textos históricos de direito constitucional**. 2. ed. Lisboa, 1990.

MORAIS, C. B. de. **Curso de direito constitucional**. Coimbra, 2016. v. I.

MORANGE, J. **Libertés Publiques**. Paris, 1985

MOREIRA, A. **Ciência política**. Lisboa, 1979

NEVES, M. **A constitucionalização simbólica**. 2. ed. São Paulo, 2007.

NEVES, M. A força simbólica dos direitos humanos. In: SOUZA NETO, C. P.; SARMENTO, D. (Coord.). **Direitos sociais**: fundamento, judicialização e direitos sociais em espécie. Rio de Janeiro, 2010.

OESTERREICH, G. **Storia dei diritti umani e dei/e libertà fondamentali**. 4. ed. Bari, 2006.

OSÓRIO, J. **Da instituição real e sua disciplina**. 1944.

OTERO, P. **Instituições políticas e constitucionais**. Coimbra, 2007.

PALLISTER, A. **Magna Carta**: The Heritage of Liberty Oxónia. 1971.

PECES-BARBA, G. **Ética, poder y derecho**: reflexiones ante el fin del siglo. Madrid, 1995.

PECES-BARBA; G.; FERNANDEZ-GARCIA, E. (Ed.). **Historia de los derechos fundamentales**. Madrid, 1998. v. I.

PEGORARO, L. Derecho Constitucional Comparado y uso comutativo de la palabra derecho (y de los adjetivos que la acompañam). **Anuario Iberoamericano de Fusticia Constitucional**, 14, 2010.

PENSIERI, F. **A liberdade no pensamento occidental**. Belo Horizonte, 2018.

PINHEIRO, A. S. **Privacy e proteção de dados pessoais**: a construção dogmática do direito à identidade informacional. Lisboa, 2015.

PISÓN, J. M de. **Derechos humanos**: historia, fundamento y realidad. Saragoça, 1997.

PONTES DE MIRANDA, F. C. **Democracia, liberdade, igualdade**. 2. ed. São Paulo, 1979.

PRAÇA, L. **Estudos sobre a Carta Constitucional e Acto Adicional de 1852**. Coimbra, 1878. v. I.

RADBRUCH, G. **Filosofia do direito**. 4. ed. Coimbra, 1961. v. I.

RIVERO, J. **Les libertés publiques**. Paris, 1973. v. I.

ROSENTHAL, E. A transformação das funções do Estado no último período histórico. **Boletim da Faculdade de Direito da Universidade de Coimbra**, ano VIII, 1923-1925.

ARLET, I. W. **A eficácia dos direitos fundamentais**. 10. ed. Porto Alegre, 2009.

SARTORI, G. **Théorie de la Démocratie**. Paris, 1973.

SALANITRO, J.-M. Pourquoi les chrétiens n'ont-ils pas aboli l'esclavage antique? **Revue Français de Philosophie et de Culture Juridique**, n. 2, v. 29, p. 15-ss.

SCHEUNER, Ü. Le peuple, l'État, le droit et la doctrinenational-socialiste. **Revuedu Droit Public**, 1937.

SCHMITT, C. **Teoria de la Constitución**. Madrid, 1934.

SILVA, V. P da. "Todos diferentes, todos iguais": breve consideração acerca da natureza jurídica dos direitos fundamentais. In: ESTUDOS dedicados ao Professor Luís Alberto Carvalho Fernandes. Coimbra, 2011. v. III.

SILVA, J. P. da. **Deveres do Estado de proteção de direitos fundamentais.** Lisboa, 2015.

SILVA, J. P. da. **Direitos fundamentais**: teoria geral. Lisboa, 2018.

SOUSA, M. **História das instituições de direito romano, peninsular e português.** Coimbra, 1910.

TÉNÉKIDES, G. La citéd'Athenes et les droits de l'homme. In: PROTECTING Human Rights: the European Dimension – Studies in honourof Gerard J Wiarda. Colónia, 1988.

TOCQUEVILLE, A. de. **L'Ancien Régime et la Révolution.** Paris, 1964.

VENTURA, R. **Direito romano.** Lisboa, 1958-1959.

VERDU, P. L. **Curso de derecho político.** Madrid, 1976

VILLALON, P. C. Formacióny evolución de los derechos fundamentals. **Revista Española de Derecho Constitucional**, p. 35-ss, 1989.

VILLEY, M. **Le droit et les droits de l'homme.** Paris, 1983.

YELTEKIN, N. **La nature juridique des droits de l'homme.** Lausana, 1950.

ZIPPELIUS, R. **Teoria geral do Estado.** 3. ed. Lisboa, 1997.

Apêndice

SENTIDO DOS DIREITOS FUNDAMENTAIS

Sumário. 1. Noção de direitos fundamentais. 2. Os direitos fundamentais na história. 3. A evolução até ao Estado moderno. 4. Da centralização do poder ao constitucionalismo. 5. Do Estado liberal ao Estado social. 6. Direitos fundamentais e regimes políticos no século XXI. 7. O Estado social, hoje. 8. A justiça constitucional e os direitos fundamentais. 9. Os direitos das pessoas para além do Estado. 10. Gerações futuras e sustentabilidade. 11. Direitos fundamentais das gerações futuras. Referências.

Resumo. É com base na história dos direitos fundamentais e na evolução destes que o texto aqui resumido oferece uma noção dos direitos fundamentais. Para tanto, os caminhos do constitucionalismo são analisados a partir da superação do poder centralizado, o que desembocou naturalmente, mais adiante, na evolução do Estado liberal ao Estado social. Neste texto, também são estudados os direitos fundamentais, sob uma ótica comparada com os regimes políticos, com a jurisdição constitucional e com a noção de sustentabilidade para as gerações futuras.

Palavras-chave. Direitos fundamentais. Constitucionalismo. Estados liberal e social. Sustentabilidade.

SENTIDO DE LOS DERECHOS FUNDAMENTALES

Sumilla. 1. Noción de derechos fundamentales. 2. Los derechos fundamentales en la historia. 3. Evolución hacia el estado moderno. 4. De la centralización del poder al constitucionalismo. 5. Del estado liberal al estado del bienestar. 6. Derechos fundamentales y regímenes políticos en el siglo XXI. 7. El estado del bienestar, hoy. 8. Justicia constitucional y derechos fundamentales. 9. Los derechos de las personas más allá del Estado. 10. Generaciones futuras y sostenibilidad. 11. Derechos fundamentales de las generaciones futuras. Referencias.

Resumen. Es a partir de la historia de los derechos fundamentales y de su evolución que el texto aquí resumido ofrece una noción de derechos fundamentales. Para ello, se analizan los caminos del constitucionalismo a partir de la superación del poder centralizado, que naturalmente condujo, más tarde, a la evolución del estado liberal al estado de bienestar. En este texto también se estudian los derechos fundamentales, desde una perspectiva frente a los regímenes políticos, la jurisdicción constitucional y la noción de sostenibilidad para las generaciones futuras.

Palabras clave. *Derechos fundamentales. Constitucionalismo. Estados liberales y sociales. Sustentabilidad.*

Artigo 6

Direito fundamental à prova e o regime jurídico aplicável à oitiva de testemunhas em audiências por videoconferência no âmbito da justiça civil

Luis Alberto Reichelt

Mestre e doutor em Direito pela UFRGS. Professor nos cursos de graduação, especialização, mestrado e doutorado em Direito da PUCRS. Procurador da Fazenda Nacional em Porto Alegre (RS). E-mail: luis.reichelt@pucrs.br.

1
Introdução

O impacto exercido pela apropriação de novas tecnologias no contexto da atividade processual é uma realidade inarredável que, cedo ou tarde, acaba por provocar inquietações em todo aquele que vivencia a realidade forense contemporânea. Não raro, o agir de partes e juízes é movido por orientações cuja observância é imposta do ponto de vista normativo e de política judiciária, sem que, contudo, haja maior questionamento sobre o acerto ou não das escolhas cristalizadas nos diplomas normativos que veiculam os comandos em questão.

A atividade de instrução constitui-se em um dos mais nobres ambientes vivenciados pelos sujeitos do debate processual, e vem sendo também uma das mais fortemente permeadas pelo emprego de novas ferramentas até então impensadas. O influxo dos efeitos do salto tecnológico experimentado na realidade contemporânea traz consigo a necessidade de que se passe a lidar no ambiente forense com desafios também até então não enfrentados.

O presente ensaio propõe-se a analisar as linhas gerais do regime jurídico aplicável à oitiva de testemunhas em audiências por videoconferência no âmbito da Justiça Civil, mostrando a influência exercida pelo direito fundamental à prova na sua conformação. Sob essa ótica, apresentar-se-á, inicialmente, um conjunto de elementos que sinalizam no sentido da crescente preocupação com a regulamentação dos atos processuais praticados em audiências virtuais de instrução no contexto do Poder Judiciário brasileiro. Uma vez cumprida essa etapa, tecer-se-á considerações sobre o direito fundamental à prova, apresentado como vetor de unidade do sistema jurídico processual civil brasileiro projetado com vistas à regulação da atividade de instrução. Por fim, buscar-se-á apresentar ao leitor como o direito fundamental à prova serve como um importante vetor a ser observado na construção de um possível regime jurídico a ser aplicado no contexto da oitiva de testemunhas por videoconferência.

2
Indicativos no sentido da crescente preocupação com a regulamentação dos atos processuais praticados em audiências virtuais de instrução no contexto do Poder Judiciário brasileiro

A impossibilidade de realização de audiências presenciais em ambientes forenses com vistas à produção de provas durante o contexto da pandemia de Covid-19 lançou luzes sobre as questões envolvidas no emprego de novas tecnologias com vistas à instrução do processo, em especial no que se refere à prática de atos que exigem forma oral.

O desafio envolvido em tal cenário é considerável. O legislador já ensaiava há algum tempo a regulamentação da prática de atos processuais no contexto da audiência de instrução mediante o emprego de novas tecnologias. A título de exemplo, o próprio Código de Processo Civil de 2015 prevê a possibilidade de oitiva de testemunhas e de colheita do depoimento pessoal da parte mediante o emprego de ferramentas de videoconferência. Contudo, é sabido que há lacunas significativas a serem colmatadas no âmbito de tal regulamentação. Prova disso pode ser vista na Resolução CNJ n. 341, de 07/10/2020, que determinou aos tribunais brasileiros a disponibilização de salas para depoimentos em audiências por sistema de videoconferência, a fim de evitar o contágio pela Covid-19, e, mais adiante, a Resolução CNJ n. 354, de 19/11/2020, que dispôs sobre a realização de audiências e sessões por videoconferência e telepresenciais e a comunicação de atos processuais por meio eletrônico nas unidades jurisdicionais de primeira e segunda instâncias da Justiça dos Estados, Federal, Trabalhista, Militar e Eleitoral, bem como nos Tribunais Superiores, à exceção do Supremo Tribunal Federal. Da mesma forma, refira-se a Portaria CNJ n. 61, de 31/03/2020, que instituiu a plataforma emergencial de videoconferência para realização de audiências e sessões de julgamento nos órgãos do Poder Judiciário, no período de isolamento social, decorrente da pandemia de Covid-19.

Também no âmbito da justiça local é possível ver importantes esforços convergentes nessa mesma direção. A título de exemplo, veja-se o esforço do Tribunal de Justiça do Estado do Rio Grande do Sul. Sem prejuízo do já antes previsto no art. 780-B e seguintes da Consolidação Normativa Judicial da Corregedoria-Geral da Justiça daquela corte, introduzidos pelo Provimento n./2007-CGJ, o referido tribunal editou, entre outros atos, a Resolução n. 005/2020-P, pela qual foi autorizada a realização de sessões virtuais, e o Ofício-Circular n. 45/2020-CGJ, cujo art. 1º previu ser possível a realização de audiências por meio de videoconferência, desde que com a concordância das partes e a critério do magistrado responsável pela condução do processo. A orientação em questão, neste último ponto, diverge daquela vigente no Tribunal de Justiça do Amazonas, no qual a regra em se tratando de depoimentos pessoais, as oitivas de testemunhas e vítimas residentes fora da comarca no âmbito do Estado do Amazonas, relativos a processos de quaisquer competências, que tramitam nas unidades judiciárias da Justiça de Primeira Instância do Estado do Amazonas passou a ser a utilização da videoconferência, nos termos do Provimento nº 402/2021-CGJ/AM. O mesmo pode ser visto do art. 34 do Provimento n. 305/2014-CSM/MS e do art. 432 do Provimento n. 305/2014-CGJ/MS, que regulamentam o ponto no âmbito do Poder Judiciário do Estado do Mato Grosso do Sul.

A Resolução n. TRF2-RSP-2021/00015, de 23 de março de 2021, regulamentou e uniformizou o procedimento a ser observado para realização de audiências, em fase crítica da pandemia mundial por Covid-19, no 1º grau de jurisdição no âmbito da 2ª Região. Em seu art. 1º, ficou estabelecido que todas as audiências, com exceção das audiências de custódia, que observarão o disposto na Resolução CNJ n. 357 de 26/11/2020, deveriam ser realizadas, preferencialmente, por videoconferência ou no formato telepresencial, e com o uso da plataforma Zoom. Consignou o referido ato normativo, ainda, que tanto a audiência telepresencial quanto por videoconferência seriam equiparadas às presenciais para todos os fins legais, sendo asseguradas a publicidade dos atos praticados e as prerrogativas processuais de advogados, membros do Ministério Público, defensores públicos, partes e testemunhas, cabendo aos advogados e aos membros do Ministério Público requerer a participação própria ou de seus representados por videoconferência.

A coerência sistemática inerente a tal conjunto de normas é, outrossim, uma questão importante a ser ponderada, e que revela muito mais do que apenas a unidade dos comandos cotejados em conjunto. A identificação de normas que possam ser consideradas aplicáveis tanto à produção de provas *on-line* quanto aos atos praticados de maneira presencial serve como indicativo da existência de elementos comuns a ambas as realidades cotejadas. De outro lado, a constatação quanto à inexistência de normas capazes de responder aos desafios presentes na produção de provas mediante o emprego de novas tecnologias serve como sinal importante a apontar a existência de realidades novas, que não poderiam ser explicadas como simples transposições para o universo online daquilo que antes acontecia em uma sala de audiência em um prédio do Poder Judiciário.

3
O direito fundamental à prova como vetor de unidade do sistema jurídico processual civil brasileiro projetado com vistas à regulação da atividade de instrução: de baliza para controle de validade a mecanismo para a eficiência na realização de direitos das partes

O controle da validade das atividades do Poder Judiciário pressupõe, sob a ótica das observações acima efetuadas, um olhar crítico que coloque os marcos principais do Direito Processual contemporâneo como balizas a serem tomadas em conta pelo intérprete. Nesse sentido, um dos pilares principais do Direito Processual Civil contemporâneo é a compreensão no sentido de que a unidade de sentido que se lhe deve associar pressupõe o efetivo respeito a direitos fundamentais de natureza processual.

O direito fundamental à prova constitui-se de múltiplas faces, compreendendo (a) o direito à prática de atos processuais com vistas ao emprego dos meios de prova, pensado como agir do qual resultam subsídios destinados a permitir a afirmação quanto à presença ou ausência de correspondência entre as alegações sobre fatos juridicamente relevantes e controvertidas que tenham sido feitas pelas partes e a realidade histórica, e, de outro lado, (b) o direito à tutela jurisdicional pautada pela valoração da prova à luz dos critérios de livre apreciação e de persuasão racional do juiz[i]. Sob o marco do direito fundamental à prova, o Código de Processo Civil propõe-se como um diploma

---

i   Avança-se, aqui, para além do consignado em REICHELT, Luís Alberto. O direito fundamental à prova e os desafios relativos à sua concretização no novo Código de Processo Civil brasileiro. **Revista de Processo**, v. 267, p. 197-210, maio 2017; e REICHELT, Luís Alberto. O direito fundamental à prova e os poderes instrutórios do juiz. **Revista de Processo**, v. 281, p.171-185, jul. 2018.

pensado a partir da necessidade de aproximação do trabalho do legislador em relação à dimensão constitucional dos fenômenos processuais[i]. Essa nova leitura traz consigo, por consequência, o reconhecimento da importância do emprego de novas ferramentas em sede de hermenêutica com vistas à solução de conflitos normativos, em especial a hermenêutica dos direitos fundamentais, e coloca a centralidade da consideração da dignidade da pessoa humana como fator essencial para a atribuição de significado às normas jurídicas inseridas no sistema jurídico projetado a partir desse mesmo vetor[ii].

Do ponto de vista prático, tem-se que o direito fundamental à prova funciona não apenas como um parâmetro para controle de validade de atos processuais, impondo restrições ao agir das partes e do juiz, mas, antes, como um instrumento que permite ao intérprete identificar qual a escolha mais eficiente dentre as diversas que se apresentam no debate processual[iii]. Sob a ótica do direito fundamental à prova, os atos das partes e do juiz passam a ser vistos como meios a serviço do *melhor resultado possível* na busca da convergência entre as narrativas sobre fatos feitas pelas partes nos autos e o que se passou do ponto de vista histórico. Da mesma forma, é justamente graças à consideração do papel exercido pelo direito fundamental à prova na construção de decisões a serem tomadas ao longo do processo permite

---

i Consta da exposição de motivos do Projeto de Lei do Senado n. 166/2010, que deu origem ao Código de Processo Civil de 2015: "A necessidade de que fique evidente a harmonia da lei ordinária em relação à Constituição Federal da República fez com que se incluíssem no Código, expressamente, princípios constitucionais, na sua versão processual. Por outro lado, muitas regras foram concebidas, dando concreção a princípios constitucionais, como, por exemplo, as que prevêem um procedimento, com contraditório e produção de provas, prévio à decisão que desconsidera da pessoa jurídica, em sua versão tradicional, ou 'às avessas'".

ii A respeito do ponto, como exemplo de uma compreensão adequada a esse respeito, ver SARLET, Ingo Wolfgang. **A eficácia dos direitos fundamentais**: uma teoria geral dos direitos fundamentais na perspectiva constitucional. 13. ed. Porto Alegre: Livraria do Advogado, 2018.

iii Para um debate sobre as múltiplas acepções da noção de eficiência no Direito Processual Civil, ver, por todos, JOBIM, Marco Félix. **As funções da eficiência no processo civil brasileiro**. São Paulo: Revista dos Tribunais, 2018; e CAMPOS, Eduardo Luiz Cavalcanti. **O princípio da eficiência no Processo Civil brasileiro**. Rio de Janeiro: Forense, 2018.

melhor equacionar a forma como a busca por subsídios para a construção de uma decisão qualificada deve coexistir com outras exigências que se colocam nesse mesmo plano, como o respeito aos direitos à intimidade e à privacidade das partes ou, ainda, o direito à duração razoável do processo. Trata-se, por certo, de ganhos que não seriam alcançáveis mediante a simples consideração de um direito à prova de âmbito constitucional, mas que são possíveis justamente na medida em que se entenda a diferença presente no reconhecimento quanto à fundamentalidade de tal direito.

4
Direito fundamental à prova e a construção de um possível regime jurídico a ser aplicado no contexto da oitiva de testemunhas por videoconferência

A definição do regime jurídico aplicável à oitiva de testemunhas por videoconferência é um dos grandes desafios a serem solucionados pelos atores do sistema de justiça civil contemporâneo. Por mais que a essência do fenômeno da colheita do relato feito por um terceiro em relação às partes quanto ao que foi percebido por seus sentidos não sofra alteração em tal contexto[i], fato é que a mecânica empregada com vistas à produção de atos processuais destinados à oitiva dessa narrativa se apresenta como um desafio contemporâneo. Sob o signo do direito fundamental à prova, impõe-se seja assegurado às partes o direito à prática de atos através dos quais elas constroem argumentos de modo a associar relatos feitos por testemunhas de maneira convergente ou divergente em relação à realidade histórica, respeitados os limites em termos de admissibilidade e relevância que informam as fronteiras dentro das quais se desenvolve a investigação processual[ii].

---

i   Acertada a ponderação feita por MARINONI, Luiz Guilherme e ARENHART, Sergio Cruz. **Prova e convicção**. 3. ed. São Paulo: Revista dos Tribunais, 2015. p. 788, ao referirem que "em regra, a testemunha depõe em juízo sobre o que presenciou. Contudo, a testemunha pode presenciar o que não vê, mas apenas ouve, como, por exemplo, os ruídos provenientes da casa do vizinho".

ii   No que se refere a aspectos dogmáticos em termos de admissibilidade e relevância da prova testemunhal, transcendendo os limites

Da mesma forma, à luz do direito fundamental à prova, cumpre assegurar às partes o direito a que esses mesmos argumentos sejam valorados de maneira livre (isto é, sem a imposição de tarifação prévia por parte do legislador) e racional.

A densificação do direito fundamental à prova nesse contexto é, em si, um trabalho de considerável monta. Em diversos pontos o Código de Processo Civil dispõe no sentido de que é admissível a prática de atos processuais por meio de videoconferência ou outro recurso tecnológico de transmissão de sons e imagens em tempo real. Para além do constante do art. 236, § 3º, o art. 385, § 3º, prevê que o depoimento pessoal da parte que residir em comarca, seção ou subseção judiciária diversa daquela onde tramita o processo poderá ser colhido por meio de videoconferência ou outro recurso tecnológico de transmissão de sons e imagens em tempo real, o que poderá ocorrer, inclusive, durante a realização da audiência de instrução e julgamento[i]. Regras análogas a esta constam da mesma codificação, ainda, do art. 453, § 1º, em relação à possibilidade de oitiva de testemunhas[ii], e do art. 461, § 2º, no que tange à realização de acareação de testemunhas entre si ou com a parte.

À regulação vaga em questão soma-se um vazio no âmbito legal que é compensado, de outro lado, pelo advento de todo um arcabouço normativo que se propõe a explicitar a sistemática desenhada pelo legislador. Nesse sentido, a Resolução CNJ n. 354/2020 começa por ofertar, em seu art. 2º, inciso I, todo um jogo conceitual importante para que se possa delimitar a realidade a ser considerada, definindo videoconferência como sendo a "comunicação a distância realizada em ambientes de unidades judiciárias". Mais adiante, no parágrafo único

---

do positivado, remete-se o leitor ao quanto consta de REICHELT, Luis Alberto. **A prova no Direito Processual Civil**. Porto Alegre: Livraria do Advogado, 2009. p. 297-ss.

i Para uma leitura crítica a respeito da sistemática legal em questão, ver as considerações feitas por OLIVEIRA JR., Zulmar Duarte de, in GAJARDONI, Fernando; DELLORE, Luiz; ROQUE, Andre Vasconcelos; e OLIVEIRA JR., Zulmar Duarte de. **Processo de conhecimento e cumprimento da sentença**. Comentários ao CPC de 2015. 2. ed. São Paulo: Método, 2018. p. 321-322; e por APRIGLIANO, Ricardo de Carvalho. **Comentários ao Código de Processo Civil**. v. VIII. Tomo I. São Paulo: Saraiva, 2020. p. 108.

ii Sobre o comando legal em questão, ver as ponderações de DELLORE, Luiz, in GAJARDONI, Fernando; DELLORE, Luiz; ROQUE, Andre Vasconcelos; OLIVEIRA JR., Zulmar Duarte de. **Processo de Conhecimento e cumprimento da sentença**. Comentários ao CPC de 2015. 2. ed. São Paulo: Método, 2018. p. 450-451.

do mesmo comando normativo, consta que a participação por videoconferência, via rede mundial de computadores, ocorrerá em unidade judiciária diversa da sede do juízo que preside a audiência ou sessão, na forma da Resolução CNJ n. 341/2020.

Em um primeiro momento, há uma sinalização por parte do ordenamento jurídico pátrio no sentido de que a oitiva de testemunhas tende a respeitar o mesmo regime jurídico aplicável a audiências realizadas de maneira presencial. Nesse sentido, observe-se o art. 7°, inciso I, da Resolução CNJ n. 354/2020, segundo o qual as oitivas por videoconferência serão equiparadas às presenciais para todos os fins legais, asseguradas a publicidade dos atos praticados e as prerrogativas processuais de advogados, membros do Ministério Público, defensores públicos, partes e testemunhas. Assim também o inciso VI do mesmo comando normativo, que prevê que a participação em audiência por videoconferência exige que as partes e demais participantes sigam a mesma liturgia dos atos processuais presenciais, inclusive quanto às vestimentas.

Esse esforço, contudo, não raro reclama adaptações de ordem prática. Veja-se, no ponto, exatamente os desafios relativos à publicidade externa das audiências realizadas por videoconferência. O inciso V do art. 7° supramencionado reitera a lógica ora referida ao dispor que a publicidade será assegurada, ressalvados os casos de segredo de justiça, por transmissão em tempo real ou por meio hábil que possibilite o acompanhamento por terceiros estranhos ao feito, ainda que mediante a exigência de prévio cadastro. Trata-se, por certo, de comando que busca concretizar, no contexto específico, o constante do art. 368 do Código de Processo Civil, que estabelece a publicidade como regra geral a ser observada em audiências[i].

A implementação dessa medida, contudo, não resulta apenas do agir das partes diante da inexistência de proibição de acesso ao ambiente em que desenvolvida a audiência, mas, ao contrário, depende de prestações específicas da parte do Poder Judiciário no ambiente online. Nesse sentido, o parágrafo único do art. 2° da Resolução CNJ n. 341/2020 consigna que fica facultada aos magistrados, advogados, representantes do Ministério Público e da Defensoria Pública, bem como às partes e aos demais participantes da audiência que não forem prestar depoimentos,

---

i   Sobre a exegese do art. 368 do Código de Processo Civil, ver TUCCI, José Rogério Cruz e. **Comentários ao Código de Processo Civil**. 2. ed. São Paulo: Saraiva, 2017. p. 348-ss.

a possibilidade de participar da audiência por meio do link *disponibilizado para o ato* por meio de videoconferência.

A Resolução CNJ n. 341/2020, por sua vez, prevê que os tribunais deverão disponibilizar salas para a realização de atos processuais, especialmente depoimentos de partes, testemunhas e outros colaboradores da justiça por sistema de videoconferência em todos os fóruns, garantindo a adequação dos meios tecnológicos aptos a dar efetividade ao disposto no art. 7º do Código de Processo Civil. Caminha-se, aqui, na trilha aberta pelo art. 198 do Código de Processo Civil, segundo o qual as unidades do Poder Judiciário deverão manter gratuitamente, à disposição dos interessados, equipamentos necessários à prática de atos processuais e à consulta e ao acesso ao sistema e aos documentos dele constantes[i].

A mesma Resolução CNJ n. 341/2020, no § 3º do seu art. 1º, prevê que as salas para colheita da prova oral por meio de videoconferência deverão, preferencialmente, estar localizadas nos andares térreos, de modo a facilitar a acessibilidade e a evitar o fluxo de pessoas nos elevadores e demais andares dos fóruns. Trata-se de comando que densifica o constante do art. 199 do Código de Processo Civil, o qual estabelece que as unidades do Poder Judiciário assegurarão às pessoas com deficiência acessibilidade ao meio eletrônico de prática de atos judiciais[ii].

---

i   Vale lembrar, com Marcelo Abelha Rodrigues, que também o § 2º do art. 453 do Código de Processo Civil antes referido caminha nessa mesma direção, como norma que tem como destinatário a administração da justiça (in ALVIM, Teresa Arruda; DIDIER JR, Fredie; TALAMINI, Eduardo; DANTAS, Bruno. **Breves comentários ao Novo Código de Processo Civil**. São Paulo: Revista dos Tribunais, 2015. p. 1152).

ii   Acompanha-se, aqui, o pensamento de Pedro da Silva Dinamarco no ponto em que refere que "ao implementar suas plataformas dos processos eletrônicos, os tribunais devem se esforçar ao máximo para eliminar as barreiras tecnológicas que possam dificultar o acesso aos autos por pessoas com alguma deficiência ou dificuldade específica, de modo a propiciar sua plena inclusão na sociedade e, com isso, valorizar a dignidade humana" (DINAMARCO, Pedro da Silva. **Comentários ao Código de Processo Civil**. v. IV. São Paulo: Saraiva, 2020. p. 70). Relacionando o tema da acessibilidade à preocupação com a paridade de tratamento das partes, ver as considerações feitas por PEREIRA FILHO, Benedito Cerezzo in ALVIM, Angélica Arruda; ASSIS, Araken de; ALVIM, Eduardo Arruda; LEITE, George Salomão (Coords.). **Comentários ao Código de Processo Civil**. 2. ed. São Paulo: Saraiva, 2017. p. 289-ss.

Outro ponto a destacar envolvendo o compromisso do Poder Judiciário com vistas à oferta de prestações necessárias à implementação de audiências de instrução por videoconferência consta do art. 3º da Resolução CNJ n. 341/2020, o qual, por sua vez, determina que a secretaria do juízo ou do tribunal deverá especificar nas intimações o endereço físico e a localização da sala prevista no art. 1º supracitado para aqueles que forem prestar depoimentos. A política em questão está em linha com os desafios que se situam na fronteira da regra geral constante do art. 217 do Código de Processo Civil[i], bem como com o disposto na Resolução CNJ n. 314/2020, cujo art. 6º, § 3º, prevê que as audiências em primeiro grau de jurisdição por meio de videoconferência devem considerar as dificuldades de intimação de partes e testemunhas, realizando-se esses atos somente quando for possível a participação, vedada a atribuição de responsabilidade aos advogados e procuradores em providenciarem o comparecimento de partes e testemunhas a qualquer localidade fora de prédios oficiais do Poder Judiciário para participação em atos virtuais.

O art. 5º da Resolução CNJ n. 354/2020 prevê que os advogados, públicos e privados, e os membros do Ministério Público poderão requerer a participação própria ou de seus representados por videoconferência. O § 1º do citado comando normativo dita que no interesse de partes, advogados, públicos ou privados, ou membros do Ministério Público, que não atuarem frequentemente perante o juízo, o requerimento será instruído por cópia do documento de identidade, e o § 2º, por sua vez, estabelece que o deferimento da participação por videoconferência depende de viabilidade técnica e de juízo de conveniência pelo magistrado. Curiosa, contudo, é a regra do art. 5º, § 3º, da Resolução CNJ n. 354/2020, que dispõe no sentido de ser ônus do requerente comparecer na sede do juízo, em caso de indeferimento ou de falta de análise do requerimento de participação por videoconferência, uma vez que, em sua última parte, predispõe uma solução a ser considerada na equiparação entre o falar do juiz em suas decisões e se silêncio em face do pleiteado pela parte, o que é de duvidosa validade em se considerando tal fórmula ser estabelecida em âmbito infralegal.

De acordo com o § 2º do art. 1º da Resolução CNJ n. 341/2020, deverão ser designados servidores para acompanhar a videoconferência na sede da unidade judiciária, que serão responsáveis pela verificação

---

i   Tratando os atos praticados no contexto da videoconferência como atos internos, ver DINAMARCO, Pedro da Silva. **Comentários ao Código de Processo Civil**. v. IV. São Paulo: Saraiva, 2020. p. 112.

da regularidade do ato, pela identificação e garantia da incomunicabilidade entre as testemunhas, quando for o caso, dentre outras medidas necessárias para realização válida do ato. O ponto é também regulado no art. 7º, inciso II, da Resolução CNJ n. 354/2020, a qual dispõe que as testemunhas serão inquiridas cada uma de per si, de modo que umas não saibam nem ouçam os depoimentos umas das outras. Em ambos os comandos, o que se busca é aparelhar o sistema de modo a viabilizar o cumprimento ao determinado pelo art. 456 do Código de Processo Civil, de modo que o relato sobre as percepções vivenciadas pela testemunha não acabe sofrendo algum tipo de interferência ou interpolação em função do conhecimento dela em relação a outras narrativas sobre a mesma realidade investigada[i].

Por fim, mas não menos importante, o art. 7º, inciso VII, da Resolução CNJ n. 354/2020 prevê que, a critério do juiz e em decisão fundamentada, poderão ser repetidos os atos processuais dos quais as partes, as testemunhas ou os advogados não tenham conseguido participar em virtude de obstáculos de natureza técnica, desde que devidamente justificados. Assume-se, aqui, que a fórmula infralegal busca dar concretude ao constante do art. 197, parágrafo único, do Código de Processo Civil em um contexto específico, de modo que razões estranhas à vontade da parte não se transformem em obstáculos capazes de impor prejuízo a um sujeito que envida esforços com o intuito de trazer aportes à investigação dos autos.

---

i   Não se concorda, no ponto, com Marcelo Abelha Rodrigues, para quem as testemunhas "devem ser ouvidas separadamente porque isso evita que uma testemunha fique constrangida de depor por causa de outra testemunha, resguardando a originalidade e veracidade dos depoimentos", entendendo o citado autor que "haveria uma desnecessária e provável inibição, sem contar a possibilidade de tumulto, se testemunhas do autor e do réu pudessem ouvir os testemunhos alheios" (in ALVIM, Teresa Arruda; DIDIER JR, Fredie; TALAMINI, Eduardo; DANTAS, Bruno. **Breves comentários ao Novo Código de Processo Civil**. São Paulo: Revista dos Tribunais, 2015. 1157-1158). Melhor, no ponto, o entendimento de DELLORE, Luiz, in GAJARDONI, Fernando; DELLORE, Luiz; ROQUE, Andre Vasconcelos; OLIVEIRA JR, Zulmar Duarte de. **Processo de conhecimento e cumprimento da sentença**: comentários ao CPC de 2015. 2. ed. São Paulo: Método, 2018. p. 457.

5
Em sede de conclusão

Presente o cenário acima descrito, observa-se que a mínima normatização estabelecida pelo legislador infraconstitucional na regulamentação de oitiva de testemunhas em audiências realizadas por videoconferência no âmbito cível é equivalente a um ruído mínimo em um ambiente que beira ao silêncio absoluto. O vácuo deixado pelo legislador vem sendo preenchido por atos normativos infralegais editados pelo Conselho Nacional de Justiça e pelos tribunais locais, os quais, no afã de organizar a força de trabalho envolvida em tal contexto, acabam, não raro, por transbordar os limites do que lhes é permitido, de modo a estabelecer direitos, deveres, ônus e faculdades às partes, o que só seria dado ao resultado das casas do Poder Legislativo.

A teia de regulamentação infralegal antes mencionada vem abrindo trilhas a serem exploradas, algumas das quais se mostram seguras por diversas razões. Um primeiro grupo, que não envolve maior problemática, é o das normas infralegais que simplesmente replicam o pouco disposto pelo legislador, ou que buscam traduzir uma leitura sistemática do todo normativo construído no âmbito legal. Outra, que é a mais desafiadora, é a que envolve a edição de normas infralegais que não espelham qualquer normatividade legal anterior, mas veiculam fórmulas sintonizadas com o direito fundamental à prova. A eficácia imediata associada a direitos fundamentais faz com que o silêncio do legislador não possa ser interpretado como um obstáculo em desfavor da parte que busque lançar mão da prova testemunhal no contexto da audiência por videoconferência e não encontre balizas legais que lhe digam como proceder. Sob o signo do direito fundamental à prova, as trilhas abertas no meio do desconhecido através de atos infralegais são transformadas em estradas pavimentadas naquilo em que revelam fórmulas eficientes com vistas a viabilizar a oitiva de testemunhas, e são fechados aqueles outros caminhos que se constituam em obstáculos à tutela dos jurisdicionados.

Referências

APRIGLIANO, R. de C. **Comentários ao Código de Processo Civil**. São Paulo: Saraiva, 2020. v. VIII. tomo I.

ALVIM, A. A.; ASSIS, A. de; ALVIM, E. A.; LEITE, G. S. (Coord.). **Comentários ao Código de Processo Civil**. 2. ed. São Paulo: Saraiva, 2017.

ALVIM, T. A.; DIDIER JR, F.; TALAMINI, E.; DANTAS, B. **Breves comentários ao Novo Código de Processo Civil**. São Paulo: Revista dos Tribunais, 2015.

CAMPOS, E. L. C. **O princípio da eficiência no processo civil brasileiro**. Rio de Janeiro: Forense, 2018.

DINAMARCO, P. da S. **Comentários ao Código de Processo Civil**. São Paulo: Saraiva, 2020. v. IV.

GAJARDONI, F.; DELLORE, L.; ROQUE, A. V.; OLIVEIRA JR, Z. D. de. **Processo de conhecimento e cumprimento da sentença**: comentários ao CPC de 2015. 2. ed. São Paulo: Método, 2018.

JOBIM, M. F. **As funções da eficiência no processo civil brasileiro**. São Paulo: Revista dos Tribunais, 2018.

MARINONI, L. G.; ARENHART, S. C. **Prova e convicção**. 3. ed. São Paulo: Revista dos Tribunais, 2015.

REICHELT, L. A. **A prova no direito processual civil**. Porto Alegre: Livraria do Advogado, 2009.

REICHELT, L. A. O direito fundamental à prova e os desafios relativos à sua concretização no novo Código de Processo Civil brasileiro. **Revista de Processo**, v. 267, p. 197-210, maio 2017.

REICHELT, L. A. O direito fundamental à prova e os poderes instrutórios do juiz. **Revista de Processo**, v. 281, p.171-185, jul. 2018.

SARLET, I. W. **A eficácia dos direitos fundamentais**: uma teoria geral dos direitos fundamentais na perspectiva constitucional. 13. ed. Porto Alegre: Livraria do Advogado, 2018.

TUCCI, J. R. C. **Comentários ao Código de Processo Civil**. 2. ed. São Paulo: Saraiva, 2017.

Apêndice

DIREITO FUNDAMENTAL À PROVA E O REGIME JURÍDICO APLICÁVEL À OITIVA DE TESTEMUNHAS EM AUDIÊNCIAS POR VIDEOCONFERÊNCIA NO ÂMBITO DA JUSTIÇA CIVIL

Sumário. 1. Introdução. 2. Indicativos no sentido da crescente preocupação com a regulamentação dos atos processuais praticados em audiências virtuais de instrução no contexto do Poder Judiciário brasileiro. 3. O direito fundamental à prova como vetor de unidade do sistema jurídico processual civil brasileiro projetado com vistas à regulação da atividade de instrução: de baliza para controle de validade a mecanismo para a eficiência na realização de direitos das partes. 4. Direito fundamental à prova e a construção de um possível regime jurídico a ser aplicado no contexto da oitiva de testemunhas por videoconferência. 5. Em sede de conclusão. Referências.

Resumo. O presente artigo pretende analisar as linhas gerais do regime jurídico aplicável à oitiva de testemunhas em audiências por videoconferência no âmbito da Justiça Civil, mostrando a influência exercida pelo direito fundamental à prova na sua conformação.

Palavras-chave. Direitos fundamentais. Processo Civil. Prova. Testemunha. Audiência por videoconferência.

DERECHO FUNDAMENTAL A LA PRUEBA Y RÉGIMEN JURÍDICO APLICABLE A ESCUCHA TESTIGO EN AUDIENCIAS POR VIDEOCONFERENCIA EN EL ÁMBITO DE LA JUSTICIA CIVIL

Sumilla. *1. Introducción. 2. Indicativos en el sentido de la creciente preocupación por la regulación de los actos procesales practicados en audiencias de instrucción virtual en el contexto del Poder Judicial brasileño. 3. El derecho fundamental a la prueba como vector unitario del ordenamiento jurídico procesal civil brasileño diseñado con miras a regular la actividad de instrucción: de faro de control de validez a mecanismo de eficiencia en la realización de los derechos de las partes. 4. Derecho fundamental a la prueba y construcción de un posible régimen jurídico a aplicar en el contexto de la audiencia de testigos por videoconferencia. 5. Al finalizar. Referencias.*

Resumen. *El presente artículo se propone analizar las líneas generales del régimen jurídico aplicable a la comparecencia de testigos en audiencias por videoconferencia en el ámbito de la Justicia Civil, mostrando la influencia que ejerce el derecho fundamental a la prueba en su conformación.*

Palabras clave. *Derechos fundamentales. Proceso civil. Prueba. Testigo. Audiencia por videoconferencia.*

Artigo 7

Osservazioni sulla tutela costituzionale dei diritti dei consumatori

Marco Olivetti

Professore ordinario di Diritto costituzionale nella LUMSA di Roma, già componente della Commissione sulle riforme costituzionali nominata dal governo Letta (2013), della Commissione paritetica per l'attuazione dello Statuto speciale della Valle d'Aosta (2014-18) e delle commissioni di esperti governativi a supporto dell'autonomia differenziata. E' stato docente di diritto costituzionale alla facoltà di Giurisprudenza dell'Università di Foggia. Dal 1999 al 2001 è stato consulente del Ministro per le riforme costituzionali Antonio Maccanico. È editorialista del quotidiano Avvenire. E' autore di diversi volumi tra cui segnaliamo: La questione di fiducia nel sistema parlamentare italiano (Giuffrè 1996); Nuovi statuti e forma di governo delle Regioni (Il Mulino 2002); Messico (Il Mulino 2013); I diritti fondamentali. Lezioni (Grenzi 20015). E' inoltre autore di più di cento saggi su riviste giuridiche italiane e straniere.

1
Le ragioni di un ragionamento costituzionale sui diritti dei consumatori

Lo studio del diritto dei consumatori (inteso come diritto in senso oggettivo, dunque come settore di un determinato ordinamento giuridico statale o sovranazionale) o dei diritti dei consumatori (intesi come diritti soggettivi, dunque come pretese individuali o collettive tutelate giuridicamente), è stato condotto, nei singoli ordinamenti giuridici (nazionali e sovranazionali) in cui essi sono previsti, per lo più da esperti di diritto civile[i]. Forse anche per questo motivo esso ha talora lasciato in ombra un profilo che è venuto gradualmente acquisendo maggiore importanza nel costituzionalismo contemporaneo: la tutela *costituzionale* del consumatore.

Sono infatti ormai numerose le Carte costituzionali che contengono principi finalizzati a promuovere tale tutela e che in alcuni casi si spingono a proclamare i diritti del consumatore, anche se la maggioranza degli ordinamenti statali oggi vigenti si limita a regolare il nostro tema nella legislazione ordinaria, all'interno o all'esterno del Codice civile[ii].

Appare dunque legittimo sollevare il quesito sulla natura dei diritti dei consumatori dal punto di vista della teoria della Costituzione e della storia costituzionale, vale a dire chiedersi se essi possano o meno essere considerati come diritti fondamentali, nel senso in cui questa locuzione è utilizzata dai costituzionalisti nel nostro tempo, e come essi debbano essere inquadrati nella sistematica dei diritti fondamentali. Connessi a questo primo problema sono poi altri profili, relativi alle conseguenze derivanti dalla qualificazione dei diritti dei consumatori come diritti fondamentali, alla individuazione di quali fra

---

i   La letteratura sulla tutela del consumatore costituiva già 40 anni fa un "materiale bibliografico imponente" (come notava G. Alpa, Consumatore, tutela del, in **Novissimo Digesto Italiano**, Appendice, Utet, Torino, 1981, v. II, p. 516), il che è a maggior ragione vero oggi, anche considerato lo sviluppo del tema in ordinamenti cui esso era inizialmente rimasto estraneo. Le indicazioni poste all'inizio del saggio di Alpa ora citato sono un utilissimo punto di partenza per lo studio di questo problema.

ii   Può essere ritenuta intermedia fra le due citate la situazione in cui la tutela del consumatore è agganciata alla Costituzione mediante una giurisprudenza che la ritenga connessa a qualche principio costituzionale e le riconosca quindi uno *status* costituzionale implicito.

i molteplici diritti legislativi dei consumatori vadano definiti come diritti fondamentali e alle conseguenze che il riconoscimento di questi diritti come fondamentali produce sulla forma di Stato. Le ragioni che motivano questo studio sono dunque sia di ordine "formale" che di ordine "sostanziale".

2
Le ragioni formali

La ragione più immediata di un tentativo di analisi costituzionalistica dei c.d. diritti dei consumatori va ovviamente individuata nell'esistenza di disposizioni contenute negli atti normativi di rango costituzionale di vari Stati contemporanei, che prevedono espressamente la protezione di tali diritti o interessi. Tali previsioni, sconosciute alle Carte elaborate nel corso dei primi duecento anni di storia del costituzionalismo, sono divenute – a partire dalla Costituzione portoghese del 1976 e da quella spagnola del 1978 – un dato relativamente ricorrente (anche se non maggioritario) del costituzionalismo dell'ultimo mezzo secolo.

a) In alcuni casi, le disposizioni costituzionali si limitano a enunciare tale protezione in termini generali, senza precisarne in alcun modo il contenuto: è il caso dell'art. 5, nr. XXXII della Costituzione brasiliana del 1988 ("O Estado promoverá, na forma da lei, a defesa do consumidor")[i], dell'art. 46.5 della Costituzione della Lituania del 1991[ii] e dell'art. 38 della Carta dei diritti fondamentali dell'Unione europea[iii].

i   Peraltro la stessa Costituzione brasiliana integra lo scarno riferimento contenuto nell'art. 5-XXXII con altre disposizioni, come l'art. 150.5 ("La ley establecerá medidas para que los consumidores sean informados a cerca de los impuestos que incidan en mercancías y servicios") e l'art. 170 ("Art. 170. El orden económico, fundado en la valoración del trabajo humano y en la libre iniciativa, tiene por fin asegurar a todos una existencia digna, de acuerdo con los dictados de la Justicia Social, observando los siguientes principios: [...] defensa del consumidor").

ii   "Lo Stato difende gli interessi dei consumatori".

iii   Protezione dei consumatori – "Nelle politiche dell'Unione è assicurato un livello elevato di protezione dei consumatori". Come è noto, l'Unione europea non è uno Stato e la Carta dei diritti non è una Costituzione, né lo sono i trattati istitutivi. Tuttavia i trattati, e la

Era altresì il caso del testo originario della Costituzione portoghese del 1976[i], prima che le revisioni del 1989, del 1992, del 1997 e del 2004 introducessero e poi riformulassero l'attuale art. 60 ed è il caso della Costituzione turca del 1982[ii]. La laconicità di alcune di queste disposizioni si spiega talora con il rinvio della materia al legislatore ordinario, talaltra con la preesistenza di una disciplina di rango subcostituzionale: quest'ultimo era il caso dell'Unione europea al momento dell'adozione della Carta di Nizza, nel 1999-2000[iii].

Altri testi costituzionali, invece, riconoscono i diritti dei consumatori fra i diritti fondamentali o fra i principi fondamentali delle politiche pubbliche (*Staatszielen*, *principios rectores*) e delineano le caratteristiche principali della protezione da essi disposta: vari esempi saranno offerti nei paragrafi seguenti.

Carta, che dal 2009 è parte integrante di essi, svolgono nell'ordinamento dell'Unione europea una funzione equivalente a quella di una Costituzione in uno Stato. Inoltre le disposizioni europee sui diritti dei consumatori (e i documenti che le hanno precedute) hanno storicamente influenzato la redazione dei primi documenti costituzionali nazionali che hanno riconosciuto il principio della tutela del consumatore, come l'art. 51 della Costituzione spagnola del 1978.

i   Il testo del 1976 indicava la protezione del consumatore fra i "compiti prioritari dello Stato", menzionati nell'art. 81, stabilendo che "Imcumbe prioritariamente ao Estado: [...] m) proteger o consumidor, designadamente através do apio à criação de cooperativas e de associações de consumidores". Al tempo stesso l'art. 109 abilitava lo Stato ad intervenire nella formazione e nel controllo dei prezzi e vietava la pubblicità "dolosa", mentre l'art. 84 sviluppava il principio cooperativistico, cui l'art. 81 lett. m) collegava la tutela dei consumatori. La riforma costituzionale del 1982 ha poi cambiato la collocazione (dalla lettera m alla lettera i) ed ha eliminato il riferimento alle cooperative e associazioni dei consumatori: il testo dell'art. 81 lett. i) era dunque "i) proteger o consumidor". La stessa riforma costituzionale ha inoltre modificato l'art. 109. Un'ulteriore revisione delle norme costituzionali sui consumatori è poi intervenuta nel 1997.

ii Il cui art. 172 stabilisce che "Lo Stato adotta misure per proteggere e informare i consumatori; incoraggia le loro iniziative per tutelare loro stessi". La generica menzione della protezione dei consumatori, collocata fra le finalità generali del sistema economico, si ritrova pure nell'art. 27.2 della Cost. dell'Egitto del 2014.

iii V. *infra* nr. 5.

b) L'assenza in un testo costituzionale di un riferimento alla protezione dei consumatori (questa situazione si verifica fra l'altro in Italia, in Francia e in Germania ed è largamente diffusa) non significa peraltro che tale ordinamento non preveda la relativa tutela: essa può essere collocata al livello della *legislazione ordinaria* pur in assenza di una base costituzionale espressa (è il caso, fra l'altro, di alcuni fra i più consolidati sistemi di protezione dei consumatori, quelli previsti in Francia e in Svezia).

Tuttavia può anche darsi il caso di una *protezione costituzionale implicita*, riconosciuta dalla giurisprudenza delle Corti costituzionali o supreme, sulla base di qualche clausola generale di apertura del catalogo costituzionale dei diritti[i] o sulla base di una interpretazione estensiva della libertà di iniziativa economica o dei limiti di questa o di alcune sue dimensioni, come la libertà della concorrenza. Quest'ultimo è fra l'altro il caso italiano, dato che la Corte costituzionale italiana ha da tempo affermato che i diritti dei consumatori trovano una base nella tutela costituzionale della concorrenza[ii].

c) La formale costituzionalizzazione della protezione dei consumatori svolge varie funzioni. In primo luogo vi è una *funzione politico-simbolica*, che consiste nel segnalare nel documento politico principale per l'identità di un popolo organizzato a Stato la rilevanza di un determinato

---

i   Clausole di questo tipo sono presenti in molte costituzioni contemporanee e offrono ai giudici uno strumento per aggiornare e integrare il catalogo dei diritti fondamentali scritto nella Costituzione.

ii   Si v. la sent. 223/1982, nella quale il nesso fra tutela della concorrenza e diritti dei consumatori è affermato implicitamente, cioè senza citare questi ultimi ("La libertà di concorrenza tra imprese ha, com'è noto, una duplice finalità: da un lato, integra la libertà di iniziativa economica che spetta nella stessa misura a tutti gli imprenditori e, dall'altro, é diretta alla protezione della collettività, in quanto l'esistenza di una pluralità di imprenditori, in concorrenza tra loro, giova a migliorare la qualità dei prodotti e a contenerne i prezzi") e la sent. n. 241/1990 in cui tale nesso è stato esplicitato ("la libertà di concorrenza ... è valore basilare della libertà di iniziativa economica, ed è funzionale alla protezione degli interessi della collettività dei consumatori"). Sul nesso fra libertà della concorrenza e tutela dei consumatori v. M. Giampieretti, *Art. 41*, in S. Bartole, R. Bin, *Commentario Breve alla Costituzione italiana*, Cedam, Padova, 2010, p. 428-430.

valore e contribuire così all'integrazione politica della comunità statale[i], anche attorno a quel valore.

Vi è però pure una funzione di maggior rilievo dal punto di vista giuridico, che può essere svolta anche qualora la costituzionalizzazione della tutela dei consumatori sia solo implicita: una volta inseriti in costituzione (o ritenuti protetti da essa) i diritti dei consumatori partecipano della idoneità del documento costituzionale a *conformare l'intero ordinamento giuridico*, essendo collocati nella fonte normativa suprema di quest'ultimo. In particolare un diritto o un principio costituzionale si impone alla legge ordinaria, che negli Stati liberaldemocratici è l'atto normativo competente a regolare in generale la vita di relazione[ii].

d) Al tempo stesso, un diritto previsto in Costituzione non è sottratto alla configurazione e neppure alla limitazione da parte della legge, pur tenuta anzitutto a concretizzarlo, ma – secondo le teorie dei diritti fondamentali prevalenti nella cultura contemporanea e accettate in molti tribunali costituzionali – la sua qualificazione come fondamentale impedisce che esso sia svuotato nel suo contenuto essenziale e richiede che esso sia limitato solo secondo la logica della proporzionalità. Anche qualora si preferisca la tesi secondo cui la protezione del consumatore è un principio oggettivo di rango costituzionale ma non un diritto (soggettivo) fondamentale, il suo valore costituzionale – ove riconosciuto in un dato ordinamento – rimane fermo e tale principio dovrà essere adeguatamente e ragionevolmente bilanciato con gli altri diritti, principi e valori costituzionali.

---

i   Nel senso in cui ne parla R. Smend, Verfassung und Verfassungsrecht (1928), in **Staatsrechtliche Abhandlungen und andere Aufsätze**, Duncker & Humblot, Berlin, 1955, p. 119-276, traduzione italiana Costituzione e diritto costituzionale, Giuffrè, Milano, 1928.

ii   Negli Stati politicamente decentrati, tale funzione è ripartita fra la legge nazionale (federale o statale) e quella locale (statale, cantonale, regionale, *autonómica*, secondo i casi e le denominazioni utilizzate). E' il caso, ad es., degli ordinamenti spagnolo ed italiano.

3
Le ragioni sostanziali

Alle ragioni "formali" appena evocate vanno aggiunte quelle di carattere, diciamo così, sostanziale, che attengono sia alla modificazione negli scorsi decenni della concezione dominante dei diritti fondamentali, sia al rilievo degli interessi che vengono protetti mediante il riconoscimento – espresso o implicito – dei diritti dei consumatori.

a) La ragione costituzionale principale che consente di dare inizio ad un ragionamento sui diritti dei consumatori è il superamento della teoria dei diritti pubblici soggettivi[i], che si era consolidata nel corso del XIX secolo e che era rimasta dominante sino alla metà del XX. Secondo tale teoria, i diritti fondamentali avevano come controparti o destinatari solo lo Stato e gli altri poteri pubblici, mentre i diritti regolanti i rapporti dei cittadini fra di loro rientravano nella "competenza" del diritto civile. Questa concezione, ovviamente, escluderebbe in radice i diritti dei consumatori da una analisi formulata nella prospettiva e con i metodi del diritto costituzionale, dato che i diritti dei consumatori non solo hanno la loro origine e la loro attuale *sedes materiae* nel diritto privato, ma strutturalmente hanno come controparte altri soggetti privati: si tratta dunque di diritti "orizzontali", non "verticali", come quelli che contrappongono il cittadino ai poteri pubblici. Si deve comunque ricordare che anche i diritti dei consumatori sono suscettibili di assumere una forma "verticale": è il caso in cui tali diritti siano riconosciuti a fronte di servizi pubblici erogati da enti pubblici[ii].

---

[i] Il frutto più maturo di questa dottrina è G. Jellinek, **Allgemeine Staatslehre**, III ed., Springer, Berlin, 1920, p. 409 ss.

[ii] Varie disposizioni citate più avanti nel testo estendono ai servizi pubblici la tutela del consumatore. L'art. 156 della Costituzione del Marocco del 2011 si limita invece a menzionare solo questa dimensione: "Les services publics sont à l'écoute de leurs usagers et assurent le suivi de leurs observations, propositions et doléances. Ils rendent compte de la gestion des deniers publics conformément à la législation en vigueur et sont soumis, à cet égard, aux obligations de contrôle et d'évaluation".

Tuttavia, la dottrina dei diritti pubblici soggettivi è da tempo ritenuta in buona parte superata[i] ed è oggi prevalente la tesi che da un lato tutti i diritti fondamentali abbiano – in maggiore o minor misura, secondo la loro natura – una efficacia anche orizzontale e dall'altro che i diritti fondamentali includano non solo i classici diritti pubblici soggettivi, ma anche dei diritti che hanno come principale destinatario un soggetto privato, come accade nel caso dei diritti dei consumatori. Pertanto, a fronte del riconoscimento costituzionale dei diritti o degli interessi dei consumatori, è legittimo porre la questione della loro natura dal punto di vista costituzionale, vale a dire della possibilità di qualificarli come diritti fondamentali.

b) Ma vi è una seconda ragione che induce a richiamare l'attenzione del costituzionalista sui diritti dei consumatori: questi ultimi, come si vedrà fra breve, hanno da un lato carattere strumentale (informazione, educazione, parità contrattuale, ecc.) ma dall'altro presentano carattere finale o sostantivo. La tutela del consumatore mira infatti a proteggere beni o interessi che hanno sicuro pregio costituzionale, sia in quanto attengono alla protezione di rilevanti dimensioni della vita individuale, sia in quanto sono spesso direttamente protetti anche da altre disposizioni contenute nelle Costituzioni più recenti: è il caso dei diritti dei consumatori alla salute, alla alimentazione e alla sicurezza. Si tratta dunque di chiarire se la protezione del consumatore costituisca una dimensione autonoma rispetto a tali diritti fondamentali o se ne costituisca una specificazione, nell'ambito dei contratti conclusi dai consumatori.

Se si riconosce la legittimità di un discorso costituzionale sui diritti dei consumatori, si pone allora l'esigenza di situare questo tema nel quadro dei diritti costituzionalmente garantiti e nella loro sistematica. Da questo punto di vista emerge subito una pluralità di dimensioni che devono essere messe in evidenza e che consentono di illuminare da diverse angolature il nostro tema.

---

i   Per l'espresso abbandono di tale impostazione si può vedere l'art. 18 della Costituzione portoghese del 1976, secondo il quale i diritti fondamentali vincolano le autorità pubbliche e private.

4
Chi è il consumatore?

I diritti del consumatore e la tutela dei suoi interessi richiedono una definizione del *concetto di consumatore*. E' ovvio il riferimento all'atto del consumo e quindi da un lato alla conclusione di contratti finalizzati all'acquisizione di beni o servizi da parte di un soggetto e dall'altro alla parte più debole del rapporto contrattuale, che viene tutelata anche limitando l'autonomia privata dell'altra parte contrattuale. Il diritto dell'Unione europea, pur muovendosi in questa prospettiva, ha ulteriormente ristretto la sfera di applicabilità della nozione di consumatore, muovendo da una netta dicotomia fra consumatore e imprenditore/professionista. I contratti del consumatore ai quali si applicano i diritti dei consumatori sono dunque soltanto quelli conclusi da persone fisiche con soggetti svolgenti attività imprenditoriali. Centrale è dunque la definizione della nozione di imprenditore/professionista, dovendosi intendere per tale colui che svolge professionalmente un'attività economica volta alla prestazione di beni e servizi.

Ne risulta una doppia esclusione: da un lato i contratti conclusi fra persone fisiche nessuna delle quali stia svolgendo una attività imprenditoriale (ad es. la vendita di un appartamento fra privati) e dall'altro i contratti – pur astrattamente suscettibili di essere attratti nella tutela del consumatore – conclusi fra un imprenditore ed un altro imprenditore (ad es. l'acquisto di un computer per il suo studio da parte di un notaio), anche se occorre rilevare la tendenza recente alla estensione della tutela del consumatore ad alcuni imprenditori con caratteri particolari, quali le c.d. microimprese.

La Corte costituzionale italiana, nel giudicare della questione di legittimità costituzionale dell'art. 1469-*bis* del Codice civile, che limita alla persona fisica la tutela del consumatore (escludendone quindi le imprese), ha ritenuto ragionevole questa scelta del legislatore[i].

---

i   Nella sent. 469/2002 si legge che "la preferenza nell'accordare particolare protezione a coloro che agiscono in modo occasionale, saltuario e non professionale si dimostra non irragionevole allorché si consideri che la finalità della norma è proprio quella di tutelare i soggetti che secondo *l'id quod plerumque accidit* sono presumibilmente privi della necessaria competenza per negoziare; onde la logica conseguenza dell'esclusione dalla disciplina in esame di categorie di soggetti – quali quelle dei professionisti, dei piccoli imprenditori,

Dal punto di vista sociologico, il consumatore protetto dai diritti o principi in questione è il consumatore "medio". Ciò non esclude che norme particolari possano essere adottate per tutelare i consumatori vulnerabili (ad es. i bambini nel caso dei giocattoli) o categorie speciali di consumatori (ad es. gli acquirenti di pacchetti turistici) o i consumatori in forme speciali di commercio (come quello elettronico). Una prospettiva specifica – per la generalità che essa implica – è poi quella della tutela dei destinatari della pubblicità commerciale.

Inoltre si deve ricordare che se il soggetto tutelato è il singolo consumatore, un ruolo essenziale in questo ambito spetta alle associazioni od organizzazioni dei consumatori, cui tanto le disposizioni costituzionali quanto quelle legislative riconoscono un ruolo-chiave sia nella concretizzazione della tutela del consumatore, sia nella definizione degli standard di questa, sia, infine, nella stessa tutela giurisdizionale.

5
Quali diritti dei consumatori?

Le disposizioni costituzionali che prevedono i diritti dei consumatori usano il plurale (diritti), supponendo dunque che i diritti dei consumatori non siano riassumibili in una posizione giuridica soggettiva unitaria. Per la individuazione di quali siano i diritti dei consumatori, mentre alcune Costituzioni si astengono da qualunque elencazione, altre tentano di precisare il contenuto della tutela del consumatore, elencandone le dimensioni principali. Da tutte queste disposizioni e, ancor più, dalle leggi ordinarie che le hanno sviluppate, è possibile prendere spunto per ricostruire un catalogo dei diritti dei consumatori che oggi sono più frequentemente riconosciuti. L'elenco di maggiore interesse è forse quello elaborato dal diritto dell'Unione europea, nel cui ambito la tutela dei consumatori ha conosciuto un articolato sviluppo dagli anni settanta del secolo scorso ad oggi (uno sviluppo che ha senza dubbio

---

degli artigiani – che proprio per l'attività abitualmente svolta hanno cognizioni idonee per contrattare su un piano di parità. Una diversa scelta presupporrebbe logicamente che il piccolo imprenditore e l'artigiano, così come il professionista, siano sempre soggetti deboli anche quando contrattano a scopo di lucro in funzione dell'attività imprenditoriale o artigianale da essi svolta; il che contrasterebbe con lo spirito della direttiva e della conseguente normativa di attuazione".

condizionato l'adozione di alcune delle disposizioni costituzionali degli Stati membri dell'Unione).

Nello spazio giuridico europeo notevole rilievo hanno avuto alcune iniziative assunte sia dal Consiglio d'Europa che dalla Comunità economica europea negli anni settanta. Nel Consiglio d'Europa si devono ricordare la Carta di protezione dei consumatori approvata dall'Assemblea consultiva del Consiglio d'Europa il 17 maggio 1973. Si tratta tuttavia di un documento che non ha efficacia giuridica vincolante negli Stati membri del Consiglio d'Europa.

Nelle Comunità europee, anche se il Trattato di Roma del 1957 non conteneva nessuna disposizione dedicata specificamente alla tutela del consumatore, il Consiglio dei ministri della CEE approvò il 14 aprile 1975 una risoluzione recante un programma preliminare per una politica di protezione e informazione del consumatore (DOCE C 92 del 25 aprile 1975). L'art. 100 A del Trattato di Roma, inserito nel 1987 dall'Atto Unico Europeo, riconobbe quindi l'interesse del consumatore al livello del diritto primario della Comunità. Fu poi con il Trattato di Maastricht che la tutela del consumatore e dell'utente divenne una competenza della Comunità (art. 129 A, poi art. 153 TCE dopo la rinumerazione prevista dal Trattato di Amsterdam). In seguito alla ricodificazione del diritto primario dell'Unione nel Trattato di Lisbona, questa disposizione è ora collocata in forma immutata (salvo il riferimento all'Unione in luogo della Comunità) nell'art. 169.1 del Trattato sul Funzionamento dell'Unione europea:

> *Al fine di promuovere gli interessi dei consumatori ed assicurare un livello elevato di protezione dei consumatori, l'Unione contribuisce a tutelare la salute, la sicurezza e gli interessi economici dei consumatori nonché a promuovere il loro diritto all'informazione, all'educazione e all'organizzazione per la salvaguardia dei propri interessi.*

Nell'ordinamento delle Comunità europee e oggi in quello dell' Unione europea si è così innestato uno sviluppo normativo molto rilevante[i], il cui attuale punto di arrivo consente di mettere in evidenza i seguenti diritti dei consumatori:

---

i   Per un elenco degli atti normativi comunitari rilevanti a questo scopo, v. fra gli altri A. Pace, *I diritti del consumatore: una nuova generazione di diritti*, in *Diritto e società*, 2010, p. 124 ss.

a. la tutela della salute;

b. la sicurezza e qualità dei prodotti e dei servizi;

c. l'adeguata informazione e la corretta pubblicità;

d. l'educazione al consumo;

e. la correttezza, la trasparenza e l'equità nei rapporti contrattuali;

f. la promozione dell'associazionismo tra consumatori ed utenti;

g. l'erogazione dei servizi pubblici secondo standard di qualità ed efficienza;

Come si può vedere da questo elenco, si tratta di una categoria di diritti eterogenea e in evoluzione[i]. Il *corpus* normativo che costituisce il diritto dei consumatori è d'altra parte composto nei vari ordinamenti giuridici da una disciplina generale e da una serie di norme speciali, applicabili ai singoli settori.

Più in generale, tale *corpus* normativo, nei vari ordinamenti, è composto da un principio generale (la tutela del consumatore), da alcuni diritti che rivestono particolare importanza nella disciplina della materia e che per questo sono talora definiti come diritti fondamentali dei consumatori e da una serie di regole più specifiche, generali o di settore.

---

i   A. Torrente, P. Schlesinger, **Manuale di diritto privato**, Giuffrè, Milano, ed. 2016, p. 715. Per un quadro sulla legislazione italiana, sviluppatasi come attuazione del diritto comunitario (senza particolari elementi di originalità), si v.: G. De Cristofaro, Il "Codice del consumo" (d.lgs. 6 settembre 2005, n. 206, pubblicato sulla Gazzetta Ufficiale, n. 235, dell'8 ottobre 2005, s.o. n. 162), in **Le Nuove Leggi Civili commentate**, 2006, p. 747-818; v.: Franceschelli, **Diritto privato**, Giuffrè, Milano, 2016, p. 781 ss.; G. Capo, Codice del consumo, in **Enciclopedia del Diritto**, Annali, 2014, p. 211-226;

6
La collocazione dei diritti dei consumatori nella sistematica dei diritti fondamentali

Se il nucleo fondamentale della tutela del consumatore può essere sintetizzato come si è appena visto, occorre allora collocare queste norme nel sistema dei diritti fondamentali riconosciuti dalle principali costituzioni contemporanee e, in particolare, occorre chiedersi se la tutela del consumatore vada ricondotta alla logica delle libertà civili, a quella delle libertà economiche o a quella dei diritti sociali; in altre parole, si tratta di chiedersi se la protezione dei consumatori sia un principio proprio dello Stato liberale o dello Stato sociale. E' ben vero, infatti, che i due modelli di Stato ora evocati non esistono oggi allo stato puro – l'uno senza l'altro – e che la forma di Stato oggi dominante costituisce piuttosto una ibridazione – con diversi possibili equilibri – dei principi liberali con quelli sociali. Ma la esatta collocazione del nostro tema non è irrilevante, né priva di conseguenze pratiche.

E' largamente noto che i diritti dei consumatori erano rimasti estranei sia alle Carte costituzionali di epoca liberale che a quelle del costituzionalismo sociale tanto europeo, quanto latino-americano, adottate negli anni centrali del novecento[i]. In alcune di queste ultime è invero possibile scorgere tracce della c.d. tutela del consumo, più che del consumatore, come le disposizioni contenute in alcune Costituzioni di lingua spagnola in cui si ritrova un impegno a sostenere le cooperative di produzione e di consumo[ii] o a contrastare l'accaparramento e

---

i   Ci si riferisce qui alle Costituzioni adottate nel periodo compreso fra il primo dopoguerra (Costituzione messicana del 1917 e Costituzione di Weimar del 1919) e il decennio successivo alla seconda guerra mondiale.

ii   E' il caso dell'art. 56 della Cost. peruviana del 1920, dell'art. 171 della Costituzione federale centro-americana del 1921 (che aveva previsto la creazione di un Istituto di riforma sociale incaricato, fra l'altro di sostenere le cooperative di consumo) dell'art. 47 della Cost. spagnola del 1931, dell'art. 75 della Cost. cubana del 1940, dell'art. 66 della Cost. guatemalteca del 1945, degli art. 95 e 229 della Costituzione panamense del 1946 e degli art. 130 e 131 della Cost. dell'Honduras del 1957. L'art. 32, n. 8, della Cost. venezuelana del 1936 aveva previsto la creazione di un Consiglio dell'economia nazionale, "constituido

l'alterazione artificiale dei prezzi[i] Ma i cenni al "consumatore" rimanevano sporadici[ii] nei pur estesi elenchi dei diritti sociali consolidatisi durante tale periodo, che non identificavano gli interessi o i diritti dei consumatori come oggetto di tutela specifica.

7
La tutela dei consumatori come aspetto dello Stato sociale

Diverso è però l'approccio di alcune costituzioni più recenti. Già la disposizione che prevede la tutela dei consumatori nella Costituzione spagnola del 1978 – una delle prime a contenere disposizioni espresse sul tema che ci occupa, assieme alla Carta portoghese del 1976 – è stata letta dalla dottrina nella prospettiva dello Stato sociale, considerando la tutela costituzionale degli interessi dei consumatori come una manifestazione della clausola generale di socialità dello Stato (che nel caso spagnolo è menzionata nell'art. 1 della Costituzione del 1978)[iii],

---

por representantes de la población productora y de la consumidora, del capital y del trabajo, y de las profesiones liberales".

i   L'art. 15 della Cost. del Paraguay del 1940 aveva stabilito: "No se permitirán las combinaciones que tiendan al acaparamiento de artículos de consumo, al alza o la baja artificial de los precios y a impedir la libre concurrencia".

ii Nell'art. 255 della Cost. dell'Honduras del 1957 si può trovare uno dei primi casi di riconoscimento a livello costituzionale di una ancor generica "libertà di consumo". L'art. 252 di questa stessa Cost. si segnalava poi per un approccio molto moderno laddove stabiliva che "El sistema económico de Honduras debe inspirarse en principios de eficiencia en la producción y de justicia social en la distribución del ingreso nacional, y se basa en el reconocimiento y la coexistencia armónica de los factores e instituciones siguientes: / a) La empresa y la propiedad privada, y la empresa y la propiedad estatal y municipal; / b) El productor, el consumidor y el trabajador individual, y las asociaciones de productores, las sociedades de consumidores y los sindicatos de trabajadores; y / c) Las demás asociaciones reconocidas por la ley. / La ley determinará la forma y requisitos de constitución de dichas asociaciones".

iii M. Rebollo Puig, M. Izquierdo Carrasco, *Artículo 51*, in M.E. Casas Baamonde, M. Rodríguez-Piñero y Bravo-Ferrer (a cura

tanto por partir de una previa disegualdad de hecho, de la insuficiencia del individuo aislado para satisfacer sus necesidades en el mercado, de la precariedad de las declaraciones de una libertad meramente formal, como por aspirar a una igualdad y libertad reales mediante acciones colectivas[i].

In questa prospettiva la principale importanza della previsione costituzionale dei diritti o degli interessi dei consumatori consisterebbe nell'offrire una giustificazione per limitare i diritti fondamentali con il fine di proteggere tali diritti. Ciò sarebbe rilevante soprattutto per "giustificare limiti alla libertà di impresa, che è ciò in cui essenzialmente si traduce la protezione del consumatore", offrendo quindi uno strumento "formidabile" per giustificare l'intervento pubblico nell'economia[ii].

Più di recente, questa sottolineatura si ritrova nelle costituzioni "bolivariane", che hanno dato risalto a questi diritti, per lo più collocandoli fra i diritti sociali.

Invero, la Costituzione venezuelana del 1999 – la "capostipite" delle Costituzioni del "socialismo del XXI secolo" – dopo aver previsto nell'art. 113 la protezione del consumatore di fronte ai monopoli, ha stabilito nell'art 117 alcuni principi generali sulla tutela del consumatore[iii], ma le ha collocate nel capitolo dedicato ai diritti economici, anche se questo è configurato più con la finalità di permettere sensibili limitazioni alle tradizionali libertà economiche che a proteggerle dall'invadenza statale.

---

di), **Comentarios a la Constitutición española**: XXX aniversario, Fundación Wolters Kluwer España, Las Rozas-Madrid, 2008, p. 1138.

i   Rebollo, La actividad administrativa de limitación y la ley general para la defensa de los consumidores, in J.I. Font Galán, F. López Menudo (a cura di), **Curso sobre el nuevo derecho del consumidor**, INC, Madrid, 1990, p. 365.

ii M. Rebollo Puig, M. Izquierdo Carrasco, **Artículo 51**, cit., p. 1142.

iii Todas las personas tendrán derecho a disponer de bienes y servicios de calidad, así como a una información adecuada y no engañosa sobre el contenido y características de los productos y servicios que consumen, a la libertad de elección y a un trato equitativo y digno. La ley establecerá los mecanismos necesarios para garantizar esos derechos, las normas de control de calidad y cantidad de bienes y servicios, los procedimientos de defensa del público consumidor, el resarcimiento de los daños ocasionados y las sanciones correspondientes por la violación de estos derechos(.

In seguito, le Costituzioni dell'Ecuador del 2008 e della Bolivia del 2009 hanno situato nettamente i diritti dei consumatori fra i diritti che per lo più sono classificabili come sociali.

La Costituzione ecuadoriana del 2008 dedica ai diritti dei consumatori e degli utenti una apposita sezione (la nona) del capitolo III del titolo II (dedicato ai diritti). Il capitolo III protegge i "derechos de las personas y grupos de atención prioritaria", che può essere ritenuto un altro modo di definire i diritti dei soggetti deboli, vale a dire una prospettiva particolare per guardare ai diritti sociali. La "Sección novena – Personas usuarias y consumidoras" contiene quattro articoli, i quali: (a) riconoscono al consumatore il diritto ad accedere a beni e servizi di qualità e a sceglierli liberamente, sulla base di una informazione precisa e non ingannevole[i]; (b) impegnano il legislatore a prevedere meccanismi di controllo della qualità e meccanismi di difesa del consumatore, compreso il risarcimento dei danni[ii]; (c) vincolano le imprese che prestano servizi pubblici a predisporre sistemi di valutazione della soddisfazione dei clienti e di attenzione e riparazione[iii]; (d) prevedono la responsabilità civile e penale per la prestazione di servizi pubblici

---

i   "Art. 52. Las personas tienen derecho a disponer de bienes y servicios de óptima calidad y a elegirlos con libertad, así como a una información precisa y no engañosa sobre su contenido y características."

ii "Art. 52.2 La ley establecerá los mecanismos de control de calidad y los procedimientos de defensa de las consumidoras y consumidores; y las sanciones por vulneración de estos derechos, la reparación e indemnización por deficiencias, daños o mala calidad de bienes y servicios, y por la interrupción de los servicios públicos que no fuera ocasionada por caso fortuito o fuerza mayor."

iii "Art. 53. Las empresas, instituciones y organismos que presten servicios públicos deberán incorporar sistemas de medición de satisfacción de las personas usuarias y consumidoras, y poner en práctica sistemas de atención y reparación. El Estado responderá civilmente por los daños y perjuicios causados a las personas por negligencia y descuido en la atención de los servicios públicos que estén a su cargo, y por la carencia de servicios que hayan sido pagados."

difettosi[i]; (e) riconoscono infine il diritto a costituire associazioni per la promozione dei diritti dei consumatori[ii].

Una prospettiva analoga – anche se forse un po' meno netta – è quella accolta dalla Costituzione boliviana del 2009, la quale riconosce i diritti dei consumatori in una apposita sezione (la decima) del capitolo quinto, da essa dedicato ai diritti sociali ed economici. Tale sezione, intitolata "derechos de las usuarias y los usuarios y de las consumidoras y los consumidores", si compone degli articoli 75 e 76, i quali garantiscono i diritti dei consumatori, rispettivamente, in generale[iii] e nel sistema dei trasporti[iv]. Come si può vedere, in queste disposizioni sono previsti obblighi e responsabilità per i produttori di beni e per i prestatori di servizi, ma non obblighi prestazionali specifici. E' poi sottolineata la dimensione della responsabilità civile per danni o interruzione dei servizi.

In una prospettiva simile sembra muoversi anche la Costituzione messicana del 1917, nella quale nel 1983 sono state inserite alcune disposizioni (poi ulteriormente revisionate in seguito) le quali prevedono la

---

i "Art. 54. Las personas o entidades que presten servicios públicos o que produzcan o comercialicen bienes de consumo, serán responsables civil y penalmente por la deficiente prestación del servicio, por la calidad defectuosa del producto, o cuando sus condiciones no estén de acuerdo con la publicidad efectuada o con la descripción que incorpore. Las personas serán responsables por la mala práctica en el ejercicio de su profesión, arte u oficio, en especial aquella que ponga en riesgo la integridad o la vida de las personas."

ii "Art. 55. Las personas usuarias y consumidoras podrán constituir asociaciones que promuevan la información y educación sobre sus derechos, y las representen y defiendan ante las autoridades judiciales o administrativas.
Para el ejercicio de este u otros derechos, nadie será obligado a asociarse."

iii "Art. 75. Las usuarias y los usuarios y las consumidoras y los consumidores gozan de los siguientes derechos: / 1. Al suministro de alimentos, fármacos y productos en general, en condiciones de inocuidad, calidad, y cantidad disponible adecuada y suficiente, con prestación eficiente y oportuna del suministro. / 2. A la información fidedigna sobre las características y contenidos de los productos que consuman y servicios que utilicen."

iv "Art. 76. I. El Estado garantiza el acceso a un sistema de transporte integral en sus diversas modalidades. La ley determinará que el sistema de transporte sea eficiente y eficaz, y que genere beneficios a los usuarios y a los proveedores […]."

tutela del consumatore, individuando però come modalità principale
di tale tutela la lotta alle distorsioni del mercato finalizzate alla manipolazione dei prezzi[i]. Si tratta dunque di un approccio meno moderno,
che pur mirando a colpire alcune distorsioni del mercato, guarda a
quest'ultimo fenomeno dal punto di vista di un risultato "buono" o
"non cattivo" che ci si aspetta che esso produca, piuttosto che a tutelare
la libertà di contratto nel suo formarsi e nel suo svilupparsi.

8
La tutela dei consumatori come aspetto della libertà del mercato

Le tesi che riconducono la tutela dei consumatori alla clausola di socialità dello Stato e alla protezione dei soggetti deboli colgono indubbiamente un profilo importante del tema studiato in queste pagine.
Tuttavia, a nostro avviso, esse rischiano di deformarne la prospettiva
nel momento in cui guardano alla tutela del consumatore come ad un
limite ai diritti fondamentali in materia economica. Se ciò può essere
in parte accettato per i diritti sostanziali dei consumatori (salute, sicurezza, alimentazione), ci si può chiedere se i diritti procedurali dei consumatori (informazione, educazione, partecipazione) e più in generale

---

i   "Art. 28 [...] "la ley castigará severamente, y las autoridades perseguirán con eficacia, toda concentración o acaparamiento en una o pocas manos de artículos de consumo necesario y que tenga por objeto obtener el alza de los precios; todo acuerdo, procedimiento o combinación de los productores, industriales, comerciantes o empresarios de servicios, que de cualquier manera hagan, para evitar la libre concurrencia o la competencia entre sí o para obligar a los consumidores a pagar precios exagerados y, en general, todo lo que constituya una ventaja exclusiva indebida a favor de una o varias personas determinadas y con perjuicio del público en general o de alguna clase social.
Las leyes fijarán bases para que se señalen precios máximos a los artículos, materias o productos que se consideren necesarios para la economía nacional o el consumo popular, así como para imponer modalidades a la organización de la distribución de esos artículos, materias o productos, a fin de evitar que intermediaciones innecesarias o excesivas provoquen insuficiencia en el abasto, así como el alza de precios. La ley protegerá a los consumidores y propiciará su organización para el mejor cuidado de sus intereses" [...].

la tutela del consumatore nel suo insieme non debbano invece essere ricondotti allo stesso fenomeno del mercato e della sua regolazione.

In effetti, alcuni studiosi hanno guardato alla tutela dei consumatori come una manifestazione della tradizione liberale, ritenendola finalizzata alla eliminazione, o quantomeno alla riduzione, delle asimmetrie informative che caratterizzerebbero la contrattazione di massa e che determinerebbero pertanto un fallimento del mercato. Quest'ultimo, infatti, è una "istituzione sociale assai complessa e delicata, la quale non è sempre in grado di realizzare automaticamente da se stessa" il risultato ottimale consistente nell'incremento non solo del benessere individuale, ma anche di quello sociale della collettività[i]. La tutela del consumatore (almeno nel diritto comunitario dei contratti) ha dunque la finalità prevedere le regole necessarie a "ripristinare la sua autodeterminazione o sovranità economica, la quale si fonda sulla libertà di scegliere, fra le proposte alternative formulate dagli imprenditori, quella che risulti più vantaggiosa"[ii]. Oppure, detto in altri termini, il riconoscimento dei diritti o degli interessi dei consumatori, di fronte ad una parità solo formale nel rapporto di consumo avrebbe la funzione di ricostituire in parte una parità sostanziale (almeno come parità di *chances*), dovendo quindi essere letto come una concretizzazione del principio di eguaglianza, nella sua dimensione orizzontale.

Sempre in questa seconda prospettiva, anche se da una angolatura diversa, si può poi guardare alla tutela del consumatore (ad es. nei confronti delle distorsioni più gravi della concorrenza, come nei casi delle intese e delle concentrazioni, insomma del diritto antitrust) come una conseguenza necessaria di un mercato concorrenziale e quindi della cosiddetta libertà della concorrenza.

In effetti, sia nel diritto dell'Unione europea, sia in alcune costituzioni statali europee, i diritti dei consumatori sono un aspetto o una conseguenza della libertà economica (o libertà di iniziativa economica). Quest'ultima, infatti, viene oggi intesa come libertà di operare in un mercato concorrenziale e dunque come premessa della libertà della concorrenza: la tutela dei consumatori nasce come una sorta di *Reflexwirkung* di un mercato concorrenziale.

In questa prospettiva si muoveva anche il deputato liberale Guido Cortese, il quale nel 1947, durante i lavori dell'Assemblea costituente

---

i   P. Sirena, L'integrazione del diritto dei consumatori nella disciplina generale del contratto, in **Riv. Dir. Civ.**, 2004, p. 794-795.

ii   P. Sirena, **L'integrazione del diritto dei consumatori**, cit., p. 800-801.

italiana, presentò un emendamento, poi ritirato, che stabiliva che "la legge regola l'esercizio dell'attività economica al fine di difendere gli interessi e la libertà dei consumatori"[i].

Questo sembra essere anche lo spirito dell'art. 97 della Costituzione svizzera[ii], che si comprende appieno se lo si colloca nel sistema che esso concorre a comporre assieme alle disposizioni costituzionali che garantiscono la libertà economica (art. 94.1), alla ammissibilità di misure che minacciano la concorrenza solo ove esse siano previste dalla stessa Costituzione o fondate su regalìe cantonali (art. 94.3); al compito costituzionale della lotta contro le conseguenze economicamente e socialmente nocive dei cartelli e delle altre forme di limitazione della concorrenza (art. 96.1) e ai provvedimenti da prendersi contro la formazione di prezzi abusivi e contro la concorrenza sleale (art. 96.2). Ne risulta una protezione moderna della libertà economica che, a livello costituzionale, non ha forse termini di paragone fra le costituzioni degli Stati di democrazia consolidata.

In questa direzione si possono situare anche alcune Carte costituzionali dell'Europa post-comunista approvate negli anni novanta del secolo scorso, collocando la menzione dei diritti dei consumatori nel contesto della libertà economica e della libera concorrenza. Se le costituzioni della Romania (art. 134) e della Bulgaria (art. 19) si limitano a stabilire

---

i   Per la ricostruzione di questa vicenda (e del dibattito sul tema della concorrenza nell'Assemblea costituente italiana) si v.: M. Giampieretti, Il principio costituzionale di libera concorrenza: fondamenti, interpretazioni, applicazioni, in **Diritto e Società**, 2003, p. 487-ss.

ii   L'art. 97 dell'attuale Costituzione del 1999 riproduce il vecchio art. 31-sexies della Cost. del 1874, nella quale era stato introdotto da una riforma costituzionale approvata con referendum nel 1981 (la cui finalità, secondo J.-F. Aubert, Art. 97, in J.-F. Aubert, P. Mahon, **Petit commentaire de la Constitution fédérale de la Confédération suisse du 18 avril 1999**, Schulthess, Zürich, 2003, p. 756, era aumentare la trasparenza del mercato nei riguardi del consumatore). Il testo dell'art. 97 è il seguente: "1. La Confederazione prende provvedimenti a tutela dei consumatori. / 2. Emana prescrizioni sui mezzi giuridici di cui possono avvalersi le organizzazioni dei consumatori. Nel settore della legislazione federale sulla concorrenza sleale, queste organizzazioni dispongono degli stessi diritti che spettano alle associazioni professionali dei consumatori. / 3. I Cantoni prevedono una procedura di conciliazione o una procedura giudiziaria semplice e rapida per le controversie fino a un dato valore litigioso. Il Consiglio federale stabilisce tale limite". Il limite ora citato è attualmente fissato a 8000 franchi.

questi ultimi principi, la Costituzione della Lituania del 1991 precisa espressamente nell'art. 46.5 che "lo Stato difende gli interessi dei consumatori", subito dopo aver regolato – nei precedenti commi dell'art. 46 – la libera iniziativa economica e aver posto la proprietà a fondamento dell'economia lituana, vietando i monopoli e tutelando la libera concorrenza. Articolata e moderna è soprattutto la previsione contenuta nell'art. 76 della Costituzione della Polonia del 1997, ove è stabilito che "i poteri pubblici proteggono i consumatori, gli utenti e gli acquirenti contro le azioni che espongono al pericolo la loro salute e la loro vita privata e che minacciano la loro sicurezza e contro le pratiche sleali sul mercato. L'estensione di questa protezione è definita dalla legge". In questa disposizione la portata della tutela dei consumatori è da un lato collegata alla tutela di alcuni beni costituzionali specifici (salute, vita privata, sicurezza) e dall'altro inserita nel principio della libera concorrenza e del connesso disvalore della concorrenza sleale. Uno spirito analogo aleggia nell'art. 42 della Costituzione argentina, ove la protezione del consumatore è collegata all'obbligo posto in capo alle autorità pubbliche di provvedere alla "difesa della concorrenza contro ogni forma di distorsione dei mercati" e al "controllo dei monopoli naturali e legali", oltre che della "validità ed efficacia dei servizi pubblici"[i].

9
I diritti dei consumatori come diritti collettivi

Una ulteriore dimensione dei diritti dei consumatori potrebbe poi essere individuata nella loro natura di diritti collettivi. In effetti la Costituzione

---

i   A ciò si può aggiungere che, nel caso argentino, la costituzionalizzazione dei diritti dei consumatori da parte della riforma costituzionale del 1994 si inserisce in un contesto di valorizzazione del mercato e si contrappone in qualche modo all'interventismo statale nella vita economica dominante dagli anni trenta agli anni settanta del XX secolo e caratterizzato dalla alterazione delle logiche del mercato, mediante modificazione autoritativa di clausole contrattuali e regolazione dei prezzi fino alla obbligazione di contrattare (M.A. Gelli, Los derechos de usuarios y consumidores en la Constitución nacional, in Aa.Vv., **Comentarios a la reforma constitucional**, Asociación argentina de derecho constitucional, Buenos Aires, 1995, p. 217 e 218).

colombiana del 1991 li ha esplicitamente inquadrati in questa prospettiva, dato che l'art. 78 di tale Carta, relativo ai diritti dei consumatori, è collocato nel titolo relativo ai diritti collettivi e dell'ambiente[i].

La natura collettiva dei diritti dei consumatori è in effetti un dato non dubitabile: essi sono cioè diritti riconosciuti in ragione dell'appartenenza a questo gruppo di persone e solo secondariamente – cioè a seguito dell'assunzione della posizione di membro di quella categoria – anche diritti individuali. Essa è del resto ben visibile già nella origine di questi diritti, che nascono dalla diffusione della contrattazione di massa e dalla convinzione che questo fenomeno, data la sua serialità e la sua frammentazione, rendesse necessaria una tutela affidata soprattutto a strumenti collettivi. Occorre però rilevare che il profilo collettivo dei diritti dei consumatori non esclude che alla fine essi proteggano atti di consumo posti in essere anzitutto da singole persone, come si è sottolineato *supra* nel par. 3.

Ma la natura collettiva dei diritti dei consumatori risulta in maniera particolarmente evidente dal fatto che alcuni "diritti" o poteri sono riconosciuti ai consumatori in forma associata: in questi casi le costituzioni e le leggi investono sul ruolo dei consumatori come gruppo, al fine di far emergere a livello sociale i loro interessi collettivi, fino al punto da prevedere un supporto (anche finanziario) pubblico per le organizzazioni dei consumatori[ii] o da garantire la partecipazione

---

i   "Art. 78. La ley regulará el control de calidad de bienes y servicios ofrecidos y prestados a la comunidad, así como la información que debe suministrarse al público en su comercialización.
    Serán responsables, de acuerdo con la ley, quienes en la producción y en la comercialización de bienes y servicios, atenten contra la salud, la seguridad y el adecuado aprovisionamiento a consumidores y usuarios.
    El Estado garantizará la participación de las organizaciones de consumidores y usuarios en el estudio de las disposiciones que les conciernen. Para gozar de este derecho las organizaciones deben ser representativas y observar procedimientos democráticos internos."

ii Si v. ad es. l'art. 46 della Cost. thailandese del 2017: "The rights of a consumer shall be protected. /A person shall have the right to unite and form a consumer organisation to protect and safeguard the rights of consumers./ The consumer organisations under paragraph two have the right to unite and form and independent organisation to strengthen the protection and safeguarding of the rights of consumers with the support from the State. In this regard, the rules and procedure for the formation thereof, the power to represent consumer and the financial support from the State shall be provided by law".

delle organizzazioni dei consumatori e utenti allo studio delle disposizioni che le riguardano[i]. Talora questa rilevanza si estende al diritto di agire in giudizio, come risulta, ad es., dalla possibile tutela dei diritti di utenti e consumatori mediante il c.d. "amparo colectivo", in base all'art. 43 della Costituzione argentina[ii] e dalla "legittimazione processuale per la difesa dei loro associati o di interessi collettivi o diffusi" che l'art. 60, 3° co., della Cost. portoghese riconosce alle associazioni dei consumatori e alle cooperative di consumo, mentre l'art. 52, nr. 3 della stessa Cost. ha riconosciuto a tali associazioni l'accesso all'azione popolare[iii].

E' noto, del resto, che i diritti collettivi sono stati considerati come un esempio paradigmatico di diritti di terza generazione[iv], fra i quali i diritti dei consumatori dovrebbero essere annoverati, assieme al diritto all'ambiente, al diritto alla pace e al diritto allo sviluppo: quelli ora citati sono infatti tutti diritti aventi una rilevante dimensione collettiva, prevalente rispetto a quella individuale, che ne costituisce solo un riflesso.

---

i   Art. 78.3 Cost. Colombia, cit. *supra* nella nt. 40.

ii Si v. A. Gil Dominguez, Los derechos colectivos como derechos fundamentales, in G. J. Bidart Campos, A. Gil Domínguez (a cura di), **A una década de la reforma constitucional – 1994-2004**, Ediar, Buenos Aires, 2004, p. 211-ss.

iii La forma attuale dell'art. 52, n. 3 e dell'art. 97, 3° co., della Cost. portoghese si deve alla revisione costituzionale del 1997. Si v. al riguardo A. Sousa Pinheiro, M. J. de Brito Fernandes, **Comentario à IV Revisao Constitucional**, Asociaçao académica da Facultade de Direito Lisboa, Lisboa, 1999, p. 163 e 185-186.

iv In questo senso, mi pare, A. Pace, **I diritti del consumatore**, cit., p. 124 (ove, peraltro, si sottolinea che non si tratta di nuovi diritti, ma di diritti impliciti in diritti già riconosciuti). Sui diritti di terza generazione si v. K. Vasak, A 30-Years Struggle, in **Unesco Courier**, November 1977, p. 29 e Id.; Pour une troisiéme génératon des droits de l'homme, in **Etudes et Essais sur le droit international humanitaire et sur les principes de la Crois-Rouge en l'honneur de Jean Pictet**, Martinus Nijhoff, La Haye, 1984, p. 837-845.

10
I diritti dei consumatori come diritti di categorie di persone

Nel costituzionalismo contemporaneo l'universalismo, vale a dire la spettanza dei diritti umani (e talora anche dei diritti fondamentali) a *tutte* le persone, è stato spesso considerato una delle caratteristiche principali di tali diritti. Ma non pochi documenti sui diritti umani o fondamentali elaborati negli ultimi decenni a livello internazionale, sovranazionale o statale hanno incluso diritti riconosciuti non a tutte le persone, ma solo a categorie di persone: si è dunque iniziato a ragionare di diritti dei fanciulli, delle donne, delle persone disabili, degli omosessuali, degli anziani, dei contribuenti... ed è in questo contesto che possono essere collocati anche i diritti dei consumatori[i].

Ovviamente i diritti di categorie di persone possono essere distinti fra quelli che si riferiscono ad un *ruolo sociale mutevole*, del quale ciascuna persona è suscettibile di entrare a far parte in ogni momento (contribuenti e consumatori, appunto) e quelli che fanno riferimento ad una *condizione non mutabile* per una decisione soggettiva, ma che pre-determina la persona, in via definitiva o in una determinata fase della sua vita (il caso tipico è quello dei diritti delle persone disabili).

La protezione di diritti di categorie di persone appare giustificabile se ed in quanto essi non mirano a creare *status* differenziati all'interno della condizione giuridica generale del cittadino, ma proteggono le persone che si trovano in una determinata condizione o situazione sociale al fine di permettere loro il pieno esercizio delle libertà spettanti a tutti, rimuovendo gli ostacoli derivanti da una specifica situazione sociale. Ciò accade nel caso dei diritti dei consumatori, nel quale è protetta, più che una condizione specifica, un ruolo sociale, come si diceva, o una attività, che ciascun cittadino pone in essere nel corso della sua vita quotidiana.

---

i   Si v. il precedente della Cost. argentina (c.d. costituzione peronista) del 1949, ma anche la Cost. portoghese del 1976, quella spagnola del 1978 e la Carta dei diritti fondamentali dell'Unione europea.
Ciò risulta evidente anche nel fatto che – ad es. nel diritto dell'Unione europea e dei suoi stati membri – il consumatore è distinto da e contrapposto alla figura dell'imprenditore o del professionista.

11
La dimensione procedurale e quella sostantiva dei diritti dei consumatori

Come si è già accennato nelle pagine precedenti, i diritti dei consumatori sono disomogenei dal punto di vista dei beni da essi protetti. Essi sono accomunati essenzialmente dalla finalità di tutelare la posizione debole del loro titolare, il consumatore, ma, mentre alcuni di essi hanno natura sostantiva, in quanto proteggono un bene della vita umana (salute, sicurezza, alimentazione), altri hanno invece natura procedurale, nel senso che mirano a rafforzare la posizione contrattuale del consumatore, in modo da consentirgli di operare le scelte che lo riguardano sulla base di una posizione meno asimmetrica di quella in cui egli si troverebbe sulla base dei meri rapporti di forza economico-sociali.

Così rientrano fra i diritti dei consumatori una completa informazione precontrattuale[i] e, più in generale, una educazione al consumo[ii] consapevole e responsabile e gli stessi limiti alla pubblicità ingannevole, occulta o dolosa previsti dall'art. 60.2 della Costituzione portoghese. Possono essere considerati procedurali anche i diritti di partecipazione delle associazioni dei consumatori, come il diritto ad essere ascoltate e l'obbligo dello Stato di sostenerle (previsti dall'art. 60.3 della Costituzione portoghese).

La "bipolarità" ora ricordata – diritti sostantivi e diritti procedurali – è ben visibile nei primi due commi dell'art. 51 della Costituzione spagnola del 1978, il primo dei quali tutela beni sostanziali, mentre il secondo protegge beni procedurali, ed è sottolineata dagli interpreti della stessa[iii], che riprendono spunti desumibili dai lavori preparatori:

---

i   Si v. l'art. 51.2 della Cost. spagnola e l'art. 75 della Cost. boliviana.
ii Si v. l'art. 51.2 della Cost. spagnola.
iii Per una distinzione simile a quella proposta nel testo si v. L. M. Cazorla Prieto, Artículo 51, in F. Garrido Falla (a cura di), **Comentarios a la Constitucion española**, III ed. ampliata, Civitas, Madrid, 2001, p. 951; M. Rebollo Puig, M. Izquierdo Carrasco, Artículo 51, in M.E.Casas Baamonde, M. Rodríguez-Piñero y Bravo-Ferrer (a cura di), **Comentarios a la Constitutición española**: XXX aniversario, Fundación Wolters Kluwer España, Las Rozas-Madrid, 2008, p. 1138 ss. I commenti notano la disomogeneità del terzo comma ("3. En el marco de lo dispuesto por los apartados anteriores, la ley

> *1. Los poderes públicos garantizarán la defensa de los consumidores y usuarios, protegiendo, mediante procedimientos eficaces, la seguridad, la salud y los legítimos intereses económicos de los mismos.*
>
> *2. Los poderes públicos promoverán la información y la educación de los consumidores y usuarios, fomentarán sus organizaciones y oirán a éstas en las cuestiones que puedan afectar a aquéllos, en los términos que la ley establezca [...]*[i]

Questa impostazione della Costituzione spagnola è stata accolta dalle numerose costituzioni latino-americane che si sono ispirate ad essa nella costituzionalizzazione dei diritti dei consumatori, come il più volte citato art. 42 della Costituzione argentina del 1949 (riformata nel 1994), l'art. 46.5 della Costituzione costarricense del 1949 (riformata nel 1996)[ii] e l'art. 65 della Costituzione peruviana del 1993, dedicato alla "protección al consumidor"[iii].

Questi beni possono essere protetti anche incidendo sulla configurazione dei sistemi di risarcimento dei danni, che è invece menzionata come dimensione autonoma della tutela del consumatore dall'art. 60 della Costituzione portoghese del 1976 (nella quale tale

---

regulará el comercio interior y el régimen de autorización de productos comerciales") rispetto ai primi due.

[i] E' evidente l'influenza di questa disposizione sull'art. 42 della Costituzione argentina, approvato in occasione della riforma costituzionale del 1994, riportata in nota *supra*. La derivazione della norma costituzionale argentina da quella spagnola è sottolineata da G. Badeni, **Reforma constitucional e instituciones politicas**, Ad Hoc, Buenos Aires, 1994, p. 228.

[ii] "Los consumidores y usuarios tienen derechos a la protección de su salud, ambiente, seguriad e intereses económicos; a recibir información adecuada y veraz; a la libertad de elección y a un trato equitativo. El Estado apoyará a los organismos que ellos constituyan para la defensa de sus derechos. La ley regulará esas materias". Questo comma è stato introdotto dalla legge n. 29.5.1995, n. 7607.

[iii] "El Estado defiende el interés de los consumidores y usuarios. Para tal efecto garantiza el derecho a la información sobre los bienes y servicios que se encuentran a su disposición en el mercado. Asimismo vela, en particular, por la salud y la seguridad de la población."

disposizione è stata introdotta dall'art. 32 della riforma costituzionale del 1989[i]).

12
La ratio unificante della tutela costituzionale dei consumatori: una nuova freedom of contract?

Sulla base delle dimensioni sinora viste, che in vario modo contribuiscono a spiegare la tutela costituzionale del consumatore, occorre ricercare una *ratio* di fondo unificante, che individui il nucleo duro e al tempo stesso il contenuto minimo della tutela "costituzionale" dei consumatori. Si è visto che i diritti dei consumatori evocano da un lato alcuni beni giuridici (salute, sicurezza, legittimi interessi economici) e dall'altro prevedono beni strumentali o procedurali (informazione, educazione, associazionismo). Ma, a nostro avviso, nessuna di queste due dimensioni – pur rilevantissime nella strutturazione della tutela del consumatore – costituisce l'elemento su cui è possibile far leva per definire la natura dei diritti dei consumatori come diritti fondamentali.

Da un lato, tale contenuto non va tanto individuato nella tutela di alcuni beni giuridici di particolare pregio, già oggetto di altri diritti

---

i   Il 1° comma, introdotto appunto nel 1989, stabilisce che "Os consumidores têm direito a qualidade des bem e serviços consumidos, à formação e à informação, à protecção da saúde, da segurança e dos seus interesses económicos, bem como a reparação de danos". Il 2° ed il 3° comma sono stati introdotti dalla riforma costituzionale del 1992 e precisano: "2. A publicidade è disciplinada por lei, sendo prohibidas todas as formas de publicidade oculta, indirecta e ou dolosa. 3. As associaçoes de consumidores e as cooperativas de consumo têm direito, nos termos da lei, ao apoio do Estado e a ser ouvidas sobre as questões que digam respeito à defesa dos consumidores". Il terzo comma è stato poi corretto dalla riforma costituzionale del 1997, che lo ha sostituito col seguente: "3. As associações de consumidores e as cooperativas de consumo têm direito, nos termos da lei, ao apoio do Estado e a ser ouvidas sobre as questões que digam respeito à defesa dos consumidores, sendo-lhes reconhecida legitimidade processual para defesa dos seus associados ou de interesses colectivos ou difusos".

fondamentali, come quelli alla salute[i], ad un ambiente sano e alla sicurezza: piuttosto, tali diritti fondamentali trovano nei diritti dei consumatori un rafforzamento ed una tutela ulteriore ma i diritti dei consumatori non sono soltanto finalizzati a evitare lesioni di tali diritti.

Dall'altro i profili procedurali prima menzionati appaiono serventi rispetto ad un nucleo di tutela che va cercato altrove e che rimane talora in ombra nelle formulazioni costituzionali.

A nostro avviso, si può tentare di individuare il nucleo centrale della tutela del consumatore individuato in una *nuova libertà di contratto*: la tutela del consumatore consiste nel garantire che nella conclusione dei contratti volti ad acquisire sul mercato beni e servizi, (a) sia assicurata una effettiva (cioè consapevole, educata e informata) libertà di scelta; (b) sia garantita la qualità dei beni e servizi acquistati e (c) sia predisposta una gamma di tutele effettive (cioè specificamente e concretamente idonee) a fronte delle violazioni di tali due dimensioni.

Vari testi costituzionali offrono spunti in questa direzione.

a) La *libertà di scelta del consumatore* è espressamente riconosciuta nell'art. 42 della Costituzione argentina (in cui è stato inserito dalla riforma costituzionale del 1994)[ii] e nell'art. 46.5 della Costituzione del Costarica del 1949 (in cui tale disposizione è stata inserita da una

---

i   Alla tutela della salute, più che a quella del consumatore, va ricondotto a nostro avviso tutto il filone normativo volto a vietare la fabbricazione di prodotti pericolosi o rischiosi per la salute del consumatore.

ii "Los consumidores y usuarios de bienes y servicios tienen derecho, en la relación de consumo, a la protección de su salud, seguridad e intereses económicos; a una información adecuada y veraz; a la libertad de elección, y a condiciones de trato equitativo y digno.
Las autoridades proveerán a la protección de esos derechos, a la educación para el consumo, a la defensa de la competencia contra toda forma de distorsión de los mercados, al control de los monopolios naturales y legales, al de la calidad y eficiencia de los servicios públicos, y a la constitución de asociaciones de consumidores y de usuarios.
La legislación establecerá procedimientos eficaces para la prevención y solución de conflictos, y los marcos regulatorios de los servicios públicos de competencia nacional, previendo la necesaria participación de las asociaciones de consumidores y usuarios y de las provincias interesadas, en los organismos de control".

riforma del 1996)[i] ed è inoltre visibile nell'elencazione fra i diritti fondamentali del consumatore riconosciuti dall'Unione europea della correttezza, trasparenza ed equità dei rapporti contrattuali, così come nell'art. 61 della Cost. thailandese del 2017, ove si parla di protezione della "fair conclusion of contracts"[ii]. A supporto di tale libertà sono posti da un lato il diritto all'informazione del consumatore e dall'altro il divieto di pubblicità ingannevole, che si configura come un limite alla libertà di manifestazione del pensiero[iii].

b) Più diffuso, nei testi costituzionali, è il riconoscimento al *diritto a beni e servizi di qualità*. La sottolineatura dell'elemento qualitativo di beni e servizi come contenuto dei diritti dei consumatori traspare dall'art. 60 della Costituzione portoghese, oltre che dai testi costituzionali ecuadoriano e boliviano e dall'art. 119 lett. i) della Costituzione guatemalteca del 1993, la quale elenca, fra i "doveri fondamentali dello Stato": "i). La defensa de consumidores y usuarios en cuanto a la preservación de la calidad de los productos de consumo interno y de exportación para garantizarles su salud, seguridad y legítimos intereses

---

i   "Los consumidores y usuarios tienen derechos a la protección de su salud, ambiente, seguriad e intereses económicos; a recibir información adecuada y veraz; a la libertad de elección y a un trato equitativo. El Estado apoyará a los organismos que ellos constituyan para la defensa de sus derechos. La ley regulará esas materias". Questo comma è stato introdotto dalla legge n. 29.5.1995, n. 7607.

ii "The State shall provide efficient measures or mechanisms to protect and safeguard the rights of consumers in various aspects, which include, inter alia, knowledge of true information, safety, fair conclusion of contracts, or any other aspect which benefits consumers"

iii Si v. l'art. 60 della Cost. portoghese, l'art. 46. 2 della Cost. del Kenya ("1. Consumers have the rights: a) to goods and services of reasonable quality; b) to the information necessary for them to gain full benefit from goods and services; c) to the protection of their safety, health and economic interest; d) to compensation from loss and injury arising from defects in goods and services. 2. Parliament shall enact legislation to provide from consumer protection and *for fair, honest and decent advertising*. 3. This article applies to goods and services offered by public entities and private persons").

económicos"[i]. Del resto si ritrova talora nella dottrina la sottolineatura di un nesso fra la tutela dei consumatori e la qualità della vita[ii].

c) La previsione di *appositi ed efficaci meccanismi di tutela* è a sua volta ravvisabile in alcune disposizioni costituzionali, fra le quali, oltre al terzo comma del già citato art. 42 della Costituzione argentina, si può citare l'art. 97.3 della Costituzione svizzera del 1999, che dà mandato ai Cantoni di prevedere "una procedura di conciliazione o una procedura giudiziaria semplice e rapida per le controversie fino ad un dato valore litigioso" la cui entità è stabilita dal Consiglio federale. Si tratta, in effetti, di un'area nella quale gli ordinari meccanismi di tutela si rivelano poco idonei sia alla tutela dei diritti individuali nei casi concreti (anzitutto per il ridotto valore economico delle singole controversie, che scoraggiano l'azione dei consumatori come persone singole), sia all'incidenza sulle pratiche commerciali scorrette o abusive nella contrattazione di massa.

A nostro avviso, è di questa "frazione" dei diritti dei consumatori che andrebbe predicata la natura di diritto fondamentale autonomo, distinto da quello alla salute e dagli altri diritti fondamentali in materia economica (proprietà, iniziativa economica, lavoro, ecc.) e ferma ovviamente l'importanza di tali diritti, con i quali la *freedom of contract*, intesa nel modo appena visto, dovrebbe essere coordinata.

---

i   Si v. l'art. 44 della Cost. del Nepal del 2015 ("1) Each consumer shall have the right to quality foodstuffs and services. 2) A person who has suffered from sub-standard object or service shall have the right to be compensated as provided by law"), l'art. 105.4 della Cost. del Nicaragua ("Es deber del Estado garantizar el control de calidad de bienes y servicios, y evitar la especulación y el acaparamiento de los bienes básicos de consumo"), l'art. 46.1 della Cost. del Kenya del 2010 e l'art. 78 della Cost. cubana del 2019 ("Todas las personas tienen derecho a consumir bienes y servicios de calidad y que no atenten contra su salud, y a acceder a información precisa y veraz sobre estos, así como a recibir un trato equitativo y digno de conformidad con la ley").

ii   R. Dromi, E. Menem, **La constitución reformada**: comentada, interpretada y concordada, Ediciones Ciudad Argentina, Buenos Aires, 1994, p. 147.

13
La tutela del consumatore come nuovo paradigma costituzionale e come elemento caratterizzante la forma di Stato?

Data la pluralità di dimensioni assunte dalla tutela del consumatore e il suo riconoscimento da parte di numerose costituzioni contemporanee, ci si potrebbe chiedere se in questa condizione sociale – giuridicamente rilevante – non si possa individuare un profilo fondativo della stessa convivenza civile, contribuendo a definire gli stessi caratteri della forma di Stato. Almeno a titolo di ipotesi, può essere posto il quesito sulla possibilità di riformulare attorno al consumatore il paradigma costituzionale che il Novecento aveva in vario modo tentato di costruire attorno alla condizione del lavoratore: si può infatti ricordare che alcuni Stati comunisti si qualificarono nel secondo dopoguerra come "repubbliche democratiche di lavoratori"[i] e che il lavoro ha assunto il ruolo di paradigma costituzionale fondante anche in alcune Costituzioni liberaldemocratiche, come quella spagnola del 1931 quella italiana del 1947 e quella maltese del 1964: mentre la prima (in vigore fino alla guerra civile del 1936-39) iniziava con la definizione della Spagna come una "Repubblica di lavoratori di tutte le classi", le altre due definiscono come "Repubblica democratica fondata sul lavoro" la forma complessiva dello Stato. Ciò del resto aveva senso alla luce della definizione del Novecento come il "secolo del lavoro", proposta da un autorevole sociologo italiano[ii] e trova ampia corrispondenza sia nella nascita del diritto del lavoro come disciplina giuridica autonoma dal diritto civile, sia nella costituzionalizzazione dei principi della legislazione lavoristica in molte carte costituzionali adottate in Europa e in America Latina dal primo dopoguerra in poi.

Conclusosi il "secolo del lavoro", la tutela del lavoro non è certo scomparsa dall'orizzonte sociale e costituzionale. Tuttavia il lavoro come chiave di lettura della società (collegato soprattutto al lavoro nella

---

i   Si v. ad es. l'art. 1 della Costituzione della Polonia del 1952 (La Repubblica popolare polacca è una Repubblica del popolo lavoratore), l'art. 1 della Costituzione della Romania dello stesso anno (La Repubblica popolare romena è uno Stato dei lavoratori delle città e delle campagne).

ii   A. Accornero, **Era il secolo del lavoro**, Il Mulino, Bologna, 1997.

grande fabbrica e in particolare alla pretesa della cultura marxista di fare del c.d. "proletariato" una classe generale) ha perduto la centralità che aveva assunto nel costituzionalismo del novecento.

La sempre maggiore attenzione alla dimensione del consumo individuale di beni e servizi e alla condizione del consumatore induce allora a chiedersi se non possa essere ipotizzata una centralità di questa dimensione, volta a interpretare alla luce di questa condizione anche concetti-chiave del diritto pubblico come quelli di cittadinanza (il cittadino-consumatore), di democrazia (la democrazia dei consumatori) o addirittura di sovranità (la "sovranità del consumatore")[i]. E non pare dubbio che sussistano alcuni elementi che spingono in questa direzione.

Da un lato, nella società della contrattazione di massa l'assenza di una tutela effettiva del consumatore rischierebbe di svuotare dal punto di vista sostanziale concetti come quelli di cittadino e di democrazia, privando i singoli membri della società di quelle possibilità di incidere su essenziali – anche se frammentati – profili della loro esistenza e della loro vita civile, rendendoli sudditi di nuovi ingombranti poteri privati[ii] e destinatari passivi della dittatura delle condizioni generali di contratto. Il che è tanto più rilevante quanto più vengono affidati al mercato i servizi pubblici essenziali, la cui rilevanza per la tutela dei diritti fondamentali non può andare smarrita per il solo fatto che detti servizi sono ora erogati da imprese private.

D'altro lato, i diritti dei consumatori esibiscono alcune dimensioni (l'educazione e la partecipazione) che tendono alla globalità e che mirano a riconoscere ai cittadini associati alcuni poteri di partecipazione alla formazione della volontà delle amministrazioni in materia di interessi dei consumatori: qui vi è in qualche modo un arricchimento della cittadinanza intesa nel potenziale partecipativo (cittadini, non sudditi) che essa porta con sé.

Tuttavia questi elementi – una esigenza e una tendenza – pur nella loro importanza, non sembrano essere dotati di forza sufficiente a informare l'organizzazione sociale e costituzionale complessiva in modo simile a quanto è accaduto nel Novecento con la tutela del lavoro. Il pieno riconoscimento della tutela del consumatore come contenuto di

---

i   Il consumatore sarebbe sovrano in un regime di concorrenza perfetta e vi sarebbe un parallelo fra la democrazia e la concorrenza.

ii   Pone – su basi ideologiche diverse – il problema qui evocato F. Bilancia, Statuto del consumatore ed evoluzione della società politica, in **Costituzionalismo.it**, fasc. 1/2009, p. 12-ss. e 17.

un diritto fondamentale – ad es. secondo le linee abbozzate in questo breve studio – è per il momento soltanto agli inizi e può solo essere constatata una tendenza in tale direzione in varie costituzioni dell'ultimo mezzo secolo: i diritti dei consumatori non hanno ancora conquistato lo *status* di diritti fondamentali alla maniera delle libertà classiche e dei diritti sociali. Inoltre, nessuna alterazione significativa si è per ora prodotta nel funzionamento delle democrazie contemporanee in virtù dell'ascesa dei diritti e degli interessi del consumatore. Essi non sembrano idonei a contribuire alla definizione complessiva della forma di Stato, anche se il loro riconoscimento fra i principi di rango costituzionale consente di orientare sulla base di essi la legislazione ordinaria.

14
Quali tutele per i diritti dei consumatori?

I diritti e gli interessi dei consumatori, come gli altri diritti ed interessi individuali e collettivi, ricevono protezione negli Stati di diritto contemporanei, mediante l'accesso dei loro titolari alla giustizia, anche indipendentemente dal riconoscimento specifico del principio della tutela del consumatore. Tuttavia, la consistenza spesso assai ridotta dal punto di vista monetario – proprio perché parcellizzata – delle controversie derivanti dalla contrattazione di massa in cui sono in gioco interessi dei consumatori e l'elevato costo della giustizia (sproporzionato rispetto all'entità economica dei singoli interessi qui in gioco) hanno un effetto dissuasivo rispetto all'uso di questa forma generale di tutela. Ciò ha indotto i legislatori da un lato a sottolineare la dimensione non giurisdizionale della protezione di questi diritti e dall'altro a introdurre elementi specifici nella stessa tutela giurisdizionale.

Si può forse provare ad ordinare sistematicamente i meccanismi previsti in vari ordinamenti per la tutela del consumatore nelle seguenti dimensioni:

a) Va in primo luogo menzionata quella che potremmo definire come una forma di tutela preventiva, che si realizza mediante l'educazione del consumatore e mediante una piena ed adeguata informazione sui prodotti e sui servizi.

b) In secondo luogo va evidenziata la *tutela in via amministrativa* (tutela oggettiva): in questo caso l'alternativa di fondo è quella fra amministrazione "ordinaria" (servizi e dipartimenti ministeriali: questo è il modello francese) e la previsione di apposite amministrazioni indipendenti (come l'Ombudsman del consumatore nell'ordinamento svedese, l'autorità antitrust nell'ordinamento italiano o il *Defensor del Pueblo* in base all'art. 281 della Costituzione venezuelana del 1999[i]).

c) Quanto alla tutela giurisdizionale, essa può articolarsi nelle forme ordinarie o essere integrata o sostituita da procedimenti ed organi speciali[ii]. Si è visto che i diritti dei consumatori sono ovviamente tutelati per le vie della giurisdizione ordinaria, ma che la dimensione limitata delle singole controversie e i costi della giustizia e i suoi tempi (talora biblici, ad es. in Italia) tendono a scoraggiare questo tipo di tutela. Per questo motivo, nella materia dei diritti dei consumatori hanno trovato applicazione due tecniche utilizzate anche in altri settori.

Da un lato la *class action*, dunque i ricorsi collettivi, che tendono a distribuire i costi della tutela giurisdizionale fra un numero elevato di soggetti[iii], ora riconosciuto a livello costituzionale dall'art. 60.3 della Costituzione portoghese (in base alla revisione costituzionale del 1997), che riconosce alle associazioni dei consumatori "legitimidade processual para defesa dos seus associados ou de interesses colectivos ou difusos".

Dall'altro i sistemi di risoluzione alternativa delle controversie (ADR), dunque i meccanismi di tipo conciliativo[iv], strutturati per far fronte a controversie di ridotto valore economico.

Non mancano neppure aperture all'azione popolare a difesa dei diritti dei consumatori: questo rimedio è stato inserito nel 1997 nell'art. 52.3 della Costituzione portoghese, che stabilisce ora:

---

i   Art. 281. "Son atribuciones del Defensor o Defensora del Pueblo: [...] 6. Solicitar ante el órgano competente la aplicación de los correctivos y las sanciones a que hubiere lugar por la violación de los derechos del público consumidor y usuario, de conformidad con la ley".

ii   G. Alpa, Consumatore (tutela del) – III. Diritto comparato e straniero, in **Enc. Giur. Treccani**, v. VIII, Roma, 1988, p. 2.

iii   Al riguardo, per l'ordinamento italiano, si v. R. Caponi, La class action in materia di tutela del consumatore in Italia, in **Il Foro Italiano**, novembre 2008, p. 281-ss.

iv   Si v. ad es. l'art. 39.3 della Costituzione svizzera del 1999, citato sopra.

> É conferido a todos, pessoalmente ou através de associações de defesa dos interesses em causa, o direito de acção popular nos casos e termos previstos na lei, incluindo o direito de requerer para o lesado ou lesados a correspondente indemnização, nomeadamente para:
>
> a) Promover a prevenção, a cessação ou a perseguição judicial das infracções contra a saúde pública, os direitos dos consumidores, a qualidade de vida, a preservação do ambiente e do património cultural; [...].

d) Ma forse una importanza anche maggiore di quelle ora citate spetta alla tutela realizzata mediante meccanismi partecipativi: si è visto anche dalle varie disposizioni costituzionali citate nel nr. 9 che le associazioni di consumatori sono configurate come un supporto alla tutela dei diritti e interessi collettivi di questi soggetti e come interfaccia dei regolatori nella disciplina del fenomeno, che sono tenuti a consultarli prima di disciplinarne alcuni profili. Ovviamente si pone anche per queste associazioni il problema della effettiva rappresentatività di tali associazioni, soprattutto in un'era di crisi delle militanze associative stabili.

15
Alcune linee di sviluppo

Il campo nel quale i diritti dei consumatori hanno avuto origine è stato la contrattazione di massa. L'asimmetria fra produttore/venditore e consumatore risulta infatti, in tale campo, non solo dal diverso potere contrattuale delle due parti del rapporto contrattuale, ma anche dalla standardizzazione dei rapporti stessi, con tutto il carico di anonimato che questo fenomeno porta con sé. La diffusione delle tecnologie informatiche aumenta ulteriormente questa tendenza. Alcuni settori devono essere segnalati, in quanto suscettibili di configurarsi come altrettanti terreni di emersione di ulteriori diritti dei consumatori, o quantomeno come luoghi nei quali i problemi cui la tutela dei consumatori tenta di dare risposta sembrano destinati a porsi in maniera particolarmente acuta: i social media, il commercio elettronico e l'intelligenza artificiale. Questi ambiti si aggiungono a quello – assai problematico – dei servizi pubblici essenziali, specie se privatizzati. E in ciascuno di questi ambiti emerge una interferenza più o meno grave con vari diritti fondamentali e la tutela di una libertà di contratto che vada oltre la sua configurazione tradizionale ed incorpori le dimensioni che si è tentato di mettere in evidenza in queste pagine appare rilevante, giustificando la previsione costituzionale della tutela dei consumatori, oltre all'adozione di norme legislative specifiche.

a) L'adattamento dei diritti dei consumatori ai problemi posti dal commercio elettronico è un'esigenza ormai chiara e l'Unione europea ed i suoi Stati membri hanno predisposto negli ultimi anni vari atti normativi relativi a questo ambito, che sembra destinato ad una espansione senza limiti e nel quale la standardizzazione e la spersonalizzazione dei rapporti contrattuali opera, per così dire, alla seconda potenza.

b) E' ormai largamente noto che i *social media* hanno aperto nuove ed enormi opportunità a milioni di utenti per l'esercizio di libertà fondamentali quali quella di espressione e di comunicazione, oltre ad offrire sostituti funzionali per l'esercizio delle libertà "sociali", quali la libertà di riunione e di associazione e aprire nuovi spazi di partecipazione politica. Solo a prima vista, tuttavia, i *social media* hanno semplicemente eliminato le costrizioni all'esercizio di questi diritti, aprendo spazi di libertà senza confini. Sono infatti ben presto apparsi i "costi" occulti di questi nuovi spazi, risultati ben presto evidenti sia dal punto di vista della raccolta e manipolazione dei dati "donati" dagli utenti alle società commerciali che gestiscono i *social media*, sia della utilizzazione a fini pubblicitari e propagandistici dei media stessi. Neppure è da trascurare la possibilità di limitazioni arbitrarie all'uso dei *social media*, che tradisca la doppia promessa di neutralità e di gratuità con cui essi hanno visto la luce.

L'esigenza non solo di una autoregolazione, ma forse di una vera e propria limitazione legislativa delle attività di tali *media* è dunque sul tavolo. Ci si può dunque chiedere se il diritto dei consumatori non sia uno dei veicoli attraverso i quali procedere alla regolazione degli istituti in questione.

c) L'età dell'intelligenza artificiale è ormai *ante portas*. La sua utilizzazione viene prospettata anche nell'organizzazione di procedimenti amministrativi e giurisdizionali. La sua estensione ai sistemi di erogazione dei servizi pubblici (compresi quelli privatizzati) è un dato del prossimo futuro.

L'uso dell'automazione apre enormi vantaggi e possibilità. Ma prospetta anche lo scenario inquietante di un mondo standardizzato e spersonalizzato in cui il cittadino utente e consumatore sia trattato sempre e solo come un numero. Occorre forse ragionare su una tutela del consumatore anzitutto a fronte del sistema delle macchine. Quest'ultimo può essere la regola, ma le esigenze personalistiche che informano il costituzionalismo contemporaneo esigono che sia preservato il controllo umano sulle macchine e sulle procedure standardizzate da esse gestite.

Riferimenti

ACCORNERO, A. **Era il secolo del lavoro**. Bologna: Il Mulino, 1997.

ALPA, G. Consumatore (tutela del). In: NOVISSIMO Digesto Italiano. Appendice. Torino: Utet, 1981. v. II.

ALPA, G. Consumatore (tutela del) – III. Diritto comparato e straniero. In: ENC. GIUR. TRECCANI, v. VIII, Roma, 1988.

BADENI, G. **Reforma constitucional e instituciones politicas**. Buenos Aires: Ad Hoc, 1994.

BILANCIA, F. Statuto del consumatore ed evoluzione della società politica. **Costituzionalismo.it**, fasc. 1, p. 12-17, 2009.

CAZORLA PRIETO, L. M. Artículo 51. In: GARRIDO FALLA, F. (a cura di). **Comentarios a la Constitucion Española**. 3. ed. ampliata. Madrid: Civitas, 2001.

CAPO, G. Codice del consume. In: ENCICLOPEDIA del Diritto. Annali, 2014.

CAPONI, R. La class action in materia di tutela del consumatore in Italia. In: IL FORO ITALIANO, nov. 2008.

CRISTOFARO, G. De. Il "Codice del consumo" (d.lgs. 6 settembre 2005, n. 206, pubblicato sulla Gazzetta Ufficiale, n. 235, dell'8 ottobre 2005, s.o. n. 162). In: LE NUOVE Leggi Civili commentate, 2006.

DROMI, R.; MENEM, E. **La constitución reformada**: comentada, interpretada y concordada. Buenos Aires: Ediciones Ciudad Argentina, 1994.

FRANCESCHELLI, V. **Diritto private**. Milano: Giuffrè, 2016.

GELLI, M. A. Los derechos de usuarios y consumidores en la Constitución nacional. In: AA.VV. **Comentarios a la reforma constitucional**. Buenos Aires: Asociación Argentina de Derecho Constitucional, 1995.

GIAMPIERETTI, M. Art. 41. In: BARTOLE, S.; BIN, R. Commentario Breve alla Costituzione italiana. Padova: Cedam, 2010.

GIL DOMINGUEZ, A. Los derechos colectivos como derechos fundamentals. In: BIDART CAMPOS, G. J.; GIL DOMÍNGUEZ, A. (a cura di). **A una década de la reforma constitucional** – 1994-2004. Buenos Aires: Ediar, 2004.

JELLINEK, G. **Allgemeine Staatslehre**. 3. ed. Berlin: Springer, 1920.

REBOLLO PUIG, M. La actividad administrativa de limitación y la ley general para la defensa de los consumidores. In: FONT GALÁN, J. I.; LÓPEZ MENUDO, F. (a cura di). **Curso sobre el nuevo derecho del consumidor**. Madrid: INC, 1990.

REBOLLO PUIG, M.; IZQUIERDO CARRASCO, M. Artículo 51. In: CASAS BAAMONDE, M. E.; RODRÍGUEZ-PIÑERO, M.; BRAVO-FERRER (a cura di). **Comentarios a la Constitutición española**: XXX aniversario. Las Rozas-Madrid: Fundación Wolters Kluwer España, 2008.

SIRENA, P. L'integrazione del diritto dei consumatori nella disciplina generale del contratto. **Riv. Dir. Civ.**, 2004.

SMEND, R. Verfassung und Verfassungsrecht (1928). In: DUNCKER; HUMBOLT. **Staatsrechtliche Abhandlungen und andere Aufsätze**. Berlin, 1955, p. 119-276.

SOUSA PINHEIRO, A.; BRITO FERNANDES, M. J. de. **Comentario à IV Revisao Constitucional**. Lisboa: Asociaçao académica da Facultade de Direito Lisboa, 1999.

TORRENTE, A.; SCHLESINGER, P. **Manuale di diritto private**. Milano: Giuffrè, 2016.

VASAK, K. **A 30-Years Struggle**. Unesco Courier, Nov. 1977.

VASAK, K. **Pour une troisiéme générator des droits de l'homme, in Etudes et Essais sur le droit international humanitaire et sur les principes de la Crois-Rouge en l'honneur de Jean Pictet**. La Haye: Martinus Nijhoff, 1984.

Apêndice

OSSERVAZIONI SULLA TUTELA COSTITUZIONALE DEI DIRITTI DEI CONSUMATORI

***Sommario**. 1. Le ragioni di un ragionamento costituzionale sui diritti dei consumatori. 2. Le ragioni formali. 3. Le ragioni sostanziali. 4. Chi è il consumatore? 5. Quali diritti dei consumatori? 6. La collocazione dei diritti dei consumatori nella sistematica dei diritti fondamentali. 7. La tutela dei consumatori come aspetto dello Stato sociale. 8. La tutela dei consumatori come aspetto della libertà del mercato.*

9. I diritti dei consumatori come diritti collettivi. 10. I diritti dei consumatori come diritti di categorie di persone. 11. La dimensione procedurale e quella sostantiva dei diritti dei consumatori. 12. La ratio unificante della tutela costituzionale dei consumatori: una nuova freedom of contract? 13. La tutela del consumatore come nuovo paradigma costituzionale e come elemento caratterizzante la forma di Stato? 14. Quali tutele per i diritti dei consumatori? 15. Alcune linee di sviluppo. Riferimenti.

Sintesi. *Questo testo giustifica il ragionamento costituzionalista sui diritti dei consumatori e li colloca nella categoria dei diritti fondamentali, sia nello stato sociale che nella società del libero mercato.*

Parole chiave. *Diritto dei consumatori. Diritto costituzionale. Diritti fondamentali.*

OBSERVAÇÕES SOBRE A PROTEÇÃO CONSTITUCIONAL DOS DIREITOS DO CONSUMIDOR

Sumário. 1. As razões de uma fundamentação constitucional sobre os direitos do consumidor. 2. As razões formais. 3. As razões substantivas. 4. Quem é o consumidor? 5. Quais são os direitos do consumidor? 6. A inserção dos direitos do consumidor na sistemática dos direitos fundamentais. 7. A defesa do consumidor como aspecto do Estado de bem-estar. 8. A defesa do consumidor como aspecto da liberdade de mercado. 9. Direitos do consumidor como direitos coletivos. 10. Direitos do consumidor como direitos de categorias de pessoas. 11. As dimensões processuais e substantivas dos direitos do consumidor. 12. A relação unificadora da proteção constitucional do consumidor: uma nova liberdade contratual? 13. A defesa do consumidor como novo paradigma constitucional e como elemento caracterizador da forma de Estado? 14. Que garantias para os direitos do consumidor? 15. Algumas linhas de desenvolvimento. Referências.

Resumo. Este texto justifica o raciocínio constitucionalista sobre os direitos dos consumidores e os coloca na categoria dos direitos fundamentais, tanto no Estado social quanto na sociedade de livre mercado.

Palavras-chave. Direito do consumidor. Direito constitucional. Direitos fundamentais.

OBSERVACIONES SOBRE LA PROTECCIÓN CONSTITUCIONAL DE LOS DERECHOS DEL CONSUMIDOR

Sumilla. *1. Las razones de un razonamiento constitucional sobre los derechos del consumidor. 2. Las razones formales. 3. Las razones de fondo. 4. ¿Quién es el consumidor? 5. ¿Qué derechos del consumidor? 6. La ubicación de los derechos del consumidor en la sistemática de los derechos fundamentales. 7. La protección del consumidor como aspecto del estado de bienestar. 8. La protección del consumidor como aspecto de la libertad de mercado. 9. Los derechos del consumidor como derechos colectivos. 10. Los derechos del consumidor como derechos de categorías de personas. 11. Las dimensiones procesal y sustantiva de los derechos del consumidor. 12. La razón unificadora de la protección constitucional de los consumidores: ¿una nueva libertad de contratación? 13. ¿La protección al consumidor como nuevo paradigma constitucional y como elemento que caracteriza la forma de Estado? 14. ¿Qué garantías para los derechos del consumidor? 15. Algunas líneas de desarrollo. Referencias.*

Resumen. *Este texto justifica el razonamiento constitucionalista sobre los derechos del consumidor y los ubica en la categoría de derechos fundamentales, tanto en el estado de bienestar como en la sociedad de libre mercado.*

Palabras clave. *Derecho del consumidor. Derecho constitucional. Derechos fundamentales.*

Artigo 8

Ruas tristes e silenciosas: uma visão dworkiniana da jurisdição no conflito entre direitos fundamentais

Marcos da Cunha e Souza

Doutor em Direito pela PUC/PR. Professor do curso de Direito do Centro Universitário Internacional Uninter. E-mail: marcoscsouza@gmail.com.

Katya Kozicki

Professora titular de Teoria do Direito da Pontifícia Universidade Católica do Paraná e da Universidade Federal do Paraná, nos programas de graduação e pós-graduação em Direito. Bolsista de produtividade em pesquisa do CNPq.

1
Introdução

Em junho de 2018, a 2ª Vara de Fazenda Pública de Campina Grande, no estado da Paraíba, concedeu liminar "determinando a imediata suspensão de obras musicais lítero-musicais e fonogramas[i]" referentes à festa junina a ser realizada por aquele município, enquanto não fosse efetuado o pagamento dos valores relativos aos direitos autorais junto ao Escritório Central de Arrecadação e Distribuição (ECAD). O fundamento da decisão judicial pautou-se na aplicação literal do art. 68 e do *caput* do art. 29 da Lei de Direitos Autorais (Lei n. 9.610/1998). Essa fundamentação guarda estreita semelhança com o acórdão do Recurso Especial n. 524.873/ES[ii] que, desde 2003, vem servindo de precedente para inibir festas populares tradicionalmente realizadas em diversos municípios. No caso de Campina Grande, trata-se de uma festa que se estende durante 30 dias e que atrai muitos turistas para essa cidade do interior da Paraíba. O impacto que esse gênero de decisão pode ter, no tocante ao acesso da população à cultura e ao lazer, não foi cogitado pelo referido precedente do Superior Tribunal de Justiça (STJ), nem pela maioria das decisões dos Tribunais de Justiça que citam expressamente o referido recurso especial[iii] ou adotam seus fundamentos.

Em uma visão convencionalista do direito, a posição adotada pelo referido recurso especial parece ser adequada. Contudo, a percepção de que a matéria em questão envolve um choque entre dois direitos fundamentais pode oferecer solução diversa para a controvérsia. Tal perspectiva parece ter sido ignorada pelo STJ.

---

i   BRASIL. Poder Judiciário da Paraíba. Processo n. (7) 0811827-85.2017.8.15.0001, 2ª Vara de Fazenda Pública de Campina Grande. Decisão proferida em 04/06/2018.

ii   BRASIL. Superior Tribunal de Justiça. 2ª Seção. Recurso Especial n. 524.873/ES. Rel. Min. Aldir Passarinho Junior. DJ 17/11/2003, p. 199.

iii   Como exemplo de acórdãos que citam expressamente o Resp n. 524.873/ES, dentre vários: Agravo de Instrumento n. 57 9.851-4/6-00, do Tribunal de Justiça de São Paulo, 8ª Câmara de Direito Privado, Relator Des. Luiz Ambra, data de registro 19/09/2008; Reexame Necessário n. 666490-8, do Tribunal de Justiça do Paraná, 5ª Câmara Cível, Relator Des. Fábio André Santos Muniz, Data Publicação: 05/11/2010.

Quem quer que esteja habituado ao estudo da Teoria do Direito sabe dos elegantes embates doutrinários entre juristas como H. L. A. Hart e Ronald Dworkin e sobre as inúmeras nuances existentes no campo da hermenêutica e da aplicação do Direito. Mas, quando nos voltamos à prática jurídica, há a impressão de que os operadores do direito não se prendem a correntes muito claras, como se estas não passassem de uma mera curiosidade intelectual.

O presente trabalho parte da premissa de que a Filosofia e a Teoria do Direito são conhecimentos essenciais para o exercício da jurisdição e para a concretização dos direitos fundamentais. Para demonstrar tal relevância, de ordem prática, usar-se-á a referida decisão paradigmática do STJ (Resp n. 524.873/ES), pois sua aparente simplicidade oferece um grande número de questionamentos, que incluem o confronto entre direitos fundamentais contidos em nosso sistema constitucional, além de decisões políticas do passado que ainda reverberam no nosso direito, mas que talvez contrastem com a moral popular contemporânea. Ademais, o estudo de um caso concreto segue o estilo consagrado por Ronald Dworkin, para quem "o argumento jurídico nos processos judiciais é um bom paradigma para a exploração do aspecto central, proposicional, da prática jurídica"[i].

Por esse ângulo, o presente capítulo limitar-se-á a adotar, como marco teórico, o sistema do "direito como integridade" de Dworkin, desenvolvido na obra O *império do direito*[ii].

Prosseguindo na delimitação do tema, tentar-se-á verificar qual a melhor resposta, na visão do direito como integridade, para a seguinte pergunta: Deve o Direito Autoral, de caráter individual, sobrepor-se ao pleno exercício de direitos culturais coletivos, inviabilizando ou restringindo as festas populares realizadas no território brasileiro?

Dada a natureza teórica deste trabalho, não se levará em conta as questões de competência que limitam o exame do Superior Tribunal de Justiça sobre matérias constitucionais. Todos os aspectos jurídicos do tema poderão ser abordados, até mesmo para compensar o escasso debate gerado pelas decisões que, explícita ou implicitamente, inspiram-se no citado recurso especial.

---

i DWORKIN, Ronald. **O império do direito**. São Paulo: M. Fontes, 2014, p. 19.

ii DWORKIN, Ronald. **O império do direito**. São Paulo: M. Fontes, 2014.

2
A decisão paradigmática

Antes do advento da Lei n. 9.610/1998, a norma relativa aos direitos autorais (Lei n. 5.988/1973) era tida como favorável aos municípios, por conta de seu art. 73[i]. O entendimento do STJ era no sentido de que não deveria haver a cobrança de direitos autorais quanto aos festejos populares subvencionados pelo município, sem a cobrança de ingressos[ii].

O Recurso Especial n. 524.873/ES foi julgado pela Segunda Seção do Superior Tribunal de Justiça, em 2003, dentro do contexto de adaptação da jurisprudência brasileira sobre direitos autorais às mudanças introduzidas pela Lei n. 9.610/1998, mais alinhada com as regras da Organização Mundial do Comércio. Essa entidade, que opera desde de janeiro de 1995 e agrega 165 países[iii], impõe aos seus membros regras bastante rigorosas de proteção à propriedade intelectual, levando países em desenvolvimento, como o Brasil, a modificar suas normas internas em áreas como o direito autoral, a proteção de inventores e de cultivares.

In casu, o Tribunal de Justiça do Espírito Santo havia decidido em favor do município de Vitória[iv], negando a obrigação do referido ente público ao recolhimento de valores, a título de direitos autorais, pelas músicas executadas durante festas oferecidas à sua população,

---

i "Art. 73. Sem autorização do autor, não poderão ser transmitidos pelo rádio, serviço de alto-falantes, televisão ou outro meio análogo, representados ou executados em espetáculos públicos e audições públicas, **que visem a lucro direto ou indireto**, drama, tragédia, comédia, composição musical, com letra ou sem ela, ou obra de caráter assemelhado." (Grifo nosso).

ii BRASIL. Superior Tribunal de Justiça. REsp 225.535/SP, 3ª Turma, Min. Ari Pargendler, Data de julgamento: 04/05/2000, DJ 12/06/2000 p. 108; REsp 228.717/SP, 3ª Turma, Min. Eduardo Ribeiro; REsp 123.067/SP, 3ª Turma, Min. Menezes Direito, Data de julgamento: 29/06/2000, DJ 28/08/2000 p. 79.

iii Quanto ao número de membros: BRASIL. Ministério das Relações Exteriores. Disponível em: http://www.itamaraty.gov.br/pt-BR/politica-externa/diplomacia-economica-comercial-e-financeira/132-organizacao-mundial-do-comercio-omc. Acesso em: 26 jul. 2018.

iv BRASIL. Tribunal de Justiça/ES, Remessa Ex-officio n. 0002723-24.2000.8.08.0024 (024000027235), 2ª Câmara Cível, Relator Jorge Góes Coutinho, Data da Publicação 06/08/2002.

em hipóteses de acesso gratuito. O desembargador relator argumentou, em síntese, que:

> No presente caso, entende-se que não cabe a cobrança de direitos autorais quando não houver qualquer tipo de proveito, como na execução de músicas em shows públicos, sem a finalidade de lucro, seja direto ou indireto. Não se revela justa, portanto, tal cobrança, em se tratando de espetáculo promovido pela municipalidade, em face da ausência de lucro, visando tão somente levar a diversão para a população.

O Escritório Central de Arrecadação e Distribuição (ECAD)[i] recorreu ao STJ. O relator do recurso, ministro Aldir Passarinho Júnior, entendeu que a nova lei não permitia a manutenção da jurisprudência então adotada pelo STJ. Para o ministro, as festividades, mesmo quando comemorativas de alguma data específica, "têm servido de pretexto e oportunidade para manifestações políticas, com propósitos eleitoreiros"[ii].

Ademais, a análise dos arts. 68, 28 e 29[iii] da Lei n. 9.610/1998 colocou um fim a "quaisquer dúvidas que pudessem existir a respeito da real

---

[i] É uma entidade privada, criada em 1973, que se apresenta como dotada de legitimidade ativa para atuar em nome dos titulares dos direitos autorais advindos da execução pública de músicas, com escopo no art. 99 da Lei n. 9.610/1998.

[ii] BRASIL. Superior Tribunal de Justiça. 2ª Seção. Recurso Especial n. 524.873/ES. Rel. Min. Aldir Passarinho Junior. DJ 17/11/2003, p. 199.

[iii] Veja-se, a seguir, a transcrição dos artigos referidos:
"Art 68. Sem prévia e expressa autorização do autor ou titular, não poderão ser utilizadas obras teatrais, composições musicais ou lítero-musicais e fonogramas, em representações e execuções públicas. § 1º [...] § 2º Considera-se execução pública a utilização de composições musicais ou lítero-musicais, mediante a participação de artistas, remunerados ou não, ou a utilização de fonogramas e obras audiovisuais, em locais de frequência coletiva, por quaisquer processos, inclusive a radiodifusão ou transmissão por qualquer modalidade, e a exibição cinematográfica."
"Art 28. Cabe ao autor o direito exclusivo de utilizar, fruir e dispor da obra literária, artística ou científica."
"Art 29. Depende de autorização prévia e expressa do autor a utilização da obra, por quaisquer modalidades, tais como: [...] VIII – a utilização, direta ou indireta, da obra literária, artística ou científica,

intenção do legislador em vincular a execução desautorizada da obra a um sentido apenas econômico". Desse modo, no entender do voto do ministro Aldir Passarinho, acatado unanimemente pelos ministros presentes, "ainda que o espetáculo musical carnavalesco tenha sido realizado sem cobrança de ingressos, em caráter cultural popular, são devidos direitos autorais aos titulares das obras musicais"[i].

Frise-se que o STJ não examinou os argumentos do município de Vitória no sentido de que "cabe ao Estado, nos termos do art. 215 da Constituição Federal, garantir o pleno exercício dos direitos culturais e o acesso à cultura, bem como difundir as formas de manifestação dessa espécie; que não há lucro direto ou indireto para o município, apenas o cumprimento de um dever constitucional"[ii].

Desse modo, o Resp. n. 524.873/ES ficou assim ementado:

> CIVIL. DIREITO AUTORAL. ESPETÁCULOS CARNAVALESCOS GRATUITOS PROMOVIDOS PELA MUNICIPALIDADE EM LOGRADOUROS E PRAÇAS PÚBLICAS. PAGAMENTO DEVIDO. UTILIZAÇÃO DA OBRA MUSICAL. LEI N. 9.610/98, ARTS. 28, 29 E 68. EXEGESE.
>
> *I. A utilização de obras musicais em espetáculos carnavalescos gratuitos promovidos pela municipalidade enseja a cobrança de direitos autorais à luz da novel Lei n. 9.610/98, que não mais está condicionada à auferição de lucro direto ou indireto pelo ente promotor.*
>
> *II. Recurso especial conhecido e provido.*

Esse julgado, com raras exceções, tornou-se o paradigma para as decisões dos tribunais de justiça estaduais, dos juízes de primeiro grau e do próprio STJ. Curiosamente, o Resp n. 524.873/ES também é mencionado como fundamento para questões bastante diversas, como

---

    mediante: a) representação, recitação ou declamação; b) execução musical; c) emprego de alto-falante ou de sistemas análogos; d) radiodifusão sonora ou televisiva; e) captação de transmissão de radiodifusão em locais de frequência coletiva; [...]."

i   Voto do relator Aldir Passarinho Junior. BRASIL. Superior Tribunal de Justiça. 2ª Seção. Recurso Especial n. 524.873/ES. Rel. Min. Aldir Passarinho Junior. DJ 17/11/2003, p. 199.

ii   De acordo com o relatório do já referido Resp. n. 524.873.

festas de casamento e eventos gratuitos patrocinados por universidades federais, até os dias de hoje[i].

Com o passar dos anos, a descaracterização do aspecto espontâneo das festas populares e o apelo turístico dessas manifestações, levaram muitos municípios a buscar modelos contratuais engenhosos para financiar seus carnavais de rua, realizando parcerias com a iniciativa privada. Nessa hipótese, o ente privado sempre acaba obtendo algum tipo de ganho, direto ou indireto. À guisa de exemplo, podemos referir o processo judicial envolvendo o carnaval de rua de 2010, na Acidade do Rio de Janeiro. Naquela oportunidade, a Riotur, sociedade de economia mista municipal responsável pela organização do evento naquele município, selecionou uma empresa privada para operacionalizar a festividade, com a ajuda de recursos advindos de uma terceira empresa patrocinadora, que tinha por objetivo expor sua marca no espaço urbano durante a realização do carnaval[ii]. Esse elemento contratual, envolvendo ganhos diretos e indiretos de duas empresas privadas, poderia ser considerado um aspecto decisivo para justificar a cobrança. Mas o presente trabalho tem por foco as festas tradicionais e populares, de caráter gratuito e subvencionadas pelo Poder Público, na linha do caso examinado pelo STJ.

3
O direito como integridade

As diferentes teorias do direito ganham destaque quando os magistrados se veem diante dos chamados *hard cases* (ou "casos difíceis"). São esses os casos judiciais "em que o sentido da norma não é claro, ou aparentemente existe um conflito normativo, ou, ainda, quando parece não haver direito que possa ser aplicado às situações"[iii].

---

i   A título de exemplo, há julgado recente, referente à Universidade Federal de Viçosa (AgInt no REsp 1431565/MG, STJ, 4ª Turma, DJe 05/10/2017).

ii BRASIL. Tribunal de Justiça do Estado do Rio de Janeiro, 21ª Câmara Cível, Apelação Cível n. 0092661-39.2013.8.19.0001, Data de Julgamento: 04/08/2015. Disponível em: http://www4.tjrj.jus.br/ejuris/ConsultarJurisprudencia.aspx. Acesso em: 26 jul. 2018.

iii KOZICKI, Katya. **Levando a Justiça a sério**. Belo Horizonte: Arraes Editores, 2012, p. 32.

No caso do REsp n. 524.873/ES, o STJ entendeu por adotar a aplicação literal de alguns artigos da Lei n. 9.610/1998. É uma decisão que não avalia a norma, não forma qualquer juízo de valor sobre seu conteúdo, nem o justifica. Com uma estrutura que beira o positivismo, o acórdão não demonstra preocupação em ser justo ou injusto. Contudo, o Judiciário brasileiro poderia ter firmado posição em diversas outras direções. Poderia, por exemplo, ter examinado a questão das festas populares à luz da Constituição de 1988, confrontando os direitos ali tutelados. Afinal, de um lado temos o Direito Autoral (art. 5º, XVII, da CRFB) e do outro temos o acesso à cultura (art. 215 da CRFB) e a própria dignidade da pessoa humana. Mas, não sendo determinada situação concreta claramente prevista pelas normas em vigor, o que deve fazer o magistrado?

Para os defensores do positivismo e do neopositivismo – o que não é o caso de Dworkin –, este é aquele momento em que se reconhecerá a possibilidade do emprego da discricionariedade judicial. Não havendo uma lei governando aquela situação, deverá o magistrado criar a norma. Sem ser arbitrário ou irracional, o julgador precisa escolher uma das soluções possíveis. Nesses casos, os magistrados poderiam ser considerados até mesmo infalíveis, uma vez que, diante da indefinição, não haveria qualquer verdade anterior que pudesse questionar a validade da decisão[i].

Para Hart, seria até mesmo indesejável a concepção de um sistema jurídico tão detalhado "que a questão sobre se se aplicaria ou não a um caso particular estivesse sempre resolvida antecipadamente e nunca envolvesse, no ponto de aplicação efectiva, uma escolha nova entre alternativas abertas[ii]".

Essa posição, contudo, apresenta algumas contradições, que não cabem ser examinadas neste trabalho. No presente texto, optou-se por outra direção. Buscar-se-á examinar o precedente do STJ sob o prisma de Ronald Dworkin e seu "direito como integridade".

Ronald Dworkin (1931-2013) foi um jurista norte-americano que buscou superar as contradições do pensamento jurídico positivista e, naquilo que nos interessa, encontrar o verdadeiro direito das partes, aquilo que ele denominava como "resposta certa". Ele se insere no

---

i   ATIENZA, Manuel. **Curso de argumentación jurídica**. Madrid: Editorial Trotta, 2016, p. 570.

ii   HART, H. L. A. **O conceito de direito**. Lisboa: Fundação Calouste Gulbenkian, 1996, p. 141.

grupo dos doutrinadores defensores de teorias éticas da interpretação, para os quais "o direito não pode ser separado da política e da moral" e "a natureza da argumentação jurídica se baseia na melhor interpretação moral das práticas sociais existentes"[i].

Para ele, por mais difícil que seja o caso a ser julgado, não cabe ao magistrado declarar aquilo que a lei deve ser. O bom magistrado não cria normas, pois, para todo caso, existe uma solução anterior, que já é lei, aguardando apenas por ser trazida à luz. Se a lei parece incompleta, inconsistente ou indeterminada, a culpa é do magistrado e de seus poderes limitados de discernimento[ii].

Herbert Hart, embora fosse um crítico de Dworkin, sabia sintetizar muito bem o pensamento de seu rival. Sobre esse aspecto, ele assim resumiu a teoria do jurista norte-americano:

> *O juiz deve apresentar argumentos sobre o que ele acredita ser a lei. [...] Isto é, ele precisa construir um princípio geral que irá, ao mesmo tempo justificar e explicar o curso anterior de decisões em relação a este assunto e irá também produzir uma resposta definitiva para o caso novo. Mas, naturalmente, este é apenas o início de sua investigação, pois pode haver uma pluralidade de princípios gerais igualmente adequados à lei existente, mas produzindo diferentes soluções para o caso atual.*[iii]

A cada passo da construção da decisão judicial, o magistrado se deparará com novas encruzilhadas, obrigando-o a optar não por aquela que seja a mais útil aos interesses passageiros da sociedade, mas pelo caminho da resposta correta. Desse processo, cria-se uma teia de princípios que o leva para além das limitações do direito posto. "E é justamente no entrelaçamento de regras e princípios que o direito 'se fecha', excluindo a possibilidade da criação judicial do direito[iv]" e, consequentemente, da discricionariedade judicial.

Manuel Atienza, examinando o pensamento de Dworkin, afirma que os magistrados, ao analisarem os casos difíceis, devem determinar

---

i   KOZICKI, *op. cit.*, p. 28.

ii   HART, H. L. A. **Essays in Jurisprudence and Philosophy**. Oxford: Oxford University Press, 2001, p. 138.

iii *Ibidem*.

iv   KOZICKI, Katya. **Levando a justiça a sério**. Belo Horizonte, 2012, p. 35.

"qual é a interpretação da prática jurídica que mostra a reconstrução de todo o Direito", como via para apontar a "resposta correta"[i]. Nesse momento, o magistrado deverá valer-se dos princípios aceitos pela ordem jurídica e que permitem sanar a indeterminação das regras positivadas, incapazes de prever todos os meandros da vida real.

Os princípios impedem o surgimento de lacunas no ordenamento jurídico e podem ser encontrados na "história institucional da comunidade e dentro de uma perspectiva abrangente da tradição desta"[ii]. O bom uso dos princípios e sua integração com as regras jurídicas é um dos temas centrais do direito como integridade e daquilo que Dworkin chama de "tese dos direitos".

Por fim, encerrando-se este despretensioso resumo, a tese de Dworkin é no sentido de que, aplicando-se os mecanismos do direito como integridade, obter-se-á uma melhor história política da comunidade. Os juízes de hoje estarão, então, indicando um caminho para as decisões judiciais futuras, guiado pela integridade e dando "voz e efeito prático a convicções sobre moral amplamente difundidas na comunidade"[iii].

4
Revendo o REsp n. 524.873/ES à luz do direito como integridade

A teoria de Dworkin é frequentemente utilizada para atacar a discricionariedade judicial em hipóteses que, para os positivistas ou convencionalistas, o juiz se depara com lacunas do sistema jurídico. Em um primeiro olhar, este não seria o caso do Resp n. 524.873/ES, em que o STJ logo identificou uma norma específica ao Direito Autoral e a aplicou sem hesitar, em decisão unânime.

A matéria examinada no Resp n. 524.873/ES, entretanto, pode ser considerada como um *hard case*. Isso porque a fundamentação do acórdão, limitada à interpretação literal de três artigos da Lei n. 9.610/1998, é controversa. Ademais, embora a proteção aos direitos autorais seja

---

i   ATIENZA, *op. cit.*, p. 521.
ii   KOZICKI, *op. cit.*, p.37.
iii DWORKIN, *op. cit.*, p. 297.

uma questão com raízes profundas em nosso sistema jurídico, tratava-se de reinterpretar o uso de músicas, em festas populares, sob a luz de uma lei nova e mais rigorosa. Mas, principalmente, existem alguns princípios constitucionais que precisariam ter sido confrontados com o caso concreto, que envolve manifestações culturais, liberdade, dignidade, igualdade e valores adotados pela nossa sociedade.

Assim, aplicando-se a analogia do "romance em cadeia"[i] de Dworkin, deveriam os ministros do STJ examinar os capítulos do "romance" que receberam – escritos por inúmeras mãos, no decorrer de décadas – antes de escrever um novo capítulo, que é o acórdão do Resp n. 524.873/ES. O romancista em cadeia tem muitas decisões difíceis a tomar, caminhos a escolher entre aqueles que se apresentam. Na visão de Dworkin, a tarefa do Tribunal é a de dar continuidade ao texto da melhor forma possível, com coerência, sem ignorar as marcas de sua história, elaborando uma interpretação que se ajustasse ao conjunto[ii]. Ainda que se tratasse, em 2003, de uma nova lei, a interpretação da Lei n. 9.610/1998 deve representar, na medida do possível, uma continuidade em face das decisões anteriores.

Dworkin formulou muitos dos seus raciocínios lançando mão de um magistrado fictício, criterioso e metódico, chamado Hércules. Sugere-se aqui pedir ajuda ao juiz Hércules para decidir o rumo do recurso especial em comento.

Hércules começaria por selecionar diferentes hipóteses, supostamente capazes de manter um nexo de coerência com julgados anteriores. Esse aspecto é fundamental para o "direito como integridade", além de ser coerente com o sistema da *common law*, para o qual esta teoria foi desenvolvida. Hércules poderia, assim, fazer a seguinte lista de interpretações possíveis: (1) Quem utiliza a obra intelectual de terceiro sem autorização deve sempre indenizá-lo, por se tratar de um direito fundamental expresso no inciso XXVII do art. 5º da Constituição Federal[iii]; (2) Quem utiliza a obra intelectual de terceiro sem autoriza-

---

i   Para se compreender o sistema do "romance em cadeia" de Ronald Dworkin, vide o capítulo VII da obra "law's empire" (o império do direito), desse mesmo autor. Neste trabalho, parte-se do princípio que o leitor já tem algum conhecimento da obra de Dworkin.

ii *Op. cit.*, p. 284-285.

iii "Art. 5º [...] XXVII – aos autores pertence o direito exclusivo de utilização, publicação ou reprodução de suas obras, transmissível aos herdeiros pelo tempo que a lei fixar;"

ção deve indenizá-lo, com base no mencionado dispositivo constitucional e na legislação ordinária, salvo nas poucas hipóteses previstas na Lei n. 9.610/1998[i]; (3) usando um critério econômico, poder-se-ia sustentar que "as pessoas têm direito à indenização sempre que uma norma que concede a indenização produza, para a comunidade como um todo, mais riqueza do que uma regra que a negue"[ii]; (4) não cabe a cobrança de direitos autorais quando a festa popular, organizada pelo município, é de entrada franca e não tem finalidade de lucro, seja direto ou indireto; (5) não cabe a cobrança de direitos autorais quando a festa popular constituir a concretização de direitos individuais ou coletivos expressos na Constituição Federal ou dos deveres estatais referidos no art. 215 da referida Carta[iii].

Os direitos autorais estão previstos no art. 5º, inciso XXVII, da Constituição brasileira. Esse artigo é notoriamente conhecido por abrigar um extenso rol de direitos fundamentais. Assim, à primeira vista, o direito autoral, bem como os direitos dos inventores (art. 5º, XXIX) estão no mesmo patamar dos direitos à intimidade, à vida privada e à honra (art. 5º, X). Tal prerrogativa atribuída aos autores de bens culturais e aos inventores é de índole liberal, de grau semelhante ao direito de propriedade. Sua inserção na Constituição Federal de 1988 respeita uma tradição velha de 200 anos, que tem origem na Constituição norte-americana de 1788. A Constituição brasileira de 1946, em seu art. 141, § 19, tinha texto praticamente idêntico ao da Carta atual.

Ainda assim, sem perda de tempo, é possível descartar a interpretação (1). Embora o referido inciso do art. 5º da Constituição afirme que "aos autores pertence o direito exclusivo de utilização, publicação ou reprodução de suas obras", há excelentes motivos para descartar a ideia de que esse dispositivo independe de regulamentação. Em poucas palavras, é da tradição brasileira a regulamentação dos direitos autorais por lei ordinária, inclusive para fixar os limites desses direitos. A Convenção de Berna para a Proteção das Obras Literárias e Artísticas, em sua versão de 1971, está em vigor no Brasil desde

---

i   Especialmente os arts. 46, 47 e 48, que serão mais bem examinados posteriormente.

ii Aqui foi possível adaptar exatamente uma das hipóteses do Hércules original (Dworkin, 2014, p. 290).

iii Art. 215 da CRFB: "O Estado garantirá a todos o pleno exercício dos direitos culturais e acesso às fontes da cultura nacional, e apoiará e incentivará a valorização e a difusão das manifestações culturais."

20 de abril de 1975[i], ajudando a disciplinar a matéria. Ademais, conceder direitos absolutos aos autores causaria externalidades negativas de grande impacto sobre a sociedade. Mesmo os comportamentos mais corriqueiros, como a montagem de peças teatrais nas escolas ou a execução musical no recesso do lar, seriam comprometidos. Por fim, a jurisprudência brasileira nunca negou a existência de limites aos direitos autorais.

A interpretação (3) poderia levar alguns partidários da análise econômica do direito a propor soluções engenhosas. Havendo dois direitos a serem preservados, bastaria encontrar o ponto ótimo de equilíbrio entre eles. Por exemplo, a reprodução das músicas seria autorizada, em festas populares, se ficasse demonstrado que a divulgação destas entre o público resulta no aumento da venda de *compact disks* ("CDs"), ou um maior acesso pago via plataformas de *streaming*, gerando riqueza aos titulares dos direitos autorais. Na visão dworkiniana, embora essa regra possa ter "a forma de um princípio, pois descreve um direito geral"[ii], surgem algumas objeções. Para ele, esse tipo de solução não enuncia "qualquer princípio de justiça ou equidade"[iii].

A economia é um fator relevante, mas apenas para compreender melhor o direito. A economia não é direito. Em uma analogia com aquilo que Dworkin fala sobre o historiador, o economista:

> não pode compreender o direito como prática social argumentativa, nem mesmo o suficiente para rejeitá-lo como enganador, enquanto não tiver a compreensão de um participante, enquanto não dispuser de sua própria opinião sobre o que se considera boa ou má argumentação no âmbito dessa prática[iv].

Diga-se, ainda, que uma decisão baseada apenas no aumento da riqueza tem um tom de pragmatismo. O juiz Hércules, entretanto, rejeita o pragmatismo[v].

Sobraram, então, as opções (2) favorável aos autores, por não ser a festa popular hipótese de exceção aos seus direitos patrimoniais sobre a obra; (4) favorável ao município, quando a participação da população

---

i   Decreto n. 75.699, de 6 de maio de 1975.
ii   DWORKIN, Ronald. *op. cit.*, 2014, p. 290.
iii Ibidem.
iv   DWORKIN, Ronald. *op. cit.*, 2014, p. 18.
v   DWORKIN, Ronald. *op. cit.*, 2014, p. 293.

é franca, sem finalidade de lucro; e (5) quando a festa popular constituir a concretização de direitos fundamentais ou dos deveres estatais referidos no art. 215 da referida Carta.

O passo seguinte está em verificar se essas três interpretações se ajustam às decisões tomadas no passado, ao menos à primeira vista. É o problema da "adequação"[i]. Isso porque, formalmente, "o juiz deve se indagar acerca de como a interpretação por ele produzida se adapta à história institucional da prática jurídica em questão"[ii]. O veredicto deve ser fruto de uma interpretação que não apenas se adapte aos fatos anteriores, mas que também os justifique, até onde isso for possível[iii]. Trata-se do difícil equilíbrio entre a já referida adequação e a justificação.

A "justificação" (*justification*) é outro pressuposto para se alcançar o direito como integridade. Esta vem a ser o aspecto material que

> supõe a utilização de considerações baseadas em valores substantivos (de natureza político-moral) que haverão de permitir decidir qual, dentre as possíveis interpretações que satisfazem o requisito de adequação, é preferível, porque apresenta a prática sob sua melhor perspectiva.[iv]

Nessa linha, a interpretação (4) passa pelo teste, pois corresponde à jurisprudência do STJ antes do Resp n. 524.873/ES. Até então, aquela Corte entendia que não cabia a contribuição ao autor da obra musical "se houve mera subvenção do Poder Público aos festejos populares" (REsp n. 225.535/SP, 3ª Turma, Min. Ari Pargendler) ou quando se tratava de "espetáculo gratuito subvencionado pelo Município" (REsp n. 228.717/SP, 3ª Turma, Min. Eduardo Ribeiro). Esse entendimento estava muito bem fundamentado no art. 73 da Lei n. 5.988/1973, como já se viu. Continuou sendo adotado durante os primeiros anos de vigência da Lei n. 9.610/1998, apesar da ausência de um dispositivo análogo que negasse a retribuição do autor nos casos de inocorrência de lucro direto ou indireto.

---

i   Em inglês, é o "fit".
ii   KOZICKI, Katya. *op. cit.*, 2012, p. 48.
iii   DWORKIN, Ronald. *op. cit.*, 2014, p. 286.
iv   ATIENZA, Manuel. **Curso de argumentación jurídica**. Madrid: Editorial Trotta, 2016, p. 521.

A interpretação (5) guarda paralelo com decisões de tribunais estaduais que, antes da adoção do Resp n. 524.873/ES como paradigma, reconheciam o dever dos municípios de levar lazer e cultura para a população. Até onde a pesquisa pôde chegar, afere-se que o aspecto de índole constitucional não era diretamente abordado pelos tribunais estaduais e, certamente, não o era pelo STJ. Ainda assim, o espírito o art. 215 da Constituição Federal, voltado ao "pleno exercício dos direitos culturais e acesso às fontes da cultura nacional" está presente em algumas decisões[i].

Por fim, a interpretação (2), favorável aos compositores, está de acordo com inúmeras decisões que adotam como regra o direito dos autores serem remunerados sempre que suas obras forem utilizadas por terceiros, salvo nas exceções taxativamente expressas em lei. Nesse passo, as interpretações (2), (4) e (5) parecem ter atravessado com facilidade as provas iniciais.

5
Ampliando o alcance

O direito é tradicionalmente dividido em áreas como, por exemplo, direito privado e direito público. Neste último encontramos, como se sabe, o Direito Constitucional e o Direito Administrativo. Dworkin defende que "a compartimentalização é uma característica que nenhuma interpretação competente pode ignorar"[ii]. Será que as diferentes interpretações podem ser igualmente adequadas para resolver questões posicionadas em outro ramo do direito? Se a resposta for positiva para uma das interpretações, então esta tem boas chances de cumprir os requisitos de adequação e justificação, embora esse critério não seja decisivo.

Para ilustrar a questão, imagine-se que uma mesma interpretação, envolvendo responsabilidade civil, por exemplo, pode ser igualmente válida para resolver um litígio contratual, um acidente de carro ou uma questão trabalhista.

---

i   A título de exemplo: BRASIL. Remessa Ex-officio n. 0002723-24.2000.8.08.0024 (024000027235), Tribunal de Justiça do Espírito Santo, 2ª Câmara Cível, Relator Jorge Góes Coutinho, Data da Publicação 06/08/2002.

ii DWORKIN, Ronald. **O império do direito**, 2014, p. 301.

Tendo isso em mente, pergunta-se, então, se as três interpretações restantes (2), (4) e (5) poderiam ser aplicáveis a situações análogas, mas de um ramo diferente do direito. Assim, partindo do caso sob estudo – as festas populares descritas no paradigma – Hércules poderia imaginar uma hipótese relativa a um contrato administrativo entre o município de Vitória e uma sociedade empresária do ramo de bebidas. A festa continuaria sendo gratuita e realizada nas ruas da cidade, mas a decoração seria totalmente custeada pela empresa contratada, interessada em obter espaço publicitário para a sua marca.

Nessa nova dimensão, Hércules deve testar as diferentes interpretações sob a luz da adequação, pois a melhor interpretação será aquela que menor dano causar à integridade do sistema como um todo. Aqui as soluções (4) e (5) podem sofrer um abalo, caso se considere que o ganho indireto da empresa de bebidas com a festa poderia geral um emprego amoral dessas interpretações, causando um prejuízo injusto aos autores. Contudo, em tais casos, nada impediria o ECAD de tentar cobrar os direitos autorais da empresa beneficiada, da mesma forma que faz com boates, clubes, bares e motéis que desrespeitam os direitos autorais, sem que se impeça, previamente, a realização das festas pelos municípios.

Quanto à interpretação (2), ela ganha ainda mais consistência se aplicada à situação do contrato administrativo com a empresa de bebidas. Isso porque o direito autoral, tradicionalmente, visa proteger os interesses do autor, e não dos usuários dos bens culturais e muito menos de empresas que usam estes bens em seu benefício.

De toda sorte, como referido na Seção 2 deste capítulo, o presente trabalho tem por foco apenas as festas tradicionais e populares, de caráter gratuito e subvencionadas pelo Poder Público.

Consequentemente, as interpretações (2), (4) e (5) ainda conseguiriam passar para a última fase, que pode ser resumida em uma pergunta: Qual análise "mostra a comunidade sob uma luz melhor, a partir do ponto de vista da moral política?"[i]

Dworkin, em sua busca pela resposta certa, frequentemente se refere a esta expressão: "a melhor luz". Ela pode parecer vaga quando surge isoladamente em seus escritos. Mas, de tempos em tempos, esse jurista confere-lhe uma dimensão, relacionando-a a forma de melhor apresentar as normas públicas, a estrutura das instituições e as decisões

---

i   DWORKIN, 2014, *op. cit.*, p. 298.

da sociedade, do ponto de vista da moral política. Nesse momento, o magistrado terá de realizar um julgamento político extremamente complexo, no qual sua visão de justiça e equidade terão de se compatibilizar com o conceito de adequação visto acima[i].

Consequentemente, ainda que buscando obstinadamente a única resposta certa ao problema, diferentes juízes poderão chegar a diferentes soluções, em virtude de toda a subjetividade que esse processo final impõe.

Tendo o juiz Hércules chegado a este ponto, com duas ou mais opções a considerar, sem que as regras tenham sido suficientes para se chegar a uma solução adequada, deverá o magistrado levar em conta as determinações dos objetivos políticos da sociedade à luz dos princípios[ii].

Os princípios, no sistema da *common law*, frequentemente surgem de decisões judiciais. É o caso da atribuição conferida à Suprema Corte norte-americana para efetuar a chamada *revisão judicial* sobre normas e ações dos demais poderes, embora não haja previsão expressa na Constituição daquele país. Essa prática reiterada, elevada a verdadeiro princípio constitucional, é fruto de decisões judiciais, entre as quais a mais célebre é aquela proferida em 1803, sob a presidência do juiz John Marshall[iii]. Na visão dworkiniana, "a decisão judicial deve sempre se apoiar em argumentos de princípios[iv]."

Neste ponto, a interpretação (4) acaba sendo rapidamente descartada. Embora ela faça parte do "romance em cadeia" que mostra a evolução do entendimento sobre a temática, a mudança da legislação, em 1998, retirou dessa linha de pensamento a norma que lhe dava apoio. O argumento da falta de intuito lucrativo, direto ou indireto, não é mais um princípio suficientemente relevante para contrariar o sistema criado pela Lei n. 9.610/1998. Ele faz parte da história política da comunidade, mas não deve mais guiar as futuras decisões judiciais.

Restam então duas interpretações, com soluções bastante diferentes para o problema. No caminho traçado por (2), os autores têm direito a demandar, junto ao município, uma reparação pelo uso indevido de

---

i   DWORKIN, 2014, *op. cit.*, p. 306.

ii   HABERMAS, Jürgen. **Direito e democracia entre facticidade e validade**. Rio de Janeiro: Tempo Brasileiro, 2003, p. 257.

iii   ESTADOS UNIDOS. Suprema Corte, 5 U.S. 137 (more), 1 Cranch 137; 2 L. Ed. 60; 1803 U.S. LEXIS 352.

iv   KOZICKI, *op. cit.*, p. 33.

suas obras, com base nas regras expressas na Lei n. 9.610/1998. Podem até, com base nas decisões que derivaram do REsp n. 524.873/ES, liminarmente impedir a realização de festejos em municípios que não honraram pagamentos anteriores.

Essa interpretação, como se observou, tem apoio na Constituição Federal de 1988, que manteve a tradição de elencar o direito autoral entre os direitos fundamentais. É um eco dos primeiros tempos do liberalismo econômico, em que o sentido de propriedade privada ganhou força e, graças às revoluções americana e francesa, esse modelo econômico teve seus princípios incorporados aos sistemas jurídicos ocidentais[i]. Como consequência, poucos artigos da Lei n. 9.610/1998 mostram preocupação com os interesses da sociedade. Os defensores da propriedade intelectual justificam essas rigorosas barreiras com argumentos utilitaristas. O direito autoral, assim, encorajaria mais inovações e criatividade, legitimando as restrições sofridas pelos demais indivíduos[ii].

Para José Afonso da Silva, a expressão "direitos fundamentais do homem" envolve "a indicação de que se trata de situações jurídicas sem as quais a pessoa humana não se realiza, não convive e, às vezes, nem mesmo sobrevive"[iii].

Alguns direitos fundamentais, no entanto, "são dotados de âmbito de proteção estritamente normativo", cabendo ao legislador ordinário definir sua amplitude e estabelecer restrições[iv]. O direito autoral, classificado por alguns autores como um direito patrimonial de "exclusiva" – limitado a inibir que terceiros usem um bem que, antes da existência da lei, podia ser usado por todos simultaneamente[v] – também está sujeito a limitações. Essas limitações estão esboçadas por um princípio difundido pela Convenção de Berna, em sua versão de 1967. Trata-se da chamada "regra dos três passos" (*three-step test*), que conseguiu conciliar

---

i SOUZA, Marcos da Cunha e. **Instituições e organização do Estado**. Curitiba: InterSaberes, 2018, p. 110 e seguintes.

ii KINSELLA, N. Stephan. **Contra a propriedade intelectual**. São Paulo: Instituto Ludwig von Mises Brasil, 2010, p. 17.

iii SILVA, José Afonso da. **Curso de Direito Constitucional positivo**. 36. ed. São Paulo: Malheiros, 2013. p. 177.

iv MENDES, Gilmar Ferreira. **Direitos fundamentais e controle de constitucionalidade**. São Paulo, Saraiva, 2012.

v ASCENSÃO, J. de O. Fundamento do direito autoral como direito exclusivo. In: SANTOS, M. J. P. dos; JABUR, W. P. **Direito autoral**. São Paulo: Saraiva, 2014. p. 46.

o sistema normativo dos países que seguem a *civil law* com a prática dos países da *common law*i. Uma versão dessa regra também está prevista no art. 13 do Acordo TRIPs[ii], cabendo a cada país adaptá-la ao seu ordenamento jurídico.

A regra dos três passos abre a possibilidade para uma lista aberta de limitações ao direito do autor, desde que submetidas, caso a caso, a um teste composto por três passos sucessivos, a saber: ser uma situação excepcional, que não afete a exploração normal da obra, nem cause prejuízo injustificado ao autor. No caso do Brasil, sem prejuízo para os autores, adotou-se uma lista taxativa de limitações aos direitos autorais, expressa no art. 46, além de outras situações especiais nos arts. 47 e 48. Assim, por exemplo, uma escola pode montar uma peça de teatro, sem autorização do autor, desde que "para fins exclusivamente didáticos, nos estabelecimentos de ensino, não havendo em qualquer caso intuito de lucro"[iii]. Mas, se a peça for realizada do lado de fora do estabelecimento de ensino, uma reparação financeira poderá ser exigida, conforme se depreende de decisão recente do STJ[iv]. Em suma, em um sistema no qual o princípio é a enumeração taxativa, um detalhe pode ser a diferença entre o permitido e o proibido.

No caso sob exame, envolvendo o município de Vitória, uma festa popular, mesmo que fosse totalmente espontânea, sem qualquer participação do ente público, resultaria em obrigação de indenizar, na linha da interpretação (2). Essa conclusão resta mais evidente quando se observa o art. 29 da Lei n. 9.610/1998 que assim determina, naquilo que interessa à espécie:

> Art. 29. Depende de autorização prévia e expressa do autor a utilização da obra, por quaisquer modalidades, tais como:

---

i GEIGER, Christophe; GERVAIS, Daniel J.; SENFTLEBEN, Martin. The Three-Step-Test Revisited: How to Use the Test's Flexibility. **National Copyright Law American University International Law Review**, v. 29, n. 3, p. 581-626, 2014.

ii ORGANIZAÇÃO MUNDIAL DO COMÉRCIO. **Trade-Related Aspects of Intellectual Property Rights**. Disponível em: https://www.wto.org/English/docs_e/legal_e/27-trips_01_e.htm. Acesso em: 31 jul. 2018.

iii Art. 46, VI, da Lei n. 9.610/98.

iv BRASIL. AgInt no REsp n. 1431565 / MG, STJ, 4ª Turma, Rel. Min. Antonio Carlos Ferreira, DJe 05/10/2017.

I – a reprodução parcial ou integral;

[...]

VIII – a utilização, direta ou indireta, da obra literária, artística ou científica, mediante:

a) representação, recitação ou declamação;

b) execução musical;

c) emprego de alto-falante ou de sistemas análogos; [...]

Assim, a interpretação (2) representa de modo bastante adequado nosso sistema se apenas esses elementos forem levados em conta. Ocorre que a interpretação (5) também está baseada em regras e princípios, e, no sistema de Dworkin, há uma forma especial de tratamento no que tange à colisão entre regras e entre princípios. Havendo conflito entre duas regras, busca-se por uma cláusula de exceção ou declara-se a invalidade de uma delas. Porém, sendo o caso de um conflito entre princípios, a primazia de um deles não acarretará a nulidade daqueles que lhe cedem o lugar. Assim, "no desenrolar dos casos, estabelece-se entre os princípios uma ordem transitiva, sem que isso arranhe sua validade"[i].

Os princípios, e o peso que eles têm quando confrontados com outros, flutuam no decorrer do tempo com base no grau de apoio institucional que recebem, sendo difícil transformá-los em uma norma capaz de prever todas as suas aplicações[ii]. Assim, por exemplo, podemos ter normas relacionadas à liberdade, à igualdade e à dignidade, mas é impossível cogitar uma norma que preveja toda a aplicabilidade desses princípios.

Com isso em mente, pode-se examinar a interpretação (5) no campo dos princípios.

Como se notou, a interpretação (5) segue direção diversa da (2), voltada não aos interesses dos autores ou dos municípios, mas sim aos das comunidades. Diz não caber a cobrança de direitos autorais quando a

---

[i] HABERMAS, Jürgen. **Direito e democracia entre facticidade e validade**. Rio de Janeiro: Tempo Brasileiro, 2003, p. 258-259.

[ii] SHAPIRO, Scott J. **The "Hart-Dworkin" debate**: a short guide for the perplexed. Public Law and Legal Theory Working Paper Series. Working paper n. 77, mar. 2007. Michigan: University of Michigan Law School, 2007, p. 14.

festa popular constituir a concretização de direitos individuais ou coletivos expressos na Constituição Federal ou dos deveres estatais referidos no art. 215 da referida Carta[i].

A interpretação (5) leva-nos àquelas centenas, talvez milhares, de cidades e distritos rurais do Brasil, onde milhões de pessoas vivem sem teatros, sem cinemas, sem espaços permanentes para as manifestações culturais de suas populações. O direito de um punhado de autores deve mesmo se sobrepor a essas comunidades, permitindo que suas ruas restem silenciosas e tristes durante a festa do boi, o carnaval ou as festas de seus santos padroeiros?

O direito de acesso à cultura não está expresso no art. 5º da Constituição Federal brasileira. Mas esse detalhe é irrelevante, dado tratar-se de um direito fundamental tanto do ponto de vista material, quanto por interpretação sistemática da Constituição. Os direitos culturais apontados na Constituição são direitos fundamentais porque se relacionam com o exercício da cidadania e "expressam aspectos subjetivos notórios de individualidade de uma pessoa ou de uma coletividade no que corresponde a identidade cultural e dignidade da pessoa humana"[ii].

Nessa mesma linha, Ascensão destaca que "há numerosas referências à promoção ou ao favorecimento da cultura" na nossa Carta, embora essas sejam apresentadas "como competências ou encargos dos entes públicos"[iii]. Haveria ainda, segundo o mesmo autor, uma coincidência funcional entre o direito autoral e o direito de acesso à cultura, pois ambos têm, entre seus objetivos, o de fomentar a produção cultural[iv].

Essa "coincidência funcional", mencionada por Ascenção, não evita sérios atritos entre estes dois direitos fundamentais. O direito autoral vem evoluindo com a preocupação de ampliar a proteção dos autores

---

i   Art. 215 da CRFB: "O Estado garantirá a todos o pleno exercício dos direitos culturais e acesso às fontes da cultura nacional, e apoiará e incentivará a valorização e a difusão das manifestações culturais."

ii   FERREIRA, Gustavo Assed; MANGO, Andrei Rossi. Cultura como direito fundamental: regras e princípios culturais. **Revista Brasileira de Direitos e Garantias Fundamentais**, Brasília, v. 3, n. 1, p. 80-98, jan./jun. 2017.

iii   ASCENÇÃO, J. de O. Direito fundamental de acesso à cultura e direito intelectual. In: SANTOS, M. J. P. dos. **Direito de autor e direitos fundamentais**. São Paulo: Saraiva, 2011, p. 9.

iv   Ibidem, p. 11.

o que, no tocante às músicas, envolve a maior proteção aos interesses das gravadoras, "com o óbvio propósito de deixar o mínimo de frestas para obter o máximo lucro"[i]. Tal tendência pode tornar o acesso à cultura, dentro daquilo que se espera de uma sociedade *sadia*, um termo vazio de conteúdo.

A interpretação (5), além de englobar o direito fundamental à cultura – com os princípios daí decorrentes – apoia-se também em outros valores da Constituição brasileira, como o da dignidade. A dignidade, tida como o piso vital mínimo da pessoa humana, é um dos fundamentos da nossa República[ii] e dela irradiam vários princípios e direitos, como a liberdade, a equidade, a igualdade.

Muitas festas populares praticadas no Brasil são manifestações centenárias, regadas a música e que já existiam muito antes da criação do ECAD e, até mesmo, do direito autoral. Adotar uma interpretação do sistema jurídico que prive uma população de sua cultura ancestral fere, indubitavelmente, o princípio da dignidade humana. Ademais, não é possível ser livre sem poder manifestar uma identidade cultural.

A disputa entre as interpretações (2) e (5) é um choque entre feixes de princípios, todos eles importantes. Mas eles precisam ser interpretados à luz do século XXI. A tradição de se inserir o direito autoral entre os direitos fundamentais não tem o condão de cristalizar os limites deste direito a ponto de se ignorar a ampliação da abrangência de direitos coletivos, como o acesso à cultura. A interpretação (5) envolve também repensar a relação dos autores com a sociedade. Para Ascenção:

> *Comparando o direito de acesso à cultura com o direito de autor, devemos reconhecer a superioridade hierárquica do direito de acesso à cultura. Este está ligado a aspectos básicos da formação da pessoa, que é a justificação e o fim de todo o Direito.*[iii]

Ademais, em que pese a importância que se deve atribuir à proteção dos direitos autorais, cumpre considerar que as obras musicais integram o patrimônio cultural do povo. Desse modo, devemos nos preocupar

---

i   ASCENÇÃO, J. de O., *op. cit.*, p.20.
ii   Constituição Federal de 1988, art. 1º, III.
iii *Op. cit.*, p. 18.

não apenas com a criação das obras a serem desfrutadas pelo público, mas também na garantia de acesso deste ao acervo intelectual[i].

Mas qual seria a interpretação a ser adotada pelo juiz Hércules, caso ele tivesse de optar entre a (2) e a (5)? É difícil afirmar com certeza. Como o embate final envolve direitos expressos na norma constitucional, talvez a resposta se encontre no Capítulo 5 da obra *Justice in Robes*, de Dworkin. Ali, ao tratar de originalismo e fidelidade, ele trata da integridade constitucional, discorrendo sobre a importância do texto da Constituição, das decisões judiciais a respeito do tema, da continuidade histórica, das práticas e tradições e, mais uma vez, dos princípios. À primeira vista, isso poderia beneficiar a interpretação (2). Porém, pode-se também chegar à conclusão contrária.

Dworkin define a Constituição como uma carta de princípios, na qual "a responsabilidade dos juízes consiste em dar nome a esses princípios e definir seu grau de extensão e alcance [...]"[ii]. Contudo, os princípios de hoje não têm o mesmo alcance que tinham quando a Constituição foi promulgada. "Enquanto as regras jurídicas são criadas ou extintas por um ato deliberado do legislador, os princípios emergem lentamente na sociedade, a partir de vivência concreta desta"[iii].

As sociedades evoluem. Dworkin lembra que a repressão a práticas homossexuais foram um dia consideradas lícitas pela Suprema Corte norte-americana até que esse tribunal viesse a decidir de modo contrário, alguns anos depois[iv]. Quanto à segregação oficial por raça, a decisão de 1954 contrariou décadas de práticas no sentido de tolerá-la, ao adotar critérios de igualdade que haviam sido solidamente estabelecidos[v]. Assim, é possível supor que o juiz Hércules viesse a reconhecer a supremacia do interesse público, de acesso a cultura, com viés constitucional, quando em confronto com o direito de cada autor, individualmente, no caso específico das festas populares.

---

i   SANTOS, Manoel J. Pereira dos. As limitações aos direitos autorais. *In*: SANTOS, M. J. P. dos; JABUR, W. P. **Direito autoral**. São Paulo: Saraiva, 2014, p. 69.

ii   DWORKIN, Ronald. **A Justiça de toga**. São Paulo: M. Fontes, 2010, p. 196.

iii KOZICKI, *op. cit.*, p. 36.

iv   DWORKIN, 2010, *op. cit.*, p. 197.

v   *Op. cit.*, p. 175.

6
Considerações finais

Conforme já fora referido na introdução, o presente trabalho busca demonstrar que a Filosofia e a Teoria do Direito são conhecimentos essenciais para o exercício da jurisdição e para a concretização dos direitos fundamentais. Nesse sentido, à guisa de exemplo, optou-se por dar ênfase ao "direito como integridade" de Ronald Dworkin como instrumento para a solução da controvérsia oferecida pelo REsp n. 524.873/ES. Em assim procedendo, observou-se um possível caminho, entre outros existentes, para a composição de conflitos entre direitos fundamentais. *In casu*, o Direito Autoral e o direito de acesso à cultura.

No que tange ao Direito Autoral, parece ser possível concluir que o uso de princípios constitucionais, tal como estes vêm sendo interpretados pela nossa doutrina, tem o condão de ampliar as limitações do art. 46 da Lei n. 9.610/1998 em favor da difusão do acervo cultural. O método desenvolvido por Dworkin ajuda a ressaltar essa perspectiva.

Ainda que não se concorde com Ronald Dworkin, ou que seu pensamento mereça críticas, certo é que ele desenvolveu um instrumento útil e racional para se alcançar uma decisão judicial adequada e baseada em valores de natureza político-moral. Neste ponto, tendo em vista os parâmetros do "romance em cadeia", há razões para crer que o texto final do STJ foi malsucedido, ao deixar sem explicação importantes aspectos estruturais do sistema jurídico existente em 2003. A manutenção acrítica desse entendimento, pelos diferentes tribunais e por tantos anos, é algo que causa espécie.

Ao se apontar a interpretação (5) como sendo a resposta certa, entretanto, deve-se ter em mente que o mesmo caminho traçado acima poderá levar um magistrado a confirmar a interpretação (2), desde que se aplicando uma fundamentação mais sólida do que aquela extraída do precedente do STJ. Dworkin previu a possibilidade de os magistrados discordarem sobre a resposta certa, mesmo ao final de todas as etapas enumeradas, sem que isso afete a coerência de seu sistema. Isso porque cada magistrado sofre, durante a vida, influências que, inconscientemente, irão gerar em sua mente uma visão própria da melhor interpretação moral das práticas sociais existentes.

Sob outro ângulo, o exercício hermenêutico desenvolvido acima serve para refletir sobre o "império do direito". O exame dos fundamentos que deram origem ao acórdão do REsp n. 524.873/ES leva a uma reflexão sobre a relação entre norma e princípio dentro da prática brasileira. Permite-se, então, cogitar o quanto o destino de certas comunidades poderia ser diferente caso o Judiciário brasileiro tivesse examinado a questão das festas populares de maneira sistemática, sob o olhar do incansável juiz Hércules.

Referências

ASCENÇÃO, J. de O. Fundamento do direito autoral como direito exclusivo. In: SANTOS, M. J. P. dos; JABUR, W. P. **Direito autoral**. São Paulo: Saraiva, 2014.

ASCENÇÃO, J. de O. Direito fundamental de acesso à cultura e direito intelectual. In: SANTOS, M. J. P. dos. **Direito de autor e direitos fundamentais**. São Paulo: Saraiva, 2011.

ATIENZA, M. **Curso de argumentación jurídica**. Madrid: Editorial Trotta, 2016.

BRASIL. Constituição (1988). **Diário Oficial da União**, Brasília, DF, 5 out. 1988. Disponível em: http://www.planalto.gov.br/ccivil_03/Constituicao/Constituicao.htm. Acesso em: 25 abr. 2022.

BRASIL. Lei n. 9.610, de 19 de fevereiro de 1998. **Diário Oficial da União**, Poder Legislativo, Brasília, DF, 20 fev. 1998. Disponível em: http://www.planalto.gov.br/ccivil_03/leis/L9610.htm. Acesso em: 25 abr. 2022.

BRASIL. Superior Tribunal de Justiça. Recurso Especial n. 750.822/RS. **Diário da Justiça Eletrônico**, 1º mar. 2010a.

BRASIL. Superior Tribunal de Justiça. Recurso Especial n. 1.034.103/RJ. **Diário da Justiça Eletrônico**, 21 set. 2010b.

BRASIL. Superior Tribunal de Justiça. Recurso Especial n. 225.535/SP, 3ª Turma, Min. Ari Pargendler, Data de julgamento: 04/05/2000, **Diário da Justiça Eletrônico**, 12 mar. 2000 p. 108.

BRASIL. Superior Tribunal de Justiça. Recurso Especial n. 228.717/SP, 3ª Turma, Min. Eduardo Ribeiro; REsp 123.067/SP, 3ª Turma, Min. Menezes Direito, Data de julgamento: 29/06/2000, **Diário da Justiça**, 28 ago. 2000 p. 79.

BRASIL. Superior Tribunal de Justiça. Recurso Especial n. 524.873/ES, 2ª Seção. Rel. Min. Aldir Passarinho Junior. **Diário da Justiça**, 17/11/2003 p. 199. Disponível em: http://www.stj.jus.br/SCON/jurisprudencia/doc.jsp?livre=524873&b=ACOR&p=true&l=10&i=2. Acesso em: 20 jul. 2018.

BRASIL. Superior Tribunal de Justiça. 4ª Turma. Min. Rel. Antônio Carlos Ferreira. AgInt no REsp n. 1431565 / MG, **Diário da Justiça Eletrônico**, 05/10/2017. Disponível em: http://www.stj.jus.br/SCON/jurisprudencia/doc.jsp?livre =524873&b=ACOR&p=true&l=10&i=2. Acesso em: 24 jul. 2018.

BRASIL. Tribunal de Justiça do Estado do Rio de Janeiro, 21ª Câmara Cível, Apelação Cível n. 0092661-39.2013.8.19.0001, Data de Julgamento: 04/08/2015. Disponível em: http://www4.tjrj.jus.br/ejuris/ConsultarJurisprudencia.aspx. Acesso em: 26 jul. 2018.

DWORKIN, R. **O império do direito**. São Paulo: M. Fontes, 2014.

DWORKIN, R. **A Justiça de toga**. São Paulo: M. Fontes, 2010.

DWORKIN, R. **A virtude soberana**: a teoria e a prática da igualdade. São Paulo: M. Fontes, 2005.

ESTADOS UNIDOS. Suprema Corte, 5 U.S. 137 (more), 1 Cranch 137; 2 L. Ed. 60; 1803 U.S. LEXIS 352.

FERREIRA, G. A.; MANGO, A. R. Cultura como direito fundamental: regras e princípios culturais. **Revista Brasileira de Direitos e Garantias Fundamentais**, Brasília, v. 3, n. 1, p. 80-98, jan./jun. 2017.

GEIGER, C.; GERVAIS, D. J.; SENFTLEBEN, M. The Three-Step-Test Revisited: How to Use the Test's Flexibility in National Copyright Law. **American University International Law Review**, v. 29, n. 3, p. 581-626, 2014.

HABERMAS, J. **Direito e democracia entre facticidade e validade**. Rio de Janeiro: Tempo Brasileiro, 2003.

HART, H. L. A. **O conceito de direito**. Lisboa: Fundação Calouste Gulbenkian, 1996.

HART, H. L. A. **Essays in Jurisprudence and Philosophy**. Oxford: Oxford University Press, 2001.

KINSELLA, N. S. **Contra a propriedade intelectual**. São Paulo: Instituto Ludwig von Mises Brasil, 2010.

KOZICKI, K. **Levando a Justiça a sério**. Belo Horizonte: Arraes Editores, 2012.

MENDES, G. F. **Direitos fundamentais e controle de constitucionalidade**. São Paulo, Saraiva, 2012.

OMC – Organização Mundial do Comércio. **Trade-Related Aspects of Intellectual Property Rights**. Disponível em: https://www.wto.org/English/docs_e/legal_e/27-trips_01_e.htm. Acesso em: 25 abr. 2022.

PARAÍBA. Processo n. (7) 0811827-85.2017.8.15.0001, 2ª Vara de Fazenda Pública de Campina Grande. Decisão proferida em 04/06/2018.

SANTOS, M. J. P. dos. As limitações aos direitos autorais. In: SANTOS, M. J. P. dos; JABUR, W. P. **Direito autoral**. São Paulo: Saraiva, 2014.

SHAPIRO, S. J. The "Hart-Dworkin" debate: a short guide for the perplexed. **Public Law and Legal Theory Working Paper Series**, Working paper n. 77, mar. 2007. Michigan: University of Michigan Law School, 2007.

SILVA, J. A. da. **Curso de direito constitucional positivo**. 36. ed. São Paulo: Malheiros, 2013.

SOUZA, M. da C. e. **Instituições e organização do Estado**. Curitiba: Intersaberes, 2018.

Apêndice

RUAS TRISTES E SILENCIOSAS: UMA VISÃO DWORKINIANA DA JURISDIÇÃO NO CONFLITO ENTRE DIREITOS FUNDAMENTAIS

Sumário. 1. Introdução. 2. A decisão paradigmática. 3. O direito como integridade. 4. Revendo o REsp n. 524.873/ES à luz do direito como integridade. 5. Ampliando o alcance. 6. Considerações finais. Referências.

Resumo. Em primeiro lugar, o Direito é definido neste texto como um sistema íntegro. Em seguida, é revisto o julgamento do Recurso Especial n. 524.873/ES a partir da interpretação do Direito como integridade. Por fim, analisa-se o exercício da jurisdição em casos de conflitos entre direitos fundamentais numa perspectiva interpretativa de Ronald Dworkin.

Palavras-chave. Conflito de direitos fundamentais. Jurisdição constitucional. Ronald Dworkin.

CALLES TRISTES Y SILENCIOSAS: UNA VISIÓN DWORKINIANA DE LA JURISDICCIÓN EN EL CONFLICTO ENTRE DERECHOS FUNDAMENTALES

***Sumilla**. 1. Introducción. 2. La decisión paradigmática. 3. El derecho como integridad. 4. Revisión de la REsp n. 524.873/ES a la luz de la ley como integridad. 5. Ampliación del alcance. 6. Consideraciones finales. Referencias.*

Resumen. Primero, el Derecho se define en este texto como un sistema integral. A continuación, se revisa la sentencia del Recurso Especial n. 524.873/ES a partir de la interpretación de la Ley como integridad. Finalmente, se analiza el ejercicio de la jurisdicción en casos de conflictos entre derechos fundamentales en una perspectiva interpretativa de Ronald Dworkin.

Palabras clave. Conflicto de derechos fundamentales. Jurisdicción constitucional. Ronald Dworkin.

Artigo 9

*Dos direitos humanos fundamentais
ao dever econômico fundamental:
a questão do combate à fome
e à pobreza*

Martinho Martins Botelho

Doutor em Integração da América Latina no Programa de Integração da América Latina (Prolam) pela Universidade de São Paulo (USP). Doutor em Teoria Econômica pela Universidade Estadual de Maringá (UEM). Professor do curso de Mestrado em Direito do Centro Universitário Internacional Uninter. Advogado e economista. E-mail: martinho.botelho@yahoo.com.br.

> *"There are people in the world so hungry, that God cannot appear to them except in the form of bread." (Tradução livre: "Existem pessoas tão famintas no mundo, que Deus não pode aparecer para elas senão na forma de pão")* (GANDHI, 1931, p. 309)

1
Introdução

Alguns dos problemas mais sérios que impactam a humanidade são a fome e a pobreza, e a realidade brasileira não se encontra longe desses alarmantes problemas de miséria que assola uma boa parte da humanidade.

O país tem, historicamente, sentido o problema da má distribuição da riqueza e da renda, constatado pelo grande número de pessoas que vivem abaixo da linha da pobreza, além de outros problemas atrelados, tais como alto índice de desemprego e de analfabetismo.

O aumento da fome e da pobreza – e, por conseguinte, da desigualdade socioeconômica – segue em uma tendência alarmante, tal como esclarecido no Relatório de Desenvolvimento Humano de 2014, intitulado "Sustentando o progresso humano: redução da vulnerabilidade e a construção da resiliência", de 24 de julho de 2014, lançado em Tóquio, Japão.[i]

Destacou-se que o mundo passa por uma prova de resiliência para a expansão de liberdades, ações coletivas para a globalização do desenvolvimento, progresso dos vulneráveis e a melhor equalização do Índice de Desenvolvimento Humano (IDH), principalmente para os países *medium human development* e *low human development,* entre outros.

Em razão disso, decorre a necessidade de se implementar políticas socioeconômicas fundadas na ideia institucional de propor uma eficiente gestão de políticas públicas, voltadas para a correção das mazelas existentes em alguns sistemas socioeconômicos, as quais criam "abismos desenvolvimentistas" e de bem-estar entre os países ricos e os pobres.

Entende-se que o Estado, como agente econômico regulador e interventor nas relações sociais privadas, tem um papel relevante, devendo lançar, especialmente, o combate à fome e à pobreza como um direito humano fundamental de cunho socioeconômico.

As políticas socioeconômicas são destinadas também a tornar eficientes os direitos humanos e as necessidades humanas fundamentais.

---

i   O *Human Development Report 2014: Sustaining human progress: reducing vulnerability and building resilience* está disponível em: http://www.pnud.org.br/arquivos/RDH2014.pdf.

Isso envolve, naturalmente, o direito à educação, à saúde e ao trabalho, e, no caso do Brasil, o direito à alimentação que se torna evidente após a Constituição da República Federativa do Brasil de 1988, a qual corroborou os direitos humanos estabelecidos na Carta Internacional de 1948.

Compreender a fome e a pobreza como fenômenos conjunturais e estruturais, resultados da dinâmica histórica do desenvolvimento do sistema socioeconômico possibilita seu melhor entendimento. Assim, passa-se a compreendê-lo sob uma ótica mais complexa, multifacetada e relativizada, não sendo apenas resultado da falta de renda, não sendo os famintos e pobres apenas classes sociais homogêneas e bem-delimitadas.

Os valores éticos e as inspirações das políticas estatais de intervenção no combate à fome e à pobreza estão situados em um corpo ético dos direitos humanos fundamentais, possibilitados em razão de uma maior preocupação com as questões da superação dos problemas econômicos da sociedade, e não apenas na regulação da atividade econômica.

É nesse sentido que o combate à fome e à pobreza são considerados elementos importantes para o incremento das liberdades inerentes ao ser humano, e o Direito Econômico, a Análise Econômica do Direito (*Economic Analysis of Law*) e a Economia Institucional se identificam, comungando elas as preocupações comuns com as transformações econômicas e sociais para a maior eficiência dos direitos humanos, *inter alia*.

O presente artigo tem o objetivo de apresentar uma análise do combate à fome e à pobreza como dever e como direito econômico fundamental, sendo abordadas algumas questões específicas, a exemplo do do direito ao desenvolvimento.

O artigo encontra-se dividido em duas partes, além desta introdução e da conclusão. Na segunda parte, realizou-se uma descrição dos conceitos de deveres e direitos econômicos fundamentais, direitos humanos e desenvolvimento. Na terceira parte, analisaram-se as relações fundamentais entre a Economia e o Direito e os direitos econômicos fundamentais.

2
Deveres econômicos fundamentais e direitos humanos: do direito ao desenvolvimento

Os direitos econômicos fundamentais e os direitos humanos acabam tendo o sentido de maior aproximação no campo do direito ao desenvolvimento, o qual é considerado como o direito mais "compatível" com a teoria e prática jurídica e econômica, sendo relevante tal como um direito de característica coletiva. É relevante reproduzir isso em sua formulação original, ou seja, de um direito de um povo a ser invocado para seu próprio interesse frente a determinados atos da sociedade internacional (KIRCHMEIER, 2006, p. 10).

Na visão do Mohammed Bedjaoui (1991, p. 1180), "colocar o direito ao desenvolvimento como sendo restrito ao ser humano como um indivíduo [apenas enfraquece o direito e] perigosamente obscurece os aspectos internacionais reais do problema básico".[i] O autor conclui dizendo que o direito ao desenvolvimento é mais do que um direito do Estado ou de um povo, é um direito do indivíduo (BEDJAOUI, 1991, p. 1184).

A evolução do direito ao desenvolvimento para compor um direito individual e coletivo (característica ambígua ou dualista) apenas atrapalha sua clareza conceitual e dilui sua força jurídica de direito internacional positivo, inclusive na seara dos direitos humanos.

Em razão do beneficiário do direito ao desenvolvimento ser o coletivo, ou seja, o povo, surgem alguns importantes questionamentos nesse sentido.

Primeiramente, questiona-se: Em que consiste o denominado *povo*? A definição de tal termo pode parecer clara, mas, quando se inclui o chamado princípio jurídico de autodeterminação, a questão fica mais obscura (CRAWFORD, 2001, p. 58).

Considera-se aqui o termo *povo* como o agrupamento de indivíduos que recebem a especial proteção de um (ou mais) Estado(s), os quais,

---

i No original: "placing the right to development among human rights whose enjoyment we are all too prone to regard as being restricted to the human being as an individual' only weakens the right and 'dangerously obscure[s] the real international aspects of the basic problem".

em contraposição, têm o dever de lealdade decorrente da sua nacionalidade, ou seja, o vínculo entre o indivíduo e o(s) ente(s) estatal(is).

A concepção ampla do signo *povo* é uma consequência inevitável da natureza coletiva do direito ao desenvolvimento, o qual é oponível pelo Estado em nome de seu povo contra a sociedade internacional.

A partir disso, poder-se-ia plantar outra pergunta: Como representar o povo no sistema internacional? De quem seria a legitimidade para reclamar o direito ao desenvolvimento?

Nos campos doutrinário e político internacionais, tal como no campo dos direitos humanos, os indivíduos (singular ou conjuntamente) podem reclamar seus direitos por meio dos respectivos Estados, salvo em casos específicos nos quais existiria uma "legitimidade ativa *ad causam*" internacional (CASSESE, 1986, p. 90).

Na lição de Ian Browlie (1992, p. 14), ponderou-se que, no âmbito da sociedade internacional, "os devedores ou obrigados primários do direito ao desenvolvimento – ou seja, o indivíduo no sentido estrito de quem pode reclamar direitos ou são potenciais demandados para tais reinvindicações – são Estados"[i].

O mencionado doutrinador britânico, ao referir que os Estados podem reivindicar direitos, não significou que estes contam com direitos humanos. Ele apenas ponderou que o Estado consiste em entidade legítima, representante de seu povo no cenário internacional.

Fica claro, com isso, que o direito ao desenvolvimento não é um direito subjetivo dos Estados, mas dos respectivos povos, tal como o direito de reclamar a alimentação regular e o direito ao acesso à riqueza dos sistemas nacionais e internacional.

Assim também entende Roland Rich (1992, p. 53), quando arguiu que não existem meios eficazes de implementação do direito ao desenvolvimento que não seja por meio dos Estados e de seus governos. Tal como um direito coletivo, o direito ao desenvolvimento só teria consistência na relação entre um Estado e outro Estado ou organizações internacionais.

---

i   No original: "the primary obligors and obligees of the right to development – that is, the subjects in the strict sense of those who can either claim entitlements or are potential respondents to such claims – are States."

Georges Abi-Saab (1980, p. 163) sustenta que, para o direito ao desenvolvimento ser considerado uma regra juridicamente vinculativa, os sujeitos ativos e passivos de direito e seu conteúdo devem ser claramente identificados. A identificação do titular dos direitos e das obrigações é essencial para se localizar os limites e as fronteiras do direito com legitimidade.

Do ponto de vista epistemológico, existe a necessidade de se resistir à consideração do direito ao desenvolvimento como uma fusão de todos os direitos humanos individuais, porque isso poderá enfraquecer o caráter normativo do direito, tornando-o ineficaz.

Assim, através de um critério funcional, os elementos formadores essenciais do direito ao desenvolvimento são:

a. o direito do povo a um processo independente de desenvolvimento econômico; e

b. a obrigação da sociedade internacional em estabelecer condições favoráveis à realização nacional dos Direitos Econômicos, Sociais e Culturais (DESCs).

Esses elementos não são elencados de modo arbitrário, existindo dois vetores indicadores.

O direito ao desenvolvimento, primeiramente, tem uma ligação com as justificativas históricas, já tendo sido articulado pelos Estados nacionais a partir da década de 1960 com o fenômeno da descolonização recente (século XX). Tal direito está associado ao princípio da autodeterminação econômica e à soberania nacional (de seu povo) (BEETHAM, 2006, p. 79).

O segundo elemento tem relação com a concretude em se assumir um compromisso jurídico vinculativo do consenso entre os Estados-membros na criação de uma ordem internacional caracterizada pela igualdade de oportunidades para o desenvolvimento econômico de todos os Estados.

Ambos os componentes mencionados fazem parte de uma sólida base jurídica, porque cada um deles se baseia em princípios juridicamente relevantes já existentes no direito internacional. Tais princípios constituintes são os seguintes:

a. autodeterminação econômica de um povo;

b. soberania permanente dos povos sobre as suas riquezas e recursos naturais;

c. cooperação internacional entre os Estados;

d. tratamento preferencial para Estados em desenvolvimento; e

e. prevenção de danos e prejuízos contra os direitos de outro Estado.

Os dois primeiros princípios são "tijolos de uma mesma viga", já que se reforçam mutuamente, sendo a razão primeira da existência do direito ao desenvolvimento: independência econômico-desenvolvimentista.

Os três últimos princípios representam pilares do segundo componente do direito ao desenvolvimento, que é a obrigação dos Estados nacionais de propiciarem condições favoráveis à implementação dos DESCs.

Ainda, é relevante dizer que o direito ao desenvolvimento tem a força normativa em tais componentes constituintes e principiológicos. Apenas quando tais princípios são considerados como um todo é que sua estrutura se torna mais completa.

Destarte, alternativamente, o direito ao desenvolvimento, pode ser definido como o direito subjetivo de um povo em implementar e/ou continuar um processo independente de evolução socioeconômica, que ocorre em uma conjuntura mais ampla e favorável das condições internacionais, visando à realização progressiva e contínua dos DESCs na sua sociedade interna.

Tal definição resulta consistente por se firmar em um direito internacional baseado em fontes positivistas e também porque apresenta dois componentes identificáveis em favor da população de um Estado como sendo os titulares desse direito.

O primeiro componente tem relação com o direito de realizar um processo de desenvolvimento econômico de maneira independente e livre de pressões (políticas, econômicas, jurídicas, culturais e sociais) indesejadas, ou seja, sem influência alguma de outros Estados ou organizações internacionais, ou até de grupos políticos.

O segundo componente tem relação com a sociedade internacional, a qual tem a obrigação fundamental de desenhar uma conjuntura internacional favorável à realização nacional dos DESCs.

Milan Bulajic (1993, p. 16) tratou esse segundo elemento quando mencionou que a sociedade internacional deve assumir a obrigação de estabelecer as condições que permitam a realização dos objetivos nacionais. Assim, a realização progressiva e contínua de tais DESCs consiste em uma parte relevante dos objetivos nacionais mencionados.

A definição aqui apresentada tenta preservar a natureza coletiva do direito ao desenvolvimento, tendo em vista ser um direito que pode ser invocado pelas pessoas através dos seus respectivos Estados como agentes (sujeitos de direito) legítimos no sistema internacional, defronte a Estados desenvolvimentos e empresas transnacionais com forte poder econômico.

Além disso, a definição deixa mais clara os direitos de um povo: o de implementar um processo de desenvolvimento econômico de modo independente e livre de interferências indesejáveis de Estados desenvolvidos ou de instituições outras, e de esperar que a sociedade internacional promova uma realização efetiva dos DESCs em seus respectivos territórios.

Igualmente, algumas obrigações para os Estados desenvolvidos poderiam ser elencadas para a implementação do direito desenvolvimentista. Primeiramente, haveriam de respeitar e proteger a liberdade de cada povo de se perseguir o próprio processo de desenvolvimento socioeconômico. Em segundo lugar, os Estados desenvolvidos devem modificar ou, até mesmo, interromper determinadas atividades (de características econômica ou financeiras internacionais) que provoque condições desfavoráveis, causadoras de danos ou prejuízos à execução progressiva dos DESCs nos Países em Vias de Desenvolvimento (PVDs).

A análise das interações entre o direito ao desenvolvimento e os direitos humanos econômicos fundamentais (não somente os DESCs), inclusive os relacionados com a fome e pobreza são feitos ao nível dialógico entre a teoria econômica e o direito. É o que se verá a seguir.

3
O diálogo entre a teoria econômica e a teoria jurídica sobre os direitos humanos econômicos fundamentais

Boa parte da literatura sobre os direitos humanos e a teoria econômica trata sobre os desafios encarados pelos conflitos entre o direito humanitário e a teoria econômica, principalmente quando se envolve o desenvolvimentismo e o institucionalismo.

Em aspectos gerais, o mencionado debate envolve diversos níveis de tensões em razão dos diferentes pontos de vista, os quais, aparentemente, estão mais relacionados com a forma e com o método do que com os fins gerais a que se propõem (REDDY, 2011, p. 63).

Os teóricos econômicos tradicionais, entre os quais se incluem os clássicos, os fisiocratas e os neoclássicos, acabam propondo que valores morais relacionados com os direitos humanos oferecem princípios demasiadamente amplos, sem que sejam possíveis instrumentos para a realização de escolhas individuais específicas. Na visão deles, para se tratar sobre problemas econômicos, seria necessário um recorte mais profundo na definição de prioridades, e a realização dos direitos humanos como um fim em si mesmo não seria tão relevante (SALOMON, 2014, p. 45).

Isso porque sua realização seria efetivamente difícil do ponto de vista científico. Na verdade, esses *mainstreams* são mais focados em proposições científicas, positivas, do que propriamente de normatividade econômica (Economia Normativa).

A ideia de direitos humanos considerados universais, para a teoria econômica, em tese, seria considerada, *a priori,* retórica, em razão de conflitar com o princípio robbinsiano fundamental: o da utilização de recurso escassos de modo mais eficiente, sendo uma tensão essencial da teoria econômica.

Com isso, os economistas tradicionais passaram a se sentir desconfortáveis com a ideia de formulação de proteção aos direitos humanos como uma premissa do sistema econômico. Em tese, não seria possível a satisfação dos direitos humanos em geral, ou seja, civis, culturais, econômicos, políticos e sociais (indivisíveis), à custa de outros direitos, reforçando a ideia de opção.

A relação causal econômica necessária seria encontrar qual a função justificadora da máxima eficiência na relação socioeconômica. Pensar em termos econômicos seria encarar esse "custo de oportunidade", e seria o caso de, *a priori*, em alguns casos, decidir-se contra a formalização de direitos humanos em detrimento da sociedade como um todo, de sua eficiência.

O enfoque é que, enquanto os direitos humanos teriam características sistêmicas, universais, vale dizer, o complexo de regras e princípios de direitos humanos precisaria ser considerado na formulação de políticas (ARCHER, 2006, p. 82), o pensamento econômico se fundamentava na escolha de um indivíduo racional, em um mundo de escassez, tal como visualizado por Lionel Robbins.

Em um primeiro olhar, a compatibilidade entre os direitos humanos e a teoria econômica seria difícil, tendo em vista os *trade-offs* a serem assumidos com o regime jurídico de direitos humanos.

Em razão da natureza sistêmica dos direitos humanos, incluindo-se a obrigação de combate à pobreza e à fome, os economistas poderiam se questionar se os direitos humanos então estariam, definidamente, fadados à utopia, à irrealidade.

Seymour e Pincus (2008, p. 395), exemplificativamente, passaram a entender que o reconhecimento dos direitos não está relacionado com os meios pelos quais podem ser realizados, oferecendo um mecanismo específico para a realização de *trade-offs* (GAURI, 2004, p. 472; UVIN, 2004, p. 184).

> *A edificação dos direitos humanos não fornece ferramentas para a tomada de decisões ou de definição de prioridades. Os defensores de direitos humanos, a abordagem deles é moldada pelos parâmetros gerais da lei nesta área, tendo sido acusada de pensar somente no presente (com as violações do aqui e agora), permitindo apenas o progresso unidirecional (progresso de um passo atrás para dar dois passos para frente).* (ARCHER, 2006, p. 83-84)[i]

---

i No original: "The human rights edifice provides no tools for making choices or setting priorities"). Human rights proponents, their approach shaped by the general parameters of law in his area, have been accused of thinking only in the present tense (concerned about violations here and now), and allowing only unidirectional progress (condemning progress that takes one step back in order to go two steps forward)."

O enfoque dos direitos humanos, a partir de tal perspectiva, passa a ser visto como uma incapacidade de escolha direta entre dois bens econômicos, tal como educação e saúde, ou entre aumento da renda e água encanada. Só seria possível um ou outro.

Já por outro lado, os defensores dos direitos humanos sustentam que os teóricos econômicos, em geral, não se preocupam com as consequências morais das políticas econômicas, tampouco com os efeitos nefastos do crescimento econômico para os que ficaram "fora do processo socioeconômico" (SEYMOUR, 2008, p. 403).

O questionamento dos jus-humanistas está relacionado com a preocupação dos mencionados "direitos" e princípios que facilitariam o crescimento econômico, reduzindo a pobreza, diluindo a fome e a miséria (SARFATY, 2009, p. 677).

O posicionamento mais extremo seria o relacionado com os "direitos individuais", os quais teriam relação direta com as liberdades, tais como a de satisfazer as condições de eficiência produtiva, maximização de lucros e crescimento. Em razão disso, tais "direitos" seriam compreendidos como: escolha pessoal, trocas voluntárias, liberdade de competição e proteção das pessoas, propriedade privada (CHAUFFOUR, 2009, p. 11).

Essa última posição tem sido contestada, inclusive, por jus-humanistas em geral.

Por outro lado, uma abordagem de conteúdo real do direito internacional dos direitos humanos reflete uma contribuição teórica mais detalhada e diferenciada, essencialmente voltada para o desenvolvimentismo e para a teoria juseconômica do desenvolvimento.

Sobre os juízos de valor humanista, tratados pelos doutrinadores de direito internacional dos direitos humanos, é possível analisar o regime jurídico socioeconômico importantes para que se possa oferecer uma base relevante no sentido de especificar as funções de bem-estar social que a economia do desenvolvimento demanda no auxílio de interesses em que existem tomadores de decisão.

Ademais, os Estados nacionais também devem comprometer-se a garantir a igualdade de direitos entre homens e mulheres no sentido do art. 3º do Pacto Internacional sobre Direitos Econômicos, Sociais e Culturais.

Com isso, está proibida a discriminação e, inclusive, a agressão a direitos socioeconômicos que venham a dificultar a disponibilização de recurso econômico imediatamente.

Ao tratar da eficácia progressiva dos direitos humanos, a Convenção sobre Direitos Econômicos, Sociais e Culturais estabeleceu, nos arts. 2 e 17, que é necessário dar passos concretos com prazos de tempo razoavelmente curtos para o cumprimento de suas obrigações.

Tal como atestado pela Convenção Internacional de Direitos Econômicos, Sociais e Culturais, fica para o Estado a obrigação de assumir a responsabilidade pela falta de cumprimento de necessidades básicas dos seres humanos, tais como: gêneros alimentícios essenciais, cuidados essenciais de saúde primária, abrigo e habitação, e das diversas formas de educação. O ônus da prova recai em demonstrar que o Estado tem feito o possível para garantir esses níveis mínimos de direitos para o seu povo, sem o que resta agredido o sistema global de direitos humanos e até mesmo compromissos políticos, tais como os das Metas de Desenvolvimento do Milênio.

O direito internacional dos direitos humanos está destinado a ser plenamente executável e viável, estando imediatamente pronto para que qualquer Estado o cumpra, levando em consideração as limitações de recursos internos.

É nesse sentido que os vetores estabelecidos pelo art. 2 (1) do Pacto Internacional dos Direitos Econômicos, Sociais e Culturais exigem que cada Estado-parte tome as medidas necessárias para que o máximo de seus recursos disponíveis seja preservado.

Para que determinado Estado-parte seja capaz de atribuir seu fracasso no cumprimento de suas obrigações fundamentais à falta de recursos disponíveis, deve-se demonstrar que todos os esforços foram feitos no sentido de se utilizar todos os recursos que possam estar à sua disposição, em um esforço de cumprimento das obrigações mínimas estabelecidas, pelo menos.

A expressão "o máximo de recursos disponíveis" representa tanto os recursos existentes no sistema econômico nacional quanto aqueles disponíveis na comunidade internacional, transferidos ao Estado por meio da assistência e cooperação internacional, como previsto nos arts. 13, 16 e 45 do Pacto Internacional dos Direitos Econômicos, Sociais e Culturais.

Quando se falar em recursos disponíveis, infere-se que eles estarão para o governo assim como a sociedade civil organizada, sendo o Estado um agente destinatário de progressos em matéria de obrigações de direitos humanos relevantes (SKOGLY, 2012, p. 393).

A Convenção Internacional dos Direitos Econômicos, Sociais e Culturais acabou estabelecendo um limite mínimo internacional que obrigasse todas as políticas de desenvolvimento a respeitarem, e o combate à pobreza seria questão de estratégia nacional e/ou internacional, vinculando juridicamente os Estados ao cumprimento de seus ditames, nos termos do art. 17.

Mesmo com a insuficiência de recursos disponíveis, outras obrigações permaneceriam para o Estado, tais como:

a. esforçar-se para garantir o mais amplo possível gozo dos direitos relevantes em razão de determinadas circunstâncias;

b. acompanhar o grau de realização (e não realização) da coesão de direitos econômicos, sociais e culturais;

c. elaborar estratégias e programas para a promoção dos mencionados direitos; e

d. mesmo em situações de ajustamento e de recessão econômica, ou outros fatores, os indivíduos e os grupos sociais mais desfavorecidos e marginalizados podem ser mais protegidos por meio da dação de programas de custos sociais relativamente mais baixos.

Caso tais medidas não sejam tomadas, ficar-se-iam constituídas violações de direitos econômicos fundamentais por parte do Estado.

Fala-se no uso do "máximo de recursos disponíveis" na realização dos direitos econômicos, sociais e culturais; mas sem especificar (SKOGLY, 2012, p. 393).

Ao que parece, o Comitê da Convenção analisa cada caso concreto, avaliando o que é razoável nas medidas governamentais de cumprimento dos direitos e se, em situação particular, indivíduos e grupos desfavorecidos e marginalizados foram levados em consideração.

No âmbito internacional, o máximo de recursos disponíveis, frequentemente, é comparado a 0,7% do Produto Interno Bruto para uma assistência oficial de desenvolvimento, na qual estejam presentes elementos de combate à fome e à pobreza.

Na visão de Radhika Balakrishnan *et ali* (2011, p. 3), o máximo de recursos não estaria limitado apenas àqueles de ordem financeira, podendo-se incluir os de caráter humano, técnico, organizativos, naturais e de informação, sendo os próprios recursos financeiros os mais significativos em muitos casos.

Do ponto de vista do sistema global de direitos humanos, o Comitê das Nações Unidas, que supervisiona o cumprimento da Convenção sobre os Direitos da Criança de 1989, prevê que um Estado deve ser capaz de demonstrar o limite máximo de recursos disponíveis e os que estão sendo percentualmente aplicados para o cumprimento dos direitos econômicos, sociais e culturais das crianças. Assim, o Estado deve ser capaz de identificar o percentual dos orçamentos nacionais e de outros segmentos sociais, relacionados direta e indiretamente à criança.

A alocação eficiente de recursos disponíveis representa um dos principais exemplos de como a tomada de decisão econômica pode beneficiar o sistema de proteção dos direitos humanos, assumindo-se uma especificação de função de bem-estar social.

Com isso, para a teoria dos direitos internacionais de direitos humanos é relevante não ignorar a teoria da maximização dos recursos, tendo em vista que ela pode beneficiar-se.

Tal como explicado por Balakrishnan e Elson (2008, p. 5), existe um rol considerável de exigências teóricas relacionadas com a teoria da maximização dos recursos. Na visão de tais autores, a determinação de qual recurso poderia ser maximizado em função da limitação de bens depende razoavelmente do nível de produção de determinado sistema econômico, incluindo-se sua taxa de crescimento, e do nível de uso de recursos originados de outras economias.

Além disso, a maximização de recursos também dependerá de como o Estado mobiliza recursos de pessoas que vivem sob sua jurisdição, no sentido de financiar o cumprimento das obrigações relacionadas com os direitos humanos, a exemplo do combate à fome e à pobreza.

Considerações sobre a teoria econômica do desenvolvimento socioeconômico e da justiça econômica certamente incluem aspectos mais específicos, como aqueles alcançados pela Economia Monetária e Fiscal, e do setor público.

4
Conclusão

É possível perceber os dilemas sobre as regras e os princípios de direito internacional dos direitos humanos e a teoria econômica, principalmente no condizente aos mecanismos humanos, racionais, de tomada de decisões.

Porém, sobre o combate à fome e à pobreza, torna-se forçoso o reconhecimento de ambas os campos do conhecimento na luta pela alimentação adequada e à criação e distribuição de riquezas.

Apesar de haver uma série de previsões teóricas relacionadas com a "distribuição da fome e da pobreza" no mundo, os teóricos econômicos desenvolvimentistas e institucionalistas apresentam dispositivos teóricos suficientes para a preocupação com tais problemas em grau de efetividade.

Infelizmente, tal efetividade ainda não acontece em âmbito global, existindo, exemplificativamente, mais de 50 milhões de brasileiros que ainda vivem abaixo da linha pobreza.

As desigualdades socioeconômicas observadas no Brasil são frutos de graves violações aos direitos humanos fundamentais (e dos Objetivos de Desenvolvimento do Milênio, ODMs). É farto o regime jurídico contemporâneo voltado para a regulação do sistema econômico com vistas à equalização entre riqueza e bem-estar e fundamentado nos direitos humanos.

Ainda é um desafio empírico, de economia normativa, a efetividade do direito à alimentação e à justa distribuição da riqueza.

As agressões aos direitos sociais representam atestado de incompetência dos Estados nacionais e da sociedade internacional em dar uma solução compatível com o arcabouço jurídico contemporâneo, sendo que o direito humano à alimentação adequada ainda não alcançou um patamar que demonstre que esse problema será superado em breve.

Isso significa que o direito internacional dos direitos humanos, especialmente o direito à alimentação e ao acesso à riqueza, ainda não evoluiu na práxis tanto quanto na teoria. Não se pode negar tal realidade, objeto de debate desde a implementação dos ODMs da ONU.

Essa constatação, por outro lado, não macula de modo algum todo o sistema de direitos humanos, fruto de históricas reivindicações e de reconhecimento do ser humano para melhores condições de vida desde o pós-Segunda Guerra Mundial.

Em razão disso, modificar o regime jurídico internacional de direitos humanos não significaria resolver o problema, cuja garantia está mais em termos de construtivismo e compromisso moral dos Estados contemporâneos e dos próprios sistemas econômicos nacionais.

Referências

ABI-SAAB, G. The Legal Formulation of a Right to Development. In: DUPUY, R.-J. (ed.). **The Right to Development at the International Level**. The Hague: Martinus Nijhoff Publishers, 1980, p. 159-175.

ARCHER, R. The Strengths of Difference Traditions: What Can be Gained and What Might be Lost by Combining Rights and Development? **SUR International Journal of Human Rights**, v. 3, n. 4, p. 81-101, 2006.

BALAKRISHNAN, R.; ELSON, D.; HEINTZ, J.; LUSIANI, N. **Maximum Available Resources and Human Rights**: Analytical Report. Center for Women's Global Leadership at Rutgers. New Jersey: Rutgers, the State University of New Jersey, 2011.

BALAKRISHNAN, R.; ELSON, D. Auditing Economic Policy in the Light of Obligations on Economic and Social Rights. **Essex Human Rights Law Review**, v. 5, n. 1, p. 1-19, 2008.

BEDJAOUI, M. The Right to Development. In: BEDJAOUI, M. (ed.). **International Law**: Achievements and Prospect. Dordrecht/Boston: Martinus Nijhoff Publishers, 1991. p. 1177-1204.

BEETHAM, D. The Right to Development and Its Corresponding Obligations. In: ANDREASSEN, B.; MARKS, S. (Eds). **Development as a Human Right**: Legal, Political and Economic Dimensions. Cambridge: Harvard School of Public Health, 2006. p. 79-95.

BULAJIC, M. **Principles of International Development Law**. 2. ed. Boston/Dordrecht: Martinus Nijhoff Publishers, 1993.

CASSESSE, A. **International Law in a Divided World**. Oxford: Clarendon Press, 1986.

CHAUFFOUR, J.-P. **The Power of Freedom**: Uniting Development and Human Rights. Washington, DC: Cato Institute. 2009.

CRAWFORD, J. The Right of Self-Determination in International Law: Its Development and Future. In: ALSTON, P. (ed.). **Peoples' Rights**. Oxford: Oxford University Press, 2001, p. 7-68.

GANDHIM, M. K. **Young India**: a weekly journal, v. 13, column 1, 1931.

GAURI, V. **Social Rights and Economics**: Claims to Health Care and Education in Developing Countries. Policy Research Working Paper, 465-477. Washington, DC: The World Bank Institute, 2004.

KIRCHMEIER, F. The Right to Development – Where Do We Stand? State of the Debate on the Right to Development. Occasional Papers n. 23, **Friedrich Ebert Stiftung**, Geneva, 2006, p. 1-28.

REDDY, S. G. Economics and Human Rights: a Non-Conversation. **Journal of Human Development and Capabilities**, v. 12, n. 1, p. 63-72, 2011.

RICH, R. The Right to Development: A Right of Peoples? In: CRAWFORD, J. (Ed.) **The Rights of People**. Oxford: Clarendon Press, 1992. p. 39-54.

SALOMON, M. E.; ARNOTT, C. Better development decision-making: applying international human rights law to neoclassical economics. **Nordic Journal of Human Rights**, v. 32, n. 1, p. 44-74, 2014.

SARFATY, G. A. Why Culture Matters in International Institutions: The Marginality of Human Rights at the World Bank. **American Journal of International Law**, v. 103, n. 4, p. 647-683, 2009.

SEYMOUR, D. Human Rights and Economics: The Conceptual Basis for their Complementarity. **Development Policy Review**, v. 26, n. 4, p. 387-405, 2008.

SKOGLY, S. The Requirement of Using the 'Maximum of Available Resources' for Human Rights Realisation: A Question of Quality as well as Quantity. **Human Rights Law Review**, v. 12, n. 3, p. 393 – 420, 2012.

UVIN, P. **Human Rights and Development**. West Hartford, CT: Kumarian Press, 2004.

Apêndice

DOS DIREITOS HUMANOS FUNDAMENTAIS AO DEVER ECONÔMICO FUNDAMENTAL: A QUESTÃO DO COMBATE À FOME E À POBREZA

Sumário. Não realização 1 Introdução. 2. Deveres econômicos fundamentais e direitos humanos: do direito ao desenvolvimento. 3. O diálogo entre a teoria econômica e a teoria jurídica sobre os direitos humanos econômicos fundamentais. 4. Conclusão. Referências.

Resumo. Este artigo desenvolve raciocínio no sentido de considerar uma evolução os passos dados dos direitos humanos fundamentais ao dever econômico fundamental, com vistas a analisar a questão do combate à fome e à pobreza, em um diálogo entre a teoria econômica e a teoria jurídica dos direitos humanos econômicos fundamentais.

Palavras-chave. Direitos humanos. Dever econômico fundamental. Combate à fome e à pobreza.

DE LOS DERECHOS HUMANOS FUNDAMENTALES AL DEBER ECONÓMICO FUNDAMENTAL: LA CUESTIÓN DE LA LUCHA CONTRA EL HAMBRE Y LA POBREZA

***Sumilla**. 1. Introducción. 2. Deberes económicos fundamentales y derechos humanos: del derecho al desarrollo. 3. El diálogo entre la teoría económica y la teoría jurídica sobre los derechos humanos económicos fundamentales. 4. Conclusión. Referencias.*

***Resumen**. Este artículo desarrolla un razonamiento en el sentido de considerar una evolución de los pasos dados desde los derechos humanos fundamentales al deber económico fundamental, a fin de analizar el tema del combate al hambre y la pobreza, en un diálogo entre la teoría económica y la teoría jurídica de los derechos humanos fundamentales económicos. derechos.*

***Palabras clave**. Derechos humanos. Deber económico fundamental. Combatir el hambre y la pobreza.*

Artigo 10

*Em torno do princípio
da proporcionalidade*

Paulo Ferreira da Cunha

Juiz Conselheiro do Supremo Tribunal de Justiça. Catedrático da Faculdade de Direito da Universidade do Porto (licenciado para exercício da magistratura).

> *"os princípios gerais do direito não constituem criação jurisprudencial; e não preexistem externamente ao ordenamento. A autoridade judicial, ao tomá-los de modo decisivo para a definição de determinada solução normativa, simplesmente comprova a existência no bojo do ordenamento jurídico, do direito que aplica, declarando-os. Eles são, destarte, efetivamente descobertos no interior de determinado ordenamento jurídico."*
> (Eros Roberto Grau[i])

---

[i] Eros Roberto Grau, **Ensaio e Discurso sobre a interpretação/aplicação do direito**, 5. ed., São Paulo: Malheiros, 2006, p. 48.

1
A caixa de ferramentas

A grande caixa de ferramentas do Direito (a metodologia jurídica propriamente dita) não parece ser, infelizmente, muito estudada nas universidades, *qua tale*, sendo uma descoberta, entre o fascinante e o doloroso, para os aprendizes de juristas quando se confrontam com o desafio premente da prática[i]. Na ingência dos prazos e da confluência das sinetas (ou sirenes) dos prazos (raramente em cânone, mais frequentemente em chinfrineira de pressas), os aprendizes de juristas, chegados ao oceano infindo e revolto da prática, acabam por ter saudades do tempo perdido dos bancos da Faculdade, em que podiam ter aprendido tanto mais, que agora lhes faz tanta falta. E pior ainda será quando se não se apercebem sequer do que lhes falece.

Mas o problema é que esta nostalgia, podendo ter como base alguma plausibilidade nesta nossa efabulação hipotética, enferma contudo por dois pontos: por um lado, muitas vezes, mesmo que o novel jurista houvesse estudado tudo o que lhe foi ensinado e recomendado, não teria adquirido a lâmpada de Aladino que lhe permitiria resolver agora, com auxílio de um génio benfazejo, os casos presentes.

Muito do que faz falta na prática não se estuda, e nem se pode estudar – porque não há tempo, nem há em tudo o que se deve saber e treinar a mesma homologia de sentido para que se possa integrar em um *curriculum*. Por outro lado (e esse é um problema para todos os juristas, novos e mais velhos), a caixa de ferramentas está a crescer todos os dias. Mesmo que estivesse impregnada de uma fúria de apanhar todas as novidades (e há alguns académicos que, como na estória do fato de Bocage, parece não se decidirem por uma teoria, porque sabem que logo virá uma nova – e querem sempre andar na moda), a Universidade não conseguiria nunca todas abarcar. Aliás, há a necessidade de distinguir o essencial e o acessório...

E depois, como bem assinalou Jacques Leclercq[ii], há uma construção *more geometrico* das teorias, uma criação sem freio. Ora chega a

---

i   Sobre os problemas, perspetivas e a nossa conceção da metodologia jurídica, cf., recentemente, o nosso livro **Metodologia jurídica**: iniciação & dicionário, 4. ed., atualizada, revista e ampliada, Coimbra: Almedina, 2021, Prefácio de Joana Aguiar e Silva.

ii Jacques Leclercq, **Du droit naturel à la sociologie**, trad. port. Do direito natural à sociologia, São Paulo: Duas Cidades, s/d.

ser reconfortante, ao ver-se que pouco se adianta com algumas renovações doutrinais de velhas e clássicas ideias, quando a doutrina ou a jurisprudência, aparentemente com alguma prudência "infusa", não prestam grande atenção às modas, e persistem num caminho que já deu bons frutos.

Evidentemente que se pode perder com essa desconsideração de algumas novidades. E por isso é que é necessário destrinçar o trigo do joio. É de recomendar, pois, a visita regular aos armazéns de ferramentas jurídicas, o determo-nos nas prateleiras das novidades (aí nas grandes vitrinas das lojas modernas, não nos armazéns, por vezes até um tanto sombrios), e testarmos alguns materiais da moda. Mas apenas usar o que realmente seja comprovadamente útil ou, no mínimo, dê garantias de não ser mais um simples *gadget*.

2
Proporcionalidade, densificação de valores

As constituições cidadãs, como a Constituição da República Portuguesa em vigor, são constituições não apenas programáticas como principiológicas. Tal em nada contende, porém, com seu caráter compromissório, vocacionadas que estão para serem magnas cartas sociais, de sociedades pluralistas e naturalmente agónicas (mas não anómicas), e não simples "estatutos jurídicos do político" *stricto sensu*, ou seja, "constituições *meramente* políticas" ou, como por vezes se disse, *in illo tempore*, "constituições políticas e administrativas da nação"... Além disso, constituições deste estilo e família são *normas das normas*i em que está presente, de forma muito clara (a mais clara de todas é a formulação da Constituição espanhola de 1978, mas todas as demais do grupo ou "família" assinalam essa característica), a dimensão ética, nomeadamente integrando valores jurídicos e jurídico-políticos, alguns deles de caráter superior no conjunto da ordem jurídica[ii].

---

i   Não se olvide que a Constituição é norma: cf. o clássico Eduardo Garcia de Enterría, La Constitución como norma jurídica, in **Anuario de Derecho Civil**, série I, n. 2, Madrid: Ministerio de Justicia y Consejo Superior de Investigaciones Cientificas, p. 292-ss.

ii Gregorio Peces-Barba, **Los valores superiores**, Madrid: Tecnos, 1.ª reimp., 1986; Javier Santamaría, **Los valores superiores en la jurisprudencia del Tribunal Constitucional**: libertad, igualdad, justicia

Um dos princípios constitucionais de vasto espetro, ou de longo alcance, mais massacrados pela prática (em que, por vezes, sofre tratos de polé), invocado tantas vezes *à propos et sans propos*, é o da proporcionalidade. Ele é uma afloração mais densificada (mais aproximada do concreto) do valor jurídico superior da Justiça, e em alguma medida, também, do valor jurídico superior da Igualdade, que nunca é uma mera aritmética de semelhança e diferença superficiais, mas uma subtil visão do igual e do desigual, integrando, naturalmente, elementos de equidade[i]. Por outro lado, é de vocação heurística e hermenêutica: mas nessa dimensão é mais invisível que aparente, funcionando como um desejável pano de fundo da atividade do intérprete e aplicador do Direito, ajudando-o a encontrar boas soluções e a concretizar os textos e os princípios jurídicos numa perspetiva concorde com os seus vetores próprios.

Neste breve artigo, procuraremos dar alguns traços muito gerais da questão, especialmente com referências de sede penal, em Portugal (e em particular com algumas – de modo algum exaurientes – referências à jurisprudência do Supremo Tribunal de Justiça). E procurando ilustração da concretização ética na vida forense, no caso, pelo princípio da proporcionalidade. Tudo isso, pela enorme relevância, não apenas institucional, *de iure*, como prática, *de facto*, da jurisprudência. Apesar de se dever ponderar, a este propósito, o citado trecho (em epígrafe deste texto) de Eros Grau, segundo o qual não é a jurisprudência que *cria*, mas *descobre* os princípios no ordenamento jurídico[ii]. Lembra um pouco a distinção (mais das ciências naturais) entre invenção e descoberta.

---

    y pluralismo político, Madrid: Dykison/Universidad de Burgos, 1997; Milagros Otero Parga, **Valores constitucionales**. Introducción a la Filosofía del Derecho: axiología jurídica, Santiago de Compostela: Universidade de Santiago de Compostela, 1999; Antonio-Carlos Pereira Menaut, Constitución, Principios, Valores, in **Dereito. Revista Jurídica da Universidade de Santiago de Compostela**, v. 13, n. 1, 2004, p. 189-216. E o nosso livro **Direito Constitucional geral**, 2. ed., Lisboa: Quid Juris, 2013, p. 191-ss.

i   Cf., *v.g.*, os nossos L'équité: le legs réaliste classique et la pensée de Michel Villey, in **Revista da Faculdade de Direito da Universidade do Porto**, designadamente *on-line* in https://repositorio-aberto.up.pt/bitstream/10216/112978/2/1646.pdf; Danos não patrimoniais e equidade, in **Julgar**, *on-line*: http://julgar.pt/danos-nao-patrimoniais-e-equidade/, ambos ultimamente consultados em 15 out. 2021.

ii   Eros Roberto Grau, **Ensaio e discurso sobre a interpretação/aplicação do direito**, 5. ed., São Paulo: Malheiros, 2006. p. 48.

3
Princípio e subprincípios

O juízo de verificação da proporcionalidade (e, implicitamente, ao menos da razoabilidade) das decisões judiciais que se devam sindicar, não é um *fiat iustitia pereat mundus*, antes um conjunto de operações vinculadas à lei (e desde logo à Constituição), e com limites que a doutrina e a jurisprudência foi precisando.

Limites esses que têm de ser apertados ou severos, sob pena até de, no limite, poder perigar o princípio (e fim jurídico, pelo menos para alguns) da segurança jurídica, já que não se trata de uma apreciação de "direito livre", baseada na subjetividade do julgador (cremos que se pode falar legitimamente numa "arte de julgar", mas não pode é identificar-se tal "arte" com dogmatismo ou impressionismo argumentativo, ou pura e simples intuição – contudo é uma questão vasta que aqui não pode ser senão apenas mencionada), mas uma observação ponderada, que procura também aquilatar da justeza do *iter* decisório do Tribunal *a quo*. Não se trata de preterir a Justiça em nome da Segurança (curiosamente, a primeira é um valor, e a segunda um princípio somente), mas de fazer Justiça procurando não subverter a Segurança. Há uma lição transversal de um outro princípio constitucional, o da *concordância prática*[i], que muitas vezes é intuitivamente seguida, mas nem sempre evidenciada e consciencializada.

Tem aplicação lata nesta sede o seguinte passo do Acórdão n. 632/2008 de 23/12/2008, do Tribunal Constitucional (Relatora: Conselheira Maria Lúcia Amaral), no qual pode ler-se:

> *Como se escreveu no Acórdão n.º 187/2001 (ainda em desenvolvimento do Acórdão n.º 634/93): "O princípio da proporcionalidade desdobra-se em três subprincípios: – Princípio da adequação (as medidas restritivas de direitos, liberdades e garantias devem revelar-se como um meio para a prossecução dos fins visados, com salvaguarda de outros direitos ou bens constitucionalmente protegidos); – Princípio da exigibilidade (essas medidas restritivas têm de ser exigidas para alcançar os fins em vista, por o legislador não dispor de outros meios menos restritivos para alcançar o mesmo desiderato); – Princípio da justa medida ou proporcionalidade em sentido estrito (não poderão*

---

i   Cf. o nosso livro **Direito Constitucional geral**, 2. ed., cit., p. 382-ss.

adoptar-se medidas excessivas, desproporcionadas para alcançar os fins pretendidos)." A esta definição geral dos três subprincípios (em que se desdobra analiticamente o princípio da proporcionalidade) devem por agora ser acrescentadas, apenas, três precisões. A primeira diz respeito ao conteúdo exato a conferir ao terceiro teste enunciado, comummente designado pela jurisprudência e pela doutrina por proporcionalidade em sentido estrito ou critério da justa medida. O que aqui se mede, na verdade, é a relação concretamente existente entre a carga coativa decorrente da medida adotada e o peso específico do ganho de interesse público que com tal medida se visa alcançar. Ou, como se disse, ainda, no Acórdão n.º 187/2001, "[t]rata-se [...] de exigir que a intervenção, nos seus efeitos restritivos ou lesivos, se encontre numa relação 'calibrada' – de justa medida – com os fins prosseguidos, o que exige uma ponderação, graduação e correspondência dos efeitos e das medidas possíveis". Ou seja; em síntese: adequação, como propriedade para visa os fins (justos) propostos; exigibilidade, ou inexistência de meios alternativos, mais benévolos; ponderação, sem excesso – todos estes aspetos devem ser ponderados.[i]

Há um mar imenso de bibliografia glosando as especificações sobretudo do Tribunal Constitucional alemão e dos teóricos germânicos, notadamente Robert Alexy. Por vezes, na teoria dos princípios e das regras, também é convocado (contrastivamente) Ronald Dworkin. No Brasil, por exemplo, onde é já tradicional ir na esteira de um ou outro (ou ambos?) os autores, nestas matérias, há também uma pujante discussão teórica sobre a temática, e uma exuberante aplicação do princípio, naturalmente dissonante[ii]. Não se pretende enveredar por esse aliás interessante diálogo, como se depreenderá da sequência deste texto.

---

i   Para mais desenvolvimentos, cf., *v.*g. Idem, Ibidem, p. 388-ss.

ii   Cf., por todos, Humberto Ávila, **Teoria dos princípios**, São Paulo: Malheiros, 19. ed., 2019, máx. p. 205-ss.; Raquel Denize Stumm, **Princípio da proporcionalidade no direito constitucional brasileiro**, Porto Alegre: Livraria do Advogado, 1995; Virgílio Afonso da Silva, O Proporcional e o Razoável, **Revista dos Tribunais**, v. 798, 2002, p. 23-ss.; Eros Roberto Grau, Equidade, razoabilidade e proporcionalidade, **Revista do Advogado**, São Paulo, v. 24, n. 78, 2004, p. 27-ss.; Leonardo Martins, Proporcionalidade como critério de controle de constitucionalidade: problemas de sua recepção pelo direito e jurisdição constitucional brasileiros, **Cadernos de Direito**, Piracicaba, 3(5), p. 15-ss., jul./dez. 2003.

Embora se reconheça o óbvio de hoje correntemente utilizarmos (por vezes sem alguns disso se darem conta) parte dos instrumentos que buriladamente foram aperfeiçoados nas altas regiões da especulação da doutrina e da jurisprudência referidas. É essa, aliás, a maior dita de uma teorização: a de ser tão divulgada e aceite que se perde (ou quase) até a sua autoria. Tal é uma sina muito significativa em Direito, o que contrasta com as provectas e venerandas galerias de retratos de grandes nomes noutras áreas do saber e da ação. Quantas estátuas de juristas (só juristas) ornam os nossos parques públicos? A glória dos juristas é mais sombria... E de algum modo ainda bem, ao que cremos.

4
Metodologia da apreciação

Balizado o pano de fundo deste princípio basilar, sublinhar-se-á que não apenas na apreciação das penas aplicadas deve o Supremo Tribunal de Justiça verificar a proporcionalidade, que tem como critério de base a razoabilidade (a lógica e a reta direção do decidido). Na verdade, é ele um critério geral da jurisprudência (*juris – prudentia*)[i].

i Cf., *v.g.*, inúmeros arestos que revelam essa preocupação como cf. Acs. de 09-11-2000, Proc. n. 2693/00–5.ª; de 23-11-2000, Proc. n. 2766/00–5.ª; de 30-11-2000, Proc. n. 2808/00–5.ª; de 28-06-2001, Procs. n.s 1674/01–5.ª, 1169/01–5.ª e 1552/01–5.ª; de 30-08-2001, Proc. n. 2806/01–5.ª; de 15-11-2001, Proc. n. 2622/01–5.ª; de 06-12-2001, Proc. n. 3340/01–5.ª; de 17-01-2002, Proc. n. 2132/01–5.ª; de 09-05-2002, Proc. n. 628/02–5.ª, CJSTJ 2002, tomo 2, p. 193; de 16-05-2002, Proc. n. 585/02–5.ª; de 23-05-2002, Proc. n. 1205/02–5.ª; de 26-09-2002, Proc. n. 2360/02–5.ª; de 14-11-2002, Proc. n. 3316/02–5.ª; de 30-10-2003, CJSTJ 2003, tomo 3, p. 208; de 11-12-2003, Proc. n. 3399/03–5.ª; de 04-03-2004, Proc. n. 456/04–5.ª, in CJSTJ 2004, tomo 1, p. 220; de 11-11-2004, Proc. n. 3182/04–5.ª; de 23-06-2005, Proc. n. 2047/05–5.ª; de 12-07-2005, Proc. n. 2521/05–5.ª; de 03-11-2005, Proc. n. 2993/05–5ª; de 07-12-2005 e de 15-12-2005, CJSTJ 2005, tomo 3, p. 229 e 235; de 29-03-2006, CJSTJ 2006, tomo 1, p. 225; de 15-11-2006, Proc. n. 2555/06–3.ª; de 14-02-2007, Proc. n. 249/07–3.ª; de 08-03-2007, Proc. n. 4590/06–5.ª; de 12-04-2007, Proc. n. 1228/07–5.ª; de 19-04-2007, Proc. n. 445/07–5.ª; de 10-05-2007, Proc. n. 1500/07–5.ª; de 14-06-2007, Proc. n. 1580/07–5.ª, CJSTJ 2007, tomo 2, p. 220; de 04-07-2007, Proc. n. 1775/07–3.ª; de 05-07-2007, Proc. n. 1766/07–5.ª, CJSTJ 2007, tomo 2, p. 242; de 17-10-2007, Proc. n. 3321/07–3.ª; de 10-01-2008, Proc. n. 907/07–5.ª;

Importa, antes de mais, compreender que a metodologia do tribunal *ad quem* deverá ser a de refazer (reconstituir) os "passos em volta" (recordando um título de Herberto Hélder) da questão que foram dados, e como se encaminhou o julgador no tribunal *a quo* para a decisão que tomou (qual, desde logo, a sua fundamentação).

Enfim, trata-se, antes de mais, de procurar entender se o *iter* para chegar ao decidido se revela ajustado e bem maturado, seguindo a metodologia (*metha – odos*: caminho – para) adequada: desde logo, a legal. E saber se esses procedimentos foram corretos, legais, razoáveis – dentro, obviamente, da necessária prudência e parcimónia. Se o resultado é uma "justa medida" depende do *due process* (da legitimação pelo procedimento[j]), do equilíbrio, razoabilidade e ponderação dos meios convocados para aí chegar.

5
Princípio entre princípios, princípio de princípios

Importa, neste momento, algum distanciamento no manejo dos tópicos do nosso *instrumentarium*, que se baseiam em metódica não absolutamente consensual na doutrina, mas acabando, contudo, por resultar

---

de 16-01-2008, Proc. n. 4571/07–3.ª; de 20-02-2008, Procs. n.s 4639/07–3.ª e 4832/07–3.ª; de 05-03-2008, Proc. n. 437/08–3.ª; de 02-04-2008, Proc. n. 4730/07–3.ª; de 03-04-2008, Proc. n. 3228/07–5.ª; de 09-04-2008, Proc. n. 1491/07–5.ª e Proc. n. 999/08–3.ª; de 17-04-2008, Procs. n.s 677/08 e 1013/08, ambos desta secção; de 30-04-2008, Proc. n. 4723/07–3.ª; de 21-05-2008, Procs. n.s 414/08 e 1224/08, da 5.ª secção; de 29-05-2008, Proc. n. 1001/08–5.ª; de 03-09-2008, no Proc. n. 3982/07–3.ª; de 10-09-2008, Proc. n. 2506/08–3.ª; de 08-10-2008, nos Procs. n.s 2878/08, 3068/08 e 3174/08, todos da 3.ª secção; de 15-10-2008, Proc. n. 1964/08–3.ª; de 29-10-2008, Proc. n. 1309/08–3.ª; de 21-01-2009, Proc. n. 2387/08–3.ª; de 27-05-2009, Proc. n. 484/09–3.ª; de 18-06-2009, Proc. n. 8523/06.1TDLSB–3.ª; de 01-10-2009, Proc. n. 185/06.2SULSB.L1.S1–3.ª; de 25-11-2009, Proc. n. 220/02.3GCSJM.P1.S1–3.ª; de 03-12-2009, Proc. n. 136/08.0TBBGC.P1.S1–3.ª; e de 28-04-2010, Proc. n. 126/07.0PCPRT.S1" (cf. Acórdão do STJ de 2010-09-23, proferido no Proc.º n. 10/08.0GAMGL.C1.S1).

i   Niklas Luhmann, **Legitimation durch Verfahren**, 2. ed., Neuwied, 1975.

em consequências confluentes para nosso objeto. Esclareçamos, pois, ainda que brevemente, os operadores ou paradigmas que manejamos neste momento.

A parte dos mega princípios da *legalidade* (prevalência da lei, reserva da lei, legalidade da Administração), da *segurança jurídica* (previsibilidade e determinabilidade das normas, sua irretroatividade e não antecipação), e da judiciaridade e garantia judiciária, o princípio da proporcionalidade (*lato* e *stricto sensu*, e nas suas conexões com o da razoabilidade e da proibição do excesso) é setor estruturante do Estado de Direito[i].

Quer o princípio da proporcionalidade, quer o da razoabilidade (*qua tale* ou *sub specie* "racionalidade", eventualmente a par da "necessidade" e da "adequação")[ii] tanto podem ser considerados subprincípios de um princípio mais vasto de proibição do excesso, como um único princípio, o da proporcionalidade, embora com várias facetas[iii]. E certamente é pela mesma ordem de pensamento que, da necessidade expressa, na Constituição da República Portuguesa (*v. g.*, no artigo 272º, n. 2), se deve remeter para uma tácita proporcionalidade.

Os princípios da proporcionalidade e da razoabilidade parece terem a sua raiz num velho postulado britânico, e exprimem-se, não raro, sob forma inglesa, como *due process* ou *due process of law*. Mas não é apenas dessa legitimação pelo procedimento[iv] que se trata sempre: é muito mais que isso. Está em causa ainda uma consonância que não se esgota nos passos dados e certos de um ritual, cuja substância poderia ferir os

---

i   Cf. o nosso livro **Direitos fundamentais. Fundamentos e direitos sociais**, Lisboa: Quid Juris, 2014, p. 110-ss.

ii   José Sérgio da Silva Cristóvam, **Colisões entre princípios. Razoabilidade, proporcionalidade e argumentação jurídica**, Curitiba: Juruá, 2006.

iii   Cf., em geral, além das já citadas obras da doutrina brasileira, Nicholas Emiliou, **The Principle of Proportionality in European Law**, Londres: Kluwer, 1996; Xavier Philippe, **Le contrôle de la proportionnalité dans les jurisprudences constitutionnelle et administrative françaises**, Marselha: Presses Universitaires d'Aix-Marseille, 1990; Vitalino Canas, "Princípio da Proporcionalidade", in **Dicionário jurídico da Administração Pública**, Separata do VI Volume, Lisboa, 1994; Jorge Miranda / Rui Medeiros, **Constituição portuguesa anotada**, Tomo I, Coimbra: Coimbra Editora, 2005, p. 162.

iv   Niklas Luhmann, **Legitimation durch Verfahren**, cit.

limites intrínsecos (embora nem sempre consensuais) da própria intervenção do direito[i], ou do Estado (recordando, desde logo, Humboldt[ii]), ou mesmo ser injusta, porque o simples cumprir de um rito qualquer, por si só, não garante a bondade intrínseca das soluções[iii]. Há, portanto, uma irrecusável, inalienável, dimensão substancial, intrínseca, nessa proporcionalidade e razoabilidade, que são já, aliás, indiciadas pelas próprias expressões, que remetem para uma dada alteridade, e alteridade em equilíbrio.

Sendo certo que os princípios da proporcionalidade e/ou da razoabilidade serão dos mais inefáveis de todos os princípios constitucionais, parece, contudo, incontroverso que remetem para a referida ideia de equilíbrio, equidade, justiça concreta, e bom senso – não absolutos ou absolutizáveis (isso seria uma *contradictio in terminis*), mas em situação, em cada "circunstância", próprios de cada tempo concreto em que a regra é aplicada. Essa plasticidade e evolução temporal é que precisamente muito contribuem para que tais princípios sejam dificilmente explanáveis ou vertíveis em tópicos específicos. E, contudo, são parâmetros orientadores utilíssimos e irrecusáveis, além do mais como válvula de segurança, não subjetiva, mas balizada.

Na base de toda a questão terminológica e categorial, está certamente uma diferença de classificação cultural. No mundo anglo-saxónico, fala-se frequentemente de critério da razoabilidade, enquanto no continente europeu, se prefere a ideia de proporcionalidade (e também não é exatamente a mesma coisa falar-se em *princípio* ou em *critério* de proporcionalidade). Essa dupla origem é, certamente, a razão da disjunção[iv]. Mas não podemos deixar de pensar no que une os conceitos que estão sob as diferentes expressões. E não falando o preceito constitucional português especificamente nem num nem noutro

---

i   Antony Allott, **The limits of Law**, Londres: Butterworths, 1980.

ii   Wilhelm Von Humboldt, **Ideen zu einem Versuch, die Grenzen der Wirksamkeit des Staates zu Bestimmen**, trad. port., Prefácio de Rui J. Conceição Nunes, **Os limites da acção do Estado**, Porto: Rés, s.d.

iii V. a nossa tese de doutoramento em Coimbra, **Constituição, direito e utopia**, Coimbra: Universidade de Coimbra; Coimbra Editora, 1996, máx. p. 433-ss.

iv Cf. Carolina Pereira Sáez, "Una Contribución al estudio del empleo del Principio de Proporcionalidade en la jurisprudência reciente del Tribunal Constitucional Español", Separata do **Anuario da Facultade de Dereito da Universidade da Coruña**, 8, p. 1044.

dos conceitos, compreende-se que é à doutrina e à jurisprudência que compete classificar – com a liberdade de enquadramento que lhes é própria. E essa inclusão do princípio na Constituição da República Portuguesa é estudada até por académicos de além-mar, como Willis Santiago Guerra Filho[i].

Uma síntese do Tribunal Constitucional Alemão deve ser ponderada, como contendo boas pistas para uma perspectiva mais rigorosa do princípio da proporcionalidade, aqui *sub specie* "critério":

> *A aplicação do critério da proporcionalidade como limite dos limites não se confunde com uma ponderação de bens, interesses ou valores jurídicos, mas representa a busca 'do' meio necessário de intervenção, assim entendido [como] o meio adequado de intervenção (adequado ao propósito da intervenção) que seja, em face da liberdade atingida, o menos gravoso. Aplicar o critério da proporcionalidade significa, portanto, interpretar e analisar o propósito perseguido pelo Estado e o meio de intervenção em si, no que tange às suas admissibilidades e à relação entre os dois. Esta deve poder ser caracterizada como uma relação de adequação e necessidade, nos seus sentidos técnico-jurídicos.*[ii]

Aliás, esse princípio é classicamente o *princípio dos princípios* em matéria de intervenção policial, e não se vê como não o deva ser em toda a ação da Administração Pública. Sem esquecer, evidentemente, sua presença judicial.

Podemos sintetizar as várias facetas dessa constelação de princípios a partir de sua face negativa (da proibição do excesso) que, mais plasticamente que a positiva (proporcionalidade e razoabilidade), os recorta.

Refira-se, a propósito, que é até mais *aberta* a posição da Constituição da República Portuguesa, não se limitando a nenhum

---

i   Willis Santiago Guerra Filho, **Processo constitucional e direitos fundamentais**, 4. ed., revista e ampliada, São Paulo: RCS Editora, 2005, p. 83, e Idem, Notas em torno ao princípio da proporcionalidade, in **Perspectivas constitucionais. Nos 20 anos da Constituição de 1976**, ed. de Jorge Miranda, Coimbra: Coimbra Editora, 1996.

ii Jürgen Schwabe (coletânea original) / Leonardo Martins (organização e introdução da ed. em português), **50 anos de jurisprudência do Tribunal Constitucional Alemão**, Montevideo: Fundação Konrad Adenauer, 2005, p. 89.

dos princípios aqui envolvidos, especificamente no artigo 272º, sobre a Polícia. Mas já não assim no artigo 266º, n. 2, sobre os princípios a que estão subordinados os órgãos e agentes administrativos, onde o princípio da proporcionalidade, a par dos da igualdade, justiça, imparcialidade e boa-fé, é mencionado; ou no artigo 19º, nº 4, sobre a "opção" pelo estado de sítio ou de emergência.

É já corrente dizer-se que a proibição do excesso se analisa na adequação, na exigibilidade e na proporcionalidade *stricto sensu*[i].

Analisemos muito brevemente essa tríade.

A *adequação* implica o não extravasar de um sentido, estilo, finalidade da intervenção. Traduz-se na conformidade do ato com o seu objetivo legal e pressupõe uma equivalência entre a medida tomada e o seu *telos*, ou finalidade. A submissão das penas a este critério é fundamental. Não se trata apenas de atividades do Estado, ou medidas de polícia.

A *exigibilidade*, por seu turno, pode ser material (economia de meios e que devem ser minimamente restritivos de direitos), espacial (limitação geográfica ou espacial da intervenção ablativa ou compressora), temporal (restrição ao mínimo de tempo possível da medida excecional), pessoal (restrita ao mínimo possível de agentes jurídicos pertinentes e só a esses).

A *proporcionalidade stricto sensu* é, na verdade, o equilíbrio geral, contenção, ponderação, e está imbuída sempre da preocupação de sopesar os *commoda* e os *incommoda*, os meios e os fins, o instrumental e o substancial. Evidentemente que as penas não deixam de ter de estar sob esta alçada.

6
O princípio "sopra onde quer"

Se na atuação corrente da Administração Pública a importância da proporcionalidade se encontra expressamente consagrada (e isso não deixa

---

i   J. J. Gomes Canotilho, **Direito Constitucional e Teoria da Constituição**, 7.ª ed., 2.ª reimp., Coimbra: Almedina, 2003, p. 266 ss.; José Sérgio da Silva Cristóvam, *op. cit.*, p. 214 ss.; já algo diferentemente, Jorge Reis Novais, **Os princípios constitucionais estruturantes da República portuguesa**, Coimbra: Coimbra Editora, 2004, p. 178-ss.

de estar consignado na Constituição da República Portuguesa, nomeadamente, no artigo 266º, n. 2), já em Direito Penal avulta a importância da determinação de uma pena proporcional e proporcionada (basta atentar nos artigos 1º e 70º e ss. do Código Penal português), sem ser, todavia, necessária a consagração do princípio de forma explícita. Estamos até em crer que as diversas formas, mais concretizadoras, de que se serve o legislador penal acabam por constituir momentos de atualização do princípio, propiciando-lhe uma maior densificação.

Ou seja, do mesmo modo que Stephen Breyer, juiz do Supremo Tribunal dos Estados Unidos, reconheceu que, não se encontrando explicitamente a fraternidade no texto da magna carta estadunidense, ela, porém, se encontra por todo o lado no universo constitucional respetivo, também se pode dizer que o princípio da proporcionalidade por vezes até mais claramente se consagra com tópicos que para ele apontam, do que pela sua simples, abstrata e formal proclamação. Assim se exprimiu o dito Juiz do Supremo Tribunal norte-americano:

> *O preciso tema desta conferência relaciona-se com o princípio da fraternidade no contexto das Constituições. Pode dizer-se que um tal princípio não existe na Constituição americana – até que se comece a pensar seriamente no tema. Então, damo-nos conta de que o princípio da fraternidade manifesta-se no fundo da Constituição americana. Realmente, não se pode relancear (sequer) o campo do direito americano sem o encontrar por toda a parte.*[i]

No exemplo da pena de prisão (que não é dos menores), qualquer que seja, pois, a focalização doutrinal que se escolha (desde logo, independentemente de princípios vizinhos que se possam eleger), a panóplia de tópicos que vimos *supra*, no sentido de equilíbrio, razão, ponderação,

---

i   Conferência em Otava, no Congresso da Associação dos Tribunais Constitucionais de língua francesa, em 20 de junho de 2003. Texto original, que traduzimos livremente, com a devida vénia: Le sujet exact de cette conférence concerne le principe de la fraternité au sein des Constitutions. On s'attend à dire qu'un tel principe n'existe pas dans la Constitution américaine–jusqu'à ce que l'on commence à penser sérieusement au sujet. Alors l'on se rend compte que le principe de la fraternité se manifeste au fond de la Constitution américaine. Certes on ne peut jeter aucun coup d'oeil sur le terrain du droit américain sans le trouver partout. (**Réflexions relatives au principe de fraternité**: http://www.supremecourtus.gov/publicinfo/speeches/sp_06-20-03.html).

leva sempre a que uma pena de prisão haja de ser sopesada, pensada *com medida*.

Aliás, refira-se num não despiciendo parêntesis, que o Código Penal já manifesta a sua preferência por penas não privativas da liberdade, e não pela pena de prisão:

> *Artigo 70º Critério de escolha da pena: Se ao crime forem aplicáveis, em alternativa, pena privativa e pena não privativa da liberdade, o tribunal dá preferência à segunda sempre que esta realizar de forma adequada e suficiente as finalidades da punição.*

Esse sopesar se operará numa dialética onde, evidentemente, deporão os diferentes fins das penas legalmente admitidos[i]. E não serão punitivismos ou laxismos de moda que arredarão a preocupação eterna pelo equilíbrio, simbolizada pela Balança, que é o verdadeiro e realmente único consensual símbolo da Justiça, ao que parece[ii].

7
Exempla

7.1 Legalidade

Há casos e casos. Refiramos alguns, como simples tópicos, sem nenhuma preocupação de sistematicidade ou de completude. Apenas exemplificativamente, e com caráter muito sucinto.

Uma das situações mais imediatas em possível recurso é tratar-se, liminarmente, de um problema de Direito, e especificamente

---

i   Cf. o nosso livro **Crimes & penas**, Coimbra: Almedina, 2020, p. 117-ss. *et passim*.

ii   Sobre os símbolos da Justiça, cf., desde logo, os nossos artigos "Die Symbole des Rechts. Versuch einer Synthese", in **Archiv für Rechtsund Sozialphilosophie**, v. 80 – 1994 1. Quartal. Heft 1, Stuttgart: Franz Steiner, 1994; "La Balance, le Glaive et le Bandeau. Essay de Simbologie Juridique", in **Archives de Philosophie du Droit**, Paris: Sirey, 1995, separata, 1996; e, atualizando o estado da questão, o nosso livro **Filosofia do Direito**, 3. ed., Coimbra: Almedina, 2019, p. 238-ss.

de legalidade. O que não significa que nessa dimensão não deva, no juízo sobre a aplicação da legalidade, o Tribunal *ad quem* ponderar, *por exemplo*, questões de ética, questões de justiça (ao menos como *pano de fundo* e quiçá por vezes como "inconsciente"), ou, mais lhanamente pensar no interesse público[i]. Esgrimir *contra legem* é que nunca parece ser uma boa argumentação, mesmo do simples ponto de vista retórico (embora, em termos gerais, obviamente dependa do auditório); mas, mais ainda, no plano jurídico *proprio sensu*. Uma coisa é interpretar até certo ponto *pro domo*, mas dentro da lei e mesmo da sua letra; outra, muito diferente, pleitear contra lei expressa, e expressamente.

Importa refletir em perspetiva, e sem populismo ou paixão. É fulcral que o jurista não seja aquele proverbial "burocrata da coação" que vive da rotina que pratica, alheado às razões e aos resultados. Sem dúvida, o jurista, qualquer jurista, não pode ter o coração e a cabeça embotados[ii], ou o verbo, oral ou escrito, vendido a quaisquer interesses, pesados a oiro ou a fanatismos ou faciosismos... Seu compromisso último (ou primeiro) é com a Justiça. Ora, na aplicação do princípio da proporcionalidade, é o *pano de fundo* da Justiça que preside ao seu labor. E não deve haver situações em que se deixe de ser proporcional, e assim justo, cometendo-se atos antiéticos.

A alternativa não está entre o jurista conformado e sonolento, agelástico (v. Rabelais, Kundera e Rorty) nas rotinas, de um lado, e do outro, o justiceiro togado, irrequieto, irresignado, *ativista*, confundindo interesses ou opiniões pessoais (ou ideológicas, de velhas ou novas ideologias) com a criteriosa aplicação da Lei. Por isso reiterada e concorde jurisprudência do Supremo Tribunal de Justiça português tem sublinhado a importância da fundamentação, e, designadamente, até de especialmente recortada e concreta fundamentação, por exemplo, da apreciação da medida das penas, em recurso. E recorde-se que, no Brasil, a Constituição federal, constituição cidadã como a portuguesa (aliás, a expressão foi cunhada a seu propósito, cremos que por Ulysses Guimarães), de 1988, prevê essa necessidade de fundamentação, no artigo 93, IX.

---

i Cf., desde logo, Rogério Ehrhardt Soares, **Interesse público, legalidade e mérito**, Coimbra: Atlântida, 1955.

ii Apesar de tudo, os juristas terão algumas paixões: cf. Carlos Petit (Ed.), **Pasiones del jurista**: amor, memoria, melancolía, imaginación, Madrid: Centro de Estudios Constitucionales, 1997.

Em toda a apreciação desta problemática é importante ter-se presente a lógica do sistema jurídico. A ordem jurídica, qualquer ordem jurídica, não encara os problemas, os casos, as justiças e injustiças deste mundo, de forma atomística. E há uma ordem, uma hierarquia, uma rede de competências.

A interlocutora (eventualmente uma figura ficcionada) do saudoso Miguel Reale, que queria que o seu processo fosse julgado pelo juiz X, porque o achava muito justo, mas que *não era competente* em razão da matéria, da hierarquia, do território[i]... é um exemplo eloquente de como não se pode tentar fazer justiça sem ter presentes as regras do jogo do sistema jurídico, da ordem jurídica concreta em que se esteja. Ao saber-se que a ordem jurídica não dá competência ao juiz X para julgar a causa Y, nem sequer se poderá dizer que seria mais ético, mas não jurídico, que fosse ele a julgar o caso. Há uma expansividade ética da juridicidade, da legalidade em especial, que só em casos excecionais se não verifica. Sim, pode haver situações em que o juridicamente estabelecido pela simples positividade objetiva e mecânica da lei possa atentar contra a ética, ou uma certa ética. O caso de Antígona é mil vezes citado, embora se não trate de uma lei geral e abstrata, mas de um decreto concreto, e quiçá *ad hominem*, do seu tio e novel rei de Tebas, Creonte[ii].

Nesta ordem de ideias, cremos ser compreensível como se não pode considerar imediatamente injusto, não proporcional, e contrário à ética, o que for decidido estritamente em obediência à específica lei ou instituto que regula aquele caso concreto, aquele crime, aquele tipo de processo, aquela forma de recurso etc.

É, por exemplo, relativamente frequente que, com o intuito de acelerar a libertação de um arguido, se interponha uma providência de *Habeas Corpus* por prisão ilegal[iii]. Ora essa decisão, que o peticionante

---

[i] Miguel Reale, **Lições preliminares de Direito**, 10. ed. revista, Coimbra: Almedina, 1982.

[ii] Além das *Antígonas* de Sófocles e de Jean Anouilh, que nos parecem sobressair claramente de uma panóplia internacional de glosas do tema durante muitos séculos (onde também se revela, com originalidade, a portuguesa de António Sérgio), de entre uma multidão de estudos críticos, cf. especialmente George Steiner, **Antigones**, trad. port. de Miguel Serras Pereira, **Antígonas**, Lisboa: Relógio D'Água, 1995.

[iii] Cf. o nosso artigo Do *Habeas Corpus*. Breves Notas, sobretudo Jurisprudenciais, **Revista Portuguesa de Ciência Criminal**, ano 30,

em princípio julgará ser eticamente acertada, correta, justa, porém, esbarra com frequência com os requisitos muito estritos para a sua interposição com êxito. Dir-se-á que, em nome de uma suposta ética, o Tribunal deveria atropelar as "regras do jogo", prescindir da verificação dos requisitos, e mandar soltar um preso? De forma alguma. O arguido deverá, por exemplo, interpor recurso ordinário para fazer valer os seus argumentos, reivindicar os seus direitos, seguindo os trâmites estabelecidos pela lei. Não pode, assim, vir de forma falaciosa e passional, eventualmente demagógica também, invocar a Ética contra o Direito, ou a Ética contra sua aplicação concreta, neste ou naquele caso em que apenas se cumpra o determinado legalmente.

Uma outra questão, porém, fica a pairar: o lugar para a discussão da lei injusta (essa é contrária à Ética e substancialmente inconstitucional[i]) e a porta aberta pelos pluralismos jurídicos *hoc sensu*, especificamente pelo Direito Natural[ii]. Mas essa é questão vastíssima, que aqui não pode caber.

É compreensível, mas é socialmente perigosa, a profunda incompreensão, e até agitação e clamor escandalizado de alguns setores mais sensíveis a estas matérias quando as decisões dos tribunais, dando ou não razão aos recorrentes, decidem o que, à luz do senso comum, numa visão mais imediatista e sem consideração da legalidade, pode ser uma injustiça, uma falta de eticidade, ou simplesmente uma má opção, má tática, má política. É que os Tribunais não fazem esses cálculos de oportunidade política, ou racionalidade econômica, nem mesmo podem fazer contas morais ou moralistas que vão além do que a lei permita. Por exemplo, o princípio *in dubio pro reo* não será muito aplicado, na prática. Em quantos casos se terá provado que houve mesmo dúvidas do tribunal? Ora, é também muitas vezes invocado pensando nas dúvidas não do julgador concreto, mas de um hipotético observador, ou outros. Mas é interessante ver como existe também uma certa mentalidade de mão dura, totalmente contraria à aplicação deste princípio.

---

n. 3, set./dez. 2020, p. 557-ss.

i   Juarez Freitas, **A substancial inconstitucionalidade da lei injusta**, Petrópolis, RJ: Vozes; Porto Alegre, RS: EDIPUCRS, 1989.

ii   Cf., *v.g.*, os nossos livros **Rethinking Natural Law,** Berlin / Heidelberg: Springer, 2013, Prefácio de Virginia Black; **Droit naturel et méthodologie juridique**, Paris: Buenos Books International, 2012, Prefácio de Stamatios Tzitzis. E ainda, mais recentemente, **Filosofia do Direito**, 3. ed., Coimbra: Almedina, 2019, *passim* e máx. p. 445-ss.

E esta última parece mais considerar o princípio contrário: "Matai-os a todos, Deus escolherá os seus".

Contudo, entre laxismo e rigorismo, o julgador tem de ir levando a nau da Justiça, com ponderação, com proporcionalidade. Há uma componente ética essencial no ponderar, equilibradamente, e no aplicar, de forma proporcional.

7.2 Audição, contraditório

Outras vezes está em causa o princípio *audi alteram partem*.

Uma ampla audição dos interessados é mais consentânea com a concreta vivência de princípios constitucionais que remetem para maior participação. Pode estar em causa o princípio do contraditório (artigo 32º, n. 5, da CRP). Mas nem sempre é imposto que todos oiçam todos, sobre tudo, e sempre – e vezes sem fim. *Est modus in rebus*.

Por vezes, há interpretações muito extensivas, quiçá exageradamente "garantísticas", ou a tal aspirando... Nem tudo, nem sempre, convoca o contraditório, o pressupõe ou o exige. E sobretudo, sendo ele (e o processo equitativo, também frequentemente alegado) bases do nosso sistema jurídico, não são invocáveis sempre e por toda a parte dos vastos e multifacetados territórios das lides, e sobretudo não o deverão ser quando, razoavelmente, se veja que a letra da lei e uma simples interpretação / aplicação declarativa / literal não deixa dúvidas quanto à opção tomada. A qual, longe de ser inconstitucional (como parece haver hoje tendência para alegar com frequência sobre muita coisa, ao contrário do passado, como veremos já *infra*), é em muitos casos uma opção possível, dentro do quadro constitucional, que não toleraria, como é óbvio, a pulverização das audições, mas precisa, em alguns casos, pelo menos, de ser servido por uma justiça concreta expedita. Por exemplo, quando uma decisão não termina com a lide (e não há decisão sobre o mérito da causa)[i]. Pode sem dificuldade figurar-se uma pirâmide sem fim de recursos sobre recursos, com ou sem audições sobre audições.

---

i   A questão, em geral, parece clara, por exemplo, *in* Paulo Pinto de Albuquerque, **Comentário ao Código de Processo Penal**, 4. ed., Lisboa: Editora Universidade Católica, 2011, p. 244.

7.3 "Santo Nome da Constituição"

Depois de um período muito longo em que a invocação de questões constitucionais nos tribunais portugueses fora muito rara (de 1911 a 1976), caso curioso (mas não inexplicável – cremos ser um problema de cultura constitucional[i]) porque transversal a vários regimes políticos[ii], a Constituição é também, hoje, de muito frequente invocação. E da experiência empírica (nem invoquemos estatísticas) se afigura que muitos recursos para o Tribunal Constitucional não colhem, afinal. Contudo, seria interessante futuramente analisar estatísticas destes números.

Constituição é a lei das leis, contendo, como dizia Pellegrino Rossi[iii], um dos primeiros professores de Direito Constitucional (quiçá só precedido, no Brasil, pelo português, depois naturalizado brasileiro, Conselheiro Avellar Brotero[iv]), as "cabeças de capítulo" (*têtes de chapitre*). E não lhe competindo, assim, ser invocada em omnipresença concreta (numa espécie de "panteísmo constitucional"), mas devendo superiormente enquadrar e dar o *espírito às leis*[v], que, pelo seu próprio lugar na pirâmide normativa[vi] possuem graus diversos de densificação, vulgarmente traduzida no brocardo *de minimis non curat praetor*.

---

i   Cf. o nosso livro **Constituição & política**. Poder Constituinte, Constituição Material e Cultura Constitucional, Lisboa: Quid Juris, 2012.

ii   Cf. J. J. Gomes Canotilho, **Direito Constitucional e Teoria da Constituição**, 7. ed., Coimbra: Almedina, 2003, p. 885, n. 4; Jorge Miranda, O controlo da constitucionalidade, in **La jurisdicción constitucional en Iberoamérica**, coord. de D. García Belaunde / Fernández Segado, Madrid: Dykinson, 1997, p. 880, e o nosso livro **Síntese de justiça constitucional**, Oeiras: A Causa das Regras, 2018, p. 102.

iii   Pellegrino Rossi, **Cours de droit constitutionnel** (1866–67), nova ed., Paris : Dalloz, 2012.

iv   Cf. o nosso artigo *"O Conselheiro Avelar Brotero: na encruzilhada de ideias, tempos e lugares"*, **Revista Brasileira de Estudos Constitucionais**, Belo Horizonte, v. 9, n. 32, maio/ago. 2015.

v   Montesquieu, **De l'esprit des lois**, Genebra, 1748.

vi   Hans Kelsen, **Reine Rechtslehre**, 1934, trad. port. de João Baptista Machado, **Teoria Pura do Direito**, Coimbra: Arménio Amado, 1979.

7.4 Supralegalidades

E não pode deixar de perguntar-se: "Acima da lei", haverá parâmetros a ter em consideração? Naturalmente que sim, porque até mesmo existem "supraconstitucionalidades"[i], além de interconstitucionalidades[ii]. Mas, sabendo-se do agigantamento semântico da palavra lei, dir-se-ia, esclarecendo: há normatividades acima da lei, sim; não já acima da Lei (em sentido latíssimo). Aliás, seria uma *contradictio in terminis* a segunda hipótese.

De qualquer forma, todos sabemos que há alguns instrumentos normativos supralegais, que em certos casos podem (e até devem) ser convocados. E, desde logo, a Constituição, Lei em essência, mas também

---

i   Stéphane Rials, Supraconstitutionnalité et systématicité du droit, **Archives de Philosophie du Droit**, t. XXXI, Paris: Sirey, 1986; Serge Arné, "Existe-t-il des normes supra-constitutionnelles? Contribution à l'étude des droits fondamentaux et de la constitutionnalité", **Revue du Droit Public**, 1993, p. 459-512; Georges Vedel, "Souveraineté et supraconstitutionnalité", in *Pouvoirs*, 1993, n. 67, p. 79-97; Rafael Bustos Gisbert, **La Constitución Red**: un Estudio sobre Supraestatalidad y Constitución, Oñati: Instituto Vasco de Administración Publica, 2005; Luiz Flávio Gomes / Valerio de Oliveira Mazzuoli, **Direito supraconstitucional**, São Paulo: RT–Editora Revista dos Tribunais, 2010; Juan Pablo Pampillo Baliño / Manuel Alexandro Munive Páez (coords.), **Globalización, Derecho supranacional e integración americana**, México: Porrúa / Escuela Libre de Derecho, 2013. E no plano mais judicial: Mary L. Volcansek, "The European Court of Justice: Supranational Policy-making", **West Politics**, vol. 15, n. 3, jul. 1992; Cláudia Maria S. Trabuco, **A importância de um Tribunal Supranacional no contexto de um processo de integração**: o dilema do Mercosul, Working Paper, Lisboa: Faculdade de Direito da Universidade Nova de Lisboa, n. 5, 1999; Mark Tushnet, The Inevitable Globalisation of Constitutional Law, in **Highest Courts and Globalisation**, ed. por Sam Muller e Sidney Richards, The Hague: Hague Academic Press, 2010; Yadh Ben Achour / Paulo Ferreira da Cunha, **Pour une Cour Constitutionnelle Internationale,** Oeiras: a causa das regras, 2017.

ii Cf., de entre já significativa bibliografia, J. J. Gomes Canotilho, **"Brancosos" e interconstitucionalidade**: itinerários dos discursos sobre a historicidade constitucional, 2. ed., Coimbra: Almedina, 2008; e o nosso artigo Interconstitucionalidades: por um Tribunal Constitucional Internacional, **Jurismat. Revista Jurídica**, n. 7, Portimão, 2015, e bibliografia aí referida.

acima das demais leis. Porém, é sempre preciso um prudente critério. Cf., *mutatis mutandis*, o Sumário do Ac. do STJ, de 08/09/2021, proferido no Proc. n. 1134/10.9TAVFX.L1.S1 (Relatora: Conselheira Ana Barata de Brito), no caso relativo a uma importante questão, a (ir) recorribilidade:

> *III. O afastamento da norma legal expressa que estatui a irrecorribilidade da decisão num caso como o presente (afastamento da norma que veda o acesso ao Supremo Tribunal de Justiça ao arguido condenado pela primeira vez em 2.ª instância em pena não privativa da liberdade) teria de justificar-se ou à luz de norma de direito internacional que o impusesse (e que obrigasse o Estado Português) ou à luz da Constituição.*
>
> *IV. E cumprindo sempre proferir decisão dentro do sistema, justificando-a à luz da lei, da Constituição e da CEDH, na interpretação destes diplomas não pode deixar de relevar a jurisprudência do Tribunal Constitucional e a jurisprudência do Tribunal Europeu dos Direitos Humanos.*
>
> *V. Em três acórdãos do Pleno do Tribunal Constitucional, todos de 13 de Julho de 2021, este Tribunal acaba de pronunciar-se, por três vezes, no sentido da conformidade constitucional da tese da irrecorribilidade, seguida na jurisprudência do Supremo Tribunal de Justiça.*
>
> *VI. Assim, reconhecendo-se a restrição do direito ao recurso do arguido na situação sub judice, considera-se que no estádio actual da lei e da jurisprudência há que aceitar tal restrição como ainda razoável e proporcional, não se vislumbrando fundamento bastante para contrariar a jurisprudência constante do Supremo Tribunal de Justiça.*

E depois há, evidentemente, a invocação dos princípios. Muitas vezes, ocorre a invocação, pura e simples, de princípios alegadamente violados, sem especificação de como tal haja ocorrido – sem qualquer subsunção ou ponte argumentativa. Neste aspeto, ensinou já o Tribunal Constitucional que a invocação dos princípios supostamente violados carece de densificação que, de forma racional e convincente, leve à conclusão que a justa e legal interpretação seria diversa da decidida pelo tribunal *a quo*[i]. Arguir não é simplesmente apresentar uma conclusão sem as premissas. Arguir é argumentar, apresentar o raciocínio que leva à tese que se quer ver vencer. Não há tópicos, princípios, arietes verbais autoevidentes.

8
Considerações finais

Vista esta brevíssima panorâmica exemplar à luz de critérios éticos ao mesmo tempo generosos (idealistas, dirão certos) e estritos (rigoristas, para certos), provavelmente haverá alguns que considerem poder haver alguma contradição ou antinomia. Pensarão quiçá que, de um lado, estaria a teorização do princípio e seus subprincípios, naturalmente generosa, mas poderão, sem embargo, sentir-se dececionados com o que poderá ser considerado como uma ductilidade principal na aplicação, paradoxalmente num sentido talvez limitativo. Ao mesmo tempo, uma situação de abertura teórica e de restrição prática? Pode temer-se que assim alguns pensem.

Nomeadamente, a aplicação concreta do princípio afastar-se-ia (a seus olhos) do seu ideal ético, num sentido em vários aspetos (aparentemente, ao menos) mais amigo da lei que dos princípios ou do interesse público, nem sempre consagrando a plena audição das partes e do princípio do contraditório, e mesmo não dando plenos ouvidos às invocações da própria Constituição... para evocar novamente os exemplos avançados.

Contudo, é esta uma das muitas ilusões de ótica na apreciação da realidade da Justiça que podem decorrer da conjugada confluência de um preconceito anti juridista e anti judicial muito divulgado em alguns meios, repercutido e agigantado na opinião pública com notícias nem sempre documentadas e devidamente fundadas no plano jurídico, sensacionalistas ou de um sintetismo que pode funcionar como deturpação, ainda que involuntária, naturalmente. O cidadão comum, infelizmente sem conhecimentos de Direito (a que teria Direito), tenderá com facilidade a considerar que pilares essenciais do Estado de Direito podem encontrar-se fundados em não muito sólidos esteios.

---

i   Cf. ainda Ac. TC n. 244/2007, proferido no Proc. n. 63/07, Relator: Conselheiro Rui Moura Ramos.

Não é o lugar para proceder a uma psicossociologia das representações judiciais, mas deverá, ainda que um tanto dogmaticamente (por não haver tempo para o desenvolver), afirmar-se (*brevitatis causa*) que há razões para o rigor na aplicação de princípios como este. Porque se trata efetivamente de rigor *proprio sensu* e não de qualquer subversão ou inaplicação. Mesmo assim, a invocação deste princípio (como de alguns outros) é, em certos casos, em algumas latitudes, de tal forma incontrolada e exercida com tão escassa propriedade, que um alargamento laxista da malha de consideração dos requisitos e das tradições jurisprudenciais poderia levar ao seu esboroamento, não apenas conceitual, como prático.

Não se trata de uma nova versão de algo como o clássico privilégio de execução prévia, muito menos de um preconceito em favor do já decidido. Mas, obviamente, de um ónus de quem contesta. Se se invoca um princípio para aplicação num caso, terá que aproximar-se o princípio do caso e não deixá-lo como guarda-chuva ou guarda-sol distante a que se acolhe a situação, sem mais. Não colhe a simples invocação, nem neste, nem em inúmeros outros casos.

Há abundantes situações em que o valor Justiça brilha, demonstrando a eticidade dos julgamentos, e em especial, no caso, dos recursos. Mas essas estrelas que repõem a ordem das coisas, e satisfazem os injustiçados, naturalmente se recortam luzindo num firmamento obscurecido por litigâncias menos conseguidas, e razões inatendíveis.

No final de muitas peças forenses, todos pedem "Justiça" – mais ou menos enfaticamente, mais ou menos ritualisticamente. Não será a mesma Justiça que uns e outros, em cada caso, invocam. O mesmo ocorre quando se convoca o tópico da proporcionalidade.

A Justiça não é um laboratório de aplicação concreta de uma moral ou de uma ética. Contudo, pobre Justiça seria, e certamente pouco justa, se o seu julgamento, que deve obediência às Leis e à Constituição, viesse a ser largamente e *com razão* reputado de antiético. A Justiça não é uma Ética armada; é valor, com brilho axiológico autónomo, e ainda princípio, fim e exercício do Direito. Mas há, obviamente, muitas interseções entre estas entidades, e a proporcionalidade, bem entendida e não como uma gazua para tentar abrir todas as portas e ganhar todas as causas, é um princípio inegavelmente portador de ética. Por isso até deve também haver respeito por ela e pela sua utilização: uma ética em seu uso.

Referências

ÁVILA, H. **Teoria dos princípios**. 19. ed. São Paulo: Malheiros, 2019.

CUNHA, P. F. da. **Metodologia jurídica**: iniciação e dicionário. 4. ed. Coimbra: Almedina, 2021.

GARCIA DE ENTERRÍA, E. La Constitución como norma jurídica. **Anuario de Derecho Civil**, série I, n. 2, Madrid: Ministerio de Justicia y Consejo Superior de Investigaciones Cientificas.

GRAU, E. R. **Ensaio e discurso sobre a interpretação/aplicação do direito**. 5. ed. São Paulo: Malheiros, 2006.

GRAU, E. R. Equidade, razoabilidade e proporcionalidade. **Revista do Advogado**, São Paulo, v. 24, n. 78, 2004, p. 27 ss.

LECLERCQ, J. **Do direito natural à sociologia**. São Paulo: Duas Cidades, s/d.

MARTINS, L. Proporcionalidade como critério de controle de constitucionalidade: problemas de sua recepção pelo direito e jurisdição constitucional brasileiros. **Cadernos de Direito**, Piracicaba, v. 3, n. 5, p. 15-ss., jul/dez. 2003.

REALE, M. **Lições preliminares de direito**. 10. ed. Coimbra: Almedina, 1982.

SILVA, V. A. da. O proporcional e o razoável. **Revista dos Tribunais**, v. 798, p. 23-ss., 2002.

STUMM, R. D. **Princípio da proporcionalidade no direito constitucional brasileiro**. Porto Alegre: Livraria do Advogado, 1995.

Apêndice

EM TORNO DO PRINCÍPIO DA PROPORCIONALIDADE

Sumário. 1. A caixa de ferramentas. 2. Proporcionalidade, densificação de valores. 3. Princípio e subprincípios. 4. Metodologia da apreciação. 5. Princípio entre princípios, princípio de princípios. 6. O princípio 'sopra onde quer'. 7. *Exempla*. 7.1. Legalidade. 7.2. Audição, contraditório. 7.3. "Santo nome da Constituição". 7.4. Supralegalidades. 8. Considerações finais.

Resumo. Este artigo analisa a proporcionalidade, a densificação de valores, os princípios e os subprincípios a partir de uma metodologia da apreciação. A descoberta dos princípios no interior de determinado ordenamento jurídico.

Palavras-chave. Proporcionalidade. Princípios. Subprincípios. Valores.

EN TORNO AL PRINCIPIO DE PROPORCIONALIDAD

Sumilla. 1. La caja de herramientas. 2. Proporcionalidad, densificación de valores. 3. Principio y subprincipios. 4. Metodología de evaluación. 5. Principio entre principios, principio de principios. 6. El principio 'solpa donde quieres'. 7. Ejemplo. 7.1. Legalidad. 7.2. Audiencia, contradictorio. 7.3. "Santo nombre de la Constitución". 7.4. Superlegalidades. 8. Consideraciones finales.

Resumen. *Este artículo analiza la proporcionalidad, la densificación de valores, principios y subprincipios a partir de una metodología de evaluación. El descubrimiento de principios dentro de un sistema legal dado.*

Palabras clave. *Proporcionalidad. Principios. Subprincipios. Valores.*

Artigo 11

*Controle judicial de
constitucionalidade e* de facto class
actions: *breves notas*

Gustavo Osna

Professor adjunto dos Programas de Graduação e de Pós-Graduação *Stricto Sensu* da Escola de Direito da Pontifícia Universidade Católica do Rio Grande do Sul (PUC/RS). Doutor em Direito das Relações Sociais pela UFPR. Mestre em Direito das Relações Sociais e Bacharel em Direito pela UFPR. Advogado e parecerista. E-mail: gustavo@mosadvocacia.com.br.

1
Notas introdutórias

O tema do processo coletivo vem, no decorrer das últimas décadas, merecendo especial atenção do jurista brasileiro. Essa preocupação tem sólida justificativa. De fato, seja pela recorrência de lesões seriais vistas em nossa realidade, seja pela constante ameaça a interesses essencialmente metaindividuais, há embasamento para que o problema integre a ordem do dia. Nesse passo, aspectos como sua lógica representativa (e o controle de higidez desse aspecto) assumem especial importância.

O presente ensaio procura inserir-se nesse debate, analisando a disciplina em questão, porém, a partir de um ponto de intersecção nem sempre percebido. Trata-se do fato de as medidas hoje inseridas no âmbito do controle judicial de constitucionalidade, também, poderem assumir dimensão coletiva análoga àquela vista nas ações assim adjetivadas. Em outras palavras, do fato de referida atividade, embora sem ser alcunhada ou concebida como "tutela coletiva", assumir materialmente esse atributo.

A preocupação tem especial pertinência, precisamente, para assegurar a legitimidade de tais remédios. Em síntese, se nas ações coletivas questões como o atrito entre participação e representação são inseridas na mesa, é necessário que o mesmo ocorra em feitos que – ainda que sem assumir esse atributo – têm igual dimensão material.

Para evidenciar esse ponto, o atual artigo, primeiramente, emoldura a dinâmica central afeta à eficácia subjetiva das decisões tomadas em controle de constitucionalidade, salientando como pode haver aí remédios coletivos *de fato*. Após, com especial amparo no pensamento comparado, demonstra-se como essa formação de *de facto class actons* é capaz de desafiar a legitimidade processual. Por fim, articulando as pontas, suscita-se a necessidade de que o *design* institucional e procedimental de nosso controle judicial seja repensado.

2
De facto class actions e controle de constitucionalidade: primeira aproximação

Iniciando pela primeira das pontas pertinentes para o atual estudo, é possível estabelecer de antemão uma premissa: seja sob a sua feição *concentrada*, seja sob sua modalidade *difusa* (a partir de sua crescente objetivação), as decisões hoje proferidas pelo Supremo Tribunal Federal em sede de *controle de constitucionalidade* podem produzir efeitos subjetivos que não coincidem com aqueles do processo civil ordinário ou tradicional. É sob esse prisma que, lançando mão de posicionamento trazido pioneiramente na doutrina norte-americana por Arthur Miller, é possível afirmar que se afeiçoariam a verdadeiras *de facto class actions*[i].

Para elucidar a afirmação, recorda-se que, como é certo, inúmeros estudos já se debruçaram em nossa realidade sobre a temática do controle de constitucionalidade e sobre suas diferentes linhas de atuação no ordenamento brasileiro. Sob esse prisma, procura-se explicar, por exemplo, o fato de nosso sistema permitir tanto a tutela da Constituição de maneira concreta quanto viabilizar a filtragem constitucional de maneira abstrata[ii]. Ainda aqui, afere-se a consolidação temporal dos

---

[i] Assim, *passim,* MILLER, Arthur S. Constitutional Decisions as De Facto Class Actions: A Comment on the Implications of Cooper v. Aaron. **University of Detroit Journal of Urban Law**, v. 58, Detroit: University of Detroit, 1981.

[ii] "Há sistemas em que o controle da constitucionalidade pode ser feito diante de qualquer caso conflitivo, como prejudicial à solução do litígio. É o que ocorre, desde os primórdios, no sistema estadunidense, em que se fixou o entendimento de que o juiz, tendo poder para decidir, possui, por consequência, poder para analisar a validade constitucional da lei que é prejudicial à solução do caso que lhe é submetido. É o que também acontece no direito brasileiro, desde a Constituição de 1891. No controle concreto, a análise da constitucionalidade da norma – que é pressuposto à resolução da demanda – se apresenta conjugada à aferição de direito subjetivo ou interesse legítimo, cuja tutela jurisdicional dela depende. A constitucionalidade da norma, em outras palavras, não é o objeto ou mesmo o fim do processo. Ou seja, o processo não é instaurado em virtude de dúvida acerca da legitimidade da norma nem objetiva definir a sua

efeitos – se prospectivos ou retroativos – ocasionados em cada uma das hipóteses.

Também com especial importância para a temática, é usual que se advirta que o avanço de um sistema de controle de constitucionalidade traz consigo, como pressupostos, a supremacia da Constituição e a própria rigidez constitucional[i]. E isso porque, em relação a esse último fator, questões como a mutabilidade do texto e de sua interpretação têm recebido especial atenção. Mais que isso, ainda nesse campo da hermenêutica, ganha especial pertinência a análise de cânones como a dita "interpretação conforme"[ii].

---

constitucionalidade, declarando-se a sua inconstitucionalidade ou constitucionalidade". MARINONI, Luiz Guilherme. Controle de constitucionalidade. In. SARLET, Ingo Wolfgang. MARINONI, Luiz Guilherme. MITIDIERO, Daniel. **Curso de Direito Constitucional**. 7. ed. rev. ampl. e atual. São Paulo: Saraiva, 2018. p. 1038. e-book.

i   "A ideia de controle de constitucionalidade está ligada à Supremacia da Constituição sobre todo o ordenamento jurídico e, também, à de rigidez constitucional e proteção dos direitos fundamentais. Em primeiro lugar, a existência de escalonamento normativo é pressuposto necessário para a supremacia constitucional, pois, ocupando a constituição a hierarquia do sistema normativo é nela que o legislador encontrará a forma de elaboração legislativa e o seu conteúdo. Além disso, nas constituições rígidas se verifica a superioridade da norma magna em relação àquelas produzidas pelo Poder Legislativo, no exercício da função legiferante ordinária. Dessa forma, nelas o fundamento do controle é o de que nenhum ato normativo, que lógica e necessariamente dela decorre, pode modificá-la ou suprimi-la. A ideia de intersecção entre controle de constitucionalidade e constituições rígidas é tamanha que o Estado onde inexistir o controle, a Constituição será flexível, por mais que a mesma se denomine rígida, pois o Poder Constituinte ilimitado estará em mãos do legislador ordinário". (MORAES, Alexandre de. **Direito Constitucional**. 33. ed. rev. e atual. São Paulo: Atlas, 2018. p. 518. e-book).

ii   Afinal, "ao longo das últimas décadas, mais do que reformas legislativas ou avanços procedimentais, o exercício jurisdicional brasileiro se viu obrigado a enfrentar um de seus maiores e mais prejudiciais dogmas: a noção de que o enunciado legislativo contém, em si, um sentido unívoco – dispensando um real trabalho de interpretação. Nessa guinada axiológica, redescobre-se o papel a ser assumido pelo Poder Judiciário, reequilibrando a geometria de sua relação com as demais esferas estatais. Em suma, surge um novo cenário, marcado por figuras também renovadas. De modo reflexo a essa mudança de horizontes, porém, também os desafios postos na mesa

Enfim, qualquer dos ângulos acima desafia diferentes debates e construções. Para os atuais propósitos, porém, o dado mais importante a ser observado é outro. Trata-se do fato de, como brevemente pontuado, dentro de nossa dicotomia de modalidades de controle de constitucionalidade haver, em maior ou menor dimensão, uma *potencialidade* de decisões com impacto subjetivo complexo. Se referida questão é escancarada no âmbito do controle abstrato e concentrado, também no campo do controle concreto e difuso seu avanço é hoje crescente. É essa, assim, a peça pertinente para a composição do atual quebra-cabeças.

De fato, apreciando a primeira das pontas, é incontestável que, ao analisar em sede concentrada a constitucionalidade de determinado aspecto, o Supremo Tribunal Federal o faz com enfoque *geral* e *coletivizado*; com o objetivo, explícito, de produzir decisão provida de eficácia *erga omnes* atinente à questão. É assim que, em termos práticos, caminha-se em um sentido bastante claro: a disputa se presta unicamente a debater, de modo abstrato e amplo, a própria adequação constitucional da regra em exame[i].

---

do jurista acabam sendo dilatados. Afinal, se antes competiria ao julgador (diante de um caso concreto) apenas desvelar o sentido da lei, hoje percebe-se que essa atividade sequer é teoricamente possível. A constatação, embora não seja inédita, desestabiliza parcela de nossas crenças ortodoxas e impõe o enfrentamento de novos problemas". Assim: OSNA, Gustavo. "Interpretação conforme" e constitutional avoidance: aproximações iniciais. **Revista Brasileira de Estudos Constitucionais**, n. 32, Belo Horizonte: Fórum, 2015, p. 1139. Ainda sobre o tema, verificando o impacto a ser por ele trazido na atuação dos nossos Tribunais Superiores, ver, *passim*: MARINONI, Luiz Guilherme. **O STJ enquanto Corte de Precedentes**. São Paulo: Ed. RT, 2013.

i "No controle concreto, a análise da constitucionalidade da norma – que é pressuposto à resolução da demanda – se apresenta conjugada à aferição de direito subjetivo ou interesse legítimo, cuja tutela jurisdicional dela depende. A constitucionalidade da norma, em outras palavras, não é o objeto ou mesmo o fim do processo. Ou seja, o processo não é instaurado em virtude de dúvida acerca da legitimidade da norma nem objetiva definir a sua constitucionalidade, declarando-se a sua inconstitucionalidade ou constitucionalidade. O controle abstrato, ao contrário, considera a norma em si, desvinculada de direito subjetivo e de situação conflitiva concreta. Busca-se, no controle abstrato, apenas analisar a validade constitucional da norma, independentemente de ser ela imprescindível, ou não, à tutela jurisdicional de um direito. O controle abstrato ocorre em processo voltado unicamente

Por outro lado, se em um primeiro momento nosso discurso relacionado à aferição *difusa* do controle de constitucionalidade poderia caminhar em rumo contrário, há um histórico já não tão recente que procura alterar essa rota. Em resumo, se originalmente sustentava-se que aqui o eventual reconhecimento de inconstitucionalidade teria eficácia limitada às próprias partes da disputa[i], torna-se crescente a defesa de argumentos que levam à objetivação dessa modalidade de controle ou à transcendência dos fundamentos decisórios ali proferidos. Em qualquer das vias, importa ver que, com isso, o processo passaria a dispor de escala e de dimensões bastante mais acentuadas.

Procurando ilustrar esse raciocínio inicialmente a partir da figura do controle *concentrado*, basta tomar alguns casos recentes de nossa realidade concreta. Nesse sentido, é possível adotar como suporte a declaração proferida pelo Supremo Tribunal Federal no âmbito da ADPF n. 187/DF. Naquela ocasião, colocou-se em debate, essencialmente, se a liberdade de expressão e de reunião assegurada pela Constituição Federal poderia ser objeto de restrição caso empregada com o propósito de defender a legalização de substâncias ilícitas. Como bem percebido pelo órgão, assim, o ponto nodal em referida hipótese não dialogaria com "eventuais propriedades terapêuticas ou supostas virtudes medicinais ou, ainda, possíveis efeitos benéficos resultantes da

---

    à análise da constitucionalidade da norma, fazendo surgir, neste sentido, um processo autônomo para o controle de constitucionalidade. Este processo, por não dizer respeito à solução de litígio, não possui partes, que, antes da sua instauração, estavam envolvidas num conflito de interesses" (MARINONI, Luiz Guilherme. Controle de Constitucionalidade. In. SARLET, Ingo Wolfgang. MARINONI, Luiz Guilherme. MITIDIERO, Daniel. **Curso de Direito Constitucional**. 7. ed. rev. ampl. e atual. São Paulo: Saraiva, 2018. p. 1038. e-book).

i   Identificando essa matriz tradicional, e sua potencial modificação em nosso atual contexto (ainda que com olhares de ressalva), sustentou Talamini que "tradicionalmente se tem reconhecido que a afirmação incidental de constitucionalidade ou de inconstitucionalidade de uma norma, ainda quando pronunciada pelo STF, não tem por si só eficácia *erga onmes* nem força vinculante. Para o caso concreto ali julgado, a constatação da inconstitucionalidade produzirá, em princípio, efeitos *ex tunc* (cabendo aqui a ressalva quanto à excepcional proteção de situações antes constituídas). Todavia, não ultrapassará o objeto do processo em que se der" (TALAMINI, Eduardo. Objetivação do Controle Incidental de Constitucionalidade. In: NERY JR., Nelson; WAMBIER, Teresa Arruda Alvim. **Aspectos polêmicos e atuais dos recursos cíveis e assuntos afins**. São Paulo: Ed. RT, 2007. p. 148).

utilização de drogas ou de qualquer substância entorpecente específica". Na realidade, o aspecto a ser acertado no feito seria emoldurado pela "proteção a duas liberdades individuais, de caráter fundamental: de um lado, a liberdade de reunião e, de outro, o direito à livre manifestação do pensamento, em cujo núcleo acham-se compreendidos os direitos de petição, de crítica, de protesto, de discordância e de livre circulação de ideias".

Nesses termos, apreciando a série de aspectos inerentes ao tema e procurando oferecer a ele resposta compatível com a axiologia constitucional, a Corte julgou "procedente a arguição de descumprimento de preceito fundamental, para dar, ao art. 287 do Código Penal, interpretação conforme à Constituição, "de forma a excluir qualquer exegese que possa ensejar a criminalização da defesa da legalização das drogas, ou de qualquer substância entorpecente específica, inclusive através de manifestações e eventos públicos". Aqui, o ponto chave a ser extraído é que, diante dessa decisão, a prerrogativa judicialmente chancelada passou a ser passível de fruição por toda a comunidade. Em outras palavras, reconhecida a necessidade de que o tema recebesse esse enquadramento, a possibilidade de manifestação, nos termos postos no âmbito da disputa, poderia beneficiar quem quer que fosse.

Por outro vértice, é ainda interessante notar que esse tipo de imbricação subjetiva complexa também parece ser gradualmente sentido nas hipóteses em que o Supremo Tribunal Federal exerce de maneira *concreta* sua função de guardião da Constituição. E isso porque, como dito, ainda que aqui houvesse originalmente uma teórica vinculação *intra partes* da decisão, não faltam discursos doutrinários caminhando em sentido oposto. Mais que isso, também a realidade fática usualmente aponta para a direção contrária.

Para demonstrar esse aspecto, é essencial perceber que, de fato, tem sido usual a percepção de que nosso sistema de controle difuso de constitucionalidade vem caminhando em um sentido de objetivação – conformando, com isso, seus próprios institutos. Esse traçado é visto de maneira sensível no âmbito do recurso extraordinário. Com efeito, como pontuam Gilmar Ferreira Mendes e Paulo Gonet Branco, "preso entre a fórmula do Senado (CF, art. 52, X) e o referido aumento crescente de processos, o Supremo Tribunal Federal terminou avaliazando uma tendência de maior objetivação do recurso extraordinário, que deixa de ter caráter marcadamente subjetivo ou de defesa de interesse das partes, para assumir, de modo decisivo, a função de defesa da ordem constitucional objetiva". E, diante disso, "a mudança mais significativa e definitiva parece estar consubstanciada na eficácia das decisões que, em seu bojo, passaram a ser prolatadas"[i].

Compreendendo esse fluxo, entende-se assim o porquê de, em sede comparada, Arthur Miller ter identificado que nesse tipo de atividade jurisdicional poderia se concretizar uma *class action de facto*[ii]. Em resumo, o ponto-chave apresentado pelo teórico seria a álea de que essa espécie de medida acabasse obtendo uma *resposta* típica de processo coletivo – mas sem que, necessariamente, houvesse previamente recebido um *procedimento* provido desse contorno. Haveria aí, então, um ponto para atenção e aprofundamento.

Apresentando de modo breve a questão, o principal fator a ser percebido nessa espécie de circunstância tem o seguinte fundo: se o processo atua com impactos coletivos, é viável autorizar sua condução sem as particularidades e os parâmetros exigidos pela processualística coletiva? Assim ocorrendo, não haveria uma escamoteada *ação coletiva de fato,* criando gargalos de legitimidade?

Uma seara lapidar em que essa tensão entre o arranjo e a intervenção do processo pôde ser ali sentida foi aquela própria às disputas ligadas à legalidade de políticas de segregação racial – lastreadas, essencialmente, na ideia por longo tempo admitida de *separate but equal*[iii]. Nessa espécie de medida, o debate, embora aparentemente *individual,* estaria vocacionado a alcançar uma resposta de impacto coletivo. O raciocínio é ilustrado pela atividade desenvolvida em *Brown*[v]*. Board of Education,* em cujo âmbito se reconheceu a ilegalidade da política sectária no espaço escolar. E isso porque, ali, debatia-se, *ab initio,* o direito individual de *uma* demandante (Linda Brown) de frequentar uma escola que então lhe era vedada. A partir das decisões tomadas e do modelo de operacionalização estabelecido em juízo, contudo, o processo acabou impactando de modo decisivo a realidade de *todos*[iv].

---

i MENDES, Gilmar Ferreira. BRANCO, Paulo Gustavo Gonet. **Curso de Direito Constitucional**. 13. ed. rev. ampl. e atual. São Paulo: Saraiva, 2018. p. 1619-1620. e-book.

ii MILLER, Arthur S. **Constitutional Decisions as De Facto Class Actions**: A Comment on the Implications of Cooper v. Aaron.

iii A respeito do tema, ver, PATTERSON, James T. **Brown v. Board of Education**: A Civil Rights Milestone and Its Troubled Legacy. New York: Oxford University Press, 2001.

iv Sobre o tema, afirma Marco Félix Jobim que "um litígio estruturante inicial ocorreu em 1954, com o caso *Brown vs. Board of Education of*

Em igual sentido, é ilustrativa a postura adotada pela Corte na apreciação de *Roe v. Wade*. Nessa ocasião, o tema posto em debate dizia respeito à temática do aborto e à sua legalidade – aspectos bastante sensíveis para a comunidade¡. E, também aqui, a expansão subjetiva da decisão inequivocamente se fez presente. Em síntese, embora originalmente se questionasse a matéria partindo de um prisma individual (a possibilidade de realização de aborto por "*Jane Roe*"), a sua argumentação de fundo (a inconstitucionalidade da proibição) poderia trazer efeitos escalonados para a sociedade – como realmente ocorreu.

Topeka, no qual a Suprema Corte norte-americana entendeu que era inconstitucional a admissão de estudantes em escolas públicas americanas com base num sistema de segregação racial. Ao determinar a aceitação da matrícula de estudantes negros numa escola pública, até então dedicada à educação de pessoas brancas, a Suprema Corte deu início a um processo amplo de mudança do sistema público de educação naquele país, fazendo surgir o que se chamou de *structural reform*" (JOBIM, Marco Félix. **Medidas estruturantes da Suprema Corte estadunidense ao Supremo Tribunal Federal**. Porto Alegre: Livraria do Advogado, 2013. p. 93). Ver ainda, em relação ao conflito, BALKIN, Jack M. **What Brown v. Board of Education Should Have Said** – The Nation's Top Legal Experst Rewrite Americas Landmark Civil Rights Decision. New York: New York University Press, 2002).

i   O caso, julgado pela Suprema Corte em 1973 e até hoje referenciado pela doutrina constitucional norte-americana como um marco teórico em matéria de liberdades substantivas individuais e possibilidades estatais em matérias como o aborto, foi decidido por maioria, prevalecendo (ainda que de maneira "balanceada") a ideia de que o Estado não poderia suprir por completo a liberdade individual relacionada à escolha pela realização do aborto. Neste espeque é que a possibilidade de realização do aborto livre foi dividida de acordo com as três fases trimestrais da gravidez. Com efeito, ao analisar os aspectos em jogo, a Corte fez menção expressa ao *due process*, afirmando que "state criminal abortion laws, like those involved here, that except from criminality only a life-saving procedure on the mother's behalf without regard to the stage of her pregnancy and other interests involved violate the Due Process Clause of the Fourteenth Amendment, which protects against state action the right to privacy, including a woman's qualified right to terminate her pregnancy. Though the State cannot override that right, it has legitimate interests in protecting both the pregnant woman's health and the potentiality of human life, each of which interests grows and reaches a "compelling" point at various stages of the woman's approach to term".

Desse modo, apreciando esse tipo de disputa, a conclusão seria bastante óbvia: embora originalmente se defendesse um interesse individual, entrariam em jogo elementos bastante excedentes. Mais bem dizendo: caso fosse apta a gerar efeitos transcendentes, a decisão proferida em *Roe v. Wade*, certamente, atingiria de modo bastante amplo toda a população; caso fosse capaz de derrubar por completo a dinâmica de *separate but equal* no espaço escolar, a manifestação proferida em *Brown v. Board of Education*, também, tutelaria interesses que extrapolariam por completo os meros atores da demanda.

Como consequência, seria possível arguir: nesse tipo de hipótese, estar-se-ia diante de uma verdadeira *medida individual?* O instrumento processual poderia, verdadeiramente, ser assim compreendido?

Seria exatamente no enfrentamento dessas indagações que, em princípio, alguns problemas poderiam se levantar e contrapor a teoria e a prática. E isso porque, nessa espécie de debate, somente haveria duas vias cabíveis: de um lado, a medida poderia ser certificada como coletiva, passando a tramitar como tal; de outro, caso assim não ocorresse, a ausência de tal enquadramento *não afastaria* o fato de, materialmente, o feito ter impactos subjetivos complexos. Em outras palavras, ainda que não se tratasse procedimentalmente de uma ação coletiva, ela assim operaria no mundo dos fatos – o que poderia colocar em xeque sua adequação.

Neste particular, é importante lembrar que, no sistema norte-americano, há um desenvolvimento bastante sólido de instrumentos de processo coletivo. Com especial pertinência, merece menção a figura da *class action* – voltada, exatamente, a permitir que uma medida originalmente *individual* seja certificada como *coletiva* e possa, por força disso, atingir eficácia e autoridade providas de igual composição.

Aprofundando a análise, a medida coletiva em comento é regulada pela *Federal Rule 23*. E referido texto, na realidade, não prevê uma forma única e exclusiva de ação de classe, mas ampara normativamente ao menos três *class actions* a partir de um diálogo entre requisitos *gerais* e pressupostos *específicos* de certificação – como enfatizado por Issacharoff[i].

---

i   "As the name would imply, the Rule 23 (a) prerequisites for class certification are just that: prerequisites. Rule 23 (b) then requires that a court finding that the prerequisites are met determine which of the three primary sorts of class action is to be created. The distinct class action types correspond to familiar problems in the joinder rules,

Com efeito, para chegar a essa construção a legislação estipula inicialmente os seguintes requisitos genéricos da *class action* (previstos na Rule 23(a) como "pré-requisitos"): (i) "que a classe seja tão numerosa que o ingresso de todos os membros seja impraticável"; (ii) que haja questões de fato ou de direito comuns à classe"; (iii) "que os pedidos ou as defesas das partes representadas sejam compatíveis com os da classe"; (iv) "que os interesses da classe sejam representados de forma adequada e justa"[i].

Apenas após, na Rule 23 (b), são cominados os requisitos específicos para cada uma das formas de *class action*, revelando que se trata de três. A primeira (23 (b)1), centra-se no fato de o prosseguimento isolado das ações gerar riscos de: (i) decisões que impusessem comportamentos contraditórios ao réu; (ii) decisões cuja realização individual fosse atingir diretamente as possibilidades de reparação dos outros membros da classe[ii]. A segunda (23 (b)2) é a manejada nos casos em que a conduta do réu atinge a classe de tal modo que a decisão final tenha que, ontologicamente, aplicar-se a todos os sujeitos (ex. decisões mandamentais)[iii]. Já a terceira, denominada *class action for damages*, impõe como requisitos a predominância de questões fáticas

---

    responding to competing demands for insufficient resources, the indivisibility of the remedies sought by the class, or the simple efficiency commands of aggregate treatment of small claims that would not merit prosecution on their own" (ISSACHAROFF, Samuel. **Civil Procedure**. New York: Foundation Press, 2005. p. 79).

i   "(a) Prerequisites. One or more members of a class may sue or be sued as representative parties on behalf of all members only if: (1) the class is so numerous that joinder of all members is impracticable; (2) there are questions of law or fact common to the class; (3) the claims or defenses of the representative parties are typical of the claims or defenses of the class; and (4) the representative parties will fairly and adequately protect the interests of the class".

ii   "(b) A class action may be maintained if Rule 23(a) is satisfied and if: (1) prosecuting separate actions by or against individual class members would create a risk of: (A) inconsistent or varying adjudications with respect to individual class members that would establish incompatible standards of conduct for the party opposing the class; or (B) adjudications with respect to individual class members that, as a practical matter, would be dispositive of the interests of the other members not parties to the individual adjudications or would substantially impair or impede their ability to protect their interests".

iii "(2) the party opposing the class has acted or refused to act on grounds that apply generally to the class, so that final injunctive relief or

ou jurídicas comuns e a superioridade da *class action*. E vai além, trazendo os seguintes parâmetros para aferição desse par de elementos: (i) o interesse dos membros da classe em controlar as possíveis demandas individuais; (ii) a natureza de possíveis litígios já iniciados a respeito da controvérsia; (iii) os benefícios ou desvantagens de concentração do litígio coletivo; (iv) as possíveis dificuldades na gestão da *class action*[i]. Não há assim uma *class action*, mas *class actions* no plural, fundadas em pretextos diversos.

Não obstante, em hipóteses de medidas com impacto coletivo, mas sem condução procedimental coletiva, esse processo criterioso de certificação não existiria. Seria sob esse prisma que, formalmente, elas não ostentariam a condição de *class action*; contudo, *de facto*, acabariam assumindo esse *status* – criando pontos de reflexão para a atividade jurisdicional.

De maneira exemplificativa, essa questão é percebida em debates afetos à matéria eleitoral por Michael Morley. Como notado pelo autor, disputas relacionadas à legalidade e à aplicação de dispositivos legislativos têm sido usuais em cada ciclo eleitoral da realidade norte-americana[ii]. E, nessas hipóteses, o Judiciário ora confere ordens

---

    corresponding declaratory relief is appropriate respecting the class as a whole".

i   "(3) the court finds that the questions of law or fact common to class members predominate over any questions affecting only individual members, and that a class action is superior to other available methods for fairly and efficiently adjudicating the controversy. The matters pertinent to these findings include: (A) the class members' interests in individually controlling the prosecution or defense of separate actions; (B) the extent and nature of any litigation concerning the controversy already begun by or against class members; (C) the desirability or undesirability of concentrating the litigation of the claims in the particular forum; and (D) the likely difficulties in managing a class action".

ii   "Litigation challenging the validity of statutes and regulations governing the electoral process has become a staple of nearly every federal election cycle [...] Left-wing partisans routinely challenge measures such as voter identification laws and reductions in early voting periods. Right-wing litigants, for their part, have primarily challenged campaign finance restrictions and federal limits on state sovereignty such as the Voting Rights Act" (MORLEY, Michael T. De Facto Class Actions: Plaintiff-and Defendant- Oriented Injunctions in Voting Rights, Election Law, and Other Constitutional Cases.

voltadas à proteção exclusiva do demandante, ora emite ao réu comandos a serem aplicados de maneira genérica à toda a coletividade[i]. Nessa segunda circunstância, poderia assim surgir uma *de facto class action*; o impacto da disputa seria coletivo, mesmo sem ter sido certificada como tal[ii].

3
As *de facto class actions* e o perigo de legitimidade

Efetivamente, se foi visto no tópico anterior que decisões proferidas em sede de controle de constitucionalidade podem se revestir da condição de *de facto class action*, importa aqui ver que a questão não é irrelevante ou carente de efeitos concretos. Pelo contrário, a segmentação entre *class action* e *de facto class action* é usualmente indicada na doutrina norte-americana, exatamente, para suscitar eventuais déficits de legitimidade inerentes aos procedimentos inseridos nesse último campo. E isso porque, caso formalizada, a ação de classe impõe diferentes balizas procedimentais voltadas a garantir a adequação de sua condução – tornando tolerável que seu resultado alcance dimensão subjetiva ampla. Por outro vértice, em hipóteses em que a tutela coletiva se dá apenas *de facto*, isso pode não ocorrer.

Harvard Journal of Law & Public Policy, v. 39, Cambridge: Harvard University, 2016, p. 488-489).

i "The court must determine whether the injunction should grant relief solely in favor of the plaintiffs in the case ("Plaintiff-Oriented Injunction"), or instead enjoin the defendant officials or agencies ("government defendants") from enforcing or implementing the challenged provision against anyone in the state or even the nation, as appropriate ("Defendant-Oriented Injunction")" (Idem, p. 489-490).

ii "A Defendant-Oriented Injunction, in contrast, allows a single judge to completely enjoin enforcement of a state or federal legal provision throughout the state or nation, respectively. It prevents the unfairness that could result from enforcing certain plaintiffs' rights while allowing the challenged provision to otherwise remain in effect, violating the rights of others. A Defendant-Oriented Injunction effectively transforms an individual-plaintiff lawsuit into a de facto class action, without satisfying the requirements of Rule 23" (Idem, p. 490).

Para esclarecer a questão, lembra-se que no sistema norte-americano a certificação da *class action* pressupõe a análise de diferentes filtros. E, entre eles, está a aferição da *"representação adequada"*[i], fator que deve ser ainda monitorado durante todo o curso do processo[ii]. Mais que isso, a sua ausência pode servir como fundamento para exclusão dos efeitos da decisão mesmo após o seu trânsito em julgado[iii] – iluminando

---

i   De fato, ao estipular os requisitos gerais inerentes ao mecanismo, a Federal Rule 23 assim pontua: "(a) Prerequisites. One or more members of a class may sue or be sued as representative parties on behalf of all members only if: (1) the class is so numerous that joinder of all members is impracticable; (2) there are questions of law or fact common to the class; (3) the claims or defenses of the representative parties are typical of the claims or defenses of the class; and (4) the representative parties will fairly and adequately protect the interests of the class". A partir do preenchimento desse filtro, poderiam se configurar diferentes formas de *class action*, como percebido por Issacharoff. Ver, assim, ISSACHAROFF, Samuel. **Civil Procedure**. p. 79.

ii   "No direito americano, é responsabilidade do juiz garantir que o processo coletivo seja conduzido de uma forma adequada. Por isso, o juiz americano deverá controlar com atenção a atividade das partes durante todas as fases do processo. O juiz tem o dever de controlar ex officio a atuação do representante desde o momento da propositura da ação até a execução da sentença, passando pelas fases de produção de provas, argumentação jurídica e recurso. Um representante que era adequado em uma fase inicial do processo, pode se mostrar inadequado em momento posterior, seja por desinteresse, por impossibilidade, por incapacidade, pela superveniência de interesses conflitantes ou mesmo por má-fé" (GIDI, Antonio. A representação adequada nas ações coletivas brasileiras: uma proposta. In. **Revista de Processo**, n. 108. São Paulo: RT, 2002. p. 63).

iii   "Até mesmo a formação da coisa julgada não preclui a questão da representação adequada: se o grupo ou alguns membros do grupo não forem adequadamente representados em juízo, eles não poderão legitimamente ser vinculados pela sentença dada em uma ação coletiva. Se em ação futura (individual ou coletiva), através de uma avaliação retrospectiva, ficar estabelecida a inadequação da representação, o juiz negará o efeito de coisa julgada à sentença coletiva anterior em benefício de todos ou de alguns membros do grupo" (Idem, Ibidem).

a essencialidade desse aspecto[i]; ainda que haja divergência quanto aos elementos a serem especificamente avaliados[ii], é cediço que esse

i   A preocupação em torno da representatividade adequada, portanto, é um exemplo desta adequação (e não simples abandono) dos valores tradicionais do processo às implicações do processo no mundo contemporâneo. Desde que uma class action volta-se, por sua própria natureza, contra litígios de massa, passa a ser inerente à sua concepção o entendimento de que membros ausentes desta mesma classe sejam afetados por seus efeitos e pela impossibilidade de rediscussão da decisão (coisa julgada material). Senão, qual seria a vantagem do sistema se cada vez os mesmos indivíduos pudessem requestionar o quanto já decidido anteriormente? Onde o princípio da economia processual? Onde a redução da atividade jurisdicional e dos custos processuais? É por isto que, na doutrina que estuda as class actions, é comum a expressão de que, se todos estes membros ausentes foram devidamente representados, não há como questionar que tenham tido their own day in court, e, fique dito de pronto, não há qualquer necessidade de autorização prévia dos membros putativos de uma classe para que possam ser representados em juízo pelo autor da class action. A questão da representatividade adequada, destarte, passa a ser questão prejudicial para o recebimento e o processamento de uma class actions como tal" (BUENO, Cassio Scarpinella. As class actions norte-americanas e as ações brasileiras: pontos para uma reflexão conjunta. **Revista de Processo**, v. 82, São Paulo: RT, 1996. p. 102-103).

ii   "What "adequate representation" actually means in the class action setting beyond this high level of generality, however, is far less easy to state in a single breath. The concept of adequacy clearly concerns the role of the class representative and, more significantly, the role of class counsel in carrying out their respective representative duties in the litigation. Both constitutional doctrine and Rule 23 use the term "adequate representation" to signify this important feature of representative litigation. Nonetheless, the exact parameters of adequacy remain surprisingly ill defined" (ISSACHAROFF, Samuel. NAGAREDA, Richard A. Class Settlements Under Attack. **University of Pennsylvania Law Review**, n. 156, Philadelphia: University of Pennsylvania Law School, 2008, p. 1649). No mesmo sentido, "class representatives and class counsel must adequately represent the members of a class. This principle forms the foundation for the modern American class action, and it determines the structure of Rule 23 of the Federal Rules of Civil Procedure and every analogous state class-action rule. The absence of adequate representation dooms the certification of a class. The gnawing fear that class representation is inadequate – manifested through such phrases as "collusion," "conflicts of interest," "selling out the class," and "sweetheart

controle deve ser feito de forma ativa pelo julgador, levando em conta a série de cartas inseridas na mesa.

O arranjo, então, teria como vocação exata procurar atar as pontas entre a *decisão coletiva* e a *legitimidade processual*. Em poucas palavras, o principal desafio posto na mesa seria assegurar que os sujeitos, mesmo sem participar do processo, fossem por ele impactados. Isso, sem que eventual supressão de seu *dia no Tribunal* caracterizasse restrição lesiva ou injustificada.

Por outro lado, nas situações de *de facto class actions* essas travas, em princípio, não existiriam. Ilustrando a questão, um exemplo elucidativo dessa preocupação é hoje expresso, pela doutrina norte-americana, em relação ao instituto do *multidistrict litigation* – e, mais precisamente, à celebração de acordos nesse âmbito. De uma forma geral, a técnica, regulamentada em 1968 (28 USC, §1407), prevê que "quando demandas civis envolvendo uma ou mais questões comuns de fato ou de direito estejam pendentes de julgamento em distintos distritos, elas sejam transferidas para qualquer um deles para consolidação ou coordenação dos procedimentos de pre-trial"[i]. Sua incidência estaria adstrita à esfera federal, podendo, nesse campo, ser impulsionada tanto por alguma das partes quanto pelo *Judicial Panel on Multidistrict Litigation* – órgão elementar para o seu funcionamento.

---

deals" – is an enduring criticism of class actions. Indeed, the demand of adequate representation is so irresistible that in recent years the principle has spread beyond class actions to other forms of aggregate litigation. Despite the allure of the principle, we have very little sense of what adequate representation means, how we can measure it, or how we can guarantee it" (TIDMARSH, Jay. Rethinking Adequacy of Representation. **Texas Law Review**, n. 87, Austin: The University of Texas Law School, 2009, p.1137-1138).

i "(a)When civil actions involving one or more common questions of fact are pending in different districts, such actions may be transferred to any district for coordinated or consolidated pretrial proceedings. Such transfers shall be made by the judicial panel on multidistrict litigation authorized by this section upon its determination that transfers for such proceedings will be for the convenience of parties and witnesses and will promote the just and efficient conduct of such actions. Each action so transferred shall be remanded by the panel at or before the conclusion of such pretrial proceedings to the district from which it was transferred unless it shall have been previously terminated: Provided, however, That the panel may separate any claim, cross-claim, counter-claim, or third-party claim and remand any of such claims before the remainder of the action is remanded".

Diante disso, constata-se com Tidmarsh que, em sua leitura original, o mecanismo tinha como vocação a tentativa de *agregar medidas individuais* para finalidades *especificamente afetas à produção probatória*[i]. Seria essa a sua atribuição essencial. Veja-se, ainda, que a ideia de mostrava bastante inovadora no contexto de aprovação do texto legislativo – anunciando-se como uma peça inédita no quebra-cabeça processual[ii].

Não obstante, tem sido percebido em doutrina que o instrumento em questão parece vir driblando as suas próprias finalidades originais[iii]. Valendo-se de seu regime normativo propositadamente aberto, o *multidistrict litigation* tem cada vez menos servido como um meio efetivamente voltado à produção coletiva da prova – convertendo-se, em verdade, em uma ferramenta para a *resolução coletiva* de questões individuais. Torna-se então, para alguns, uma *quasi-class action*[iv].

De fato, o problema se dá porque, na realidade, menos de três por cento dos processos submetidos ao *multidistrict* retomam sua tramitação original[v]. Nas demais hipóteses, acaba-se chegando a alguma forma de acordo coletivo – de tal modo que a fase de *pre-trial* passa a responder

---

[i] "The original concept underpinning the MDL statute was to provide a mechanism to coordinate discovery – through such means as common discovery orders, national depositions conducted for use in individual cases on remand, and centralized document depositories". (TIDMARSH, Jay. **The MDL as De Facto Opt In Class Action**. Disponível em: https://www.law.gwu.edu/sites/g/files/zaxdzs2351/f/downloads/Tidmarsh-MDL-Paper.pdf. Acesso em: 10 set. 2021.)

[ii] Ver, BRADT, Andrew. The Long Arm of Multidistrict Litigation. **William & Mary Law Review**, v. 59. Williamsburg: William & Mary Law School, 2018. p. 1199-ss.

[iii] Assim: TIDMARSH, Jay. **The MDL as De Facto Opt In Class Action**.

[iv] Ver, expondo a aproximação, ISSACHAROFF, Samuel. Private Claims, Aggregate Rights. In. **The Supreme Court Review**. Chicago: The University of Chicago Press, 2008. Perceba-se que a questão não é vista sem olhares críticos. Assim, MUELLENIX, Linda S. Aggregate Litigation And The Death Of Democratic Dispute Resolution. **Northwestern University Law Review**, v. 105, Chicago: Nortwestern School of Law, 2013. p. 52-ss.

[v] "After such pretrial proceedings, the cases are to be remanded to the courts from which they came for trial, but this rarely happens – less than 3 percent of the cases ever exit the MDL court Instead, most of the cases are either settled or resolved in the MDL proceeding,

por toda a tramitação do processo[i]. Nesses termos, não surpreende que as mesmas críticas trazidas às *class actions* também tenham passado a ser endereçadas o uso do *multidistrict*. E isso se daria ainda de modo mais gravoso: por se tratar apenas de uma *de facto class action*, sequer as mesmas salvaguardas formais existentes na ação coletiva (notadamente no que diz respeito ao controle da adequada representação) estariam aqui presentes[ii].

Sob outra vertente, é interessante notar como o aspecto em questão tem especial assertividade ao se pensar em temas como o controle de constitucionalidade ligado à proteção de direitos civis, mencionado no tópico anterior. É que, nesse tipo de debate, ao mesmo tempo em que uma decisão *favorável* a determinado sujeito pertencente ao grupo poderia beneficiar os demais envolvidos, é crível que uma decisão *desfavorável* acabasse por prejudicá-los. Por consequência, o choque entre legitimidade e representação poderia, novamente, entrar em cena.

Um caso elucidativo dessa questão (por ter posteriormente conferido suporte à própria modelação da ideia de *representatividade adequada*) pode ser encontrado em *Hansberry v. Lee*. Em síntese, os Hansberry eram uma família negra norte-americana que comprou uma residência em um bairro de Chicago sujeito a medidas de restrição racial, fazendo com que a venda (e a mudança) fosse judicialmente questionada por alguns moradores da região. Analisando o litígio, o Tribunal de Illinois observou que, por mais que um dos requisitos de efetividade da medida restritiva sequer tivesse sido cumprido (como alegado pelos Hansberry), a pretensão teria de ser acolhida, pois em julgamento anterior (*Burke v Kleiman*) já teria havido a decisão de que a restrição racial seria válida, tornando este posicionamento imutável e vinculante para casos posteriores (como *Hansberry*).

Ao analisar o feito, porém, a Suprema Corte afirmou que: (i) "*é um princípio geral da jurisprudência anglo-americana que ninguém seja vinculado*" a um julgamento sem ter atuado como parte; (ii) esse

---

meaning that, as in most federal litigation, pretrial proceedings are the whole ballgame" (BRADT, Andrew. Op. cit. p. 1169).

i   Ver, NAGAREDA, Richard. 1938 All Over Again? Pre-Trial as Trial in Complex Litigation. **DePaul Law Review**. v. 60. Chicago: DePaul University College of Law, 2011.

ii   Assim, *passim*: REDISH, Martin H. KARABA, Julie M. One size doesn't fit all: multidistrict litigation, due process, and the dangers of procedural collectivism. In. **Boston University Law Review**. v. 95. Boston: Boston University School of Law, 2015.

princípio geral, contudo, poderia ser excetuado caso houvesse a garantia de que a representação judicial do interesse foi adequada. Em *Hansberry*, concluiu-se não haver garantia dessa adequação, reformando-se assim o julgamento recorrido[i]. Em outras palavras, seria inidônea a tentativa de extrair consequências *coletivas* de uma decisão caso o interesse, ali, não houvesse sido adequadamente perseguido.

Enfim, o que se pode concluir é que a oferta de eficácia coletiva a uma decisão, sem que a medida em que ela foi exarada tenha sido assim previamente admitida e conduzida, poderia levar a déficits de influência e de representação. Haveria, com isso, um relevante desafio – conforme percebido por teóricos como Amy Coney Barrett[ii] e Richard Nagareda[iii].

4
Jurisdição constitucional, participação e representação: um problema de *design*

Partindo desse suporte, é possível retornar ao direito processual brasileiro e formular algumas questões. Se nossa lógica de controle de constitucionalidade vem usualmente atuando materialmente como real sistema de proteção coletiva, mesmo em disputas aferidas a partir do controle incidental, que tipo de elemento deve ser extraído desse cenário? Que espécie de problema ou de preocupação advêm dessa constatação?

Para compreender as indagações, é necessário ressaltar que, na realidade, a idoneidade de um processo representativo vem correspondendo a um dos principais desafios de nossa própria processualística coletiva, desde o seu nascedouro. E isso porque nosso direito processual parece em larga medida avesso à possibilidade de que a decisão proferida na disputa prejudique sujeitos que não participaram ativamente do

---

i   Ver ISSACHAROFF, Samuel. **Civil Procedure**. p. 74-76. Também, MARCUS, Richard L. REDISH, Martin H. SHERMAN, Edward F. **Civil Procedure**. 4. ed. Saint Paul: Thomson West, 2008. p. 291-294.

ii BARRETT, Amy Coney. Stare Decisis and Due Process. **University of Colorado Law Review**, v. 74, Boulder: University of Colorado, 2003.

iii NAGAREDA, Richard A. Embedded Aggregation in Civil Litigation. **Cornell Law Review**, v. 95, Ithaca: Cornell Law School, 2010.

debate. A questão acaba refletindo uma visão individualista da própria atividade jurisdicional. É diante dela que se forjam elementos como o nosso regime de coisa julgada *secudum eventum litis* – segundo o qual, em medidas coletivas voltadas à defesa de direitos individuais, o indivíduo nunca perde. Pode, ao máximo, não ganhar[i].

Ocorre que, como já percebido de modo preciso por Sérgio Cruz Arenhart, nossa realidade tem sido caracterizada pela crescente formação de instrumentos processuais que, em última análise, acabam

---

i   "Colocando tintas amplas sobre o problema, a análise de nosso microssistema parece revelar que o entrave central ao tema aqui tratado não é apenas normativo. Pelo contrário, em sua base se encontra um dado cultural inerente à construção do nosso processo: a ideia (individualista e liberal) de que a jurisdição não pode tocar o sujeito sem a sua manifestação de vontade. Realmente, ao se observar a lógica da coisa julgada secundum eventum litis, é patente que sua origem e sua função possuem como cerne a tentativa de inviabilizar que o sujeito tenha seu interesse material "prejudicado" sem a sua participação pessoal no litígio. É esse item que faz com que se sustente que subordinar o indivíduo a uma preclusão coletiva desfavorável, sem que tenha atuado em juízo, romperia com a principiologia de nosso direito processual. Em suma, levantam-se dados como o "direito de ação" e o "devido processo legal" para indicar que um sistema provido de maior vinculação conflitaria com "direitos processuais individuais". Como se percebe, há assim como pano de fundo a tentativa de manter o interesse individual incólume, não permitindo que o indivíduo seja diretamente impulsionado sem a adoção de um impulso próprio. Com isso, procura-se compatibilizar a técnica de coletivização e o processo civil liberal. O resultado, porém, é criação de um flagrante obstáculo para a funcionalidade do instrumento. De fato, tendo em vista que são traços marcantes às vantagens desejadas com a coletivização assegurar a igualdade entre os jurisdicionados e gerir de maneira mais adequada a prestação jurisdicional, é basal ao seu uso que o mecanismo possa se impor como uma técnica que evite a ampla rediscussão do tema pelos membros da classe. Para tanto, porém, é preciso que a decisão vincule também os sujeitos que não atuaram em juízo. Eis o embate central da matéria: sujeitar um indivíduo que não participou pessoalmente do processo à imutabilidade e à aplicabilidade da sua decisão. Constata-se uma vez mais que o embate reside no contínuo conflito existente entre a tutela coletiva de direitos individuais e a defesa de uma mentalidade individualista para o processo. É a partir desse atrito que se pode fazer ou não a disciplina prosperar" (ARENHART, Sérgio Cruz; OSNA, Gustavo. **Curso de Processo Civil coletivo**. 3. ed. rev. ampl. e atual. São Paulo: RT, 2021. p. 235).

possuindo *eficácia material de tutela coletiva*. Portam-se, assim, como *de facto class actions*. E, curiosamente, a mesma gama de preocupações não parece se fazer presente em cada um desses instrumentos[i].

Realmente, se Arenhart já trouxe a advertência em momento anterior à própria edição do Código de Processo Civil de 2015 (emoldurando técnicas de agregação então existentes em nosso sistema jurídico), o novo diploma confere tonalidades ainda mais claras ao problema. Como exemplos, estabelece-se ali um *incidente de resolução de demandas repetitivas* que se presta flagrantemente à prolação de uma decisão com efeitos subjetivos amplos – assumindo dimensão escalonada. Como consequência, seria necessário que também aqui preocupações ligadas a tópicos como o controle de representatividade fossem, decididamente, trazidas à mesa[ii].

---

[i] Ver, a respeito da temática, ARENHART, Sérgio Cruz. O recurso de terceiro prejudicado e as decisões vinculantes. In: NERY JR, Nelson; WAMBIER, Teresa Arruda Alvim. (Org.). **Aspectos polêmicos e atuais dos recursos cíveis e assuntos afins**. São Paulo: Ed. RT, 2007. p. 424-438. Com efeito, como ali bem pontuado pelo autor, certas "decisões vinculantes tendem, evidentemente, a ampliar os efeitos de uma decisão judicial, fazendo repercutir suas conseqüências sobre a esfera jurídica de terceiros – não intervenientes no processo – tolhendo, ao menos por vezes, o direito destes a apresentarem suas razões em eventual demanda futura de que venham a participar. 2 Assim é porque tais decisões, ao impedirem a discussão de questões de direito em eventuais demandas propostas por estes (hoje) terceiros, restringem-lhes o poder de influir na solução do litígio e de apresentar adequadamente suas teses em juízo. Isso, por certo, deve impor a necessidade de repensar o conceito de "interesse jurídico", que se exige para a intervenção e a participação de terceiros em processo – seja em primeiro grau, seja no plano recursal –, até mesmo para permitir que estes terceiros não sejam apanhados por decisões judiciais sem que tenham tido antes a oportunidade de apresentar seus argumentos à apreciação do Poder Judiciário. Note-se que, ao utilizar-se de um processo para nele apresentar decisão vinculante, está o Poder Judiciário a sinalizar que em outros processos, futuramente instaurados, sua decisão "quase que obrigatoriamente" será a mesma, de modo a frustrar que as partes no próximo feito possam apresentar eficaz e plenamente suas teses".

[ii] A respeito do tema, ver, *passim*, ARENHART, Sérgio Cruz; OSNA, Gustavo. **Curso de Processo Civil coletivo**. 3. ed. rev. ampl. e atual. São Paulo: RT, 2021.

Enfim, sintetizando a ideia ora posta, considera-se que o mesmo ocorre no âmbito das medidas de controle de constitucionalidade. De modo resumido, se há a defesa de que a técnica de controle difuso deve ter uma ampliação de sua eficácia, torna-se imperativo arguir se a *condução* e a *atuação* no processo são hígidas para assegurar legitimamente essa expansão. Por outra ponta, se esse efeito mais amplo já é textual e confesso na seara do controle concentrado, é preciso, também aqui, arguir se o feito se mostra *realmente representativo* – ou se, contrariamente, pode se converter em uma alienação da própria *comunidade constitucional* envolvida.

A questão pode ser apreendida a partir do próprio exame de exemplos já suscitados no presente ensaio. Tomando como parâmetro a conformação da liberdade de expressão e de manifestação à proibição de apologia às drogas expressa no Código Penal, percebe-se que a decisão passou a proteger quem quer que vislumbrasse fazer uso de tal posição jurídica. Sob o mesmo vértice, essa dinâmica também pode ser sentida diante da mudança de leitura que se procura imputar ao recurso extraordinário – levando-o a chancelar a situação jurídica de inúmeros interessados.

Ora, é exatamente partindo desse ponto que a ressalva aqui trazida parece necessária. Em resumo, se nessa espécie de atuação jurisdicional há amplo espaço para decisões capazes de impactar diretamente uma pluralidade de sujeitos, tocando temas seriais ou complexos em sociedade, parece *imprescindível* que se perceba a feição coletiva do processo e se procure conferir a ele maior legitimidade.

Considerando a amplitude da eventual decisão a ser proferida em sede de controle de constitucionalidade, é indelével levantar algumas constantes dúvidas nessa seara. Afinal, o representante de determinado interesse em juízo, realmente, atua em sua defesa de modo adequado? Essa postura reflete em sua linha argumentativa e em sua postura judicial? Mais que isso, os diferentes anseios e espectros ligados ao tema e sentidos em comunidade são de fato conduzidos à apreciação judicial, e ali considerados?

Como se pode notar, uma primeira camada de reflexão que deve ser aqui trazida vai assim dizer respeito à própria imprescindibilidade de que se pense na aplicação, às disputas em que há controle de constitucionalidade com potencial eficácia ampla, do critério da representatividade adequada. E, em nossa visão, referida filtragem deve se fazer presente mesmo no âmbito das ações de controle concentrado. Em resumo, embora aí pudesse existir uma aparente garantia a partir da legitimidade institucional fixada em lei, consideramos que nada assegura que o ator (embora organizado) vá agir em juízo de modo rente ao interesse debatido. Objetivado o debate, a aferição de sua qualidade deve ser um parâmetro constante[i].

Ainda nessa seara, porém, parece igualmente preciso dar um passo adicional. Mais do que controlar a adequação da atuação em juízo, considera-se necessário *abrir as portas do Judiciário*. Como notado em nossa doutrina por Miguel Godoy, a questão desvela o atrito entre constitucionalismo e democracia que, em última análise, consolida um dos mais importantes debates ligados à atual Teoria do Direito. E, percebendo a natureza *coletiva* de que as medidas insertas nesse campo se revestem, quer parecer que a temática ganha em importância e em atenção[ii].

---

[i] "A necessidade de aferição da representatividade adequada prende-se a qualquer que seja o responsável por agir em juízo em nome da coletividade – seja um indivíduo que a integre, seja alguma entidade vocacionada a esse fim. O problema não se refere a essa escolha normativa, mas sim à necessidade de que o sujeito formalmente legitimado para a defesa da classe atue de modo materialmente legítimo para esse fim. A opção do legislador, independentemente do seu conteúdo, não inibe a importância desse aspecto. Em síntese, trata-se de aspectos que se situam em planos diversos [...] ao se colocar em pauta a higidez de que determinado sujeito seja diretamente atingido pela decisão proferida em um processo do qual não participou, é exigida uma investigação que vai além. É necessário aferir se o debate transcorreu em um ambiente efetivamente idôneo e se o seu interesse foi representado de forma qualitativamente satisfatória; é preciso avaliar se as teses e os argumentos que militariam em favor do seu direito foram expostos em sua plenitude e defendidos de forma vigorosa; enfim, a partir da tradicional partição de planos, é imprescindível observar se o processo foi eficaz – não se tratando de simples legitimidade formal, mas de verdadeira legitimação material da prestação jurisdicional ali oferecida e a ser imposta a certo grupo de sujeitos". (ARENHART, Sérgio Cruz; OSNA, Gustavo. **Curso de Processo Civil Coletivo**. *Op. cit.*, p. 218-219.)

[ii] Nas palavras do autor, "todo indivíduo tem igual direito de intervir na resolução dos assuntos que afetam a sua comunidade; vale dizer, todos merecem participar do processo decisório em pé de igualdade [...] se preservam os direitos fundamentais que permitem a cada um levar sua vida conforme seus ideais preservando, ainda, uma estrutura de decisão democrática na qual a opinião de cada sujeito vale o mesmo que a do outro" (GODOY, Miguel Gualano de.

Nesse sentido, há importantes técnicas inerentes ao processo que podem servir como fator de ampliação de legitimidade da atividade jurisdicional. Como exemplo, a permissão de oitiva de *amici curiae* deve ser vista como um importante suporte, permitindo a participação efetiva de atores relevantes para a formação do julgado[i]. Do mesmo modo, também a realização de audiências públicas pode consolidar um acréscimo significativo para a abordagem a ser dada a esse tipo de dilema – permitindo que diferentes pontos de vista ligados ao tema sejam expostos e defendidos[ii].

Constitucionalismo e democracia – uma leitura a partir de Carlos Santiago Nino e Roberto Gargarella. São Paulo: Saraiva, 2012. p. 66).

i "O *amicus curiae* – literalmente, o amigo da cúria, amigo da corte – é um terceiro que pode participar do processo a fim de oferecer razões para a sua justa solução ou mesmo para formação de um precedente. O que o move é o interesse institucional: o interesse no adequado debate em juízo de determinada questão nele debatida. Esse, aliás, o parâmetro adequado para aferição da legitimidade da participação do *amicus curiae* no processo: é inclusive a partir desse critério que o requisito da representatividade adequada do *amicus curiae* deve ser dimensionado" (MARINONI, Luiz Guilherme; ARENHART, Sérgio Cruz; MITIDIERO, Daniel. **Curso de Processo Civil**. v. 2. São Paulo: Ed. RT, 2015. p. 99).

ii "Audiências públicas podem também desempenhar importante papel nesta publicização. Essa ferramenta pode ser usada, aliás, de duas maneiras diferentes. Pode, em primeiro lugar, ser usada para reunir os interessados para que o processo de solução consensual já seja iniciado na presença de todos. Pode ainda ser empregada como mecanismo de legitimação da decisão negociada já conseguida, apresentando-se à comunidade o problema a ser enfrentado, os objetivos negociados e as formas de atingir tais fins, a fim que de que o magistrado possa assegurar-se de que a solução obtida é a mais adequada, antes de homologá-la. Em resumo, ainda que a tutela coletiva em inúmeros momentos exija um sacrifício da participação em favor da representação, considera-se valioso que na eventual fase negocial se procure ao máximo ouvir os interessados. A questão é essencial, em primeiro lugar, porque legitima a solução obtida, ao submetê-la ao debate e à intervenção da sociedade, e em particular das pessoas interessadas. Isso pode garantir a maior adesão dos envolvidos, que tendem a apoiar a resposta dada e a se comportar de acordo com seus termos. É, ainda, relevante porque esta participação pode ser fonte de informação imprescindível para que se tenha o alcance das concretas possibilidades da solução do problema e, eventualmente, de possíveis embaraços na sua implementação" (ARENHART, Sérgio

Contudo, de modo circular à ressalva previamente posta, de nada adianta viabilizar essas aberturas procedimentais caso os aportes cognitivos por ela trazidos não sejam seriamente tomados em consideração. Entra em cena, assim, a recomposição do próprio papel da Corte e dos seus cânones de atuação. Questões como a fundamentação das decisões e a performance deliberativa assumem especial relevância, em um fluxo que parece necessário[i]. Como já notado por Daniel Mitidiero, impõe-se que se deixe de lado a visão de nosso Supremo Tribunal como uma Corte Superior, concebendo-o como Corte Suprema[ii].

    Cruz; OSNA, Gustavo. Notas sobre a autocomposição no processo coletivo. **Revista dos Tribunais**, v. 316, São Paulo: RT, 2021. p. 150).

[i] MENDES, Conrado Hübner. O projeto de uma corte deliberativa. In: VOJVODIC, Adriana; PINTO, Henrique MOTTA; GORZONI, Paula; SOUZA PINTO, Rodrigo Pagani (Org). **Jurisdição constitucional no Brasil**. São Paulo: Malheiros, 2012. Ainda: MENDES, Conrado Hübner. **The Deliberative Performance of Constitutional Courts**. London: Oxford University Press, 2014.

[ii] Como posto pelo teórico, "a Corte Superior – tomada como um modelo de corte de vértice da organização judiciária – caracteriza-se por pressupor, do ponto de vista da teoria do direito, a identificação entre texto, norma e regra jurídica [...] sendo competente para controlar a legalidade de todas as decisões a ela submetidas. A função que a Corte Superior desempenha é reativa, de modo que visa a controlar a aplicação da legislação caso a caso realizada pelos juízes ordinários, preocupando-se apenas com o passado [...] a jurisprudência uniforme serve como meio pelo qual a Corte pode desempenhar a função de controle de legalidade da decisão recorrida. A eficácia das decisões da Corte Superior é restrita às partes do caso concreto" (p. 35). Por outro lado, "a Corte Suprema – seja como corte de vértice da organização judiciária, seja como corte constitucional alocada pra fora da estrutura do Poder Judiciário – caracteriza-se por pressupor, do ponto de vista da teoria do direito, a dissociação entre texto e norma jurídica [...] é competente para orientar a aplicação do Direito mediante precedentes formados para a consecução da unidade do Direito. A função da Corte Suprema é proativa, de modo que via a orientar a interpretação e aplicação do Direito por parte da sociedade civil, por parte de seus próprios membros e por parte de todos os órgãos jurisdicionais, tendo a sua atuação direcionada para o futuro [...] a eficácia das decisões da Corte Suprema vincula toda a sociedade civil e todos os órgãos do Poder Judiciário, constituindo o precedente fonte primária do Direito" (p. 54). Ver: MITIDIERO, Daniel. **Cortes Superiores e Cortes Supremas**: do controle à interpretação, da jurisprudência ao precedente. 2. ed. rev. atual e ampl. São Paulo: Ed. RT, 2014.

Enfim, as diferentes reflexões nos parecem levar a um mesmo elemento nuclear, cuja percepção é indispensável: ao reconhecer-se a natureza materialmente *coletiva* hoje assumida pelas medidas de controle de constitucionalidade, é preciso assegurar que a sua *legitimidade* também seja sentida em igual patamar. Somente assim é possível evitar os perigos de *ações coletivas de fato* – desprovidas dessa particular preocupação.

5 Considerações finais

Como é sabido, o diálogo entre constitucionalismo e democracia se insere no cerne da atual compreensão do sistema jurídico. Com efeito, é imprescindível, nesse jogo, articular anseios contextuais com vontades permanentes expressas na Constituição; exercitar um trabalho de arranjos e de rearranjos, marcado por diálogos e por recomposições.

O presente ensaio procurou agregar mais uma peça a esse quebra-cabeças, cuja complexidade é notória. Trata-se do fato de, como posto, as medidas inseridas na esfera de nosso sistema judicial de controle de constitucionalidade, hoje, virem assumindo impacto que as caracteriza como reais mecanismos de *tutela coletiva*; como ações coletivas *de fato*, ainda que nem sempre formalmente percebidas como tal.

Por meio dessa aproximação, buscou-se demonstrar como preocupações hoje presentes na seara do processo coletivo, como a análise de representação adequada e a ampliação de vias de participação, também devem se fazer presentes na filtragem constitucional. Trata-se, em última análise, de maximizar a higidez e a legitimidade do processo – percebendo a incompatibilidade entre os seus efeitos e o design procedimental tradicional para, diante disso, adequar a disciplina aos desafios que lhe são postos. O percurso é necessário, e igualmente desafiador.

Referências

ARENHART, S. C. O recurso de terceiro prejudicado e as decisões vinculantes. In. NERY JR, N.; WAMBIER, T. A. A. (Org.). **Aspectos polêmicos e atuais dos recursos cíveis e assuntos afins**. São Paulo: RT, 2007.

ARENHART, S. C.; OSNA, G. **Curso de processo civil coletivo**. 3. ed. rev.ampl. e atual. São Paulo: RT, 2021.

ARENHART, S. C.; OSNA, G. Notas sobre a autocomposição no processo coletivo. **Revista dos Tribunais**, v. 316. São Paulo: RT, 2021.

BALKIN, J. M. **What Brown vs. Board of Education Should Have Said**: The Nation's Top Legal Experst Rewrite America-s Landmark Civil Rights Decision. New York: New York University Press, 2002.

BARRETT, A. C. Stare Decisis and Due Process. **University of Colorado Law Review**, v. 74, Boulder: University of Colorado, 2003.

BRADT, A. The Long Arm of Multidistrict Litigation. **William & Mary Law Review**, v. 59, Williamsburg: William & Mary Law School, 2018.

BUENO, C. S. As class actions norte-americanas e as ações brasileiras: pontos para uma reflexão conjunta. **Revista de Processo**, v. 82, São Paulo: RT, 1996.

GIDI, A. A representação adequada nas ações coletivas brasileiras: uma proposta. **Revista de Processo**, n. 108, São Paulo: RT, 2002.

GODOY, M. G. de. **Constitucionalismo e democracia** – uma leitura a partir de Carlos Santiago Nino e Roberto Gargarella. São Paulo: Saraiva, 2012.

ISSACHAROFF, S. **Civil Procedure**. New York: Foundation Press, 2005.

ISSACHAROFF, S. NAGAREDA, R. A. Class Settlements Under Attack. **University of Pennsylvania Law Review**, n. 156, Philadelphia: University of Pennsylvania Law School, 2008.

ISSACHAROFF, S. Private Claims, Aggregate Rights. **The Supreme Court Review**, Chicago: The University of Chicago Press, 2008.

JOBIM, M. F. **Medidas estruturantes da Suprema Corte estadunidense ao Supremo Tribunal Federal**. Porto Alegre: Livraria do Advogado, 2013.

MARCUS, R. L.; REDISH, M. H.; SHERMAN, E. F. **Civil Procedure**. 4. ed. Saint Paul: Thomson West, 2008.

MARINONI, L. G.; ARENHART, S. C.; MITIDIERO, D. **Curso de processo civil**. v. 2. São Paulo: RT, 2015.

MARINONI, L. G. **O STJ enquanto corte de precedentes**. São Paulo: RT, 2013.

MENDES, C. H. O projeto de uma corte deliberativa. In: VOJVODIC, A.; PINTO, H. M.; GORZONI, P.; SOUZA PINTO, R. P. (Org). **Jurisdição constitucional no Brasil**. São Paulo: Malheiros, 2012.

MENDES, C. H. **The Deliberative Performance of Constitutional Courts**. London: Oxford University Press, 2014.

MENDES, G. F.; BRANCO, P. G. G. **Curso de direito constitucional**. 13. ed. rev. ampl. e atual. São Paulo: Saraiva, 2018.

MILLER, A. S. Constitutional Decisions as De Facto Class Actions: a Comment on the Implications of Cooper v. Aaron. **University of Detroit Journal of Urban Law**, v. 58, Detroit: University of Detroit, 1981.

MITIDIERO, D. **Cortes superiores e cortes supremas**: do controle à interpretação, da jurisprudência ao precedente. 2. ed. rev. atual e ampl. São Paulo: RT, 2014.

MORAES, A. de. **Direito constitucional**. 33. ed. rev. e atual. São Paulo: Atlas, 2018.

MORLEY, M. T. De Facto Class Actions: Plaintiff-and Defendant – Oriented Injunctions in Voting Rights, Election Law, and Other Constitutional Cases. **Harvard Journal of Law & Public Policy**, v. 39, Cambridge: Harvard University, 2016.

MUELLENIX, L. S. Aggregate Litigation And The Death Of Democratic Dispute Resolution. **Northwestern University Law Review**, v. 105, Chicago: Nortwestern School of Law, 2013.

NAGAREDA, R. A. Embedded Aggregation in Civil Litigation. **Cornell Law Review**, v. 95, Ithaca: Cornell Law School, 2010.

NAGAREDA, R. 1938 All Over Again? Pre-Trial as Trial in Complex Litigation. **DePaul Law Review**, v. 60, Chicago: DePaul University College of Law, 2011.

OSNA, G. "Interpretação conforme" e constitutional avoidance: aproximações iniciais. **Revista Brasileira de Estudos Constitucionais**, n. 32, Belo Horizonte: Fórum, 2015.

PATTERSON, J. T. **Brown v. Board of Education**: a Civil Rights Milestone and Its Troubled Legacy. New York: Oxford University Press, 2001.

REDISH, M. H.; KARABA, J. M. One Size doesn't Fit All: Multidistrict Litigation, Due Process, and the Dangers of Procedural Collectivism. **Boston University Law Review**, v. 95, Boston: Boston University School of Law, 2015.

SARLET, I. W.; MARINONI, L. G.; MITIDIERO, D. **Curso de direito constitucional**. 7. ed. rev. ampl. e atual. São Paulo: Saraiva, 2018.

TALAMINI, E. Objetivação do controle incidental de constitucionalidade. NERY JR., N.; WAMBIER, T. A. A. **Aspectos polêmicos e atuais dos recursos cíveis e assuntos afins**. São Paulo: RT, 2007.

TIDMARSH, J. Rethinking Adequacy of Representation. **Texas Law Review**, n. 87, Austin: The University of Texas Law School, 2009.

TIDMARSH, J. **The MDL as De Facto Opt In Class Action**. Disponível em: https://www.law.gwu.edu/sites/g/files/zaxdzs2351/f/downloads/Tidmarsh-MDL-Paper.pdf. Acesso em: 10 set. 2021.

Apêndice

CONTROLE JUDICIAL DE CONSTITUCIONALIDADE E *DE FACTO CLASS ACTIONS*: BREVES NOTAS

Sumário. 1. Notas introdutórias. 2. *De facto class actions* e controle de constitucionalidade: primeira aproximação. 3. As *de facto class actions* e o perigo de legitimidade. 4. Jurisdição constitucional, participação e representação: um problema de *design*. 5. Considerações finais. Referências.

Resumo. De um lado, tem-se o processo coletivo socorrendo lesões seriais e interesses metaindividuais. De outro, encontra-se o controle de constitucionalidade podendo assumir dimensão coletiva. Com base no pensamento comparado, este artigo demonstra como a formação *de facto class actions* desafia a legitimidade processual, necessitando-se de um controle judicial repensado do processo coletivo e da justiça constitucional.

Palavras-chave. Controle de constitucionalidade. Processo coletivo. *De facto class actions.*

CONTROL JUDICIAL DE CONSTITUCIONALIDAD Y DE FACTO CLASS ACTIONS: NOTAS BREVE

Sumilla. *1. Notas introductorias. 2. De facto class actions y control de constitucionalidad: primera aproximación. 3. Acciones colectivas de facto y peligro de legitimidad. 4. Jurisdicción constitucional, participación y representación: un problema de diseño. 5. Consideraciones finales. Referencias.*

Resumen. *Por un lado, está el proceso colectivo de ayuda a lesiones seriales e intereses meta-individuales. Por otra parte, está el control de constitucionalidad, que puede adquirir una dimensión colectiva. A partir del pensamiento comparado, este artículo demuestra cómo la formación de de facto class actions desafía la legitimidad procesal, exigiendo un replanteamiento del control judicial del proceso colectivo y de la justicia constitucional.*

Palabras clave. *Revisión constitucional. Proceso colectivo. Valores. De facto class actions.*

Artigo 12

*La filosofía del derecho
de Jürgen Habermas*

Juan Antonio García Amado

Licenciado (1981) y Doctor (1987) en Derecho por la Universidad de Oviedo. Actualmente es Catedrático de Universidad en la Universidad de León-España.

Por fin conocemos la obra de Habermas dedicada específicamente a los problemas iusfilosóficos[i]. Se trata de un grueso volumen que en sus últimas cien páginas recoge estudios ya publicados con anterioridad y que anticipaban algunas de las posturas que a lo largo del texto principal del libro se desarrollan.

Como era de esperar, lo que Habermas hace es una aplicación de los postulados generales y ya conocidos de su teoría de la acción comunicativa a la problemática iusfilosófica y, particularmente, a la sempiterna cuestión de la validez de las normas jurídicas. Y en la respuestas a esta pregunta de Habermas va a aplicar siempre el esquema bipolar que ya se presenta en el propio título del libro: la validez se resuelve en una tensión entre facticidad o validez social y legitimidad o validez racional o comunicativa.

Las normas jurídicas han de poseer una dimensión fáctica, que tiene que ver con los dos aspectos interrelacionados de su cumplimiento habitual, por un lado, y de la coacción que lo respalda, por otro. Ahora bien, la función de integración social que al derecho le corresponde en sociedad complejas (en las que ya no bastan para cumplir esa función de orden e integradora los mitos o tabúes y las certezas incuestionadas que componen el mundo de la vida y en las que ha decaído también el respaldo religioso o metafísico de las normas como fundamento común y compartido) sólo puede cumplirse efectivamente si las normas poseen un elemento de legitimidad que rebasa su pura imposición coactiva y posibilita la mínima aceptación necesaria para su seguimiento. Esta legitimidad de las normas "es independiente de su imposición fáctica" (48) y depende del modo en que esas normas sean creadas. Son legítimas cuando sus destinatarios "pueden al mismo tiempo sentirse, en su conjunto, como *autores* racionales de esas normas" (52), es decir, cuando el procedimiento de creación de las normas reproduce el procedimiento argumentativo y consensual de la razón comunicativa; o dicho de otro modo, cuando se sigue el procedimiento democrático sin distorsiones. En suma, "la validez jurídica de una norma […] significa ahora que ambas cosas se garantizan al mismo tiempo: tanto la legalidad de la conducta, en el sentido de un seguimiento generalizado de la norma, el cual en caso necesario puede ser forzado mediante sanciones, como la legitimidad de la

---

i   Jürgen Habermas, **Faktizität und Geltung**. Beiträge zur Diskurstheorie des Rechts und des demokratischen Rechtsstaats. Frankfurt M., Suhrkamp, 1992. 667 p. Los números entre paréntesis en el texto remiten a páginas del libro.

regla misma, que hace posible un seguimiento de la norma basado en cada caso en una consideración positiva ante la ley" (49).

Queda así sentada una de las tesis centrales del libro y cabe ya a ese respecto plantear una primera duda: ¿es de índole fáctica o normativa la afirmación de que la función de integración social que el derecho ha de cumplir no se realizaría en un ordenamiento jurídico carente de legitimidad? Esa afirmación de Habermas puede entenderse de las dos maneras. Como afirmación empírica equivaldría a entender que allí donde los destinatarios de las normas no se sienten autores de las mismas, por no provenir éstas de un proceso legislativo de carácter democrático, esas normas no serán mayoritariamente cumplidas y ese ordenamiento no ejercerá la función de orden y coordinación de conductas que al derecho le corresponde. Pero esa tesis es fácilmente rebatible. En primer lugar, la evidente constatación de que los ordenamientos menos democráticos y más feroces han conseguido y consiguen imponer sus normas por encima de cualquier sentimiento de los sometidos a ellas. Las normas jurídicas del nazismo no provocaron precisamente el rechazo de los alemanes de la época, por mucho que en su creación ya no quedara ni rastro del proceder democrático. Y, en segundo lugar, si el dato determinante es que los destinatarios de las normas puedan "sentirse" autores de las mismas o de acuerdo con su contenido, esa aquiescencia puede inducirse con los medios y las técnicas del Estado moderno y alcanzarse incluso un grado de unanimidad que nunca se da en democracia. Sabido es que los dictadores de toda laya suelen sancionar con plebiscitos triunfantes sus más ambiciosas iniciativas legislativas.

Sólo queda, pues, entender que la afirmación de Habermas que comentamos posee un sentido normativo, es decir, que equivale a sostener que un derecho sólo cumple *racionalmente* su función integradora cuando es fruto del discurso racional, de un proceso participativo. Pero esta comprensión plantea varios problemas. Uno, que el tenor literal de las afirmaciones de Habermas más bien parece sugerir un carácter fáctico para su afirmación que comentamos. Y dos, que con ese entendimiento normativo nos damos de bruces con los mismos problemas de fundamentación que han afectado siempre a tesis como las iusnaturalistas: por qué sólo es válido el derecho que reúna unas ciertas condiciones (de contenido en el iusnaturalismo; de procedimiento en Habermas) y, sobre todo, qué estatuto posee el derecho positivo que no cumpla con ellas. Y podría pensarse que el tono descriptivo de la tesis de Habermas, cuando sostiene que el derecho ilegítimo no sirve a la función de guiar las conductas e integrar la sociedad, es una forma de evitar las consecuencias normativas de sus premisas igualmente normativas: si la validez jurídica tiene una doble dimensión, fáctica y de legitimidad y si la primera no basta por sí sola, la conclusión sería que el ordenamiento al que le falte la dimensión de legitimidad no es derecho. Y por no decir esto acaba Habermas defendiendo algo cuya prueba es tanto o más difícil: que ese ordenamiento ni siquiera se cumpliría, que ni siquiera se daría en él la referida dimensión fáctica, cuestión que la historia desmiente a cada paso.

Cosa distinta sería interpretar que el derecho que posea solamente esa vertiente fáctica y que no sea fruto de la voluntad y el consenso de sus destinatarios cumple, al menos elementalmente, su función de orden e integración, bien como consecuencia de la fuerza, del miedo o, sobre todo, de la manipulación ideológica, pero que carece de las notas que permitirían calificarlo como racional, legítimo o justo. Y aquí es donde la doctrina que Habermas puede aportar sus mejores frutos, en cuanto teoría de la justicia más que, como él pretende, como teoría de la validez jurídica. Pues esto último sólo lo consigue, como ya hemos indicado, a costa de una tesis que no se atreve a formular en todo su alcance: entender que el derecho injusto, ilegítimo, no es válido. Habermas parece insinuar, por decirlo en términos de teoría del derecho, que ese derecho no puede ser eficaz. De ese modo parece sustraerse a los reproches habituales al iusnaturalismo. Pero queda a merced del desmentido de la historia, de la sociología y de una teoría del derecho que desde hace décadas sabe distinguir entre facticidad o eficacia, validez o positividad y justicia o legitimidad. Habermas, en cambio, habla de validez y facticidad para acabar entendiendo que ambas forman una síntesis cuya clave está en un tercer elemento que poco a poco va ocupando la plaza de ambas: la legitimidad.

Hasta aquí hablaba Habermas de lo que denomina el aspecto interno de la tensión entre facticidad y validez. A continuación se referirá al aspecto externo de esa relación, visto como la conexión entre los hechos sociales y la autocomprensión del derecho moderno. Según Habermas, la referida tensión entre facticidad y legitimidad de las normas jurídicas en su aspecto interno conlleva como consecuencia, en el aspecto externo, la necesidad de que el poder político, necesario para la imposición del derecho, se organice como poder legítimo, esto es, como Estado de Derecho. Y seguidamente se refiere a dos modos de desconocer esa necesaria dualidad entre facticidad y legitimidad en el aspecto externo: bien resaltando únicamente el componente fáctico, como hacen las doctrinas sociologistas, bien resaltando únicamente el aspecto de legitimidad, sin tener en cuenta los hechos, al modo de ciertas teorías de la justicia, como la de Rawls. Las primeras, ejemplificadas en Luhmann, operan una separación total del derecho respecto de la moral y la política y desaparece de ellas todo resto de "normativismo jurídico-racionalista", por lo que sólo permiten una lectura del derecho válido en clave positivista: la validez del derecho deriva únicamente del derecho válido (72). Las segundas descuidan la dimensión institucional y empírica del derecho. Ambas perspectivas serían unilaterales.

A continuación se enfrenta Habermas con la cuestión del fundamento último de validez de los sistemas jurídicos. Previamente ha ido mostrando cómo la visión positivista de la validez jurídica es insuficiente y errónea, por desconocer el componente de legitimidad o justicia inmanente a toda validez, por no tener en cuenta el "momento de indisponibilidad que se contiene en la pretensión de legitimidad del derecho" (96). Pues bien, al llegar aquí Habermas precisa de qué modo su filosofía del discurso proporciona una base última e irrebasable para todo ordenamiento jurídico que pueda pretenderse legítimo y, con ello, válido en toda su extensión. Y en esto radica también la aportación más novedosa de esta obra de Habermas, por comparación con sus anteriores referencias a esta materia. Sitúa ese fundamento en la preexistencia de un sistema de derechos, si bien no se debe perder de vista que Habermas no busca sentar una serie de postulados morales apriorísticos, sino reconstruir los presupuestos de racionalidad inmanentes al derecho moderno.

Una vez que el derecho moderno se ha autonomizado de la moral y del respaldo religioso o metafísico de sus normas, queda constituido como un ámbito abierto a la argumentación, a la acción comunicativa, que sólo puede basarse en el entendimiento como fuente de la legitimidad de las normas. De ese modo pueden, con la modernidad, realizarse para el derecho de los presupuestos argumentativos y consensuales inmanentes a toda pretensión de validez lingüísticamente formulada. Y para que realmente sea posible esa construcción discursiva y consensual de las normas jurídicas, los sujetos deben presuponerse recíprocamente como autónomos, reconociéndose ciertos derechos. "Como participantes en discursos racionales, los destinatarios del derecho han de poder examinar si la norma en cuestión halla o puede hallar el asentimiento de todos los posibles afectados. Con ello – continúa Habermas – la interrelación interna entre soberanía popular y derechos humanos consiste en que el sistema de derechos indica precisamente las condiciones bajo las que las formas comunicativas necesarias para una creación del derecho políticamente autónoma pueden, a su vez, ser jurídicamente institucionalizadas" (134).

Se presupone así la autonomía de los sujetos, tanto en lo público como en lo privado. Sin esa autonomía integral que los derechos humanos garantizan no sería posible el modo de ejercicio de la autonomía política que se traduce a través de la formación discursiva de opiniones y voluntades. Se trata de hacer posible un acuerdo que sea fruto de un proceso cuyas condiciones garanticen que el contenido de ese acuerdo, en cuanto resultante de "un entendimiento de los ciudadanos sobre las reglas de su convivencia", exprese el punto de vista del bien común y de las expectativas normativas ligadas a él (111). Por tanto, derecho objetivo y subjetivo se dan en "interna interdependencia" (135), sin que ninguno sea anterior al otro y sin que uno pueda darse sin el otro.

Nos movemos aquí en el terreno en que derecho y moral tienen puntos de coincidencia, pues, según Habermas, el derecho positivo está vinculado a la moral a través del componente de legitimidad de la validez jurídica, siendo esa relación de "complementariedad" y no de jerarquía (137). Moral y derecho tienen en común el que para ambos rige el principio discursivo, si bien el contexto del discurso moral es la humanidad entera y el del principio democrático, mediante el que se establece el derecho positivo válido, es una determinada comunidad (139).

Enumera Habermas esos derechos "que los ciudadanos se deben reconocer recíprocamente si quieren regular de modo legítimo su convivencia mediante el derecho positivo" (109). Son los derechos exigidos para hacer posible la efectiva realización del principio discursivo, base del procedimiento democrático y fundamento de la legitimidad (y, con ello, de la validez) de las normas resultantes. Ese sistema de derecho constituye los presupuestos "de los que los miembros de una comunidad jurídica moderna han de partir si quieren poder tener por legítimo su ordenamiento jurídico sin apoyarse para ello en fundamentos de tipo religioso o metafísico […]. Los derechos que en este experimento intelectual se reconstruyen son constitutivos para toda asociación de sujetos jurídicos libres e iguales" (166). Y tal sistema de derechos resulta de que "el medio jurídico como tal presupone derechos que definen el status de sujetos jurídicos como portadores de derechos" (151).

Se presupone, en primer lugar, un margen de libertad de acción privada. Esos derechos exoneran al titular de la necesidad de dar cualquier explicación acerca de su esfera privada: el actor no necesita aportar fundamentos públicamente aceptables de su actuación en ese ámbito (153). Y no sólo se exige que exista esa esfera de la libertad subjetiva, sino también que sea igual para todos. Por otro lado, en cuanto a la esfera pública, "la idea de autolegislación *de los ciudadanos* exige que aquellos que están sometidos al derecho como destinatarios se puedan entender, al mismo tiempo, como autores del derecho" (153), lo cual se consigue a través de la institucionalización de procedimientos democráticos.

¿Cómo especifica Habermas esos derechos fundamentales que todo ordenamiento legítimo presupone y protege? Los divide en cinco grupos.

1) "Derechos fundamentales que resultan de la conformación, políticamente autónoma, del derecho a la mayor medida posible de iguales libertades subjetivas de acción" (155).

Se trata del derecho de cada cual al mayor grado posible de igual libertad de acción subjetiva, sólo limitable para compatibilizarla con la libertad igual de los demás.

2) "Derechos fundamentales que resultan de la conformación, políticamente autónoma, del status de miembro en una asociación voluntaria de sujetos jurídicos" (155).

Estos derechos derivan del dato de que, a diferencia de lo que ocurre con la moral, las normas jurídicas no regulan las interacciones en general entre los sujetos, sino las interacciones dentro de una concreta sociedad. Esto "se sigue ya del concepto de positividad del derecho" (157) y viene exigido por la necesidad de que los sometidos al derecho puedan apelar a una instancia que monopolice la violencia legítima. Es necesario, por tanto, que el ordenamiento diferencie entre miembros y no miembros de la comunidad jurídica, entre ciudadanos y extranjeros. Es decir, son necesarios los derechos de nacionalidad. Según Habermas, la necesidad de protección frente a la privación unilateral de esos derechos resulta "de la aplicación del principio discursivo" (158). Aquí podríamos plantearnos una duda sobre la coherencia de la construcción habermasiana: ¿no parece que el principio universalista que preside su teoría discursiva y su ética normativa casa mal con la defensa de las fronteras estatales y con la interpretación del interés general, clave legitimatoria de lo jurídico, como interés de una determinada comunidad nacional y, por tanto, no universalizable, sino, como máximo, generalizable para los miembros del concreto Estado de que se trate?

3) "Derechos fundamentales que resultan de modo inmediato de la *reclamabilidad* de derechos y de la conformación, políticamente autónoma, de la *protección jurídica* individual" (156).

Se trata de los derechos que garantizan la vía jurídica, como el libre acceso a tribunales independientes y efectivos.

Explica Habermas que esos tres tipos de derechos surgen de la mera aplicación del "principio discursivo al medio jurídico como tal" (156), y que "no hay derecho legítimo sin esos derechos" (159). Pero puntualiza que no se trata de los derechos liberales clásicos, sino que se hallan a un superior nivel de abstracción. Más bien consisten en "principios jurídicos a los que el legislador constituyente se orienta" y que éste debe necesariamente considerar, "pues en estos principios se hace valer el sentido racionalizador de la forma jurídica como tal, que ya Hobbes y Rousseau acentuaron" (160). Por tanto, los derechos fundamentales clásicos del liberalismo (la dignidad humana, libertad, integridad de la vida y el cuerpo, propiedad, elección de profesión, inviolabilidad del domicilio, etc.) son "interpretaciones y configuraciones del derecho general de libertad" en el sentido del derecho a iguales libertades subjetivas mencionado en (1). El mismo significado tienen, respecto de (2), la prohibición de extradición, el derecho de asilo, el derecho a la nacionalidad, etc., e igual interpretación por relación a (3) cabe hacer de postulados como la irretroactividad, el *non bis in idem,* la prohibición de tribunales especiales, la garantía de la independencia judicial, etc. (159-160).

El siguiente derecho que Habermas menciona en su enumeración tiene que ver con los derechos fundamentales de carácter político, tendentes a hacer posible que los sujetos puedan alcanzar el rol de autores de su ordenamiento jurídico:

4) "Derechos fundamentales a una participación, en condiciones de igualdad de oportunidades, en los procesos de formación de opiniones y voluntades en los que los ciudadanos ejercen su autonomía política y mediante los cuales sientan derecho legítimo" (156).

El fundamento de estos derechos políticos es claro: "con arreglo al principio discursivo pueden pretender validez precisamente aquellas normas que puedan hallar el asentimiento de todos los potenciales afectados, en la medida en que éstos tomen parte en discursos racionales" (161). Es esa participación discursiva en la producción de las normas lo que estos derechos políticos aseguran.

Aquí se detecta una tensión entre lo que son los presupuestos teóricos del principio discursivo y lo que es el ejercicio del derecho de autodeterminación y autolegislación por los sujetos. La pregunta que podríamos hacernos es la siguiente: ¿pueden discursivamente los sujetos decidir la eliminación de los principios o procedimientos que garantizan el ejercicio de su autonomía? La respuesta de Habermas sería que hay dos cosas que los sujetos no pueden eliminar: el principio discursivo, con los citados presupuestos en cuanto a la autonomía de los sujetos, y el medio jurídico, con los mencionados principios o derechos en abstracto que sirven como única vía para la articulación colectiva o intersubjetiva de aquella autonomía. Más adelante resaltará nuevamente que el sistema de derechos constituye un límite sustraído a la decisión mayoritaria, pues "los ciudadanos no pueden, en ejercicio de su autonomía política, atentar contra el sistema de derechos que constituye dicha autonomía" (221). Y si es el principio de soberanía popular el que garantiza la autoorganización de la sociedad, ese principio queda fuera de la disposición de esa sociedad: "la idea de soberanía popular remite, en su lectura procedimentalística, a las condiciones que en el marco social posibilitan la autoorganización de una comunidad pero que, a su vez, no están sin más a disposición de la voluntad de los ciudadanos" (366). Y aún insiste en que no quedan a disposición de la política "las condiciones que hacen posible la producción de derecho legítimo" (466).

Son los propios ciudadanos los que, en ejercicio de esa autonomía así garantizada, como legisladores constituyentes, en cada caso y época concreten el sistema de derechos. Por eso dice Habermas que "este sistema de derechos no está previamente prescrito al legislador constitucional como derecho natural" (163). "No existe "el" sistema de los derechos en su pureza trascendental", al margen del contexto histórico en que en cada ocasión se interpreta (163).

Estamos así ante el componente de historicidad que necesariamente relativiza las tesis habermasianas sobre el contenido de justicia de la validez jurídica. Pero de nuevo nos enfrentamos entre lo que son postulados normativos inmanentes o necesariamente derivados de toda comunicación lingüística (y en especial de todo dirimir discursivo y, por tanto, consensual, de pretensiones de validez normativa enfrentadas) y el grado posible de realización histórica de esos postulados. Sólo al final de un proceso filogenético y ontogenético que lleva a las sociedades y a los individuos a un estadio de maduración moral que se corresponde con el último nivel descrito en la gradación que Kohlberg establece, parece que se dan las condiciones para que se hagan efectivos en la convivencia esos postulados normativos de la ética discursiva que son (y en todo tiempo han sido) presupuestos como válidos al usar del lenguaje. Pero dos problemas pueden aparecer aquí. Por una parte, si entendemos que existen contenidos normativos (libertad, igualdad de todo sujeto capaz de lenguaje, de todo interlocutor potencial) que, en cuanto presupuestos en el lenguaje han sido válidos desde siempre (desde que existe lenguaje y, con ello, sociedad) aunque sólo en un determinado estadio del proceso civilizatorio hayan podido descubrirse, estamos ante tesis que podrían ser objeto de las críticas habituales al iusnaturalismo. Pero si entendemos que sólo en un determinado momento histórico de la articulación de las relaciones sociales, sólo en la época moderna, se reconstruyen esos postulados normativos como inmanentes a las instituciones que en esa época se imponen mediante la comunicación lingüística, se introduce un peligroso elemento relativístico que puede fundamentar acusaciones de etnocentrismo y similares y que nos aproxima a posturas como la de Rorty, que Habermas ha rechazado en trabajos anteriores. En el marco de esa problemática habrá que situar las afirmaciones de Habermas de que los referidos derechos, que "son condiciones necesarias que posibilitan el ejercicio de la autonomía política", "no pueden limitar la soberanía del legislador, aunque no están a disposición de éste"; o que "cada ejercicio de autonomía política significa al mismo tiempo una interpretación y conformación por el legislador histórico de esos derechos nunca saciados" (162); o que "los capítulos de derechos fundamentales de las constituciones históricas se pueden entender como lecturas, contextualmente dependientes, *del mismo* sistema de derechos" (162) y que "es en una determinada interpretación constituyente como esos derechos vienen a la conciencia", (163). Es la tensión en la búsqueda por Habermas de un punto medio entre cognitivismo e historicidad, que acaba desembocando en una síntesis un tanto equivocada, pues siempre podemos preguntarnos qué queda de esos derechos si de los mismos sólo caben lecturas históricas y condicionadas por el contexto y, sobre todo, a partir de qué contenidos un texto constitucional dejaría de poder interpretarse como particular lectura y garantía contextualmente dependiente de ese sistema de derechos y podría entenderse el correspondiente ordenamiento jurídico como ilegítimo y, por extensión, inválido. ¿Lo eran las constituciones modernas que negaban el voto a la mujer? ¿Lo seguiría siendo una constitución actual que aún lo negara?

Hay en Habermas una tensión también entre el componente constructivo y el reconstructivo. O dicho de otra forma, entre la revelación de los postulados inmanentes a toda argumentación, a toda acción lingüística, base de su teoría de la acción comunicativa, y la reconstrucción de los presupuestos inmanentes a cierta institución o manifestación social histórica, como es el caso del derecho moderno en las páginas que estamos comentando. La tesis sería que en el derecho moderno toman cuerpo y se institucionalizan, se constituyen en fundamento, precisamente aquellos presupuestos generales del discurso. Si nos mantenemos a un nivel de gran abstracción esto puede sonar verosímil. Pero en cuanto descendemos a la gran variedad de formas y contenidos de los ordenamientos modernos y a la diversidad de concepciones de los derechos fundamentales que pueden invocar para sí la condición de legítimas y explicables interpretaciones del sistema de derechos que propone Habermas, nos encontramos con que o precisamos más el criterio de legitimidad (validez), de modo que podamos excluir de la condición de derecho válido gran parte de los ordenamientos jurídicos que en la edad moderna han sido o rigen aún, o, de lo contrario, el criterio de legitimidad que se buscaba se disuelve en una lista de fórmulas vacías. Habermas, una vez más, no nos revela por completo la clave del dilema: "tras más de doscientos años de desarrollo constitucional europeo disponemos de modelos suficientes que pueden guiar una reconstrucción generalizadora de aquella comprensión que necesariamente guía la praxis intersubjetiva de una autolegislación llevada a cabo con los medios del derecho positivo" (163). Nuevamente podríamos preguntar: ¿se toman todos esos modelos para reconstruir los presupuestos comunes o se procede selectivamente, buscando aquellos modelos que reflejen ciertos presupuestos? En el primer caso, la reconstrucción posiblemente no aporte más que una imagen de contingencia histórica y de heterogeneidad difícilmente reductible; en el segundo, el proceder ya no sería reconstructivo, sino predeterminado por un criterio previo de carácter ahistórico.

Y para colmo del desconcierto, el elemento social o fáctico aparece también aquí para oscurecer aún más el panorama y hacernos pensar que al relativismo histórico se suma un cierto relativismo o condicionamiento sociológico: "las instituciones jurídicas de la libertad decaen sin las iniciativas de una población *acostumbrada* a la libertad. Su espontaneidad – continúa Habermas – no puede forzarse mediante el derecho; se regenera a partir de tradiciones de libertad y se contiene en las relaciones asociativas de una cultura política liberal" (165). A las dificultades para que los postulados de justicia que derivan de la ética cognitivista habermasiana puedan ser conocidos e incorporados a los ordenamientos de un determinado período histórico se suma ahora la dificultad de que ese derecho que los incorpora sea efectivo allí donde la población no está acostumbrada a ese derecho de la libertad. Esto último puede acabar ya en una perfecta circularidad del razonamiento, pues estaríamos ante ordenamientos legítimos que no son eficaces, lo cual difícilmente encaja en una teoría como ésta, que sienta como base de la legitimidad del ordenamiento el asentimiento de los destinatarios de sus normas.

En último lugar menciona Habermas, como derechos derivados de los mencionados de (1) a (4), "Derechos fundamentales a unas condiciones de vida que estén social, técnica y ecológicamente aseguradas en la medida respectivamente necesaria para un aprovechamiento, en condiciones de igualdad de oportunidades, de los derechos humanos mencionados en (1) a (4)" (157).

En el capítulo siguiente, cuarto, Habermas se interroga sobre la legitimación del poder político. Insiste en que es el sistema de derechos que hemos mencionado el que funda la necesidad del derecho objetivo y del poder político estatal como medio para la imposición y protección de esos derechos. Se trata de "*implicaciones* jurídico-objetivas que se contienen *in nuce* en los derechos subjetivos" (168). "Hasta la más simple legislación debe ser entendida como concreción del sistema de derechos conformado como Constitución" (191). La unión sustancial entre moral y derecho en ningún momento se diluye. Y hasta el sentido del procedimiento democrático proviene o está ya implícito en el sistema de los derechos (229). Y lo que ese sistema de derechos demanda no es la mera existencia de un poder político y un Estado, sino del Estado de Derecho y de una política sometida a las leyes emanadas de la soberanía popular. "No es la forma jurídica como tal lo que legitima el ejercicio de la dominación política, sino únicamente la vinculación al derecho *legítimamente establecido*". Este es únicamente el que "puede ser racionalmente aceptado por todos en un proceso de formación discursiva de la opinión y la voluntad" (169). En ese marco, la soberanía popular no se identifica con un grupo físico de personas, sino con un poder que circula comunicativamente y vincula al aparato administrativo del Estado. Es el derecho el instrumento mediante el que ese poder comunicativo se transmite al sistema administrativo, que se rige por un código de poder. De ahí que el Estado de Derecho se caracterice por la prioridad que ese poder comunicativo posee frente a otros poderes o intereses de grupos o personas. El procedimiento democrático "institucionaliza las formas comunicativas necesarias para una formación racional de la voluntad política" (221), y la "bisagra" entre el sistema de derechos y la construcción de un Estado democrático de Derecho la forma el principio de soberanía popular, en su interpretación discursiva.

Pese al vínculo entre moral y derecho, en cuanto presididos en última instancia por idéntico principio discursivo, el discurso jurídico y el moral tienen, según Habermas, diferente implantación. El discurso moral se dirige a un auditorio universal y trata únicamente de intereses perfectamente universalizables, mientras que el jurídico se inserta en un concreto marco estatal y social. Esto significa que el discurso jurídico no sólo está abierto a consideraciones morales, sino también a otras de carácter pragmático (relativas a estrategias o medios para fines preestablecidos) y ético (referidas a los fines a compartir en un determinado colectivo o grupo, como pueda ser un Estado nacional). Por tanto, las razones que respaldan la validez jurídica de una norma no tienen por qué ser únicamente razones morales, es decir, razones de justicia referidas a "si la correspondiente praxis es buena *para todos en la misma medida*" (220). La validez de las razones pragmáticas y éticas es contextual y relativa, mientras que sólo las razones morales poseen validez universal.

Se expresan nuevamente con esa diferenciación la tensión entre los requerimientos de universalidad, propios de todo enunciado normativo que se pretenda discursivamente racional, y la dependencia del discurso respecto de un determinado contexto social e histórico. Es el problema de si las razones que hacen válida y justa una norma son las razones del interés general dentro del concreto Estado en que se legisla (legislación en la que democráticamente participan todos los ciudadanos *de ese* Estado) o si esa justicia ha de tener alcance universal, de modo que no pueda verse como justo y válido el derecho de un Estado que en interés de sus ciudadanos explote o discrimine a los ciudadanos de otros Estados, ciudadanos que no participan en el proceso legislativo. Una norma habrá sido democráticamente aprobada cuando *todos* los ciudadanos de ese Estado hayan podido participar en su elaboración o puedan estar de acuerdo con su contenido, por expresar el interés general dentro de *ese* Estado. Y según Habermas, lo que se asume en el discurso moral, universalista, es que "una norma sólo es justa si *todos* pueden querer que esa norma sea seguida por cada uno en situaciones similares", por lo que se puede decir que "en el discurso moral se alarga la perspectiva etnocéntrica de un determinado colectivo a la perspectiva abarcadora de una comunidad de comunicación ilimitada, cuyos miembros se colocan en la situación y la comprensión del mundo y de sí mismo propia de cada uno y practican una asunción ideal de roles" (200). Pero es evidente que en esos dos supuestos el "todos" que hemos respectivamente subrayado tiene alcance distinto. Y el problema que aquí se plantea es si se debe considerar ilegítima e inválida por injusta una norma que cuente con el asentimiento libre y reflexivo de todos los ciudadanos de un Estado pero que (por ejemplo por versar sobre intereses enfrentados entre Estados) en ningún caso pueda contar con el respaldo general, al margen de fronteras, que exige el discurso moral. Si se afirma que el discurso moral prevalece, la salida más lógica para esta teoría sería entender que la restricción del proceder democrático al seno de cada uno de los Estados choca con el principio de universalidad que convierte en racionales y justas las normas. Si, por contra, se entiende que la norma estatal es válida, aunque no sea universalizable por no poder gozar de un hipotético consenso universal, el principio democrático perdería el fundamento universalista que la ética discursiva pretende proporcionarle.

Habermas trata, una vez más, de salvar el dilema con una salida intermedia: los resultados del discurso ético-político "deben ser al menos compatibles con los postulados morales", de modo que, diríamos nosotros, una resolución estatal discriminatoria con otros Estados o ciudadanos (por ejemplo, de carácter racista) sería rechazable en su validez aunque fuera democráticamente creada. En el discurso moral se exige dejar de lado todo contexto normativo contingente; la voluntad que se exige es una voluntad autónoma que se determina racionalmente, al margen de intereses o valoraciones ligados a un marco dado, por encima de las formas de vida y las tradiciones forjadoras de identidades sociales.

La cuestión reaparece en un capítulo posterior cuando Habermas contrapone su concepción discursiva de la democracia a las ideas comunitaristas. La diferencia estribaría en que para los comunitaristas la cuestión de la legitimidad de las normas se limita al aspecto ético, sin dejar presencia para la dimensión universalista del discurso moral. Es decir, lo que legitima a las normas de una comunidad, desde ese punto de vista, es que sean las normas mejores para regirla con arreglo al criterio autoidentificatorio de esa comunidad, a sus señas de identidad, a sus tradiciones e intereses. Frente a esa postura, señala Habermas la prioridad del discurso moral dentro de la formación democrática de la voluntad que legitima las leyes: "*preferencia* tiene la cuestión de cómo una materia puede ser regulada en igual interés de todos. La creación de normas está primariamente bajo el punto de vista de la justicia y se mide por principios que dicen que es igualmente bueno para todos. A diferencia de las cuestiones éticas, las cuestiones de justicia no quedan referidas a un determinado colectivo y su forma de vida. El derecho políticamente establecido en una concreta comunidad jurídica debe, si ha de ser legítimo, al menos estar en consonancia con postulados morales que pretenden validez también más allá de la comunidad jurídica". Y finaliza Habermas este razonamiento proponiendo una vez más una síntesis entre contrarios que se nos antoja un tanto artificiosa: "Lo que el modo deliberativo de la praxis legislativa ha de procurar no es sólo la validez ética de las leyes. Más bien se puede comprender la compleja pretensión de validez de las normas jurídicas como la pretensión de, por un lado, tomar en cuenta en relación con el bien común los intereses parciales que se defienden estratégicamente y, por otro lado, buscar principios universalistas de justicia en el horizonte de una determinada forma de vida imbuida de constelaciones valorativas particulares" (344).

 Y se ayuda Habermas, para salir del dilema, de una diferenciación de las materias sobre las que puede versar cada uno de esos discursos, regidos por lógicas distintas, contextual la una y universalista la otra. Son supuestos de discurso moral en el derecho los referidos a cuestiones penales como el aborto o la prescripción de los delitos, de derecho procesal, como la prohibición de ciertos medios de prueba, o cuestiones de política social, derecho fiscal, organización del sistema de sanidad o de enseñanza, etc., que afectan a la distribución de la riqueza social o a las oportunidades vitales. En cambio, son cuestiones éticas (para las que no se requiere ese discurso moral al que subyace un "test de generalización", sino un discurso relativo a "procesos de autocomprensión colectiva" dentro de una determinada *Lebensform*) las relativas a asuntos como los ecológicos relacionados con la protección del medio o los animales, la planificación del tráfico y del urbanismo, las cuestiones de política de inmigración, de protección de minorías culturales o étnicas, etc. (204). El comentario que a propósito de esta enumeración se nos ocurre es que resulta un tanto complicado comprender su lógica interna, entender, por ejemplo, por qué los problemas ecológicos o de inmigración requieren un discurso menos exigente en cuanto a las condiciones de aceptabilidad de sus resultados que el relativo a la fijación del plazo de prescripción de los delitos.

 La legitimación del derecho sobre la base de que constituye la institucionalización de los procedimientos del discurso racional, le sirve también a Habermas para explicar la superioridad de la Constitución sobre la ley. Se debe a que es en la Constitución donde se establece el procedimiento discursivo de producción de la ley.

 Seguidamente extiende Habermas su teoría jurídica al discurso de aplicación del derecho. Aquí la tensión entre facticidad y validez se manifiesta como tensión entre seguridad jurídica y búsqueda de la justicia para las decisiones. Como argumento en favor de la sumisión a las normas jurídicas manifiesta Habermas no sólo el de la seguridad jurídica. Cuando, además, esas normas son legítimas, es decir, fruto de la institucionalización del proceder discursivo racional, "*merecen obediencia y deben en cada ocasión ser seguidas también en consideración a la propia ley*" (242). Por todo lo dicho, afirma Habermas que las decisiones judiciales han de satisfacer simultáneamente un doble requisito: consistencia con el ordenamiento y aceptabilidad racional (243). Acoge la distinción entre justificación interna y externa y explica que "el problema de la racionalidad de la jurisprudencia consiste en cómo puede la aplicación de un derecho contingentemente surgido ser realizada de modo internamente consistente y externamente fundada de modo racional, a fin de garantizar simultáneamente *seguridad jurídica* y *justicia*" (244).

Se requiere, por tanto, que las decisiones judiciales se basen en normas legítimas y que, al mismo tiempo, estén racionalmente justificadas para el caso. Nuevamente encontramos a Habermas sumergido en una de las sempiternas alternativas de la filosofía jurídica, en este caso el dilema entre generalidad de la norma y justicia del caso. Y antes incluso de desarrollar la salida que para el dilema nos propone, podemos adelantar una posible objeción a su planteamiento. ¿No se puede entender que la pretensión de legitimidad queda agotada en la norma positiva democráticamente creada, de modo que nunca se pueda considerar legítimo el apartamiento por el juez del tenor de la norma positiva, sea cual sea el argumento que utilice para justificar esa desviación, y dado que el juez carece de legitimación democrática? ¿No habría que limitarse a entender que el discurso del juez ha de poseer únicamente lo que podríamos llamar una racionalidad residual, es decir, operante tan sólo dentro del margen dejado por el tenor literal de las normas positivas? Esto equivale a hacer prevalecer, en cuanto al discurso del juez, el elemento de seguridad jurídica sobre el elemento de aceptabilidad racional de la decisión en sí, lo cual no constituye una merma de la racionalidad global cuando se trate de la aplicación de normas positivas de origen democrático y discursivo: esa consistencia de la decisión judicial con el ordenamiento, con las normas positivas, no sería sino sumisión a las decisiones discursivamente fundadas y, por tanto, racionales; además, esto evita lo que podríamos llamar conflicto de racionalidades: el conflicto entre la racionalidad discursiva de la norma y la racionalidad del juez, conflicto que ha de resolverse en favor de la primera, pues mientras la norma legal democrática es fruto de la efectiva articulación de la racionalidad comunicativa como racionalidad intersubjetiva, las valoraciones del juez, por mucho que se pretendan racionales y universalizables, no llevan el aval de ser resultado de un procedimiento discursivo efectivamente desenvuelto y, con ello, fruto del interés general y la neutralidad.

Para Habermas, que una norma sea "válida *prima facie*" significa únicamente queha sido imparcialmente fundada y que su aplicación imparcial conduce a la decisión válida de un caso. Pero "la validez de la norma no garantiza aún su justicia en el caso particular" (266).

A este propósito distingue Habermas, siguiendo a Klaus Günther, entre discurso fundamentador y discurso de aplicación de normas. El primero es el que sirve a la creación de las normas jurídicas válidas; en el discurso de aplicación, en cambio, "no se trata dela validez, sino de la *adecuada referencia* de una norma a una *situación*" (267). Aquí es donde Habermas suscribe la *tesis de la única decisión correcta*. Ante cada situación sólo hay una decisión correcta, por mucho que puedan ser varias las normas aplicables o las interpretaciones que vengan al caso. La adecuada ponderación discursiva de la situación y sus pormenores servirá para concretar la norma que mejor encaje en esa situación. Ciertamente el juez está vinculado a las normas jurídicas y, en cuanto éstas son legítimas, queda liberado de plantearse cuestiones relativas a su fundamentación, es decir, no es el discurso fundamentador el que aquí entra en juego. Pero, según Günther y Habermas, los jueces no pueden evitar el "juicio reconstructivo" de la norma ante la situación dada, juicio presidido por la idea de consistencia y sistema.

Se trata de evitar la imagen de que varias normas entran en conflicto y contradicción para un único caso o una misma situación. Esa colisión entre normas sólo puede evitarse en el presupuesto de que "todas las normas válidas forman, en última instancia, un sistema coherente que permite para cada situación de aplicación una única respuesta correcta" (285). Es la corrección de esa respuesta y, con ello, la de la decisión, la que se dirime en el discurso de aplicación. Ese discurso opera al mismo tiempo como garantía última de la coherencia del sistema jurídico puesto que, llegados a ese momento práctico y decisorio, vemos que no cabe ya que existan contradicciones entre normas: la correcta interpretación de la situación permitirá entender que *sólo una* única norma, y ninguna más, es la aplicable. Queda, con esa visión del sistema, excluida la existencia de normas contradictorias, es decir, de contradicciones dentro del sistema. Y ello porque se entiende que el proceso de concreción de las normas ante cada caso y situación de forma parte de la conformación última de esas normas y ese sistema, de modo que la clave estará, por ejemplo, en que nunca un caso se va a resolver contradictoriamente, es decir, aplicando simultáneamente normas que se contradicen. Las normas serán lo que digan para cada caso, y entre normas *prima facie* contradictorias, sólo una se entenderá aplicable y concretada para esa situación, por lo que, a fin de cuentas, el sistema no contiene contradicciones.

Esa división del discurso jurídico en fundamentador y de aplicación es la que sirve también a Habermas para criticar la tesis de Alexy de que el discurso jurídico es un caso especial del discurso práctico general. Según Habermas, equiparar todo discurso jurídico, incluida la argumentación tendente a la aplicación del derecho, al discurso práctico general, equivale a entender que en la aplicación de las normas sigue abierta la cuestión de la fundamentación o racionalidad de las mismas, mientras que el modelo de discurso jurídico que Günther y Habermas proponen permite descargar al juez de los problemas de fundamentación de la norma que aplica. La racionalidad de su decisión ya no dependerá del fundamento racional de esa norma, cuestión que ya estará resuelta en un discurso distinto y anterior, sino de la interpretación discursiva de la situación y de la concreción de la norma más apta, que será la norma de ese preciso caso. La diferencia principal con Alexy posiblemente estribe en que éste descarta la tesis de la única respuesta correcta y entiende que el procedimiento discursivo racional sirve únicamente a los efectos de excluir las decisiones incorrectas por irracionales.

Recalca Habermas que esa búsqueda por el juez de la respuesta correcta ha de acontecer de modo discursivo y, por tanto, intersubjetivo. Y la teoría del discurso hace depender la aceptabilidad de la decisión "no de la calidad de los argumentos, sino de la estructura del proceso argumentativo" (277). El juez, dice Habermas, ha de concebir su labor de "interpretación constructiva" como una "empresa colectiva" que se desarrolla sobre el trasfondo de la comunicación pública entre los ciudadanos (274), actuando en cada tiempo "los estándars acreditados en la profesión" como garantía de la objetividad y aceptabilidad intersubjetiva del juicio (275). No se excluye la falibilidad de las razones disponibles y aceptadas en cada momento, pero la argumentación lleva a resultados correctos "cuando las razones se condensan, sobre el horizonte de asunciones de fondo que permanecen incuestionadas, en un todo coherente que permite que recaiga un acuerdo libre de coacción en torno a la aceptabilidad de la pretensión de validez que se discute" (278).

Ante la posible objeción que haga referencia a un eventual daño para la seguridad jurídica como consecuencia de ese relevante papel del juez, puntualiza Habermas que su teoría conduce a una manera distinta de entender tal valor. Se tratará de una seguridad jurídica dependiente del procedimiento. Para los sujetos la seguridad jurídica deriva de la institucionalización como proceso jurídico de un procedimiento discursivo que permita a cada afectado exponer las razones relevantes y sólo las razones relevantes de cara a la aclaración de los hechos y el derecho (270). De ahí la importancia del derecho procesal, el cual asegura el marco temporal, social y objetivo para el desarrollo libre de un proceso comunicativo que sigue la lógica del discurso de aplicación.

Habermas lleva sus consideraciones metodológicas a la jurisprudencia constitucional y se plantea el debatido tema de cuál es su papel en el ordenamiento jurídico y en qué medida suplantan o complementan estos tribunales al legislador. Quiere Habermas salvar el esquema de la separación de poderes y mostrar que, frente a la posible dimensión creativa de derecho de las cortes constitucionales, la única fuente de legitimidad para el derecho proviene de su creación por un poder legislativo de base democrática. "Puesto que la praxis decisoria de los jueces está sometida a la ley y al derecho, la racionalidad de la jurisprudencia remite a la legitimidad del derecho válido. Ésta – continúa Habermas – depende a su vez de la racionalidad de un proceso legislativo que, bajo las condiciones de la división jurídico-estatal de poderes, no queda a disposición de los órganos de la aplicación jurídica" (292).

Al referirse, con esas premisas, a la labor de los tribunales constitucionales, se concentra Habermas en su misión de defensa de los derechos fundamentales. La clave estará en este caso en el estatuto que se atribuya a las declaraciones constitucionales en que tales derechos se formulan, pues, según se conciban como auténticas normas jurídicas o como valores, cambiará el papel y la función del tribunal constitucional que los aplica. La tesis de Habermas sera que los derechos fundamentales son principios que, a efectos de su aplicación, en nada se diferencian de cualesquiera otras normas jurídicas. Niega que se trate de valores, ya sea en el sentido en que entiende los valores de la ética material de valores, seguida por cierta jurisprudencia constitucional alemana, ya en el sentido de los mandatos de optimización de que habla Alexy.

¿En qué consiste la diferencia, según Habermas, entre principios, entendidos como normas y valores? Las normas tienen carácter deontológico; son válidas o inválidas y obligan o no obligan, sin grados intermedios ni excepción, y no pueden entrar en conflicto entre sí para un mismo caso, de modo que cada una se aplique hasta cierto punto o en cierta medida; forman un sistema coherente. Por contra, los valores tienen sentido teleológico; no rigen de modo absoluto e incondicionado, sino relativo; indican preferencias compartidas y la prioridad de ciertos bienes en determinado grupo o colectivo, bienes que se hacen objeto de acciones finalísticas y que pueden ser objeto de prioridad o consecución en medida variable; los valores se contradicen y compiten entre sí por la preeminencia en cada caso y queda a quien decide la función de precisar esa preferencia en cada ocasión. Esta concepción de los principios como normas que sólo pueden ser válidas o inválidas, no válidas en medida variable y relativa, que obligan de modo absoluto, como cualquier otra norma, es posible debido al concepto de norma jurídica que maneja Habermas y que reseñé en páginas anteriores. Las normas que forman parte de un sistema que sólo en la aplicación a los casos se perfila y se perfecciona definitivamente, de modo que las normas sólo hallan su lugar en el sistema a la luz de cada situación, según que se apliquen a él o no se apliquen. "Distintas normas no pueden contradecirse entre sí cuando pretenden validez para el mismo círculo de destinatarios; han de integrar un todo coherente, es decir, formar un sistema. Distintos valores compiten por la preferencia; en la medida en que encuentran reconocimiento intersubjetivo en una cultura o una forma de vida, forman una configuración flexible y con abundantes tensiones" (311).

Varía totalmente la imagen de los derechos fundamentales según se entiendan, en ese sentido, como normas o valores, en ese sentido. "Como normas, regulan una materia en igual interés de todos; como valores, forman, en la configuración con otros valores, un orden simbólico en el que expresan la identidad y la forma de vida de una comunidad jurídica particular" (312). Concebir los derechos fundamentales de ese modo significa entender que el tribunal constitucional, al resolver los casos relativos a ellos, interpreta y aplica normas y realiza un supuesto más del discurso de aplicación, sin invadir el discurso fundamentador y la actividad legislativa. La Constitución no se disuelve en un orden de valores para cuya fijación el tribunal constitucional tenga la última palabra. No se trataría de ponderar o sopesar valores, sino de aplicar la norma que mejor se adapte a la situación que se enjuicia. La doctrina metodológica de Habermas y Günther despliega aquí su virtualidad. En caso de conflicto entre dos principios, así vistos como normas, no se trata de decidir en qué medida el respectivo valor puede realizarse, sino de "hallar, de entre las normas *prima facie* aplicables, aquella que mejor se adecue a una situación de aplicación descrita del modo más completo y bajo todos los puntos de vista relevantes" (317).

Sumando las consideraciones de Habermas referentes a la legitimación discursiva y procedimental de las normas jurídicas y su teoría del discurso de aplicación de las mismas, resulta también su tesis sobre el modo más adecuado de explicar la función de los tribunales constitucionales. Puesto que "sólo las *condiciones procedimentales de la génesis democrática de las leyes* aseguran la legitimidad del derecho establecido" (320), los tribunales constitucionales han de velar por el sistema de derechos que es fundamento y condición de posibilidad de la efectividad de ese procedimiento discursivo de creación del derecho. "El tribunal constitucional debe salvaguardar aquel sistema de derechos que posibilita la autonomía privada y pública de los ciudadanos del Estado [...]. Por ello, el tribunal constitucional ha de examinar los contenidos de las normas discutidas por referencia a los presupuestos comunicativos y las condiciones procedimentales del proceso legislativo democrático" (321). Es ese modo procedimental de concebir hasta la misma Constitución el que presta a la jurisprudencia constitucional su legitimación democrática. Y, dentro de ese marco, justifica Habermas un fuerte activismo de los tribunales constitucionales: "Cuando se concibe la Constitución como interpretación y conformación de un sistema de derechos que hace valer la interna conexión entre autonomía privada y pública, no será dañosa, sino que puede incluso venir normativamente exigida, una jurisprudencia constitucional ofensiva en casos en los que se trate de la imposición del procedimiento democrático y de la forma deliberativa en la formación de la opinión y voluntad políticas" (340).

El paso siguiente al que se ve abocada esta teoría de Habermas consiste en proporcionar una teoría de la democracia. Aquí está una de las tesis fundamentales que Habermas viene repitiendo, la idea de que el procedimiento democrático del moderno Estado de Derecho equivale a la institucionalización, bajo forma y garantía jurídica, de las exigencias de la razón práctica idealmente inmanentes a la praxis comunicativa que posibilita la existencia social. De ahí que las resoluciones democráticas vayan avaladas por una "presunción de racionalidad" (368), resultante de ser el proceder democrático reflejo de la racionalidad discursiva.

Habermas es consciente del riesgo de que sus tesis se tilden de "confusión esencialista" (392), esto es, que se interprete que todo acuerdo democrático que en una sociedad y un momento dados se tome significa la realización de una racionalidad intemporal y perfecta. Y puntualiza que no es lo mismo la presuposición en toda acción comunicativa de una comunidad ideal de entendimiento, que pensar que ya es ideal y racional la comunidad efectiva en que acontece el concreto entendimiento, el acuerdo democrático de que se trate. Ese presupuesto es un "presupuesto contrafáctico" (392) que hace que las pretensiones de validez "trasciendan" la "provincialidad" del contexto particular en que inevitablemente se plantean (392). Que se presuponga contrafácticamente en el actuar comunicativo esa comunidad ideal no significa que sean accesibles a los interlocutores sus precisos perfiles como término con el que comparar o medir un discurso o el acuerdo real. Lo único que cabe es la realización teórica de un "experimento intelectual", de una "ficción metódica" con la que se comprueba cuáles son en su configuración total e ideal esos presupuesto del entendimiento comunicativo y que, si se dieran plenamente, conllevarían la resolución de todo conflicto sin poder ni violencia y sin derecho (392-393).

Alcanzamos con lo anterior otro de los puntos difíciles de la construcción de Habermas. Esta cuestión del experimento mental plantea la dificultad de entender cómo le es posible al "experimentador" ponerse en el lugar del "observador ideal" si no puede dejar de estar en un determinado contexto que condiciona su comprensión, incluso su comprensión de cuáles pueden ser los presupuesto ideales de la comunicación. Es la pregunta de si no cabe que, por ejemplo, en una sociedad esclavista un sujeto se plantee los presupuestos ideales de la comunicación y los conciba como comunicación entre personas, al mismo tiempo que excluye de esa condición de persona, y por tanto de partícipe en la verdadera comunicación, a los esclavos. Y yendo a un problema más actual, podemos plantearnos la compatibilidad de esos presupuestos con la existencia de fronteras nacionales, que el propio Habermas asume. ¿No supone la configuración de la sociedad ideal en la que los presupuestos de la comunicación se realicen plenamente, con su necesario alcance universalista, una sociedad sin Estados, sin fronteras, un solo ordenamiento jurídico y no ordenamientos que, por distintos, pueden estar enfrentados? En esa sociedad ideal el único medio de "autoorganización" es "el entendimiento discursivo", "sin la adición de la política y el derecho" (393). Y si el derecho existe en nuestras sociedades por causa de que no es posible ese pleno entendimiento como dirimente de los conflictos, ¿hasta qué punto tiene sentido y no es contradictorio entender que el derecho se legitima discursivamente, que puede ser fuerza legítima por estar discursivamente consentidos sus contenidos? De darse ese acuerdo ¿no sería superfluo el derecho? Si el derecho existe porque ese entendimiento perfecto no es alcanzable, ¿cómo puede ser el mecanismo legitimatorio del derecho un entendimiento que no es posible y que, precisamente por no serlo, justifica la existencia del derecho? ¿Tiene sentido legitimar el derecho mediante la remisión a una pretensión cuya imposibilidad explica la existencia misma de lo jurídico[i]?

---

i   Nuevamente trata Habermas de salir del dilema mediante la síntesis de los contrarios: ninguna sociedad compleja puede, ni bajo las condiciones más favorables, realizar el modelo de la pura socialización comunicativa, exenta de coacción, es decir, corresponderse plenamente con los presupuestos o condiciones de posibilidad de la comunicación que hace toda sociedad posible. Pero, en cuanto ese modelo idealmente presupuesto contiene la idea de una sociedad

Habermas hace constar que ese experimento mental no puede privar al discurso de su "situatividad en contextos del mundo de la vida" (393). Parece que afirma que las normas, formas de vida, etc., operantes en una sociedad no se pueden equiparar a compulsiones o fuerza, desde el momento en que pueden cuestionarse expresamente en su validez y dejan operar así un discurso capaz de trascenderlas. ¿Pero hasta qué punto ese cuestionamiento posible no es también inmanente a una forma de vida u organización que hace uso de él no para trascenderse, sino como una forma de perpetuarse jugando ese juego, que es su juego, y no el juego de una razón abstracta, universal, intemporal o necesaria?

La importancia de la democracia conlleva el importante papel que Habermas asigna también a las ideas de esfera política pública[i] y sociedad civil,[ii] a fin de que sistemas funcionales como la economía o el poder administrativo no se apropien de los mecanismos de dirección política de la comunidad, sino que sigan sometidos a la voluntad social que se expresa en el derecho. Desde la sociedad civil la percepción y las opiniones sociales se proyectan sobre la esfera pública y en ésta se condensan como opiniones que buscan cauce político e influyen en la formación de la voluntad política mediante los procedimiento democráticos. Y en ciertos momentos de crisis y transformación social el último recurso como modo de expresión frente al orden establecido y manifestación de la necesidad de nuevos pasos hacia una mejor realización de los derechos, consiste en actos de desobediencia civil. Esta se justifica "sobre la base de un *entendimiento dinámico* de la Constitución

---

     perfectamente autoorganizada, sin poder ni derecho, sus caracteres se proyectan en la sociedad democrática bajo la forma de un derecho que "incorpora" aquellos momentos de socialización comunicativa (396-397). ¿No es esto como hablar de un derecho que incorpora el no derecho o de la institucionalización bajo forma jurídica y, por tanto, coactiva, de un modo de entendimiento que excluye la coacción y que sólo podría darse con plenitud allí donde el derecho no existiera?

i   "Un entramado de comunicaciones de contenidos y posturas, es decir, de *opiniones"*, en el cual "los flujos de comunicación son filtrados y sintetizados de tal modo que se condensan como opiniones *publicas engarzadas por temas específicos"* (436).

ii   "La sociedad civil se compone de aquellas asociaciones, organizaciones y movimientos más o menos espontáneamente surgidos y que asumen, condensan y proyectan con eco reforzado sobre la esfera política pública la resonancia que los problemas sociales encuentran en los ámbitos de la vida privada" (444).

como proyecto inacabado" (464). El mismo Estado de Derecho, para Habermas, es un proceso, siempre necesitado de revisión, para interpretar y realizar cada vez más perfectamente, bajo nuevas circunstancias, el sistema de derechos. Y también las constituciones llevan en su misma esencia la tensión entre el componente moral y universalista que basa la legitimidad de todo derecho, y su concreta ubicación en una época y una Sociedad dadas: "las constituciones históricas se pueden entender como interpretaciones de una y la *misma* praxis -la praxis de autodeterminación de ciudadanos libres e iguales; pero, como toda praxis, también ésta se halla situada en la historia" (467).

Culmina Habermas su obra describiendo el nuevo paradigma jurídico que con su teoría se propone. Entiende por paradigmas jurídicos distintos modos de realizarse el sistema de derechos y los principios del Estado de Derecho. Un paradigma jurídico explica "de qué manera se conciben y se deben tratar los principios del Estado de Derecho y los derechos fundamentales a fin de que puedan cumplir, en un contexto dado, la función que normativamente se les adscribe" (238). Dentro de un paradigma jurídico compartido en una sociedad, el juez se ve descargado de una parte de las decisiones de fondo y aumenta la previsibilidad para las partes. En el derecho formal burgués y el del derecho materializado, propio del Estado social. Frente a ellos, Habermas propone el paradigma jurídico procedimental o discursivo. El paradigma liberal adolece de descuidar las condiciones que hacen viable la autonomía privada. Esas condiciones las atiende el paradigma del derecho material, que busca condiciones de justicia social aptas para asegurar los mínimos vitales requeridos para un ejercicio efectivo de la autonomía por los sujetos. Pero este paradigma tiene, a su vez, los defectos del paternalismo, pues desactiva la esfera política mediante medidas que surten un efecto desmotivador de la participación y disolutivo de las interrelaciones sociales.

El paradigma procedimental resalta la interrelación ineludible entre autonomía pública y privada: sólo sobre la base de la autonomía privada es posible la autonomía pública de los individuos, la autoorganización social; a su vez, sólo ese autogobierno pone las condiciones para que cada cual pueda ser privadamente autónomo. "El derecho legítimo – dice Habermas – cierra el círculo entre, por un lado la autonomía privada de sus destinatarios, tratados de modo igual, y, por otro, la autonomía pública de los ciudadanos que, como autores con igual derecho del ordenamiento jurídico, han de decidir (en última instancia) sobre los criterios de la igualdad de trato" (500). Intenta Habermas con su nuevo paradigma salvar los otros dos paradigmas, el liberal y el del derecho material. "Un programa jurídico se muestra como discriminatorio cuando es insensible frente a las consecuencias limitadoras de la libertad que tienen las desigualdades fácticas; es paternalista cuando es insensible frente a las consecuencias limitadoras de la libertad que conlleva la compensación estatal de aquellas desigualdades" (503).

Finaliza afirmando que el paradigma comunicativo del derecho no prejuzga un modelo determinado de sociedad o de vida buena y queda sometido a discusión, bajo las condiciones que él mismo establece. Únicamente su núcleo es dogmático: "la idea de autonomía, conforme a la cual los seres humanos sólo actúan como sujetos libres en la medida en que sólo obedecen aquellas leyes que se han dado a sí mismos según ideas intersubjetivamente adoptadas". Concluye la obra con esta frase: "en esta idea se expresa una tensión entre facticidad y validez, tensión que viene "dada" con el dato de la constitución lingüística de las formas de vida socio-culturales, es decir, que es irrebasable para nosotros que hemos formado nuestra identidad en una tal forma de vida" (537). Acaba, pues, el trabajo con un nuevo intento de salida para los dilemas a que hemos venido aludiendo: entre lo fundado para nosotros y lo fundado en general o en absoluto puede no haber coincidencia; pero, si se permite el juego de palabras, para nosotros lo fundado es lo fundado para nosotros.

No podemos conocer ni concebir otra cosa. Por eso las tesis de Habermas que acabamos de ver tal vez hayan de entenderse, más que como fundamentación del derecho, o del derecho moderno, como reconstrucción (tal como él mismo afirma en algún momento) del fundamento que se presupone en el derecho moderno y en la sociedad que lo ha originado. El problema que permanece es el de cómo conciliar, por un lado el cognitivismo general de Habermas y el apoyo de su teoría del discurso en los presupuestos inmanentes al uso del lenguaje en todo tiempo y lugar, con, por otro lado, el circunscribir la aplicación de esos postulados a un derecho moderno cuya racionalidad por esa vía se postula.

Referencia

HABERMAS, J. **Faktizität und Geltung**. Beiträge zur Diskurstheorie des Rechts und des demokratischen Rechtsstaats. Frankfurt M.: Suhrkamp, 1992.

Apêndice

LA FILOSOFÍA DEL DERECHO DE JÜRGEN HABERMAS

Sumilla. *Texto discursivo.*

Resumen. *Este texto analiza la obra de Jürgen Habermas dedicada exclusivamente a los problemas jurídico-filosóficos, y su tesis central gira en torno a la afirmación de que la función de integración social que cumple el Derecho [no] tendría lugar en un ordenamiento jurídico carente de legitimidad.*

Palabras clave. *Filosofía del derecho. Integración social. Jürgen Habermas.*

A FILOSOFIA DO DIREITO DE JÜRGEN HABERMAS

Sumário. Texto discursivo.

Resumo. Este texto analisa a obra de Jürgen Habermas dedicada exclusivamente aos problemas jusfilosóficos, e a sua tese central gira em torno da afirmação de que a função de integração social que o Direito cumpre [não] se realizaria em um ordenamento jurídico carente de legitimidade.

Palavras-chave. Filosofia do direito. Integração social. Jürgen Habermas.

Artigo 13

Le juge constitutionnel est-il un juge comme les autres? Réflexions méthodologiques sur la justice constitutionnelle

Pierre Brunet

Professeur de droit public à l'Université Paris 1 – Panthéon-Sorbonne.

Si une analyse d'ordre méthodologique peut constituer un quelconque apport à la délicate question de juge ou de la justice constitutionnelle, c'est d'abord et avant tout parce qu'elle distinguera les points de vue auxquels chacun peut se placer pour tenter de répondre à la question posée. Ainsi, du point de vue historico-sociologique, on s'intéressera à l'avènement du juge constitutionnel dans les États modernes, tandis que, du point de vue de la dogmatique, on étudiera les règles qui, dans un ordre juridique déterminé, régissent la compétence du juge constitutionnel et la façon dont ces règles sont interprétées ainsi que les types de conflits qui peuvent intervenir entre ce juge et d'autres autorités. Très souvent, ce point de vue s'appuie sur un autre, d'ordre philosophique ou politique, à partir duquel on cherche à élaborer et proposer un certain modèle de justice constitutionnelle en vue, le plus souvent, de critiquer la réalité juridique par rapport à lui. Enfin, le point de vue théorique porte, pour sa part, sur le concept même de justice constitutionnelle et ceux qui lui sont liés, tels celui de constitution, d'État de droit, ou celui de démocratie; de même, c'est encore à ce niveau que se situent les analyses relatives au mode de raisonnement des juges constitutionnels. La variété de ces points de vue laisse escompter une grande variété de réponses à la question de savoir si le juge constitutionnel est un juge comme les autres, variété que renforce le fait que plusieurs réponses peuvent procéder d'un seul point de vue.

Cela étant, parce qu'il est impossible d'embrasser ici tous les points de vue, on se situera uniquement à ce dernier, celui théorique. Et comme on peut le prévoir, la question qui nous occupe reçoit bien souvent aujourd'hui, à ce niveau comme aux autres, une seule et même réponse: négative. Le plus surprenant réside ailleurs. En effet, cette réponse se fonde, au niveau théorique, sur un même argument selon lequel le juge constitutionnel ne serait pas un juge comme les autres parce que l'interprétation de la constitution exigerait des méthodes d'interprétation spécifiques, elles-mêmes justifiées par le fait que la constitution ne serait pas un texte comme un autre. En sorte que le juge constitutionnel se distinguerait doublement des autres juges: par le texte qu'il doit interpréter d'abord, par les raisons qui expliquent son existence. Voilà donc l'argument qu'il convient d'examiner, en s'intéressant à la spécificité de l'interprétation d'abord, à celle de la justification du juge constitutionnel ensuite.

1
Spécificité de l'interprétation de la Constitution

Si aujourd'hui, il semble évident et acquis qu'une constitution c'est avant tout un texte, il n'en a pas toujours été ainsi. Même encore maintenant, d'ailleurs, certains aiment à invoquer l'esprit de la Constitution afin d'en dépasser la lettre: preuve que la Constitution n'est pas seulement qu'un texte. Or, si le juge constitutionnel montre quelque spécificité, cela s'explique parfois par la définition de la Constitution retenue: pour le dire autrement, on ne peut concevoir le contrôle de la conformité d'une loi à la Constitution qu'à la condition d'admettre que la Constitution est une norme et pas seulement une organisation de rapports entre organes.

1.1 Théories de l'interpretation et théories de la Constitution

Il faut ici revenir à la typologie fort éclairante proposée par Paolo Comanducci qui a distingué quatre concepts de constitution.[i] Longtemps, le terme "constitution" a renvoyé à une idée d'ordre et désignait un ensemble de phénomènes sociaux. Mais cet ordre lui-même n'est pas toujours compris de la même façon. On retrouve là une distinction qui structure tout le discours juridique et politique: l'ordre que contient la Constitution est appréhendé soit comme un ensemble de valeurs soit comme un ensemble de faits.

On peut alors distinguer entre deux modèles de constitution conçue comme "ordre": un modèle axiologique et un modèle descriptif. Selon le modèle axiologique, l'ordre social est doté d'une valeur intrinsèque, une valeur fondamentale et s'il ne fait pas directement référence à des normes, cet ordre est générateur de normes. C'est ainsi que l'on peut comprendre le concept de constitution qu'emploient Burke ou Joseph de Maistre chez qui l'ordre que la constitution contient est un ordre naturel; c'est encore ce concept que l'on trouve chez Carl Schmitt lorsqu'il parle du concept positif de constitution comme d'une "décision

---

i   P. Comanducci, **Assagi di metaetica due, Giappichelli**, 1998, chap. 8, p. 97 s. et aussi, "Ordre ou norme? Quelques idées de constitution au XVIIIe", *in* M. Troper et L. Jaume (sous la dir. de), **1789 et l'invention de la Constitution**, Paris Bruxelles, LGDJ-Bruylant, 1994, p. 23-43.

totale sur la nature et la forme de l'unité politique".[i] Selon le modèle descriptif, l'ordre ainsi conçu n'est pas lui-même doté d'une valeur quelconque, il n'est pas non plus censé générer des normes; c'est une situation, un fait et non une valeur: la constitution désigne une situation restée ou censée demeurer stable des rapports de pouvoirs et ces pouvoirs sont eux-mêmes considérés comme reflétant une structure de la société. On peut penser à ce que Montesquieu dit de la Constitution anglaise ou, mieux encore, ce que Tocqueville dit des rapports entre démocratie et aristocratie: l'ordre que décrit la constitution est un ordre artificiel.

À ce modèle de constitution conçue comme ordre, on peut opposer le concept de constitution comme norme. Et là encore, on trouve un modèle descriptif et un modèle axiologique. Le modèle descriptif de constitution conçue comme norme, c'est, idéalement parlant, le modèle de Kelsen. Le terme constitution désigne alors un ensemble de règles juridiques positives et non un ordre social; ces règles sont "fondamentales" non parce qu'elles sont le reflet d'une quelconque supériorité de certaines valeurs sur d'autres mais parce qu'elles fondent le système juridique lui-même.[ii] Le modèle axiologique de constitution conçue comme norme ressemble en partie au précédent. Par constitution, on désigne un ensemble de règles juridiques positives exprimées dans un document formel, identifiable. Mais ce qui change, c'est que la constitution est, comme le dit Dogliani, "chargée d'une valeur intrinsèque: la constitution est une valeur en soi".[iii] Il existe plusieurs variantes de ce modèle axiologique comme l'illustre à sa façon Carlos Nino lorsqu'il distingue trois concepts normatifs de constitution, soit la

---

i   C. Schmitt, **Théorie de la Constitution (1928)**, trad. fçse L. Deroche, préf. O. Beaud, Paris, PUF, 1993, chap. 1, § 3.

ii   V., H. Kelsen, **La garantie juridictionnelle de la Constitution (La justice constitutionnelle)**, Paris, Giard, 1928, (et RDP, 1928) p. 8: "à travers les multiples transformations qu'elle a subies, la notion de constitution a conservé un noyau permanent: l'idée de principe suprême déterminant l'ordre étatique tout entier et l'essence de la communauté constituée par cet ordre. De quelque façon qu'on définisse la Constitution, toujours c'est le fondement de l'État, la base de l'ordre juridique que l'on prétend saisir [...], c'est un principe où s'exprime juridiquement l'équilibre des forces politiques au moment considéré, c'est la norme qui règle l'élaboration des lois, des normes générales en exécution desquelles s'exerce l'activité des organes étatiques [...]".

iii   M. Dogliani, **Introduzione al diritto costituzionale**, il Mulino, Bologna, 1994, p. 14.

constitution comme "organisation légitime du pouvoir d'État"; la constitution comme "l'ensemble des règles adoptées selon un principe légitime de décision collective", ou encore, la constitution comme "ensemble de principes valides qui génèrent le système de droits fondamentaux des individus".[i] Notons que cette dernière variante est aujourd'hui très largement partagée en ce qu'elle présente le mérite de rendre compte des systèmes juridiques non plus comme des systèmes exclusivement ou du moins principalement dynamiques – ce que soutenait Kelsen – mais aussi statiques. En effet, si la constitution est définie comme un ensemble non plus de normes mais de principes – explicites ou implicites – placés au sommet de l'ordre juridique, de la hiérarchie des sources juridiques, la constitution est réputée se diffuser dans l'ordre juridique tout entier et toutes les lois sont conçues comme sa mise en œuvre. Enfin, dans cette variante du modèle, la constitution a une relation particulière à la démocratie dans la mesure où, d'une part, il y a une connexion nécessaire entre la démocratie et la constitution car il ne saurait y avoir de démocratie – au sens d'isonomie – sans constitution ni de constitution sans démocratie; d'autre part, la constitution a pour fonction de limiter la démocratie entendue comme principe de majorité. Dans ces conditions, la constitution apparaît comme ayant pour fonction non plus de fermer le système sur lui-même (comme le prétendait là encore Kelsen) mais d'établir un pont entre le droit et la morale: elle ouvre le système juridique à des préoccupations de type moral parce que les principes constitutionnels sont des principes moraux positivés et que la justification juridique ne peut se faire qu'à l'aide de principes moraux, ce qui revient à dire, en définitive, que le raisonnement juridique n'est qu'une branche du raisonnement moral.[ii]

Il est évident que chacun de ces modèles ou concepts de constitution ne donne pas lieu à la même théorie de l'interprétation de la constitution.

L'opposition pertinente est ici de savoir si la Constitution est un ordre ou une norme: en effet, la question de la spécificité de l'interprétation

---

i   C.S. Nino, **Fundamentos de derecho constitucional**. Anàlisis filosofico, juridico y politiologico e practica constitucional, BA, Astrea, 1992, 2. éd. 2002, chap. I.

ii   C'est la fameuse thèse du *Besonderesfall* de R. Alexy, v. **Theorie der juristischen Argumentation**. Die Theorie des rationalen Diskurses als Theorie der juristischen Begründung, Suhrkamp 1985 rééd. 2001 (disponible en anglais: **A Theory of Legal Argumentation**: The Theory of Rational Discourse As Theory of Legal Justification trad. angl. Ruth Adler, Neil Maccormick, Oxford UP., 1989).

constitutionnelle ne se pose réellement que si l'on admet préalablement que la Constitution est une norme, que cette norme soit conçue comme juridique ou comme morale.

1.2 Quelle spécificité de l'interprétation de la Constitution?

Lorsque la Constitution est conçue comme norme, donc, son interprétation est parfois considérée comme spécifique. Mais cette spécificité n'est pas toujours entendue de la même façon. Passons, pour les besoins de l'exposé, sur la spécificité qui tiendrait aux acteurs et qui dépend très largement du système de contrôle de constitutionnalité choisi (concentré ou diffus). Une autre forme de spécificité est envisageable au regard des problèmes d'interprétation que pose la Constitution et que ne posent pas les autres normes. Ainsi, par exemple, comment interpréter l'absence, dans une constitution, d'une clause sur la révision de la constitution: doit-on considérer que cette absence signifie que la Constitution n'est jamais révisable ou au contraire qu'elle l'est sans aucune formalité? Ou encore: comment interpréter les préambules? Ou enfin: existe-t-il des limites (logiques) à la révision? Autant de questions qui, si elles sont propres à la Constitution, dépendent encore très largement du contenu même de la Constitution.

Il est en revanche une question qui ne dépend pas du contenu mais de la forme même de la Constitution: la Constitution exige-t-elle l'emploi de techniques interprétatives spécifiques? C'est ce que tendent à penser beaucoup de constitutionnalistes. Les arguments en faveur d'une spécificité des techniques interprétatives sont généralement au nombre de trois: d'une part, la Constitution est composée de principes qui n'admettent pas une interprétation littérale mais doivent être interprétés; d'autre part, les antinomies entre les principes constitutionnels ne peuvent être résolues à l'aide des critères classiques mais doivent prendre la forme d'une pondération, d'un balancement entre principes; enfin, le juge constitutionnel se situe à mi-chemin entre le législateur et le juge ordinaire: il est libre comme peut l'être le législateur mais cette liberté est encadrée par des exigences prudentielles, ce qui l'éloigne du juge ordinaire qui, lui, est tenu de se conformer au modèle de la subsumption.[i] Ces arguments méritent d'être examinés.

---

i   L. Prieto Sanchis, Costituzionalismo e positivismo, **Analisi e Diritto**, 1996, p. 207-226.

1.2.1 Sur l'interprétation littérale

Comme le relève avec pertinence Riccardo Guastini, cet argument repose sur une pétition de principe, savoir, que les principes constitutionnels contiennent réellement des prescriptions et ne sont pas tout simplement vides de sens. Or, toute la question est de savoir si ces prescriptions sont susceptibles d'être connues en dehors de l'interprétation car, dans le cas contraire, si donc le contenu prescriptif des principes n'est découvert qu'au terme de l'interprétation, on doit admettre qu'ils n'en ont pas réellement: seule l'interprétation en a.[i]

C'est précisément cette pétition de principe qui est au cœur des nombreuses théories de l'interprétation constitutionnelle contemporaines qui, comme le faisait remarquer Böckenförde, tendent à détruire la "normativité de la Constitution" et étendent voire renforcent son imprécision. Böckenförde explique l'accroissement de la confusion des normes constitutionnelles autrement: pour lui, la plupart des théories de l'interprétation constitutionnelle présupposent une définition de la constitution comme "un ensemble de règles de droit ou bien encore un programme normatif d'une précision telle que, de là, peut sortir une décision du cas concret", mais les nouvelles voies d'interprétation proposées l'étaient justement parce que "la plupart des normes constitutionnelles sont, dans leur structure normative matérielle, insuffisantes à cet égard".[ii]

Ainsi, les théories de l'interprétation constitutionnelle contemporaines admettraient le concept de constitution à la Kelsen – c'est-à-dire, une constitution comme un ensemble de normes portant sur l'organisation politique, "la norme qui règle l'élaboration des lois, des normes générales en exécution desquelles s'exerce l'activité des organes étatiques"[iii] – tout en reconnaissant, dans le même temps, que la constitution n'est matériellement pas une norme comme les autres.

---

i R. Guastini, Specificità dell'interpretazione costituzionale?, **Analisi e Diritto**, 1996, p. 169-186.

ii E.-W. Böckenförde, Les méthodes d'interprétation de la Constitution: un bilan critique, in **Le droit l'État et la Constitution démocratique**, trad. fçse O. Jouanjan, Paris, LGDJ, p. 223-252, ici p. 245. Il y passe en revue la "méthode herméneutique Classique", la méthode "topique idéalisante", "l'interprétation de la constitution comme science de la réalité", "l'interprétation herméneutique-concrétisante de la constitution".

iii Kelsen, *art. cit.*

Il semble toutefois que l'explication de Böckenförde tombe dans le même travers que les théories qu'elle cherche à expliquer, celui de confondre le texte de la constitution – qui n'est qu'un énoncé linguistique – avec les normes de la constitution elle-même. Une fois cette distinction admise, le texte de la Constitution n'est pas moins obscur ni plus flou que certaines lois ou règlements. Au mieux conviendra-t-on que le flou s'y rencontre plus fréquemment. Si donc l'on s'en tient à la distinction entre le texte et la norme, on en vient à s'intéresser à l'acte par lequel ce texte se transforme en norme: l'acte d'interprétation. Or, de ce point de vue, l'interprétation de la Constitution n'a rien de spécifique, elle n'exige aucun savoir-faire particulier, aucune méthode originale. Interpréter la Constitution, c'est interpréter un texte – retrouver sous l'énoncé les diverses normes que cet énoncé permet de justifier.

Ainsi, contrairement à ce que semble penser Böckenförde, les théories de l'interprétation de la Constitution ne proposent pas de nouvelles méthodes en vue de pallier l'insuffisance de la structure normative matérielle des normes constitutionnelles. Si elles sont à ce point soucieuses de nouvelles méthodes, c'est parce qu'elles ne parviennent pas à prendre au sérieux la Constitution comme ensemble de normes au sens purement descriptif et persistent à appréhender la Constitution comme un ensemble de normes au sens axiologique.

1.2.2 Sur le balancement

Rien ne semble plus caractéristique de l'interprétation constitutionnelle que la figure du balancement ou de la conciliation. Le juge constitutionnel, face aux principes que contient la Constitution et parce qu'elle contient non des normes de comportement mais des principes, ne saurait se conformer au modèle déductif de la subsomption. Son contrôle passe nécessairement par la méthode herméneutique qui le conduit à mettre en balance deux principes contradictoires ou antagonistes qu'il a pour tâche de concilier. Menée à bien, cette conciliation aboutit à une solution dont les plus ardents partisans du contrôle de constitutionnalité aiment à souligner à la fois l'impartialité et la justice: rien ne correspond mieux à l'idée a priori de neutralité que de concilier deux contraires, rien n'est plus juste que cette même neutralité, cet équilibre. Le balancement serait en quelque sorte le comble de la justice.

Cette représentation s'avère, à l'examen, quelque peu naïve. Elle repose notamment sur l'idée que les principes en question s'imposent au juge constitutionnel et que c'est parce qu'ils s'imposent à lui que ce même juge demeure neutre ou impartial. La seule remise en cause de cette prémisse ruinerait l'argument. Or, précisément, une conception plus réaliste permet de comprendre que les principes ne s'imposent pas au juge mais qu'il en est le maître. Ainsi, derrière l'apparence d'une compétence liée pointe le pouvoir discrétionnaire. Au surplus, derrière la discrétion se cache l'arbitraire. En effet, le modèle du balancement présente les antinomies entre principes constitutionnels comme toujours partielle-partielle et non partielle-totale ou totale-totale.[i] Rappelons brièvement que l'antinomie la plus simple est celle dite "totale-totale" ou absolue. Elle intervient entre deux normes lorsqu'aucune des deux ne peut être appliquée sans entrer en conflit avec l'autre, soit parce qu'une norme ordonne exactement de faire ce que l'autre interdit, soit encore parce qu'une norme ordonne exactement ce que l'autre permet de ne pas faire, soit enfin parce qu'une norme interdit exactement de faire ce que l'autre permet de faire. L'antinomie "totale-partielle" intervient lorsque deux normes incompatibles ont un champ d'application commun mais que la seconde norme a, en outre, un champ d'application plus large dans lequel elle n'entre pas en conflit avec l'autre. C'est le cas lorsqu'une norme interdit une action et que la seconde autorise à la fois cette action et en interdit une autre. Enfin, l'antinomie "partielle-partielle" intervient lorsque deux normes ont un champ d'application commun dans lequel elles entrent en conflit l'une avec l'autre mais aussi un champ d'application plus large dans lequel elles n'entrent pas en conflit. Bien évidemment, face à une antinomie quelle qu'elle soit, la question est de savoir comment la résoudre. Or, tout ordre juridique comporte au moins trois critères: le critère hiérarchique (*lex superior derogat inferiori*); le critère chronologique (*lex posteriori derogat priori*) et le critère de spécialité (*lex specialis derogat generali*). Cela étant, ces trois critères sont loin d'être suffisants. Ils ne fonctionnent plus lorsqu'on est en présence de deux normes contemporaines l'une de l'autre, de même valeur juridique et ayant la même sphère d'application, ce que sont précisément les principes constitutionnels. Pour résoudre l'antinomie, il n'existe que trois solutions: renoncer aux principes en conflit; les maintenir tous les deux; sacrifier l'un des deux. Mais notons que dans tous les cas il faudra justifier le choix de cette solution en ayant recours à un jugement de valeur qui ne pourra lui-même pas prétendre

---

i   Pour cette classification des antinomies, v. A. Ross, **On Law and Justice**, Londres, Stevens & Sons Ltd, 1958, p. 128-ss. et N. Bobbio, **Teoria generale del diritto (1960)**, Turin, Giappichelli, rééd. 1993, p. 209-217 et **Essais de théorie du droit**, trad. M. Guéret, Paris, LGDJ-Bruylant, chap. 6, p. 89-ss.

à l'objectivité des trois critères traditionnels.[i] Or, pour pallier l'inconvénient de la subjectivité que recèle nécessairement tout jugement de valeur, les juges tendent à modérer la portée de ce dernier en prétendant procéder au cas par cas. On sombre alors dans ce qui ressemble le plus parfaitement à l'arbitraire: la solution de l'antinomie dépend de la seule appréciation du juge et ne vaut que pour le temps de sa décision. Enfin, aussi étonnante soit cette représentation du jugement de constitutionnalité, elle est loin d'être singulière et propre au juge constitutionnel: tous les juges sont amenés à procéder ainsi dès lors qu'ils ont à concilier des énoncés antagonistes dont on voit mal les normes qu'ils contiennent, que ce soit le principe de la liberté contractuelle ou celui du droit au respect de sa vie privée.

Le balancement est donc moins une spécificité du contrôle de constitutionnalité qu'une spécificité du droit contemporain qui, aux normes de comportement et de compétences, ajoute des normes de justification.

Des velléités existent qui visent à proposer une hiérarchisation des principes ou, mais cela revient au même, des droits dits "fondamentaux".[ii] Il demeure que lorsque cette hiérarchisation est le fruit de

---

i   Objectivité toute relative, c'est entendu, étant donné qu'hormis la chronologie, la supériorité d'une norme comme sa spécialité soit affaire d'appréciation subjective. Il demeure que, comme le remarquait Bobbio, l'avantage commun aux critères de la chronologie et de la hiérarchie est de ne pas porter sur le contenu de la règle mais sur sa position objective, soit dans le temps soit dans le système normatif qui assigne une place hiérarchique aux autorités compétentes pour poser une règle. Mais entre le critère chronologique et celui hiérarchique, il y a bien une différence de taille: le critère chronologique se rapporte à un fait naturel, le hiérarchique à un fait juridique. Il faut donc procéder à une inter prétation juridique. Le critère de spécialité est moins objectif puisqu'il exige que l'on tienne compte du contenu des règles. Néanmoins, il est conçu comme ne devant pas laisser place aux préférences personnelles car pour établir qu'une règle est générale, le juge est censé n'avoir recours qu'à un jugement de fait concernant l'étendue différente des dispositions normatives (validité matérielle, personnelle).

ii   Pour ce qui concerne la hiérarchisation des principes, v. S. Rials, Les incertitudes de la notion de Constitution sous la Ve République, **RDP** 1984, p. 588-612. et pour les droits fondamentaux, v. L. Favoreu et P. Philip, **Grandes décisions du Conseil constitutionnel**, 12e éd., Paris, Dalloz, 2003, comm. des décisions CC 81-132 DC et CC 82-139 DC (nationalisations); Goesel-Le Bihan, Le contrôle exercé par le Conseil

la dogmatique juridique, elle revient à substituer un arbitraire à un autre. Les tentatives qui fleurissent ici et là visant à faire de certains droits des droits secondaires ou de second rang — comme c'est le cas notamment avec le droit de propriété — sont pour le moins étonnantes. Certes, elles se réclament d'une description de la jurisprudence des cours constitutionnelles (en l'espèce le Conseil constitutionnel). Mais cette description est elle-même trompeuse puisque la "juridiction" visée qualifie ce même droit de "fundamental" (comme d'ailleurs d'autres juridictions qui en font elles aussi un droit fondamental[i]). Cependant, nous dit-on, le droit de propriété n'étant pas protégé aussi fortement que les autres, il ne serait qu'un droit de "second rang". Mais qui a dit que le caractère fondamental d'un droit lui vient du degré de protection qu'il reçoit? Et si les droits dits "fondamentaux" ne recevaient pas tous la même protection, ne vaudrait-il pas mieux, dans ces conditions, hiérarchiser non les droits mais les modes de contrôle? On voit tout ce que cette thèse doit à des jugements de valeur qui échappent à ceux-là même qui les tiennent: un droit est "réellement" fondamental, présupposent-ils, quand il est contrôlé avec la même "force" ou avec les mêmes instruments que les autres. Mais quel est donc alors le droit réellement fondamental qui "doit" servir de modèles aux autres? Et l'identification de ce droit modèle sera-t-elle le résultat d'un acte de connaissance ou d'un acte de volonté?

---

constitutionnel: défense et illustration d'une théorie Générale, **RFDC**, 45, 2001, p. 67-83; B. Mathieu et M. Verpeaux, **Contentieux constitutionnel des droits fondamentaux**, Paris, LGDJ, 2002. Sur la question plus spécifique des principes fondamentaux reconnus par les lois de la République v. V. Champeil-Desplats, **Les principes fondamentaux reconnus par les lois de la République**. Principes constitutionnels et justification dans les discours juridiques, Économica-PUAM, p. 204 s.

i   On pense au Conseil d'État qui a qualifié le droit de propriété de liberté fondamentale tout en lui faisant produire des effets inattendus car il lui attribue comme corollaire "le droit pour le locataire de disposer librement des biens pris à bail", v. CE, 29 mars 2002, SCI *Stephaur* ("Considérant, d'une part, que le droit de propriété a, comme son corollaire qu'est le droit pour le locataire de disposer librement des biens pris à bail, le caractère d'une liberté fondamentale au sens de l'article L. 521-2 précité du Code de justice administrative").

1.2.3 Sur la liberté limitée du juge constitutionnel

Cette thèse d'une liberté limitée du juge constitutionnel est elle-même parfaitement contestable dès lors que l'on s'intéresse aux "exigences prudentielles" dont devraient tenir compte le juge constitutionnel dans son interprétation et qui, d'après les ardents défenseurs de la spécificité de l'interprétation constitutionnelle, dépendraient, du fait que le juge constitutionnel doit motiver ses décisions afin qu'elles apparaissent "comme la meilleure expression de la raison pratique"[i].

Or, quel juge peut faire autrement? Quel juge peut réellement prétendre se conformer au modèle de la subsomption? Il faut ici en effet tordre le cou à ce pré- tendu modèle de la subsomption qui voudrait que le juge ne soit qu'un mécanisme faisant application d'une règle générale à un cas particulier. Il est à peine besoin d'adhérer à une théorie réaliste de l'interprétation très en vogue aujourd'hui pour mesurer à quel point cette représentation est erronée. Elle repose plus simplement sur une analogie avec le syllogisme théorique. Mais l'analogie est trompeuse: à la différence du premier, le second comprend une prémisse majeure dépourvue de toute référence a priori.[ii] En effet, à supposer que la norme qui serve de prémisse majeure soit du type "tous les voleurs doivent être punis", elle ne propose aucune description définie de ce que "voleurs" signifie. Elle ne pourra donc faire l'objet d'une application individuelle et singulière qu'en vertu de la décision d'un juge. Bref, il n'existe pas de "voleurs" tant que le juge n'a pas identifié Socrate comme tel. C'est d'ailleurs parce que cette prémisse majeure n'a pas de référence a priori que tout juge doit choisir entre les différents sens qu'elle est susceptible d'avoir. Que ce choix soit un acte de volonté et que l'on en déduise ensuite que toute interprétation revient à créer une norme est presque secondaire: ce n'est du moins que le corollaire de la première thèse.

---

i L. Prieto Sanchis, Notas sobre la interpretación constitucional, **Revista el Centro de Estudios Constitucionales**, 9, 1991 (175-198), p. 178.

ii A. Ross, Imperatives and Logic", Theoria, 1941, v. VII-VIII, p. 53-71 ici p. 70, trad. Fçse E. Millard et E. Matzner in A. Ross, *Introduction à l'Empirisme juridique*, Textes réunis par E. Millard, Paris, LGDJ, coll. "La pensée juridique", 2004, p. 71; B. S. Jackson, *Law, Fact and Narrative Coherence*, Liverpool, Deborah Charles, 1988, p. 52; P. Brunet, "Irrationalisme et anti-formalisme: sur quelques critiques du syllogisme normative", Droits, n 38, 2004, p. 197-217, p. 216.

À bien y regarder, il n'y a donc aucune spécificité de l'interprétation constitutionnelle quant aux techniques d'interprétation. On pourrait ainsi conclure que le juge constitutionnel est un juge comme les autres et passer son chemin. On omettrait cependant une autre dimension du problème, évidente: la présence d'un juge constitutionnel ne reçoit pas, loin s'en faut, la même justification.

2
Spécificité de la justification

La question la plus difficile que la théorie constitutionnelle ait à affronter est bien évidemment celle de la justification de l'existence même du contrôle de constitutionnalité. Là comme ailleurs, plusieurs réponses existent, dont aucune n'est réellement satisfaisante, tout le problème se ramenant à celui de savoir comment on peut concilier le contrôle de constitutionnalité avec ce qu'il est censé justement assurer ou garantir: la démocratie.

2.1 Suprématie de la Constitution

Marshall, Kelsen, Barak – pour reprendre le titre d'un excellent article de Michel Troper – ont tous trois tenté de justifier le contrôle de constitutionnalité par la suprématie de la constitution.[i] Mais comme cela a été si bien démontré, toute l'argumentation n'est qu'une pétition de principe car de deux choses l'une: ou bien la Constitution est suprême, et il n'est nul besoin de la faire respecter; ou bien il faut la faire respecter... c'est donc qu'elle n'est pas suprême. Or, tant Marshall que Kelsen ou Barak montrent, malgré eux, que ce n'est pas la suprématie de la Constitution qui justifie le contrôle de constitutionnalité mais bien le contrôle de constitutionnalité qui justifie la suprématie de la Constitution. Bref, la constitution n'"est" pas suprême, elle "doit" l'être.

On peut ajouter une pierre à cette critique. Marshall – comme beaucoup d'autres –, prétend démontrer la nécessité du contrôle de constitutionnalité en enfermant son auditoire dans une alternative qu'il croit définitive. Il écrit: "ou la constitution est un droit supérieur, suprême,

---

[i] M. Troper, Marshall, Kelsen, Barak et le sophisme constitutionnaliste, *in* É. Zoller (sous la dir. de), **Marbury v. Madison**: 1803-2003. **Un dialogue franco-américain**, Paris, Dalloz, 2003, p. 215-228.

inaltérable par des moyens ordinaires; ou elle est sur le même plan que la loi ordinaire et, à l'instar des autres lois, elle est modifiable selon la volonté de la législature. Si c'est la première partie de la proposition qui est vraie, alors une loi contraire à la constitution n'est pas du droit; si c'est la deuxième qui est vraie, alors les constitutions écrites ne sont que d'absurdes tentatives de la part des peuples de limiter un pouvoir par nature illimité".[i]

Or, le raisonnement souffre ici du même vice que celui que l'on trouve dans les conceptions dualistes du droit propres aux jusnaturalistes: en disant que la Constitution est un droit supérieur et qu'une loi contraire à la Constitution n'est pas "du droit", Marshall emploie le terme "droit" dans deux sens très différents: le droit qui vaut pour la Constitution, le droit qui vaut pour la loi. En admettant que la constitution soit un droit supérieur, elle n'est toutefois pas "du droit" parce qu'elle est conforme à elle-même: or, si l'on se demande pourquoi la Constitution "est du droit", il faudra recourir à une autre définition que celle employée pour dire que la loi contraire à la Constitution n'est pas du droit – ou que la loi conforme en est. C'est là un raisonnement classique et propre à toutes les formes de jusnaturalisme: pour justifier la supériorité du droit naturel, les auteurs ont toujours recours à un argument négatif déniant la qualité de droit à toute norme contraire au droit naturel. Mais en aucun cas ils n'iraient jusqu'à reconnaître que le droit naturel est du droit parce qu'il est conforme à lui-même. Ils préféreront expliquer que le droit naturel contient des vérités que le droit positif doit mettre en œuvre, ou encore, que le droit naturel découle de la raison de sorte qu'il est du devoir de chacun de s'y conformer. Autant de propositions qui ne permettent en aucun cas de savoir à quoi tient la supériorité du droit naturel mais qui servent – c'est leur fonction – à justifier la norme selon laquelle le droit positif doit se conformer au droit naturel. C'est précisément la norme que pose Marshall à l'égard du législateur: il doit se conformer à la Constitution, un point c'est tout.

---

i   Décision *Marbury* v. *Madison*, in É. Zoller (sous la dir. de), **Les grands arrêts de la Cour suprême des États-Unis**, Paris, PUF, 2000, p. 102.

2.2. Le juge constitutionnel comme protecteur des droits de la minorité

Un autre argument est souvent avancé pour justifier l'existence du contrôle de constitutionnalité: celui de la protection des droits de la minorité contre la tyrannie de la majorité. Cet argument se présente sous deux formes, l'une ancienne imputable à Tocqueville, l'autre moderne que l'on trouve par exemple chez Dworkin.

Quel rapport Tocqueville entretient-il avec le contrôle de constitutionnalité demandera-t-on? Il suffit de le citer: "Resserré dans ses limites, le pouvoir accordé aux tribunaux américains de prononcer sur l'inconstitutionnalité des lois forme [encore] une des plus puissantes barrières qu'on ait jamais élevées contre la tyrannie des *Assemblées politiques*[i]".

Ainsi, le contrôle de constitutionnalité serait le meilleur instrument pour préserver les droits de la minorité de la menace que fait peser à leur encontre la tyrannie de la majorité. Cet argument est à première vue très convaincant d'autant qu'il est fondé sur cette idée que le pouvoir absolu corrompt absolument ce que nul n'oserait contester. Il repose toutefois sur un préjugé pour le moins antidémocratique dont, en réalité, Tocqueville ne parvient jamais à se défaire complètement. En témoigne un passage de la seconde partie du premier volume de la Démocratie en Amérique dans lequel il pose la question suivante: "Je regarde comme impie et détestable cette maxime, qu'en matière de gouvernement la majorité d'un peuple a le droit de tout faire, et pourtant je place dans les volontés de la majorité l'origine de tous les pouvoirs. Suis-je en contradiction avec moi-même?"

Et telle est la question serait-on tenté de dire... Tocqueville, lui, répond par une autre question: "Qu'est-ce donc qu'une majorité prise collectivement, sinon un individu qui a des opinions et le plus souvent des intérêts contraires à un autre individu qu'on nomme la minorité? Or, si vous admettez qu'un homme revêtu de la toute-puissance peut en abuser contre ses adversaires, pourquoi n'admettez-vous pas la même chose pour une majorité?"[ii]

---

i **De la démocratie en Amérique**, I, 1, ch. VI.
ii *Ibid.*, I, 2, chap. VII. Il continue: "Les hommes, en se réunissant, ont-ils changé de caractère? Sont-ils devenus plus patients dans les obstacles en devenant plus forts? Pour moi, je ne saurais le croire; et

Voilà ce que l'on pourrait appeler le sophisme de Tocqueville. En effet, contrairement à ce qu'il feint de croire, il demeure quelque peu délicat sinon franchement déplacé – en démocratie du moins – de définir la majorité et la minorité comme deux individus équivalents et réductibles l'un à l'autre. Tocqueville se trouve alors pris dans un dilemme: s'il ne veut pas admettre une différence de nature entre majorité et minorité en démocratie, comment justifier que la volonté de la majorité puisse ne pas toujours s'imposer? Là encore, le seul moyen d'en sortir est d'envisager un droit supérieur et distinct du droit positif. C'est d'ailleurs en ayant recours à ce dualisme que Tocqueville croit pouvoir répondre négativement à la question qu'il posait. Il n'est pas en contradiction avec lui-même parce que, dit-il, il existe, au-dessus des lois positives des hommes une loi suprême, universelle, qui s'appelle la justice: "Il existe une loi générale qui a été faite ou du moins adoptée, non pas seulement par la majorité de tel ou tel peuple, mais par la majorité de tous les hommes. Cette loi, c'est la justice. La justice forme donc la borne du droit de chaque peuple. Une nation est comme un jury chargé de représenter la société universelle et d'appliquer la justice qui est sa loi. Le jury, qui représente la société, doit-il avoir plus de puissance que la société elle-même dont il applique les lois?".

Mais affirmer cela ne revient plus, comme le croyait Tocqueville, à "placer dans les volontés de la majorité l'origine de tous les pouvoirs". C'est au contraire affirmer qu'il existe deux systèmes de normes: l'un, naturel ou universel, peu importe; l'autre, fait par la majorité à l'origine de tous les pouvoirs. Ces deux systèmes de normes ne se voient pas reconnaître le même statut: le premier précède le second et le prime, c'est un droit auquel la majorité doit se conformer. C'est d'ailleurs ce que Tocqueville reconnaît volontiers: "Une constitution américaine n'est point censée immuable comme en France; elle ne saurait être modifiée par les pouvoirs ordinaires de la société, comme en Angleterre. Elle forme *une œuvre à part*, qui, *représentant* la volonté de tout le peuple, oblige les législateurs comme les simples citoyens, mais qui peut être changée par la volonté du peuple, suivant des formes qu'on a établies, et dans des cas qu'on a prévus. En Amérique, la Constitution peut donc varier; mais, *tant qu'elle existe, elle est l'origine de tous les pouvoirs*. La force prédominante est en elle seule[i]".

---

        le pouvoir de tout faire, que je refuse à un seul de mes semblables, je ne l'accorderai jamais à plusieurs."

i   *Ibid.*, I, 1, ch. VI.

La théorie que Bruce Ackerman développe depuis quelques années semble prolonger l'analyse *tocquevillienne*. Comme on le sait, Bruce Ackerman oppose la démocratie moniste – dans laquelle la volonté du peuple est réputée représentée par ceux qui détiennent le pouvoir législatif (le Congrès et le président) – à la démocratie dualiste dans laquelle cette volonté "est présumée représentée par les *principes de droit suprême* qui ont obtenu dans le passé le consentement du people"[i]. Cela le conduit à une seconde opposition entre la législation ou la politique ordinaire et la législation ou la politique constitutionnelle. Dans la première, le peuple "n'existe tout simplement pas; il ne peut-être que représenté par ses tenant-lieu".[ii] Dans la seconde, en revanche, "quelque chose de spécial se produit: les représentants et les citoyens, dans leur entreprise de redéfinition et de rénovation des fondations du gouvernement américain, parlent un langage commun. Ce langage a été testé à de multiples reprises au sein d'assemblées délibératives et à l'occasion d'élections populaires"[iii] donc, il s'agit bien de la volonté du peuple lui-même.

Ainsi, chez Tocqueville hier comme chez Ackerman aujourd'hui, la Constitution "représente" la volonté de tout le peuple. On pourrait s'interroger longuement sur ce que cette "representation" signifie. Bien évidemment, on peut tout d'abord être tenté de n'y lire qu'une métaphore: la constitution représenterait la volonté de tout le peuple comme la colombe représente la paix. Mais il ne viendrait jamais à l'esprit de quiconque de dire que la colombe oblige les hommes à la paix tandis que Tocqueville dit que la constitution américaine oblige les législateurs comme les simples citoyens. En affirmant que la constitution représente la volonté de tout le peuple, Tocqueville parvient à substituer, par métonymie, l'effet à la cause. C'est en effet la volonté du peuple qui fait la constitution mais une fois faite cette constitution représente cette même volonté non pas au sens iconographique mais au sens juridique: elle vaut pour elle, elle en tient lieu, elle s'y substitue.[iv] L'argumentation

---

i   B. Ackerman, **Au nom du Peuple**. Les fondements de la démocratie américaine (1991), trad. J.-F. Spitz, Paris, Calman-Lévy, 1998, v. not. p. 37 et 327 s. ainsi que "La démocratie dualiste", *in* M. Troper et L. Jaume (sous la dir. de), *op. cit.*, p. 191-204.

ii   **Au nom du Peuple**, p. 329.

iii   *Ibid.*, p. 358.

iv   Qu'il me soit permis de renvoyer à P. Brunet, **Vouloir pour la nation**. Le concept de représentation dans la théorie de l'État, Paris, PU Rouen-LGDJ-Bruylant, 2004.

est étonnamment identique chez Bruce Ackerman. On se doit pourtant de remarquer que s'il y a un point commun entre la théorie selon laquelle le peuple est représenté par des individus et celle selon laquelle il est représenté par un texte, une analyse plus approfondie permet de mesurer l'écart qui les sépare. En effet, le peuple représenté demeure, dans les deux cas, une entité que l'on ne peut saisir qu'au travers d'un biais, un truchement, ses "tenant lieu" dans un cas, la Constitution dans l'autre. Une fiction dira-t-on. Mais au-delà tout les oppose puisque cette fiction s'incarnera, pour l'une dans une parole humaine, pour l'autre dans un texte, de sorte que la volonté du peuple sera, dans le premier cas, produite par des individus et, dans le second, déduite d'un texte. Ce sont donc bien deux théories radicalement antagonistes de la représentation politique auxquelles on a affaire puisque dans l'une représenter c'est vouloir, et que dans l'autre, représenter c'est connaître. Il reste enfin à se demander en quoi cela confère à la Constitution une prédominance. Or, cette prédominance s'explique chez Tocqueville comme chez Ackerman parce qu'ils raisonnent selon l'*a priori* qu'il n'y a de "vraie" constitution que s'il existe un contrôle de constitutionnalité. Si on la prolongeait, cette thèse conduirait à admettre un contrôle des lois au regard non pas tant de la Constitution entendue comme norme juridique positive mais au regard d'une Constitution pensée comme norme de justice universelle ou du moins intégrant cette dimension de justice.

On trouve aujourd'hui l'argument sous une autre forme, qui insiste davantage sur les droits qu'une constitution est censée protéger et reconnaître. Cet argument se présente de la façon suivante: une constitution a pour fonction essentielle d'établir des droits et ces droits sont des barrières aux décisions de la majorité permettant de protéger les intérêts des individus. En sorte que, s'il n'y avait pas de contrôle de constitutionnalité, il n'y aurait pas de reconnaissance de ces droits parce qu'il n'y aurait aucune limite aux décisions de la majorité exprimées par les organes politiques et notamment le Parlement. Les juges constitutionnels ont donc pour mission de protéger les droits et dès lors que l'on reconnaît des droits, on doit accepter le contrôle de constitutionnalité.

Cette thèse est très largement répandue au point qu'elle apparaît comme une évidence. Ainsi, par exemple, Pasquale Pasquino écrit: "l'État constitutionnel s'est construit pour défendre les citoyens du pouvoir des majorités politiques et pour protéger les minorités, non pour consacrer le pouvoir sans obstacle des élites politiques. Une structure polyarchique semble le meilleur instrument pour faire obstacle à l'intempérance, comme l'appelait Tocqueville, d'un organe monocratique qui pouvait revendiquer pour lui l'autorisation Populaire".[i] Cette même évidence se retrouve également chez Dworkin lorsqu'il propose de distinguer entre les politiques et les principes pour ensuite expliquer que les politiques définissent des objectifs collectifs, tandis que les principes établissent des droits. Ces derniers constituent une limite aux objectifs collectifs et préservent la sphère individuelle de cette sphère collective. Les objectifs doivent être définis par des organes politiques mais les droits doivent être établis sur le fondement des principes par les juges. Sous couvert de tracer une frontière entre la sphère publique et celle privée, on en vient à déplacer le lieu de l'exercice du pouvoir des assemblées vers les juges. La critique majeure de l'argument est qu'il repose sur une confusion entre les *intérêts* de la majorité – qui sont toujours susceptibles d'entrer en conflit avec les intérêts des individus – et les *décisions* de la majorité. Comme le fait justement remarquer Carlos Nino, il n'y a aucune contradiction logique à soutenir qu'en démocratie l'unique autorité légitimement investie du pouvoir de reconnaître les droits est précisément la volonté de la majorité.[ii] Sauf à admettre, comme Tocqueville le fait, qu'il y a une identité de nature entre la majorité et la minorité. Mais il faut alors parvenir à expliquer en quoi le système que l'on décrit est encore démocratique.

2.3 Le juge constitutionnel représentant de la souveraineté du peuple

Une autre justification, sans doute peu éloignée de celle que proposait Tocqueville, est aujourd'hui défendue par Dominique Rousseau en France, qui cherche à pré- senter le Conseil constitutionnel comme le "représentant de la souveraineté du peuple".[iii] 28 Pourquoi voir le juge constitutionnel, en France ou ailleurs, comme le représentant de la souveraineté du peuple? Parce que le juge constitutionnel oblige le

---

i   P. Pasquino, La politica limitata. I principi liberal-democratici dello Stato di dirittto il controllo di costituzionalità, **Analisi e Diritto**, 1996 (187-205), not. p. 204.

ii C.S. Nino, **Fundamentos de derecho constitucional**. Op. cit., p. 680.

iii D. Rousseau, La jurisprudence constitutionnelle: quelle 'nécessité démocratique'?, *in* Molfessis *et ali.* (sous la dir. de), **La légitimité de la jurisprudence du Conseil constitutionnel**, Paris, Économica, 1999 (363-376), p. 370: "les citoyens figurent comme représentés dans les institutions législative et exécutive et, là est la nouveauté, comme souverain par la juridiction constitutionnelle".

législateur à respecter la volonté du peuple souverain déclarée dans la Constitu- tion: "Lorsque le Conseil constitutionnel censure une loi [...] il ne le fait pas au motif que les représentants ont méconnu la volonté des citoyens qui les ont élus [...], il ne le fait pas davantage au motif qu'il connaît et donc représente mieux que les élus la volonté du peuple qui s'est exprimée lors de ces élections; il censure en montrant aux représentants [...] le texte où le peuple figure en souverain et qui leur interdit de prendre ces dispositions. En d'autres termes, le Conseil ne représente pas le peuple souverain, il représente ce en quoi et par quoi le peuple se pense et se reconnaît souverain"[i].

À l'examen, cette thèse se fonde sur deux présupposés qui, bien que parfois explicites, ne sont pas pour autant démontrés: selon le premier le contrôle de constitutionnalité vise à préserver la suprématie de la Constitution; selon le second, la représentation juridique s'analyse en la reproduction d'une réalité préexistante, autrement dit, la représentation juridique est toujours symbolique.

Le premier présupposé est ancien. On le trouve formulé pour la première fois chez Hamilton au n. 78 du *Fédéraliste*: "lorsque la volonté de la législature, déclarée dans les lois, est en opposition avec celle du peuple, déclarée dans la Constitution, les juges doivent être gouvernés par la seconde plutôt que par la première. Ils doivent fonder leurs décisions sur les lois fondamentales plutôt que sur celles qui ne le sont pas"[ii].

L'affirmation semble procéder du raisonnement suivant: la constitution étant la volonté du peuple, elle est une loi "fondamentale" et parce qu'elle est fondamentale, elle doit s'imposer et au législateur et aux juges, il faut donc préférer la constitution à la loi qui lui serait contraire. Ce raisonnement procède lui-même d'une théorie bien connue selon laquelle le droit est et doit être un ensemble de règles de justice qui dérivent toutes les unes des autres, autrement dit, c'est la vérité de la constitution et non l'autorité du Législateur qui fait la Loi.

Une telle conception contient cependant une contradiction: en effet, pour parvenir à dire que la constitution "est" la volonté du "people", on doit logiquement admettre que le peuple existe avant la constitution et que cette dernière ne contient des normes de justice que dans la mesure où elle est l'expression de sa volonté. C'est donc en dernier ressort l'autorité du peuple qui fait la Loi et non la vérité de la constitution. Dans ces conditions, comment savoir qu'une loi est contraire à

---

i   *Ibid.*, ici. p. 374.

ii Hamilton, lettre n. LXXVIII, **Federalists Papers**, ed., p. 468.

la volonté du peuple? Et si la contrariété de la loi à la Constitution ne procède pas de la logique, comment justifier que les juges doivent respecter la Constitution plutôt que la loi? Enfin, comment justifier que les membres de l'assemblée législative, qui agissent au nom du peuple, ne puissent eux aussi exprimer sa volonté?

En réalité, ces questions insurmontables ne se posent qu'en raison de la très grande ambiguïté de la prémisse initiale présupposée qui fonde le raisonnement examiné et selon laquelle la volonté du peuple existe indépendamment de celle de ses représentants. Dire que le peuple existe avant la Constitution conduit à un dilemme dont il est malaisé de sortir: ou bien le peuple existe, et il n'a pas besoin de représentant; ou bien il en a besoin, donc il n'existe pas réellement. Ajoutons, pour être complet, que cette prémisse n'a rien de descriptif et dissimule à peine une norme de comportement à l'égard de tout corps législatif élu.[i]

Cela étant, quand bien même on justifierait la suprématie de la Constitution par sa conformité à la volonté du peuple "reel", on ne pourrait pas en inférer la nécessité d'un organe chargé de contrôler la loi. C'est à cela que sert le second présupposé selon lequel la représentation, en droit, est symbolique. Ce dernier présupposé est d'ailleurs explicite chez Dominique Rousseau qui écrit: "Le mécanisme de la représentation [...] est un mécanisme de constitution de la réalité en ce que celui qui représente donne une forme, une consistance à ce qui est absent. Ici, ce qui est absent, c'est la personne du peuple souverain et le Conseil donne corps à cette personne, produit sa réalité de souverain *en mettant au jour, en rendant visible* ce qui est construit par sa représentation, c'est-à-dire, précisément, la souveraineté du peuple. Cette dernière n'est réelle et n'acquiert une possible effectivité que si elle est représentée *en tant que telle*. Or, c'est justement cette présence du peuple souverain dans la sphère du pouvoir que représente la juridiction constitutionnelle face aux institutions parlementaire et

---

i   *Ibid.*, "Il n'est pas de proposition plus évidemment vraie que tout acte d'une autorité déléguée, contraire aux termes de la commission en vertu de laquelle elle est exercée, est nul. Donc, nul acte législatif, contraire à la Constitution, ne peut être valable. Nier cela, ce serait affirmer que le délégué est supérieur à son commettant, que le serviteur est au-dessus de son maître; que les représentants du peuple sont supérieurs au peuple lui-même; que des hommes qui agissent en vertu de pouvoirs peuvent faire non seulement ce que ces pouvoirs ne les autorisent pas à faire, mais encore ce qu'ils leur défendent." (trad. Jèze).

exécutive qui renvoient seulement aux citoyens l'image de représentés et non de souverains"[i].

La difficulté à laquelle aboutit ce présupposé est qu'il contredit le précédent: tandis que le premier assoit la suprématie de la Constitution sur l'existence d'un peuple dont la volonté est tout entière contenue dans la Constitution, voilà que l'on nous dit maintenant que cette volonté a besoin du juge constitutionnel pour se déployer. Contradictoire, la thèse est en définitive moins une thèse qu'un jugement de valeur déguisé au terme duquel il n'est pas bon qu'une assemblée législative agisse sans limites, sans rencontrer d'obstacles. En d'autres termes, le droit ne doit pas être le produit de la volonté mais de la raison.

2.4 Structure du raisonnement juridique

Afin d'éviter les écueils des justifications précédentes, Carlos Nino en a fourni une autre qui a le mérite de la simplicité: le contrôle de constitutionnalité est logiquement inevitable[ii].

Cette thèse s'appuie sur ce que Nino appelle le "théorème fondamental de la philosophie du droit" à savoir que le droit n'est pas autonome par rapport à la morale parce que "les normes juridiques ne constituent pas en elles-mêmes des raisons opératoires pour justifier des actions et des décisions comme celles des juges, à moins qu'on les conçoive comme dérivant de jugements moraux, c'est-à-dire, de jugements normatifs qui possèdent les caractéristiques suivantes: autonomie,

---

i   D. Rousseau, *art. cit.*, p. 372. Nous soulignons. Ou encore: "Le Conseil est, ainsi, l'institution qui réfléchit la structure dialogique de la représentation politique: il est, pour parler en termes kantiens, la condition de possibilité de la perception – et de la réception de cette perception – de la représentation du peuple comme souverain et des représentants comme délégués subordonnés. L'apport de la juridiction constitutionnelle, loin de heurter le principe démocratique de la souveraineté du peuple, en permet donc la représentation symbolique et pratique."

ii C. S. Nino, **Fundamentos de derecho constitucional**, *op. cit.*, p. 681 et pour une version anglaise de l'argumentation, v. A Philosophical Reconstruction of Judicial Review, *in* M. Rosenfeld (sous la dir. de), Constitutionalism, Identity, Difference and Legitimacy. **Theoretical Perspepectives**, Duke UP, 1994, p. 285-332, spéc. p. 300-ss.

justification, universalisabilité, généralité, supervenience, et publicité"[i]. Nino appuie toute sa démonstration sur une critique serrée et habile de la validité chez Kelsen qui le conduit à distinguer deux concepts de validité: l'un normatif, selon lequel "valide" signifie "obligatoire"; l'autre descriptif selon lequel "valide" désigne le fait d'appartenir à un système juridique. Fort de cette distinction, Nino décèle chez Kelsen une confusion entre ces deux concepts et conclut que la conception "kelsénienne" de la validité est minée par un sophisme naturaliste car Kelsen déduirait la force contraignante d'une norme de sa seule appartenance factuelle au système comme le prouverait sa théorie de la norme fondamentale présupposée[ii]. Si l'on veut éviter une telle confusion, Nino recommande de n'admettre qu'un seul concept de validité; et si l'on veut parvenir à rendre compte du raisonnement juridique, ce ne peut être qu'un concept normatif au risque de violer la loi de Hume. En effet, si comme le font les théoriciens positivistes, on définit les normes juridiques comme des enti- tés factuelles, elles ne pourront jamais servir de fondement à des normes puisqu'une norme ne saurait dériver d'un fait. On ne pourrait pas non plus contourner la difficulté en décidant de privilégier l'origine de la norme et en justifiant cette dernière par l'autorité qui l'a posée.

C'est donc la structure même du raisonnement juridique qui justifie le contrôle de constitutionnalité: les juges ne peuvent justifier leurs décisions sur le seul fonde- ment de l'existence – factuelle – d'une loi ou sur le fait qu'elle a été posée par une autorité mais doivent nécessairement fonder leurs décisions sur des normes qui sont valides en raison de "leurs mérites intrinsèques"[iii]. Or, aucun système de normes ne peut par lui-même fournir les critères de sa propre validité. Il faut donc nécessairement avoir recours à des principes moraux et la constitution contient des principes moraux qui garantissent la légitimité des lois votées par le Parlement. Dès lors, les juges ordinaires ne peuvent faire autrement que de contrôler la constitutionnalité des lois par rapport à la Constitution.

---

i   S. Nino, Breve nota sulla struttura del ragionamento giuridico, **Ragion Pratica**, 1993, 1, p. 32-37.

ii C. S. Nino, Some Confusions around Kelsen's Concept of Validity, **Archiv für Rechts-und Sozialphilosophie**, 64, 1978 repris *in* **La validez del derecho**, Buenos Aires, Astrea, 1985, réimp. 2000, chap. I.

iii C.S. Nino, **Fundamentos de derecho constitucional**, *op. cit.*, p. 683 et C. S. Nino, **A Philosophical Reconstruction of Judicial Review**, *op. cit.*, p. 299.

Il n'en demeure pas moins que si la critique de Kelsen par Nino est pertinente, la thèse de celui-ci fourmille d'ambiguïtés. D'une part, justifier l'obéissance à une norme en se fondant sur le "fait" que le législateur l'a posée ne revient pas, contrairement aux apparences, à décrire un fait duquel on inférerait – de manière erronée – une norme. Il faut ici distinguer entre l'acte de poser la norme et la signification de cet acte. Si l'acte en lui-même ne permet d'inférer aucune norme, la signification qu'on donnera à cet acte peut, dans certains cas, être normative: un juge peut parfaitement considérer que telle norme est valide – qu'elle est obligatoire – parce qu'elle répond aux conditions de validité posée par une norme supérieure elle-même "obligatoire". D'autre part, rien ne nous contraint à interpréter le terme même d'obligatoire au sens moral: le même juge peut parfaitement considérer telle norme comme juridiquement obligatoire sans pour autant adhérer moralement à celle-ci ni d'ailleurs exiger une adhésion morale à cette norme de la part des sujets de droit auxquels il en impose le respect. Et ce qui vaut pour le juge vaut pour tout organe d'application du droit: tous ceux qui paient leurs impôts ne le font pas nécessairement en vertu d'une adhésion morale au système de redistribution de la richesse nationale dont l'impôt est censé procéder. Ils ne le font pas non plus en vertu d'un sophisme naturaliste. Ils estiment au contraire qu'il existe bien une norme valide selon laquelle ils doivent payer leurs impôts et qui justifie l'ordre émanant du percepteur. Bref, contrairement à ce que semble croire Nino, la reconnaissance de l'autorité d'un organe par un autre n'est pas un fait mais une norme juridique: la proposition par laquelle le juge dit que telle norme est valide parce qu'elle a été posée par tel organe ne s'analyse pas en un jugement de valeur inféré d'un fait mais en un jugement de validité inféré d'un autre jugement de validité. Le respect que Nino voue à la loi de Hume est tout à son honneur mais l'usage qu'il en fait ne lui permet pas de conclure que le raisonnement juridique n'est qu'une modalité du raisonnement moral ou pratique. Enfin, la critique par Nino de la norme fondamentale est habile mais excessive. Si la thèse de la norme fondamentale s'avère indéfendable en ce qu'elle procède d'une confusion entre deux concepts de validité, cette même confusion n'est pas inéluctable. Ainsi, la description d'un système de normes valides reste-t-elle possible à l'aide d'un concept descriptif de validité au terme duquel dire d'une norme qu'elle est valide, revient à dire qu'elle appartient au système juridique. Et, si l'on cherche à décrire les normes valides, c'est-à-dire les normes qui appartiennent au système, il devient dès lors inutile de chercher à décrire la validité de la Constitution elle-même, sa force obligatoire: d'un point de vue descriptif, la Constitution n'appartient à aucun système et la question de sa validité ne se pose tout simplement pas[i].

On l'aura compris, le contrôle de constitutionnalité n'est logiquement inévitable que pour ceux qui, comme Nino, en viennent à poser une exigence de validité absolue des normes juridiques, exigence que ne contient pourtant aucun système juridique.

2.5 La présence d'un juge constitutionnel améliore la démocratie

Enfin, il y a un argument sur lequel se fonde Victor Ferreres et que l'on peut résumer d'une phrase: la présence d'un juge constitutionnel "se justifie par la contribution que peut apporter le juge au maintien d'une culture de délibération publique", en d'autres termes, "on discute de la constitutionnalité d'une loi parce qu'une juridiction existe qui peut faire respecter cette constitution".[ii] Bref, dans une culture publique constitutionnelle où l'on estime que le législateur ne doit pas prendre ses décisions de manière arbitraire – ou parce qu'il trouve des voix pour approuver sa décision –, la majorité parlementaire doit se fonder sur des raisons solides et répliquer aux contre-raisons de l'opposition. Parmi ces raisons et contre-raisons, beaucoup dérivent de la constitution, mais ne sont prises au sérieux que s'il existe une juridiction constitutionnelle susceptible d'en imposer le respect au législateur. Ainsi, la présence d'une cour constitutionnelle agit-elle comme une contrainte susceptible de peser sur l'argumentation politique et de renforcer, par là même, la démocratie. On peut cependant avancer au moins une objection, elle-même politique: si on parle de constitutionnalité parce que la cour existe, cela veut dire que la conformité de la loi à des normes constitutionnelles est une affaire politique et non strictement juridique. Le juge constitutionnel qui entre dans ce jeu y entre comme acteur

---

i V. E. Bulygin, "An Antinomy in Kelsen's Pure Theory of Law", **Ratio Juris**, 3, 1990, p. 29-45 repris de **Norme, validità, sistemi normativi**, trad. ital. P. Comanducci e R. Guastini, Torino, Giappichelli, 1995, Chap. XI, p. 189-211 et R. Guastini, "Sur la validité de la constitution du point de vue du positivisme juridique", *in* M. Troper et L. Jaume (sous la dir. de), *op. cit.*, p. 216-225.

ii V. Ferreres Comella, **Justicia constitucional y democracia**, Madrid, CEC, 1997, p. 139 et p. 180. Clairement prescriptive, la démonstration constitue sans doute une des plus approfondies sur la question du contrôle de constitutionnalité en démocratie.

politique mais dont la légitimité ne procède pas d'un mandat électif[i]. Ce qui revient à dire qu'il n'est ni véritablement un juge – il est amené à trancher un débat politique – ni véritablement un législateur – il ne vote pas la loi. Il échappe ainsi à toute responsabilité: nul ne peut espérer le sanctionner par les urnes, nul ne peut tenter de mettre en cause sa participation à la fonction législative. On ne saurait dissimuler plus longtemps ce que cette conception du contrôle politique a d'incompatible avec l'acception de la démocratie que défendent ceux-là mêmes qui tentent de justifier ce contrôle: le juge constitutionnel devient un acteur d'un processus que l'on s'évertue à qualifier de "démocratique" alors que l'une des parties prenantes échappe à tout contrôle[ii].

Enfin, cette légitimité rationalisante ou "processuelle" que l'on reconnaît à la cour constitutionnelle à travers la "participation à l'enrichissement du débat démocratique", pourquoi ne pas la reconnaître à toute autorité dont l'action est susceptible de peser sur ce même débat? Outre les juges de première instance, on pense aussi aux autorités dites, aujourd'hui, "de régulation" ou celles, "consultatives", qui sont amenées à rendre un avis (le Comité consultatif national d'éthique, par exemple). Ne pourrait-on considérer que dès lors qu'il fait appel à des arguments d'ordre éthique, le débat démocratique devrait être susceptible de contrôle par un comité spécialisé? Si un tel argument semble absurde, c'est – en partie du moins – que le problème est ailleurs, dans cette idée à la fois fort évidente et fort complexe que la constitution est la norme suprême et qu'un ordre juridique qui ne s'y conformerait pas ne serait pas réellement juridique. On en mesure la portée à l'aune du refus si fréquent et pourtant si surprenant qu'essuient les propositions résolument démocratiques, sinon républicaines, en faveur d'une liberté d'appréciation laissée aux représentants eux-mêmes en matière de constitutionnalité des lois. L'objection immédiatement soulevée consiste en ce que ces derniers seraient alors libres de "tout faire". C'est là penser qu'un désir irrépressible de puissance voire de despotisme animerait

---

i   Sur la spécificité de la participation du juge constitutionnel français dans le jeu politique, v. J. Meunier, Les décisions du Conseil constitutionnel et le jeu politique, **Pouvoirs**, n° 105, 2003, p. 29-40 et, plus généralement, du même **Le pouvoir du Conseil constitutionnel**. Essai d'analyse stratégique, Paris, PU Rouen-LGDJ-Bruylant, 1994.

ii   D'où le phénomène de "suprématie judiciaire" que connaissent particulièrement bien les États-Unis, v. sur ce point L. Kramer, We the People. Who has the last word on the Constitution?, **Boston Review**, February/March 2004 et **The People Themselves: Popular Constitutionalism and Judicial Review**, Oxford UP, 2004.

ces mêmes représentants et ainsi craindre davantage une assemblée d'élus qu'une autre composée de personnes non élues; croire, donc, en une vérité juridique seule apte à dompter la volonté politique. Nul ne peut plus alors douter que, contrairement à ce qu'elle prétend affirmer, cette justification "démocratique" du contrôle de constitutionnalité dissimule – aussi paradoxal que cela puisse paraître – une conception aristocratique de la démocratie.

La spécificité du juge constitutionnel ne réside donc pas dans l'interprétation de la constitution à laquelle il est contraint mais dans la justification dont ce contrôle fait l'objet et qui elle-même repose sur la question préalable de savoir si la Constitution est suprême ou si elle *doit* l'être. Il n'y a en effet rien d'illogique ou d'absurde à considérer que la suprématie de la constitution ne requiert pas pour autant le contrôle de constitutionnalité des lois. Quiconque répond en revanche que la constitution doit être suprême n'en a toutefois pas encore terminé car la question se double inévitablement d'une autre: pourquoi faut-il nécessairement confier à des juges le soin de contrôler la loi? Ceux qui souhaitent répondre à cette question sans donner aucun gage à une conception aristocratique du pouvoir dans laquelle le contrôle de constitutionnalité reste l'ultime moyen de tenir le peuple – même représenté – en dehors du jeu politique ne sont pas au bout de leurs peines.

Referencias

ACKERMAN, B. **Au nom du Peuple**. Les fondements de la démocratie américaine. Trad. J.-F. Spitz. Paris: Calman-Lévy, 1998.

BOBBIO, N. **Teoria generale del diritto**. Turin: Giappichelli, rééd. 1993.

COMANDUCCI, P. Assagi di metaetica due, Giappichelli, 1998, chap. 8, p. 97 s. et aussi, "Ordre ou norme? Quelques idées de constitution au XVIIIe". In: TROPER, M.; JAUME, L. (sous la dir. de). **1789 et l'invention de la Constitution**. Paris Bruxelles: LGDJ-Bruylant, 1994.

DOGLIANI, M. **Introduzione al diritto costituzionale**. Bologna: il Mulino, 1994.

GUASTINI, R. Specificità dell'interpretazione costituzionale? **Analisi e Diritto**, p. 169-186, 1996.

KELSEN, H. **La garantie juridictionnelle de la Constitution (La justice constitutionnelle)**. Paris: Giard, 1928.

NINO, C. S. **Fundamentos de derecho constitucional**. Anàlisis filosofico, juridico y politiologico e practica constitucional. BA, Astrea, 1992; 2. ed. 2002.

ROSS, A. **On Law and Justice**. Londres: Stevens & Sons Ltd, 1958,

SANCHIS, L. P. Costituzionalismo e positivismo. **Analisi e Diritto**, p. 207-226, 1996.

SANCHIS, L. P. Notas sobre la interpretación constitucional. **Revista el Centro de Estudios Constitucionales**, v. 9, p. 175-198, 1991.

SCHMITT, C. **Théorie de la Constitution**. Paris: PUF, 1993.

TROPER, M. Marshall, Kelsen, Barak et le sophisme constitutionnaliste. In: ZOLLER, É. (sous la dir. de). **Marbury v. Madison**: 1803-2003 – Un dialogue franco-américain. Paris: Dalloz, 2003.

Apêndice

LE JUGE CONSTITUTIONNEL EST-IL UN JUGE COMME LES AUTRES? RÉFLEXIONS MÉTHODOLOGIQUES SUR LA JUSTICE CONSTITUTIONNELLE

Sommaire. *1. Spécificité de l'interprétation de la Constitution. 1.1. Théories de l'interprétation et théories de la Constitution. 1.2. Quelle spécificité de l'interprétation de la Constitution? 1.2.1. Sur l'interprétation littérale. 1.2.2. Sur le balancement. 1.2.3. Sur la liberté limitée du juge constitutionnel. 2. Spécificité de la justification. 2.1. Suprématie de la Constitution. 2.2. Le juge constitutionnel comme protecteur des droits de la minorité. 2.3. Le juge constitutionnel représentant de la souveraineté du peuple. 2.4. Structure du raisonnement juridique. 2.5. La présence d'un juge constitutionnel améliore la démocratie.*

Résumé*. Cet article scientifique propose une réflexion méthodologique sur la justice constitutionnelle et la différence entre celle-ci et la justice ordinaire. Le texte suppose l'existence d'une interprétation spécifique de la Constitution, justifiée par la suprématie constitutionnelle. Enfin, cet article analyse le juge constitutionnel en tant que protecteur des droits populaires et de la souveraineté.*

Mots clés*. Interprétation constitutionnelle. Méthodologie de la justice constitutionnelle. Différenciation de la justice commune.*

O JUIZ CONSTITUCIONAL É UM JUIZ COMO OS OUTROS? REFLEXÕES METODOLÓGICAS SOBRE A JUSTIÇA CONSTITUCIONAL

Sumário. 1. Especificidade da interpretação da Constituição. 1.1. Teorias da interpretação e teorias da Constituição. 1.2. O que é específico para a interpretação da Constituição? 1.2.1. Sobre a interpretação literal. 1.2.2. No balanço. 1.2.3. Sobre a liberdade limitada do juiz constitucional. 2. Especificidade da justificação. 2.1. Supremacia da Constituição. 2.2. O juiz constitucional como protetor dos direitos das minorias. 2.3. O juiz constitucional que representa a soberania do povo. 2.4. Estrutura do raciocínio jurídico. 2.5. A presença de um juiz constitucional melhora a democracia.

Resumo. Este artigo científico reflete metodologicamente sobre a justiça constitucional e sobre a diferença entre esta e a justiça comum. O texto parte do pressuposto da existência de uma interpretação específica para a Constituição, justificada pela supremacia constitucional. Por fim, analisa este *paper* o juiz constitucional como protetor dos direitos e da soberania popular.

Palavras-chave. Interpretação constitucional. Metodologia da justiça constitucional. Diferenciação da justiça comum.

¿EL JUEZ CONSTITUCIONAL ES UN JUEZ COMO LOS DEMÁS? REFLEXIONES METODOLÓGICAS SOBRE LA JUSTICIA CONSTITUCIONAL

Sumilla. 1. Especificidad de la interpretación de la Constitución. 1.1. Teorías de la interpretación y teorías de la Constitución. 1.2. ¿Qué es específico de la interpretación de la Constitución? 1.2.1. Sobre la interpretación literal. 1.2.2. En el columpio. 1.2.3. De la libertad limitada del juez constitucional. 2. Especificidad de la justificación. 2.1. Supremacia de la Constitución. 2.2. El juez constitucional como protector de los derechos de las minorías. 2.3. El juez constitucional en representación de la soberanía del pueblo. 2.4. Estructura del razonamiento jurídico. 2.5. La presencia de un juez constitucional mejora la democracia.

Resumen. *Este artículo científico reflexiona metodológicamente sobre la justicia constitucional y la diferencia entre ésta y la justicia ordinaria. El texto supone la existencia de una interpretación específica de la Constitución, justificada por la supremacía constitucional. Finalmente, este trabajo analiza al juez constitucional como protector de los derechos y la soberanía popular.*

Palabras clave. *Interpretación constitucional. Metodología de la justicia constitucional. Diferenciación de la justicia común.*

Posfácio

Nesta parte final do livro, o intuito é o de oferecer ao leitor uma nota técnica sobre a configuração e a formatação aqui adotadas.

Além de textos escritos em português, há artigos científicos publicados em italiano, espanhol e francês. Como se sabe, nos periódicos brasileiros geralmente um texto científico tem seu título traduzido para outra língua (no mínimo, mais uma língua), habitualmente o inglês. Ademais, também são vertidos para o segundo idioma o resumo e as palavras-chave. Esta foi a primeira dificuldade encontrada pelas editoras, pelos organizadores e pela segunda signatária deste Posfácio, qual seja: os europeus não são dados a estruturar seus textos com resumos e palavras-chave. Isso obrigou os abaixo assinados a decidir que: (i) não deveríamos fazer inserções dessa natureza nos textos originais dos autores; (ii) em vez disso, optamos pelo Apêndice, ao final de cada artigo, como política editorial do livro, escolha esta que preservou os textos originais tais como nos foram enviados de Madri, Paris e Lisboa. Por conta dessa decisão, aos Apêndices dos textos escritos em italiano e francês foram adicionadas traduções em português e em espanhol, que são as duas línguas maternas desta obra, como um todo, dado o fato de as editoras serem uma brasileira e uma espanhola. O texto escrito em espanhol só foi vertido para o português; os textos em português só foram vertidos para o espanhol.

No que se refere ao uso do sistema autor-data ou nota de rodapé, verificamos que ambos foram escolhidos e utilizados pelos diversos autores estrangeiros e brasileiros. Isso fez com que nos deparássemos com o seguinte questionamento: "Será que devemos uniformizar?". E a resposta foi: "Não!". De fato, foram preservados os textos em suas versões originais, mesmo porque temos o instrumento deste Posfácio para explicar a razão de os textos não terem sido uniformizados neste ou naquele sistema.

Curitiba, Porto Alegre *y Madrid, otoño* de 2022.

Alexandre Coutinho Pagliarini
Maria Fernanda Augustinhak Schumacker Haering Teixeira

Impressão:
Junho/2022